新文科建设教材

法学系列

MARRIAGE AND FAMILY LAW

婚姻家庭法学

王叶刚◎著

清华大学出版社

北京

图书在版编目(CIP)数据

婚姻家庭法学 / 王叶刚著. -- 北京：清华大学出版社，2025. 5.
(新文科建设教材). -- ISBN 978-7-302-69179-2

Ⅰ. D923.901

中国国家版本馆 CIP 数据核字第 2025SW8569 号

责任编辑：刘　晶
封面设计：李召霞
责任校对：宋玉莲
责任印制：丛怀宇

出版发行：清华大学出版社
　　　　　网　　　址：https://www.tup.com.cn，https://www.wqxuetang.com
　　　　　地　　　址：北京清华大学学研大厦 A 座　　　邮　　编：100084
　　　　　社　总　机：010-83470000　　　　　　　　　邮　　购：010-62786544
　　　　　投稿与读者服务：010-62776969，c-service@tup. tsinghua. edu. cn
　　　　　质量反馈：010-62772015，zhiliang@tup. tsinghua. edu. cn

印　装　者：艺通印刷(天津)有限公司
经　　销：全国新华书店
开　　本：185mm×260mm　　　印　　张：18　　　字　　数：370 千字
版　　次：2025 年 5 月第 1 版　　　　　　　　印　　次：2025 年 5 月第 1 次印刷
定　　价：59. 80 元

产品编号：109728-01

序 言

家庭是社会的细胞,是社会的最小单元,婚姻家庭法是调整人类最基础的社会关系的法律规范,也是社会伦理与文明的映照。在当代中国法治建设进程中,婚姻家庭法承载着维护婚姻家庭关系稳定、保障个体权利、促进社会公平正义的重要使命。我国《民法典》婚姻家庭编整合了《婚姻法》与《收养法》,并将法律名称由"婚姻法"修改为"婚姻家庭编",使婚姻家庭法回归民法,具有重要的意义。同时,这一名称上的变化也反映出立法者更加重视家庭法律结构的理念。随着《民法典》的颁布实施,婚姻家庭编的规则体系更加完善,这也对婚姻家庭法律实践与理论研究提出了更高的要求。本书立足于新时代背景下婚姻家庭法理论发展与实务需求,力求为读者提供一部兼具理论深度与实践价值的教材。

本书在内容和体例安排上具有如下特点:一是内容体系的完整性。本书涵盖了《民法典》婚姻家庭编的所有条文,同时也尽可能地涵盖《民法典》颁行以来相关司法解释的规定,这有利于读者准确把握婚姻家庭法律制度的全貌。同时,本书的体例安排与《民法典》婚姻家庭编保持了一致,这既有利于学生结合《民法典》的规定学习婚姻家庭法知识,也便于教学活动的开展。二是密切关注司法实践情况。婚姻家庭法具有很强的实践性,司法实践中发生了大量的婚姻家庭纠纷。本书梳理了《民法典》颁行前后具有代表性的司法案例,并将其改编为易于理解的内容,力求真实展现婚姻家庭领域司法实践的真实情况,并努力在理论层面有效回应相关疑难问题,以帮助读者更好地了解婚姻家庭法规范的司法适用情况。三是兼顾本土性与国际性。婚姻家庭法规则具有很强的伦理性和本土性色彩,如我国实践中存在的事实婚姻问题、彩礼的性质及其返还问题等。同时,本书也注重对域外法经验的介绍,这可以为我们观察婚姻家庭法律制度提供更为广阔的视角。四是注重回应理论争议和社会热点问题。本书从《民法典》的规定出发,从法律解释层面回应相关理论争议和社会热点问题,这对于司法实践中妥当解决婚姻家庭法律争议、保障《民法典》规则的准确适用等,都具有重要意义。

综上,本书依据《民法典》等法律和相关司法解释的规定,并结合我国司法实践情况,对婚姻家庭法律制度进行了系统阐释和研究。本书共分为五章。第一章"婚姻家庭法的一般原理",对婚姻家庭的基本概念以及婚姻家庭法的基本制度展开了研究;同时,本章还依据婚姻家庭编的规定,对婚姻家庭法的基本原则进行了系统阐释。第二章"结婚",对结婚制度进行了系统阐释,具体研究了结婚的概念和条件、无效婚姻、可撤销婚姻以及婚姻被宣告无效或者被撤销的法律后果等制度。第三章"家庭关系",依次对夫妻关系、夫妻财产制以及父母子女关系和其他近亲属关系进行了研究。第四章"离婚",主要对离婚制度的基础概念、协议离婚、诉讼离婚以及离婚的法律后果等问题展开了研究。第五章"收养",对收养制度的基础概念、收养关系的成立、收养的效力以及收养关系的解除等问题展开了研究。

本书的适用对象为法学专业本科生、研究生,亦可作为家事法官、律师等法律实务工作者的参考用书。婚姻家庭编作为我国《民法典》的独立一编,在我国民事法律体系中具有重要地位,其与《民法典》的其他各编具有密切联系,婚姻家庭编的许多制度、规则也需要结合《民法典》的其他各编加以理解。建议读者在使用本书的过程中,善于运用体系化思维,密切关注婚姻家庭编与《民法典》总则编、物权编、合同编等各编的联系。同时,考虑到婚姻家庭法具有很强的实践性特点,本书在各章节设置了相关的实务案例,建议读者也密切关注司法实践情况,善于运用婚姻家庭法的理论分析和解决实践问题。

本书是笔者对婚姻家庭法律制度的初步思考,也是笔者展开家事法理论研究的一次探索,由于资料所限,相关内容难免存在不完善之处,还请不吝批评指正。

王叶刚

2025 年 2 月

缩 略 语 表

序号	全 称	简 称	颁布与施行时间
1	《中华人民共和国宪法》	《宪法》	1982 年 12 月 4 日公布施行，2018 年 3 月 11 日修订，2018 年 3 月 11 日施行
2	《中华人民共和国民法典》	《民法典》	2020 年 5 月 28 日公布，2021 年 1 月 1 日施行
3	《中华人民共和国立法法》	《立法法》	2020 年 3 月 15 日通过，2023 年 3 月 13 日修正
4	《中华人民共和国民法总则》	《民法总则》	2017 年 3 月 15 日公布，2017 年 10 月 1 日施行，已失效
5	《中华人民共和国民法通则》	《民法通则》	1986 年 4 月 12 日通过，2009 年 8 月 27 日修正，已失效
6	《中华人民共和国婚姻法》	《婚姻法》	1980 年 9 月 10 日通过，2001 年 4 月 28 日修正，已失效
7	《中华人民共和国收养法》	《收养法》	1991 年 12 月 29 日通过，1998 年 11 月 4 日修正，已失效
8	《中华人民共和国民事诉讼法》	《民事诉讼法》	1991 年 4 月 9 日通过，2023 年 9 月 1 日修正，2024 年 1 月 1 日施行
9	《中华人民共和国妇女权益保障法》	《妇女权益保障法》	1992 年 4 月 3 日通过，2022 年 10 月 30 日修订
10	《中华人民共和国残疾人保障法》	《残疾人保障法》	1990 年 12 月 28 日通过，2018 年 10 月 26 日修正
11	《中华人民共和国母婴保健法》	《母婴保健法》	1994 年 10 月 27 日通过，2017 年 11 月 4 日修正
12	《中华人民共和国居民身份证法》	《居民身份证法》	2003 年 6 月 28 日通过，2011 年 10 月 29 日修正
13	《中华人民共和国未成年人保护法》	《未成年人保护法》	1991 年 9 月 4 日通过，2024 年 4 月 26 日修正

序号	全　称	简　称	颁布与施行时间
14	《中华人民共和国老年人权益保障法》	《老年人权益保障法》	1996 年 8 月 29 日通过,2018 年 12 月 29 日修正
15	《中华人民共和国人口与计划生育法》	《人口与计划生育法》	2001 年 12 月 29 日通过,2021 年 8 月 20 日修正
16	《最高人民法院关于适用〈中华人民共和国民法典〉婚姻家庭编的解释(一)》	《民法典婚姻家庭编司法解释(一)》	2020 年 12 月 29 日公布,2021 年 1 月 1 日施行
17	《最高人民法院关于适用〈中华人民共和国民法典〉婚姻家庭编的解释(二)》	《民法典婚姻家庭编司法解释(二)》	2025 年 1 月 15 日公布,2025 年 2 月 1 日施行
18	《最高人民法院关于适用〈中华人民共和国民事诉讼法〉的解释》	《民事诉讼法司法解释》	2014 年 12 月 18 日通过,2022 年 3 月 22 日修正
19	《最高人民法院关于审理涉彩礼纠纷案件适用法律若干问题的规定》	《彩礼纠纷司法解释》	2024 年 1 月 17 日公布,2024 年 2 月 1 日施行
20	《最高人民法院关于适用〈中华人民共和国民法典〉总则编若干问题的解释》	《民法典总则编解释》	2022 年 2 月 24 日公布,2022 年 3 月 1 日施行
21	《婚姻登记管理条例》	《婚姻登记管理条例》	1994 年 2 月 1 日公布,1994 年 2 月 1 日施行,已失效
22	《婚姻登记条例》	《婚姻登记条例》	2003 年 8 月 8 日公布,2025 年 4 月 6 日修订,2025 年 5 月 10 日施行
23	《中国公民收养子女登记办法》	《中国公民收养子女登记办法》	1995 年 5 月 12 日批准,2023 年 7 月 20 日修订
24	《外国人在中华人民共和国收养子女登记办法》	《外国人在中华人民共和国收养子女登记办法》	1995 年 5 月 12 日批准,2024 年 12 月 6 日修订
25	《收养评估办法(试行)》	《收养评估办法(试行)》	2020 年 12 月 30 日公布,2020 年 12 月 30 日施行

目　　录

第一章　婚姻家庭法的一般原理

【本章引例】

刘某（男，25岁）与张某（女，23岁）于2020年12月在某次聚会中相识，两人一见钟情。2021年5月，刘某与张某登记结婚，但二人在婚后发现与对方在生活、消费习惯等方面存在不合，经常为家庭琐事发生争吵。张某于2022年7月产下一子，后双方因为子女抚养问题经常发生矛盾，张某指责刘某缺乏责任感，而刘某则经常为此对张某拳脚相加。2022年10月，在某次争吵后，刘某向法院提起诉讼，以双方性格不合、感情破裂为由主张离婚。法院在受理案件后，调解无效，认为双方感情已经破裂，并于2023年3月判决双方离婚。收到判决后，张某不服，提起上诉，主张一审法院在其生育子女后不到一年就判决离婚，违反了《民法典》关于保护妇女、儿童合法权益的规定，请求撤销一审判决。

【简要评析】 本案涉及如何理解和适用婚姻家庭法保护妇女、未成年人合法权益原则及相关规定的问题。《民法典》第1041条第3款规定："保护妇女、未成年人、老年人、残疾人的合法权益。"该条对保护妇女、未成年人、老年人、残疾人合法权益原则作出了规定，《民法典》婚姻家庭编相关规则的解释与适用均应当遵循该规则。同时，《民法典》第1082条规定："女方在怀孕期间、分娩后一年内或者终止妊娠后六个月内，男方不得提出离婚；但是，女方提出离婚或者人民法院认为确有必要受理男方离婚请求的除外。"依据该规则，在女方在怀孕期间、分娩后一年内或者终止妊娠后六个月内，男方不得提出离婚，该规则也是《民法典》第1041条有关保护妇女、未成年人合法权益原则的具体化，其规范目的在于保护女方以及胎儿、婴儿的合法权益，是法院裁判婚姻纠纷应当遵循的法律规则。本案中，刘某要求离婚时，张某分娩后尚不满一年，依据《民法典》第1082条的规定，男方不得在女方分娩后一年内提出离婚。在此情形下，即便夫妻双方感情已经破裂，法院也不得判决双方离婚。因此，张某有关撤销一审判决的上诉请求是成立的。

第一节　婚姻家庭概述

一、婚姻和家庭

（一）婚姻的概念和特征

婚姻是为当时社会制度所确认的男女两性结合互为配偶的社会关系。婚姻关系是人与人之间一种特殊的社会关系。在我国，婚姻主要具有如下特征。

第一，婚姻是男女两性的结合。婚姻是一男一女的结合，同性之间无法成立婚姻关系。从比较法上看，许多国家和地区承认了同性婚姻的合法性，[1] 我国也有不少同性伴侣，其对同性婚姻合法化也有一定的需求，学理上对同性婚姻的合法化问题也存在不同的主张，支持和反对同性婚姻合法化的观点都不在少数，也有观点主张通过非婚同居这种特殊方式调整同性伴侣的法律关系。[2] 但从我国现阶段的国情和多数民众的认识来看，尚不具备承认同性婚姻合法性的条件。从立法层面看，我国《民法典》婚姻家庭编虽然没有明确规定婚姻关系必须是一男一女的结合，但从该编的规定来看，其强调在婚姻关系中男女平等，在规定结婚的条件时也强调结婚应当男女双方完全自愿，并分别对男女双方结婚的条件作出了规定。这实际上都强调了婚姻关系应当是男女的异性结合，这既是婚姻关系成立的法定条件，也是婚姻关系成立的自然条件。

第二，婚姻是男女双方具有夫妻身份的结合。婚姻关系又可以称为夫妻关系或者配偶关系，其成立需要男女双方以夫妻身份结合。当然，男女结合是否具有夫妻身份，并不取决于当事人的主观意愿，还要求此种结合关系符合婚姻关系成立的条件。婚姻关系不同于非婚同居等不具有夫妻身份的结合关系，不符合婚姻关系成立条件的两性结合，无法在男女之间形成夫妻身份关系，当事人之间的财产关系也不同于夫妻财产

---

[1]　2015 年 6 月 26 日，美国最高法院大法官以 5：4 的比例作出了同性婚姻与异性婚姻平权的裁决，要求各州给同性婚姻办理结婚登记，并要求承认其他州已经办理登记的同性婚姻的合法性。参见夏吟兰："民法则则婚姻家庭编立法研究"，载《中国法学》2017 年第 3 期，第 79-80 页。目前，美国 50 个州均已承认了同性婚姻的合法性。

[2]　参见何丽新：《我国非婚同居立法规制研究》，北京，法律出版社 2010 年版，第 324 页。我国《民法典》第 1054 条对婚姻关系无效或者被撤销情形下当事人同居期间的财产归属、分割问题以及父母子女关系的调整问题作出了规定。《民法典婚姻家庭编司法解释（一）》第 22 条对《民法典》第 1054 条规则作出了细化规定。《民法典婚姻家庭编司法解释（二）》第 4 条对当事人同居期间取得财产的归属认定以及分割问题作出了细化规定。可见，我国现行立法和司法解释只是对同居期间当事人之间的财产关系及其与同居期间所生子女的关系作出了规定，而没有对当事人同居期间的人身关系作出规定。

关系。[1] 我国《民法典》对夫妻之间的权利义务关系作出了全面规定，如果男女双方只是共同生活，而没有形成婚姻关系，则无法适用相关的法律规则调整其权利义务关系。例如，《民法典》婚姻家庭编对夫妻共同财产规则、夫妻人身关系、日常家事代理权规则等作出了规定，此类规则的适用均要求当事人之间存在合法有效的婚姻关系。

第三，婚姻关系主要是一种身份关系。婚姻关系中当事人的权利义务关系较为庞杂，但婚姻关系主要是当事人之间的一种身份关系。虽然婚姻关系也涉及相关的财产关系，但此种财产关系具有一定程度的附随性，其主要依附于夫妻双方的身份关系。一旦夫妻双方的婚姻关系消灭，则相关的财产关系通常也将随之消灭。由于婚姻关系主要是一种身份关系，具有很强的伦理色彩，与财产关系不同，当事人在婚姻关系中的意思自治空间受到较大的限制。换言之，在婚姻关系中，夫妻双方在人身和财产关系的处理方面虽然有一定的意思自治空间，但此种关系更多地体现出法定性的特征。

（二）家庭的概念和特征

家庭是指由一定范围的亲属所组成的社会生活单位。家庭主要具有如下特征。

第一，家庭由一定范围的亲属组成。家庭成员具有很强的身份属性，只有一定范围内的亲属共同生活，才能构成家庭。依据《民法典》第1045条的规定，家庭成员包括配偶、父母、子女以及其他共同生活的近亲属。据此，除配偶、父母、子女外，并非所有的亲属均属于家庭成员，只有近亲属才能成为家庭成员，而且近亲属成为家庭成员还需要满足共同生活这一前提条件。可见，家庭是特定范围内的亲属所组成的、具有紧密身份关联的生活单位。

第二，家庭是家庭成员共同生活的载体。家庭不同于其他社会单位，其以家庭成员共同生活为主要特征。共同生活涉及的事项较为广泛，既包括家庭成员共同居住、共同创造财富，也包括家庭成员之间应当彼此照料，以维持共同生活。家庭作为家庭成员共同生活的载体，家庭成员之间具有很强的身份属性色彩，这也对其财产关系的认定具有重要影响。一般认为，由于家庭成员之间具有特殊的身份关系，各个家庭成员对其所取得的财产共同享有所有权，而且此种共有关系属于共同共有而非按份共有，家庭成员共同共有的财产范围包括家庭成员的劳动收入、家庭成员接受赠与的财产，以及在此基础上积累的财产等。正是考虑到家庭成员共同生活的特点，《民法典》对家庭成员之间对财产的共有关系、家庭成员之间互负的扶养义务等作出了规定，并强调"家庭成员应当敬老爱幼，互相帮助，维护平等、和睦、文明的婚姻家庭关系"。

第三，家庭是社会共同体的基本单位。家庭是社会的细胞，也是社会最基本的生

---

[1] 从《民法典》及相关司法解释的规定来看，在认定夫妻财产关系时，强调夫妻双方人身和财产关系共同体的特点，即除法律另有规定或者当事人另有约定外，婚姻关系期间内取得的财产原则上属于夫妻共同财产。而同居关系并不具有此种人身、财产共同体的属性，对于双方在同居期间取得的财产，除依法构成按份共有或者出现财产混同的情形外，双方各自所得的财产原则上归各自所有。

活单位。家庭以婚姻关系和血缘关系为纽带，是最为基本的社会组织形式。家庭既是社会的基本单位，也是维持社会秩序稳定的最基本单元，家庭和睦则社会安定，正所谓"天下之本在家"。培育良好的家风也是熏陶社会风气最为重要的途径。因此，《民法典》强调，"家庭应当树立优良家风，弘扬家庭美德，重视家庭文明建设"。

《民法典》专设婚姻家庭编，调整婚姻家庭关系，也具有维护社会稳定发展的制度功能。《民法典》在调整婚姻家庭关系时，既调整夫妻之间的婚姻关系，也调整家庭关系。从《民法典》婚姻家庭编的规定来看，其不仅从宏观上确认了婚姻家庭法的基本原则，还从具体制度层面规定了禁止的婚姻家庭行为，以及结婚制度、家庭关系制度、离婚制度、收养制度等，从而实现了对婚姻家庭关系全方位、多层次的调整。

二、亲属、近亲属、家庭成员的概念

（一）亲属

1. 亲属的概念和特征

所谓亲属，是指基于婚姻、血缘或者法律拟制而产生的人与人之间的社会关系。[1] 亲属关系本质上是一种社会关系，但此种社会关系又往往具体表现为特定主体之间的权利义务关系，具体而言，亲属主要具有如下法律特征。

第一，亲属关系是一种重要的身份关系。基于亲属关系，特定的主体之间将产生一定的身份关系，此种身份关系虽然也属于人身关系的范畴，但其不同于人格权关系：人格权通常是个人与生俱来所享有的权利，具有固有性的特点；同时，人格权一般具有人身专属性的特点，即人格权与个人的民事主体资格不可分离。而身份关系并非与生俱来，而且其存续以当事人之间具有一定的身份关系为基础，一旦此种身份关系消灭，当事人之间的身份关系也将随之消灭。例如，正是基于当事人之间特定的亲属关系，将在当事人之间产生固定的身份和称谓，只要当事人之间的身份关系仍然存在，则当事人之间的身份和称谓也将持续存在，而且保持不变，此种关系具有稳定性。当然，当事人之间的身份关系因法律规定的事由而消灭时，当事人之间的亲属关系也将随之消灭。例如，依据《民法典》第1117条的规定，收养关系被解除后，养子女与养父母以及其他近亲属间的权利义务关系即随之消除。

第二，亲属是基于婚姻、血缘或者法律规定的原因而产生。从我国《民法典》的规定来看，亲属关系的产生原因包括如下几种：一是婚姻，配偶和姻亲是基于婚姻而产生的亲属，如夫妻关系、儿媳与公婆之间的关系，以及女婿与岳父母之间的关系，均是基于婚姻而产生的亲属关系。二是血缘，血亲是基于血缘而产生的亲属，基于血缘而产生的亲属关系最为典型的，是生父母与子女之间的亲属关系。当然，除生父母

---

[1] 参见余延满：《亲属法原论》，北京，法律出版社2007年版，第92页。

与子女之间的关系外，兄弟姐妹之间的关系、祖父母与孙子女之间的关系，以及外祖父母与外孙子女之间的关系，也都属于基于血缘而产生的亲属关系。三是法律规定，即基于法律规定在当事人之间产生亲属关系。从我国《民法典》的规定来看，基于法律规定而产生的亲属主要是指基于收养而产生的养父母子女之间的关系。除收养外，依据《民法典》第1072条第2款的规定，继父或者继母和受其抚养教育的继子女间的权利义务关系，也适用《民法典》关于父母子女关系的规定。因此，此种情形也属于基于法律规定而产生的亲属关系。

第三，亲属关系可能在特定的主体之间产生权利义务关系。亲属关系一旦成立，即可能在特定的主体之间产生相应的权利义务关系。例如，夫妻关系一旦成立，即在夫妻之间产生相互扶养的义务（《民法典》第1059条）、日常家事代理权（《民法典》第1060条）以及相互继承遗产的权利（《民法典》第1061条）等权利义务关系。当然，并非所有的亲属关系均当然在特定主体之间产生权利义务关系。例如，《民法典》第1075条规定："有负担能力的兄、姐，对于父母已经死亡或者父母无力抚养的未成年弟、妹，有扶养的义务。由兄、姐扶养长大的有负担能力的弟、妹，对于缺乏劳动能力又缺乏生活来源的兄、姐，有扶养的义务。"依据该条规定，兄、姐与弟、妹之间扶养义务的产生就需要具备一定的条件，当事人之间并不当然存在扶养义务。

2. 亲属的类型

关于亲属的类型，《民法典》第1045条第1款规定："亲属包括配偶、血亲和姻亲。"依据该条规定，亲属包括配偶、血亲和姻亲三种。

（1）配偶。配偶即夫妻，它是指男女因结婚而形成的亲属关系，男女之间因结婚而互称配偶。[1] 关于配偶是否为独立的亲属关系，存在不同的观点，一种观点认为，亲属分为血亲和姻亲，配偶虽然是产生血亲和姻亲的基础，但其本身并非独立的亲属类型；另一种观点认为，配偶关系属于典型的亲属关系，而且配偶之间的关系比其他亲属之间的关系更为亲近，应当属于独立的亲属类型。[2] 我国《民法典》第1045条将配偶规定为独立的亲属关系，而且从我国《民法典》婚姻家庭编的规定来看，配偶关系不仅是独立的亲属关系，而且是婚姻家庭编所调整的最为重要的亲属关系。

（2）血亲。血亲是指基于血缘关系而产生的亲属。依据血亲产生原因的不同，可以将血亲分为如下两种。

一是自然血亲。自然血亲是指出于同一祖先、基于出生事实而产生的、以血缘关系为纽带的亲属关系。[3] 例如，生父母与子女之间的亲属关系、祖父母与孙子女之间的亲属关系，以及外祖父母与外孙子女之间的亲属关系等，均属于自然血亲。基于自

---

〔1〕 参见黄薇主编：《中华人民共和国民法典婚姻家庭编解读》，北京，中国法制出版社2020年版，第26页。
〔2〕 参见余延满：《亲属法原论》，北京，法律出版社2007年版，第93页。
〔3〕 参见余延满：《亲属法原论》，北京，法律出版社2007年版，第94页。

然血亲的程度不同，又可以将自然血亲分为全血缘的自然血亲与半血缘的自然血亲，全血缘的自然血亲是指出自共同父母的兄弟姐妹之间的自然血亲关系；而半血缘的自然血亲是指仅有一半共同血缘关系的自然血亲关系，如同父异母或者同母异父的兄弟姐妹之间的自然血亲关系。[1] 对自然血亲而言，一旦当事人一方死亡，此种血亲关系即随之终止。

二是拟制血亲。拟制血亲是指当事人之间本无自然血亲关系而基于法律规定所拟制的血亲关系。与自然血亲不同，拟制血亲并不是基于当事人出生的事实而产生的，而是基于当事人所实施的特定法律行为或者事实行为而产生的。从我国《民法典》规定来看，拟制血亲包括如下两种：一是养父母与养子女之间的关系，此种拟制血亲关系是基于收养这一法律行为而产生的；二是有抚养教育关系的继父母与继子女之间的关系，此种拟制血亲是基于当事人之间事实上存在的抚养关系而产生的。

以具有血亲关系的亲属之间是否具有直接血缘关系为标准，又可以将血亲分为直系血亲与旁系血亲两种类型。直系血亲是指彼此之间具有直接血缘关系的血亲，即生育自己和自己所生育的上下各代亲属。[2] 例如，父母与子女之间、祖父母与孙子女之间、外祖父母与外孙子女之间等，就是典型的直系血亲。旁系血亲即直系血亲之外的血亲，它是指与自己有共同血缘关系，但彼此之间没有直接生育关系的血亲，如兄弟姐妹之间、堂兄弟姐妹之间，以及表兄弟姐妹之间等，即属于旁系血亲关系。

血亲亲属之间的血缘关系远近不同，与之相对应，各类亲属之间的权利义务关系也会存在差别，法律上用来计算亲属关系远近的单位就是亲等。从域外法的做法来看，主要有如下两种计算亲等的方法。

一是罗马法亲等计算法。按照此种方法，直系血亲亲等的计算方法为，从己身分别向上或者向下数，一世代为一亲等，世代数即为亲等数。[3] 例如，自己与父母即为一亲等直系血亲，而自己与祖父母即为二亲等直系血亲。旁系血亲亲等的计算方法为，首先从己身向上数至双方共同的直系长辈血亲，再从该直系长辈血亲向下数至计算亲等的对方，二者世代相加数即为旁系血亲之间的亲等数。[4] 例如，在计算自己与姑姑的亲等数时，首先需要上数至共同的长辈直系血亲，即祖父母，从自己数到祖父母为二世代，再从祖父母数至姑姑为一世代，二者相加，即可得出自己与姑姑为三亲等旁系血亲。

二是寺院法亲等计算法。寺院法亲等计算法的直系血亲亲等计算方式与罗马法亲等计算法相同，即从己身分别向上或者向下数，一世代即为一亲等。按照寺院法亲等计算法，旁系血亲亲等的计算方法则为，分别从自己与对方向上数至共同的长辈直系

---

〔1〕 参见余延满：《亲属法原论》，北京，法律出版社 2007 年版，第 95 页。

〔2〕 参见黄薇主编：《中华人民共和国民法典婚姻家庭编解读》，北京，中国法制出版社 2020 年版，第 27 页。

〔3〕 参见张伟主编：《家事法学》，北京，法律出版社 2016 年版，第 27 页。

〔4〕 参见杨大文主编：《亲属法与继承法》，北京，法律出版社 2013 年版，第 52-53 页。

血亲，如果二者的世代数相同，则以该世代数为双方的旁系血亲亲等数；如果二者的世代数不同，则以二者之中较大的世代数作为二者之间的亲等数。例如，在计算自己与堂兄的亲等数时，首先需要找到二者共同的长辈直系血亲，即祖父母，然后分别数自己与堂兄至祖父母的世代数，二者均为二代，则自己与堂兄即为二亲等旁系血亲。再如，在计算自己与姑姑的亲等数时，首先要找到二者共同的长辈直系血亲，即祖父母，然后再分别数自己、姑姑与祖父母之间的世代数，分别为二代与一代，此时，即以二者中较大的世代数作为亲等数，即自己与姑姑为二亲等旁系血亲。

上述两种方法计算直系血亲亲等数的方式相同，但计算旁系血亲亲等数的方式存在一定差别，相较而言，罗马法亲等计算法在计算旁系血亲亲等数方面更为精确，因此更为可取。我国《民法典》并没有对亲等以及亲等的计算方法作出规定。但从《民法典》的规定来看，其许多规则都涉及血亲的亲等问题。例如，依据《民法典》第1015条第1款的规定，自然人在选择姓氏时，原则上应当选取其他直系长辈血亲的姓氏。再如，依据《民法典》第1048条的规定，"直系血亲或者三代以内的旁系血亲禁止结婚"。我国《民法典》并没有采纳上述比较法上的亲等计算法，而是采用了世代计算法，即以血亲之间的世代来计算亲属关系的远近。就直系血亲的代数计算而言，一世辈为一代，应当从一方当事人自己开始，自己为一代，往上或者往下计算代数。例如，从当事人自己开始，往上数至父母为二代，至祖父母、外祖父母为三代，以此类推；往下数至子女为二代，数至孙子女、外孙子女为三代，以此类推。就旁系血亲的代数计算而言，则应当根据旁系血亲之间共同的同源关系来计算，即首先需要找到当事人的同源尊亲属，然后按照前述世代计算法计算双方当事人与该同源尊亲属之间的代数，如果各方当事人与同源尊亲属之间的代数相同，则该代数就是当事人之间的代数；如果各方当事人与同源尊亲属之间的代数不同，则以代数较大的一方的代数作为当事人之间的代数。

（3）姻亲。姻亲是指除配偶外以婚姻关系为中介而形成的亲属。关于姻亲的范围，比较法上存在不同的做法，主要包括两分法立法主义、三分法立法主义，以及四分法立法主义。[1] 我国《民法典》第1045条只是将姻亲规定为亲属的一种类型，但姻亲的范围如何，《民法典》并没有作出明确规定。[2] 按照立法者的观点，姻亲包括如下两类：一是配偶的血亲，如岳父母、公婆等；二是血亲的配偶，如弟媳、嫂子等。[3] 这

---

〔1〕 按照两分法立法主义，姻亲包括血亲的配偶和配偶的血亲；按照三分法立法主义，姻亲包括血亲的配偶、配偶的血亲，以及配偶的血亲的配偶；按照四分法立法主义，姻亲包括血亲的配偶、配偶的血亲、配偶的血亲的配偶，以及血亲的配偶的血亲。参见余延满：《亲属法原论》，北京，法律出版社2007年版，第95—96页。

〔2〕 从规范层面看，《民法典》只是在第1045条将姻亲规定为亲属的一种类型，其他条文中并没有直接使用"姻亲"这一表述，但相关规则对姻亲关系进行了调整。例如，《民法典》第1129条规定："丧偶儿媳对公婆，丧偶女婿对岳父母，尽了主要赡养义务的，作为第一顺序继承人。"该条所规定的儿媳与公婆、女婿与岳父母之间的关系即为姻亲关系（配偶的血亲）。《民法典》的其他规则也没有直接规定姻亲的相关规则。

〔3〕 参见黄薇主编：《中华人民共和国民法典婚姻家庭编解读》，北京，中国法制出版社2020年版，第29页。

显然是采取了前述两分法立法主义的立场。

姻亲的产生以婚姻关系的成立为前提和基础。一方面，婚姻关系是姻亲关系成立的基本前提，如果不存在婚姻关系，或者婚姻关系被宣告无效、被撤销，则无法成立姻亲关系。另一方面，一旦当事人之间成立婚姻关系，通常即可在特定的主体之间成立姻亲关系。一般而言，婚姻关系消灭将导致当事人之间的姻亲关系消灭，但在特殊情形下，当事人之间的姻亲关系也不因婚姻关系的消灭而消灭。例如，《民法典》第1129条规定："丧偶儿媳对公婆，丧偶女婿对岳父母，尽了主要赡养义务的，作为第一顺序继承人。"依据该条规定，丧偶儿媳对公婆，丧偶女婿对岳父母，尽了主要赡养义务的，仍然作为第一顺序的继承人继承遗产。因此，在此情形下，应当认定当事人之间的姻亲关系并不因婚姻关系的消灭而消灭。

（二）近亲属

从我国现行立法规定来看，在不同的法律部门中，近亲属的范围存在一定的差别。依据《刑事诉讼法》第108条的规定，近亲属是指"夫、妻、父、母、子、女、同胞兄弟姊妹"。依据《行政诉讼法司法解释》第14条的规定，行政诉讼中的近亲属是指配偶、父母、子女、兄弟姐妹、祖父母、外祖父母、孙子女、外孙子女和其他具有扶养、赡养关系的亲属。依据《民事诉讼法司法解释》第85条的规定，"与当事人有夫妻、直系血亲、三代以内旁系血亲、近姻亲关系以及其他有抚养、赡养关系的亲属，可以当事人近亲属的名义作为诉讼代理人"。

从我国《民法典》规定来看，其许多规则中都涉及近亲属的概念。例如，在总则编，依据《民法典》第28条的规定，有监护能力的近亲属，可以依法担任无民事行为能力或者限制民事行为能力的成年人的监护人。依据《民法典》第33条的规定，成年人的近亲属可以担任其意定监护人。再如，在人格权编，依据《民法典》第994条的规定，在死者人格利益遭受侵害时，死者的近亲属有权依法请求行为人承担民事责任。在婚姻家庭编，更是有多个条款涉及近亲属的概念。例如，《民法典》第1117条规定："收养关系解除后，养子女与养父母以及其他近亲属间的权利义务关系即行消除，与生父母以及其他近亲属间的权利义务关系自行恢复。但是，成年养子女与生父母以及其他近亲属间的权利义务关系是否恢复，可以协商确定。"因此，准确认定近亲属的范围，对于准确解释与适用《民法典》的规则具有重要意义。

关于民法中近亲属的范围，《民法典》第1045条第2款规定："配偶、父母、子女、兄弟姐妹、祖父母、外祖父母、孙子女、外孙子女为近亲属。"这就明确规定了民法中近亲属的范围。关于共同生活的直系姻亲是否为近亲属，在《民法典》立法过程中曾经引发争议，民法典各分编草案三审稿第822条第3款曾经规定，共同生活的公婆、岳父母、儿媳、女婿，视为近亲属，但《民法典》最终没有采纳该规定，而将直系姻亲排除在近亲属的范畴之外。按照立法者的观点，之所以将上述主体排除在近亲属的范围之外，一方面是因为，法律在规定近亲属的范围时，通常是考虑当事人之间具有一定的权利义务关系，而直系姻亲之间通常并没有权利义务关系，因此没有必要将其规定为近亲属，至于在特殊情形下直系姻亲之间基于扶养、赡养关系等原因而产生权利义务关系的情形，可以由法律对此作出特别规定，而没有必要将其纳入近亲属的范畴；另一方面，何为"共同生活"，标准并不清晰，在实践中可能引发较大争议。[1] 因此，《民法典》并没有将直系姻亲纳入近亲属的范畴。

(三) 家庭成员

从比较法上看，许多国家并没有专门规定家庭成员的概念，但从我国《民法典》规定来看，其许多条款都涉及家庭成员这一概念。例如，《民法典》第56条规定："个体工商户的债务，个人经营的，以个人财产承担；家庭经营的，以家庭财产承担；无法区分的，以家庭财产承担。"该条中的"家庭经营"应当解释为家庭成员经营，"家庭财产"实际上也是家庭成员的共同财产。再如，《民法典》第666条规定："赠与人的经济状况显著恶化，严重影响其生产经营或者家庭生活的，可以不再履行赠与义务。"该条中的"家庭生活"也应当指的是家庭成员的共同生活。在婚姻家庭编，也有一些条款明确使用了"家庭成员"的概念，例如，《民法典》第1042条第3款规定："禁止家庭暴力。禁止家庭成员间的虐待和遗弃。"再如，《民法典》第1043条第2款规定："夫妻应当互相忠实，互相尊重，互相关爱；家庭成员应当敬老爱幼，互相帮助，维护平等、和睦、文明的婚姻家庭关系。"因此，明确划定家庭成员的范围，是准确解释与适用上述规则的基础和前提。

关于家庭成员的范围，《民法典》第1045条第3款规定："配偶、父母、子女和其他共同生活的近亲属为家庭成员。"从该条规定来看，家庭成员主要具有如下特征。

第一，家庭成员均为近亲属。从该条规定来看，只有近亲属才有可能成为家庭成员，对其他亲属或者其他主体而言，即便其符合共同生活的条件，也不属于家庭成员。

第二，配偶、父母、子女当然为家庭成员。从该条规定来看，配偶、父母、子女当然是家庭成员，即便其不符合共同生活的要件，也仍然是家庭成员。例如，子女成家后，与父母分家，不再共同生活，但从该条规定来看，其仍然是家庭成员，仍然应当适用调整家庭成员的法律规则。

第三，其他近亲属只有符合共同生活的条件，才能成为家庭成员。也就是说，配偶、父母、子女之外的其他近亲属原则上并不是家庭成员，只有符合共同生活的条件，才能成为家庭成员。关于何为共同生活，《民法典》并没有作出明确规定，按照立法者的观点，此处的共同生活应当是长久同居在一起的生活，如果只是短期、临时性的生活在一起，则不属于本条所规定的共同生活。但共同生活多长时间才属于长久同居生

---

[1] 参见黄薇主编：《中华人民共和国民法典婚姻家庭编解读》，北京，中国法制出版社2020年版，第31页。

活，并不明确，在判断是否构成共同生活时，除需要考虑当事人同居生活的时间长短外，还可能需要考虑当事人亲属关系的远近、同居生活的目的等多种因素。

三、禁止的婚姻家庭行为

（一）禁止包办、买卖婚姻和其他干涉婚姻自由的行为

我国《民法典》婚姻家庭编贯彻婚姻自由原则，包办婚姻、买卖婚姻以及其他干涉婚姻自由的行为，均属于违反婚姻自由原则的行为。《民法典》第1042条第1款第1句规定："禁止包办、买卖婚姻和其他干涉婚姻自由的行为。"所谓包办婚姻，是指第三人违反婚姻自由原则，包办强迫他人缔结婚姻关系的行为。[1] 所谓买卖婚姻，是指第三人以索取大量财物为目的，强迫他人缔结婚姻的行为。包办婚姻与买卖婚姻均属于侵害他人婚姻自主权的行为，有学者认为，买卖婚姻肯定属于包办婚姻，而包办婚姻并不当然是买卖婚姻。[2] 此种观点值得赞同。当然，包办婚姻与买卖婚姻也存在一定的区别，即买卖婚姻以索取大量财物为目的；包办婚姻虽然也可能存在索取财物的行为，但其并不以索取大量财物为目的，而更强调对他人缔结婚姻关系自由的干预。所谓其他干涉婚姻自由的行为，是指除包办婚姻、买卖婚姻之外干涉他人婚姻自由的行为。从实践来看，干涉他人婚姻自由的行为较多，如用人单位在劳动合同中规定限制他人结婚、离婚的条款等。因此，《民法典》第1042条第1款在规定干涉婚姻自由的行为类型时使用了"其他干涉婚姻自由的行为"这一兜底性表述，以涵盖包办、买卖婚姻之外其他各类干涉婚姻自由的行为。

包办、买卖婚姻或者其他干涉婚姻自由的行为构成对他人婚姻自主权的侵害，依据《民法典》第110条的规定，婚姻自主权属于独立的人格权类型，在遭受侵害时，权利人有权主张人格权请求权，请求行为人停止侵害（《民法典》第995条），或者依法请求人民法院颁行禁令（《民法典》第997条）；在行为人实施上述行为造成受害人损害时，受害人还有权依法请求行为人承担侵权责任，如主张财产损害赔偿责任（《民法典》第1182条）和精神损害赔偿责任（《民法典》第1183条）。此外，在行为人实施包办婚姻、买卖婚姻或其他干涉婚姻自由的行为时，此类行为往往构成胁迫他人结婚，如果受害人已经结婚，依据《民法典》第1052条的规定，受害人有权自胁迫行为终止之日起一年内向人民法院请求撤销婚姻。

（二）禁止借婚姻索取财物

《民法典》第1042条第1款第2句规定："禁止借婚姻索取财物。"该条对禁止借婚姻索取财物的行为作出了规定。所谓借婚姻索取财物，是指除买卖婚姻之外以索取

---

〔1〕 参见黄薇主编：《中华人民共和国民法典婚姻家庭编解读》，北京，中国法制出版社2020年版，第16页。
〔2〕 参见余延满：《亲属法原论》，北京，法律出版社2007年版，第58页。

财物作为缔结婚姻先决条件的行为。对借婚姻索取财物的行为而言，行为人虽然将取得相关财物作为结婚的条件，但此处的条件与附生效条件民事法律行为中的条件不同，对附生效条件的民事法律行为而言，在条件成就前，民事法律行为已经成立，但尚未生效，在条件成就时，该民事法律行为生效。而对借婚姻索取财物的行为而言，索取财物虽然是一方答应结婚的先决条件，在对方给付财物时，婚姻关系仍然无法成立，而仍然需要完成结婚登记，婚姻关系才能成立（《民法典》第 1049 条）。

借婚姻索取财物与买卖婚姻具有一定的相似之处，二者都以向他人索取一定的财物作为结婚的先决条件，但二者之间也存在一定的区别：第一，二者索取财物的主体不同。在买卖婚姻中，索取财物的主体通常为婚姻关系之外的第三人，也包括婚姻当事人的父母，但婚姻关系的当事人无法实施买卖婚姻的行为；而在借婚姻索取财物的情形下，索取财物的一方通常是婚姻关系的当事人，也可能是婚姻当事人的父母。第二，二者是否构成干涉婚姻自由不同。在借婚姻索取财物的情形下，双方通常都是自愿结婚，并不存在强迫结婚、干涉婚姻自由的问题。[1] 而买卖婚姻通常是通过强迫、包办等方式实现的，其通常构成对他人婚姻自主权的侵害，也违反了婚姻自由原则。第三，是否影响婚姻的效力不同。在借婚姻索取财物的情形下，由于双方通常都是自愿结婚，因此，其一般不影响婚姻的效力；而买卖婚姻一般构成胁迫结婚，受胁迫的一方有权依法请求人民法院撤销婚姻。

在此需要明确借婚姻索取财物与自愿赠与之间的关系。在准备结婚期间，当事人之间可能也会实施一些自愿赠与行为。例如，一方当事人的父母或者亲友可能会赠与对方当事人一些财物，此种行为不同于借婚姻索取财物的行为：一方面，在借婚姻索取财物的情形下，当事人一方具有借婚姻索取财物的故意，而在自愿赠与的情形下，受赠人通常是消极地接受赠与，而没有借婚姻索取财物的故意。另一方面，在借婚姻索取财物的情形下，索取财物的一方是将对方给付财物作为结婚的先决条件；而在自愿赠与的情形下，受赠人并没有将赠与人赠与财产作为结婚的先决条件。在实践中，如果当事人就借婚姻索取财物与自愿赠与发生争议，如果交付财产的一方主张对方构成借婚姻索取财物，则其应当举证证明对方有索取财物的故意，并将取得相关财物作为结婚的先决条件，否则应当将其认定为自愿赠与行为。

按照我国一些地方的民间习俗，男方可能会在结婚之前向女方给付一定的金钱或者财物作为彩礼，在此需要区分借婚姻索取财物与一方婚前给付彩礼的行为。我国《民法典》并未对一方婚前给付彩礼的行为作出规定，2023 年，最高人民法院专门颁行了《彩礼纠纷司法解释》，对彩礼的认定以及返还等问题作出了规定。借婚姻索取财物的行为与给付彩礼的行为不同。我国《民法典》婚姻家庭编明确将借婚姻索取财物

---

　　[1]　当然，在特殊情形下，借婚姻索取财物也可能同时构成买卖婚姻。例如，婚姻一方当事人的父母在借婚姻索取财物时，也可能同时强迫婚姻一方当事人结婚，并构成买卖婚姻。

的行为规定为禁止的婚姻家庭行为，该行为属于违法行为。而从《彩礼纠纷司法解释》的规定来看，我国现行立法对给付彩礼行为的效力原则上持肯定的立场。但从实践来看，行为人确实可能以彩礼为名借婚姻索取财物，对此，《彩礼纠纷司法解释》第2条规定："禁止借婚姻索取财物。一方以彩礼为名借婚姻索取财物，另一方要求返还的，人民法院应予支持。"依据该规定，如果当事人以彩礼为名借婚姻索取财物，则应当将其认定为借婚姻索取财物的行为，而非给付彩礼的行为。但问题在于，如何区分借婚姻索取财物的行为与一方婚前给付彩礼的行为？例如，当事人以一方给付彩礼作为结婚的条件，如何认定该行为的性质？即存在疑问。

首先需要明确的是，借婚姻索取财物与一方婚前给付彩礼的行为之间的区别并不在于双方当事人是否具有结婚的目的，也不在于当事人给付金钱或者财物数量的大小。因为无论是借婚姻索取财物的行为，还是收取彩礼的行为，当事人实施相关行为时可能都具有结婚的目的，而且当事人事后也都可能结婚。同时，无论是借婚姻索取财物，还是收取彩礼，当事人所取得的金钱和财物的数量都可能比较大。二者的主要区别在于当事人获取金钱或者财物的目的，对于借婚姻索取财物的行为而言，索取财物的一方将对方给付财物作为结婚的条件，对方给付相关财物可能是不自愿的；而在给付彩礼的情形下，当事人给付彩礼通常是自愿作出给付，而且当事人通常也不会将一方给付彩礼作为结婚的条件。此外，由于借婚姻索取财物的行为在性质上属于违法行为，不能成为相关财物物权变动的合法原因，因此，在一方借婚姻索取财物的情形下，给付财物的一方有权请求返还。当然，从司法实践来看，当事人可能以索取彩礼的行为变相实施借婚姻索取财物的行为。对此，《彩礼纠纷司法解释》第2条明确规定，如果一方以彩礼为名借婚姻索取财物的，另一方有权请求返还。

参考案例：1-1

【基本案情】

原告张某与被告邱某原系男女朋友关系，2022年9月至2023年12月，双方属恋爱关系及恋爱同居关系，2022年11月至2023年12月，原告张某通过微信收付款码、微信转账等方式多次给被告邱某转款，多则几千元，少则2至3元。原告张某与被告邱某于2023年12月分手后，双方就恋爱及恋爱同居期间两人之间的转款是否应返还发生争议。

【裁判结果】

法院认为，原告主张本案诉争款项为婚约财产，但本案款项支付时间跨度较大，多次不等金额支付，款项并非按照民间风俗产生于双方订婚过程及双方家庭成员之间。故原告主张争议款项为婚约财产、彩礼没有事实依据，其要求返还相应款项的主张不应得到支持，其主张返还彩礼的主张不能成立，本院不予支持。

《彩礼纠纷司法解释》第3条规定了彩礼的认定规则，依据该条第1款规定，人民法院在认定彩礼的范围时，需要考虑一方给付财物的目的，并综合考虑双方当地习俗、给付的时间和方式、财物价值、给付人及接收人等事实，具体予以认定。例如，在许多地方，给付彩礼的行为通常会在结婚前的特定阶段实施，而且当事人可能会以特定的形式给付彩礼，这些都是认定彩礼的重要参考因素。依据该条第 2 款规定，一方在下列情形所给付的财物，不属于彩礼：一是一方在节日、生日等有特殊纪念意义时点给付的价值不大的礼物、礼金。当事人在此种情形下给付财物的行为通常属于自愿赠与，而不属于给付彩礼。二是一方为表达或者增进感情的日常消费性支出。如前所述，给付彩礼通常会采用特定的形式，其不同于当事人在约会的日常消费性支出。三是其他价值不大的财物。从各地给付彩礼的习俗来看，彩礼的价值通常要大于自愿赠与的财物价值，对于当事人之间给付的价值不大的财物的行为，不宜将其认定为给付彩礼的行为。

关于一方在婚前给付彩礼行为的性质，学理上存在一定的分歧，主要有"所有权转移说""从契约说""附解除条件赠与说"等不同主张，[1] 但一般认为，一方给付彩礼，另一方接受的，应当在当事人之间成立赠与合同关系。依据《民法典》第 657 条的规定，"赠与合同是赠与人将自己的财产无偿给予受赠人，受赠人表示接受赠与的合同"。从该条规定来看，赠与合同的本质属性在于其非对价性，即一方当事人将自己的财产无偿给予另一方，另一方只是接受该给付，而并不需要作出对待给付。在彩礼给付关系中，只是给付彩礼的一方将自己的财物给付给另一方，另一方在接受彩礼时，并不需要作出对待给付。因此，彩礼给付关系符合赠与合同的本质属性，应当将其界定为赠与合同关系。问题在于，彩礼给付合同在性质上是否属于附解除条件的赠与合同？有观点对此持肯定立场，即主张该合同属于附解除条件的赠与合同，即当事人以婚约的解除或者违反作为解除条件，如果当事人事后违反婚约或者解除婚约，则解除条件成就，给付彩礼的赠与合同当然失去效力，给付彩礼的一方有权请求返还。[2] 本书认为，关于彩礼给付合同是否属于附解除条件的合同，应当区分如下两种情形，分别予以认定：一是如果当事人明确约定将解除婚约、违反婚约或者离婚等作为彩礼给付合同的解除条件，则按照私法自治原则，该约定也具有法律效力，应当将其认定为附解除条件的合同。二是如果当事人未明确将解除婚约、违反婚约或者离婚等约定为彩礼给付合同的解除条件，此时不宜将彩礼给付合同界定为附解除条件的赠与合同，因为相关事实的发生与否能否作为民事法律行为所附条件，应当由当事人明确约定。附条件的民事法律行为是当事人在民事法律行为中特别约定一定的条件，并以该条件

---

[1]　相关学说观点的详细梳理及评述参见薛宁兰、崔丹："论彩礼给付性质与返还规则"，载《妇女研究论丛》2024 年第 5 期，第 88—90 页。

[2]　参见史尚宽：《亲属法论》，北京，法律出版社 2007 年版，第 158 页；王泽鉴：《民法学说与判例研究》（第一册），北京，中国政法大学出版社 1998 年版，第 430 页；王丹："新形势下彩礼纠纷的司法应对"，载《中国应用法学》2024 年第 1 期，第 134 页。

的成就与否作为民事法律行为效力发生或者终止的根据。[1] 相关事实的发生与否能否作为民事法律行为效力的限制条件,取决于当事人是否对其作出了约定。换言之,如果当事人没有对此作出约定,则不宜将其认定为民事法律行为所附条件。就彩礼给付合同而言,如果当事人没有将婚约被解除等作为返还彩礼的条件,则不宜将其解释为彩礼给付合同所附解除条件。

关于彩礼的返还,《民法典婚姻家庭编司法解释(一)》第5条规定:"当事人请求返还按照习俗给付的彩礼的,如果查明属于以下情形,人民法院应当予以支持:(一)双方未办理结婚登记手续;(二)双方办理结婚登记手续但确未共同生活;(三)婚前给付并导致给付人生活困难。适用前款第二项、第三项的规定,应当以双方离婚为条件。"该条对彩礼返还的具体情形作出了规定,在该条规定的基础之上,《彩礼纠纷司法解释》第5条、第6条以当事人是否已经办理结婚登记,以及是否已经共同生活为标准,分别规定了当事人能否请求返还彩礼的规则。依据该司法解释第5条规定,如果双方已经办理结婚登记并且共同生活,则离婚时一方原则上无权请求返还彩礼。当然,如果双方共同生活的时间较短且彩礼的数额过高,则人民法院可以根据彩礼实际使用及嫁妆情况,综合考虑彩礼数额、共同生活及孕育情况、双方过错等事实,结合当地习俗,确定是否返还,以及返还的具体比例。同时,人民法院在认定彩礼数额是否过高时,应当综合考虑彩礼给付方所在地居民人均可支配收入、给付方家庭经济情况以及当地习俗等因素予以判断。从该条规定可以看出,当事人不得请求返还彩礼的条件为双方已经办理结婚登记且共同生活,如果双方只是办理了结婚登记,但并没有共同生活,则离婚时一方有权请求返还彩礼。当然,即便双方没有办理结婚登记,但如果双方已经共同生活的,也会对当事人的彩礼返还请求权产生一定的影响。依据《彩礼纠纷司法解释》第6条的规定,在双方未办理结婚登记但已共同生活的情形下,人民法院需要结合彩礼实际使用及嫁妆情况,综合考虑共同生活及孕育情况、双方过错等事实,并结合当地习俗,确定是否应当返还彩礼,以及返还彩礼的具体比例。

参考案例:1-2

【基本案情】

2020年9月,王某某与李某某(女)登记结婚。王某某家在当地属于低收入家庭。为与对方顺利结婚,王某某给付李某某彩礼18.8万元。李某某于2021年4月终止妊娠。因双方家庭矛盾加深,王某某于2022年2月起诉离婚,并请求李某某返还彩礼18.8万元。

【裁判结果】

法院认为,双方当事人由于婚前缺乏了解,婚后亦未建立起深厚感情,婚姻已无

---

[1] 参见王利明主编:《中国民法典释评 总则编》,北京,中国人民大学出版社2020年版,第385页。

存续可能，准予离婚。结合当地经济生活水平及王某某家庭经济情况，王某某所给付的彩礼款 18.8 万元属于数额过高，事实上造成较重的家庭负担。综合考虑双方共同生活时间较短，女方曾有终止妊娠等事实，为妥善平衡双方当事人利益，化解矛盾纠纷，酌定李某某返还彩礼款 56 400 元。

（三）禁止重婚

《民法典》第 1042 条第 2 款第 1 句规定："禁止重婚。"该条对禁止重婚的规则作出了规定，关于何为重婚，我国《民法典》并没有作出明确规定，一般认为，重婚是指某一自然人有两个或两个以上的婚姻关系的情形，其包括法律上的重婚与事实上的重婚，前者是指一方在登记结婚后，又与他人再次登记结婚；后者是指法律婚姻与事实婚姻的重叠，或者事实婚姻之间的重叠。[1] 有配偶者在未办理离婚手续的情形下，又与他人登记结婚，或者虽然未登记结婚，但以夫妻名义公开同居生活的，构成重婚。[2] 当然，如果有配偶者只是与他人同居，但并没有以夫妻名义同居的，则不构成重婚。重婚不仅侵害了婚姻当事人的利益，也会损害社会公共利益，因此，我国《民法典》明确规定了禁止重婚的规则。

在当事人违反法律规定重婚的情形下，从《民法典》的规定来看，其主要产生如下法律后果：一是婚姻无效。从《民法典》第 1051 条的规定来看，重婚是婚姻无效的法定事由，因此，当事人重婚并不能产生缔结婚姻关系的效力。二是对因重婚而导致婚姻无效的财产的处理，不得侵害合法婚姻当事人的财产权利。依据《民法典》第 1054 条的规定，在因当事人重婚而导致婚姻无效时，也涉及财产的处理，此种财产的处理不得损害合法婚姻当事人的财产权益。三是重婚可以成为离婚的事由。依据《民法典》第 1079 条的规定，在一方重婚的情形下，人民法院调解无效的，应当准予离婚。四是离婚损害赔偿。依据《民法典》第 1091 条规定，如果因为一方重婚而导致离婚时，则无过错方有权请求损害赔偿。

📖 **参考案例：1-3**

【基本案情】

原告郝某某（女）与被告杨某某（男）原系夫妻关系，双方于 2020 年登记结婚，2021 年原告外出打工，2022 年原告将婚生子接到打工地，并独自承担孩子抚养费至今。被告杨某某于 2023 年向法院提起离婚诉讼，法院生效民事判决，判决"郝某某与杨某某离婚。婚生子杨某某暂随郝某某生活，并自费抚养"。该案件审理过程中，原告以被告构成重婚为由提出离婚损害赔偿诉讼请求，并向法院另行提起刑事自诉，要求依法追究杨某某重婚罪的刑事责任，后法院作出刑事判决，认定杨某某构成重婚罪，

---

[1] 参见余延满：《亲属法原论》，北京，法律出版社 2007 年版，第 63 页。

[2] 参见黄薇主编：《中华人民共和国民法典婚姻家庭编解读》，北京，中国法制出版社 2020 年版，第 17 页。

判处拘役 4 个月。

【裁判结果】

法院认为，生效的刑事判决已经确认杨某某构成重婚罪，杨某某的重婚行为给原告精神造成了很大程度的损害，故对原告提出的离婚损害赔偿请求予以支持。综合考虑原告所受精神伤害程度、被告的主观过错责任及经济负担能力，结合当地平均生活水平，酌定支持原告 1 万元离婚损害赔偿。

（四）禁止有配偶者与他人同居

除重婚外，有配偶者与他人同居也同样会破坏社会风气，损害社会公共利益，因此，我国《民法典》第 1042 条第 2 款第 2 句规定："禁止有配偶者与他人同居。"构成有配偶者与他人同居，应当符合如下条件：一是一方或者双方为有配偶者。也就是说，同居者一方或者双方有配偶是成立有配偶者与他人同居的基本前提，其既可能是一方有配偶与另一方无配偶者同居，也可能是同居者双方均有配偶，如果双方均无配偶，则不构成有配偶者与他人同居。二是双方必须构成同居。关于何为同居，《民法典》没有作出明确规定，《民法典婚姻家庭编司法解释（一）》第 2 条规定："民法典第一千零四十二条、第一千零七十九条、第一千零九十一条规定的'与他人同居'的情形，是指有配偶者与婚外异性，不以夫妻名义，持续、稳定地共同居住。"依据该条规定，构成同居要求双方必须是持续、稳定地共同居住，如果只是偶尔居住在一起，如双方偷情，但并没有长期居住在一起，则不构成此处的同居。而且构成同居要求有配偶者必须是与婚外异性共同生活，如果是与同性共同生活，则不属于此处的同居。同时，此处的同居并不要求双方必须公开以夫妻名义居住在一起，否则将构成重婚，而不再属于有配偶者与他人同居。

《民法典》第 1042 条虽然只是禁止有配偶者与他人同居，而没有规定有配偶者与他人同居的法律后果，从《民法典》的相关规定来看，有配偶者与他人同居将产生如下法律效果：一是可以成为离婚的法定事由。依据《民法典》第 1079 条的规定，在离婚诉讼中，如果一方与他人同居，则在调解无效的情形下，应当准予离婚。二是在因一方与他人同居而导致离婚的情形下，无过错方有权请求损害赔偿。

（五）禁止家庭暴力

《民法典》第 1042 条第 3 款第 1 句规定："禁止家庭暴力。"该条对禁止家庭暴力的规则作出了规定，从实践来看，家庭暴力问题日益受到人们关注，家庭暴力行为不仅损害了受害人的权利，也会影响婚姻家庭的和谐、稳定，因此，《民法典》对禁止家庭暴力的规则作出了规定。关于何为家庭暴力，《民法典》没有作出明确规定，依据《反家庭暴力法》第 2 条的规定，家庭暴力是指行为人以殴打、捆绑、残害、强行限制人身自由或者其他手段，给其家庭成员的身体、精神等方面造成一定伤害后果的行为。

从该条规定来看，家庭暴力主要具有如下特征：

第一，发生在家庭成员之间。家庭暴力的施暴者与受害者之间存在家庭成员关系，如果当事人双方并不具有家庭成员关系，则不构成家庭暴力。同时，家庭暴力通常发生在家庭共同生活中，通常具有隐蔽性和长期持续性，这也使得家庭暴力的损害后果要比通常的暴力侵害行为要严重，其可能使受害人遭受长期、持续的损害。家庭暴力的施暴者通常在家庭关系中处于强势地位，而受害人一方往往在家庭关系中处于弱势地位。从实践来看，家庭暴力通常是男方对女方实施，但也可能是女方对男方实施，只要符合法律规定的条件，即可成立家庭暴力。

第二，侵害方式具有多样性。从上述规定可以看出，家庭暴力的方式具有多样性，其包括殴打、捆绑、残害、强行限制人身自由以及其他手段，只要施暴者一方的行为可能使受害者一方遭受身体损害或者精神损害，即可能构成家庭暴力。例如，行为人并没有对受害人实施物理上的殴打、残害等行为，但长期实施所谓"冷暴力"，即通过轻视、疏远和漠不关心等方式，致使家庭成员精神和心理上受到侵犯和伤害，该行为也应当构成家庭暴力。

第三，损害后果包括身体损害与精神损害。家庭暴力的损害后果也具有多样性，其既可能使受害人遭受身体损害，如行为人殴打受害人，使受害人身体遭受损害；也可能使受害人遭受精神损害，如行为人长期实施"冷暴力"，使受害人遭受精神痛苦。

从《民法典》婚姻家庭编的规定来看，实施家庭暴力主要产生如下法律后果：一是在离婚诉讼中，依据《民法典》第 1079 条的规定，如果一方存在实施家庭暴力的情形，则法院调解无效的，应当准予离婚。二是如果因为一方实施家庭暴力导致离婚的，无过错方有权请求损害赔偿。除婚姻家庭编的规定外，由于家庭暴力构成对受害人身体权、健康权等人格权的侵害，受害人有权依法请求人民法院颁发禁令，制止行为人的行为；同时，也可以依法主张人格权请求权，请求行为人停止侵害，在造成受害人损害的情形下，受害人还应当有权请求行为人承担侵权损害赔偿责任。

（六）禁止家庭成员间的虐待和遗弃

《民法典》第 1042 条第 3 款第 2 句规定："禁止家庭成员间的虐待和遗弃。"该条对禁止家庭成员的虐待和遗弃规则作出了规定，关于何为虐待和遗弃，本条没有作出明确界定。一般认为，虐待是指对家庭成员进行歧视、折磨或者摧残，使其在身体或者精神上遭受损害。[1] 同时，《民法典婚姻家庭编司法解释（一）》第 1 条规定："持续性、经常性的家庭暴力，可以认定为民法典第一千零四十二条、第一千零七十九条、第一千零九十一条所称的'虐待'。"依据该规定，如果行为人持续性、经常性地实施家庭暴力，也可以将其认定为虐待。所谓遗弃，是指对于年老、年幼、患病或其

---

[1]　参见余延满：《亲属法原论》，北京，法律出版社 2007 年版，第 74 页。

他没有独立生活能力的人，负有赡养、抚养或扶养义务的人不履行其义务的行为。[1]从本条规定来看，其调整范围限于家庭成员间的虐待和遗弃行为，如果该行为并非发生在家庭成员之间，则不属于本条的调整范围。

从《民法典》的规定来看，行为人虐待、遗弃家庭成员的，主要产生如下法律效果：一是在离婚诉讼中，依据《民法典》第1079条的规定，一方存在虐待或者遗弃家庭成员行为的，将作为认定夫妻感情已经破裂的重要标准，如果调解无效，则应当准予离婚。二是依据《民法典》第1091条的规定，在因一方虐待、遗弃家庭成员导致离婚时，无过错方有权请求损害赔偿。三是依据《民法典》第1114条的规定，如果收养人不履行抚养义务，有虐待、遗弃等侵害未成年养子女合法权益行为的，送养人有权要求解除养父母与养子女间的收养关系。四是依据《民法典》第1118条的规定，如果因为生父母要求解除收养关系的，则养父母可以要求生父母适当补偿其在收养期间所支出的抚养费，但如果因养父母虐待、遗弃养子女而解除收养关系的，则养父母无权主张补偿其抚养费支出。五是依据《民法典》第1125条的规定，如果继承人实施了遗弃被继承人或者虐待被继承人的行为，情节严重的，则其将丧失继承权。

四、婚姻家庭的道德规范

《民法典》第1043条规定："家庭应当树立优良家风，弘扬家庭美德，重视家庭文明建设。夫妻应当互相忠实，互相尊重，互相关爱；家庭成员应当敬老爱幼，互相帮助，维护平等、和睦、文明的婚姻家庭关系。"该条对婚姻家庭的道德规范作出了规定。婚姻家庭编调整婚姻、家庭关系，婚姻家庭关系领域既涉及相关主体人身权、财产权的行使和保护的问题，也涉及对人们思想品行、生活习惯的调整，因此，法律在调整婚姻、家庭关系时，既要注重发挥法律规则的调整作用，也需要发挥道德的作用，在某些情形下，与法律规则的调整相比，道德的调整作用可能更具有实效性。因此，《民法典》第1043条专门对婚姻家庭的道德规范作出了规定，这实际上也是弘扬社会主义核心价值观的体现。[2]

（一）家庭应当树立优良家风，弘扬家庭美德，重视家庭文明建设

《民法典》第1043条第1款规定："家庭应当树立优良家风，弘扬家庭美德，重视家庭文明建设。"与《婚姻法》的规定相比，[3]本款规定为《民法典》婚姻家庭编的新增条款，《民法典》新增这一规定，意在鼓励人们培养良好的家风，进而提升社会整

---

〔1〕 参见黄薇主编：《中华人民共和国民法典婚姻家庭编解读》，北京，中国法制出版社2020年版，第18页。

〔2〕 参见黄薇主编：《中华人民共和国民法典婚姻家庭编解读》，北京，中国法制出版社2020年版，第20页。

〔3〕《婚姻法》第4条规定："夫妻应当互相忠实，互相尊重；家庭成员间应当敬老爱幼，互相帮助，维护平等、和睦、文明的婚姻家庭关系。"

体风气。[1] 家风即家庭的风气、风格和风尚，是家庭成员无形的价值准则。[2]《民法典》强调树立优良家风，弘扬家庭美德，重视家庭文明建设，既有利于塑造家庭成员的高尚品格，也有利于传承中华民族的传统美德，这也是婚姻家庭编贯彻落实社会主义核心家庭观的重要体现。

（二）夫妻应当互相忠实，互相尊重，互相关爱

《民法典》第 1043 条第 2 款规定："夫妻应当互相忠实，互相尊重，互相关爱；家庭成员应当敬老爱幼，互相帮助，维护平等、和睦、文明的婚姻家庭关系。"这规定了夫妻之间应当互相忠实，互相尊重，互相关爱，具体而言：第一，夫妻之间应当互相忠实，这也是维系婚姻关系的必然要求，夫妻之间互相忠实体现在诸多方面，其在狭义上主要是指夫妻应当维持性关系的专属性和排他性，在广义上则是指夫妻在生活的各个方面均应当互相忠实。第二，夫妻之间应当互相尊重，夫妻关系成立后，夫妻双方仍然属于独立的民事主体，其人格尊严均应当受到法律保护，夫妻之间不得以损害对方人格尊严的方式行为，而应当互相尊重。第三，夫妻之间应当互相关爱，《婚姻法》并没有规定夫妻之间互相关爱的内容，《民法典》婚姻家庭编新增夫妻之间应当"互相关爱"的规定，意在强调夫妻之间应当以最有人情味的方式行为，这也是夫妻关系最为本质的特征。

（三）家庭成员应当敬老爱幼，互相帮助，维护平等、和睦、文明的婚姻家庭关系

依据《民法典》第 1043 条第 2 款的规定，家庭成员应当敬老爱幼，互相帮助，维护平等、和睦、文明的婚姻家庭关系。具体而言，第一，家庭成员应当敬老爱幼。敬老是指晚辈家庭成员应当尊敬长辈家庭成员，使其安度晚年；爱幼是指长辈家庭成员应当爱护晚辈家庭成员，使其能够健康成长。敬老爱幼首先要求晚辈家庭成员和长辈家庭成员应当依法履行其法定赡养义务、抚养义务，不得从事法律禁止的行为，如虐待、遗弃家庭成员。同时，家庭成员之间还应当履行敬老爱幼的道德义务，维持家庭关系的和睦、和谐。例如，晚辈家庭成员除了为长辈家庭成员提供物质帮助外，还应当考虑其精神需求，这也是树立良好家风的基本要求。第二，家庭成员之间应当互相帮助。家庭作为一个共同体，是由各个家庭成员以血缘、婚姻为纽带而组成的，家庭成员之间在物质、精神等层面应当互相帮助，以更好地维系家庭共同体。第三，家庭成员应当维护平等、和睦、文明的婚姻家庭关系。家庭作为社会最基本的单元，家庭的和睦、和谐是社会稳定的前提和基础。家庭成员应当维护平等、和睦、文明的婚姻

---

〔1〕 参见中国审判理论研究会民事审判理论专业委员会编著：《民法典婚姻家庭编条文理解与司法适用》，北京，法律出版社 2020 年版，第 27 页。

〔2〕 参见黄薇主编：《中华人民共和国民法典婚姻家庭编解读》，北京，中国法制出版社 2020 年版，第 20 页。

家庭关系，这也是维护社会安定、有序的前提和基础。

需要指出的是，《民法典》第 1043 条关于婚姻家庭道德规范的规定在性质上并不属于婚姻家庭法的基本原则，也不是完整的法律规范，因为其并不包含明确的法律构成要件和法律效果，其在性质上应当属于宣示性条款，《民法典》规定该宣示性条款，意在发挥道德在调整婚姻、家庭方面的作用。对此，《民法典婚姻家庭编司法解释（一）》第 4 条规定："当事人仅以民法典第一千零四十三条为依据提起诉讼的，人民法院不予受理；已经受理的，裁定驳回起诉。"可见，该条规定并不能作为当事人主张权利的依据，而主要发挥一种价值宣示和引导功能。当然，这些条款本身也是婚姻家庭法基本原则的重要补充，更是婚姻自由原则、一夫一妻原则、男女平等原则的重要体现。[1]

第二节 婚姻家庭法概述

一、婚姻家庭法的概念和特征

（一）婚姻家庭法的概念

婚姻家庭法也称为亲属法，它是指调整一定范围内亲属之间人身关系和财产关系的法律规范的总和。[2] 婚姻家庭法属于民法的重要组成部分，长期以来，作为婚姻家庭法组成部分的《婚姻法》《收养法》一直以单行法的形式出现。自新中国成立以来，在《民法典》颁行前，我国共颁行了两部《婚姻法》，1950 年的《婚姻法》是新中国第一部《婚姻法》，该法共分为八个部分，即原则、结婚、夫妻间的权利和义务、父母子女间的关系、离婚、离婚后子女的抚养和教育、离婚后的财产和生活、附则，这就确立了我国婚姻家庭法的基本框架和制度体系。在该法的基础上，我国于 1980 年颁行了第二部《婚姻法》，与 1950 年《婚姻法》相比，该法在调整范围上没有大的变化，但在体例结构上进行了一定的简化，该法具体包括五个部分，即总则、结婚、家庭关系、离婚、附则。这一体例结构也奠定了我国婚姻家庭法律制度的基本框架。

2020 年 5 月 28 日，第十三届全国人民代表大会第三次会议通过了《民法典》，《民法典》的重要制度创新就是规定了婚姻家庭编，从体例结构上看，该编共包括五个部分，即一般规定、结婚、家庭关系、离婚、收养。从内容上看，该编整合了《婚姻法》与《收养法》，使婚姻家庭法回归民法，具有重要的意义。《民法典》婚姻家庭编构建了完善的婚姻家庭法体系，该编将法律名称由"婚姻法"修改为"婚姻家庭编"，并

---

〔1〕 参见中国审判理论研究会民事审判理论专业委员会编著：《民法典婚姻家庭编条文理解与司法适用》，北京，法律出版社 2020 年版，第 26 页。

〔2〕 参见余延满：《亲属法原论》，北京，法律出版社 2007 年版，第 2 页。

将《收养法》的规则纳入其中，这一法律名称的修改，也实现了法律名称与法律调整对象的统一，因为从《婚姻法》的规定来看，其不仅调整婚姻关系，还调整亲属关系，因此，该名称一直存在名不副实的问题。[1] 因此，《民法典》将其修改为"婚姻家庭编"，更好地保持了法律名称与调整内容的一致性。当然，这一名称上的变化并不仅仅具有形式上的意义，正如有学者所指出的，从《婚姻法》到《民法典》婚姻家庭编，增加了"家庭"二字，这一变化的重要意义并不仅仅体现为法律名称称谓上的变化，更是暗含了立法者对家庭法律结构重新予以重视的思路。[2]

（二）婚姻家庭法的特征

婚姻家庭法主要具有如下特征：

（1）具有很强的本土性和伦理性。婚姻家庭法与本国的文化传统、伦理道德观念等存在密切关联，婚姻家庭法的许多制度、规范甚至都是来源于本国的伦理道德规范，因此，其具有很强的本土性。例如，《民法典》第 1043 条规定："家庭应当树立优良家风，弘扬家庭美德，重视家庭文明建设。夫妻应当互相忠实，互相尊重，互相关爱；家庭成员应当敬老爱幼，互相帮助，维护平等、和睦、文明的婚姻家庭关系。"该规则即来源于弘扬优良家风、家庭美德等道德规范。同时，从婚姻家庭法的调整对象和调整范围来看，其不仅调整夫妻之间、家庭成员之间的人身关系和财产关系，还通常还涉及人们的思想品行、生活习俗等特殊问题，此时就不能完全依赖法律的强制性规范，而需要通过提高人们的思想认识和道德觉悟来解决，这也使得婚姻家庭法的部分规范具有很强的伦理性。

（2）调整对象包括为婚姻关系、家庭关系中的人身关系和财产关系。从《民法典》婚姻家庭编的规定来看，婚姻家庭法的调整对象包括两大类：一是婚姻关系，即夫妻双方基于婚姻关系而产生的各种人身关系和财产关系。二是家庭关系，即各家庭成员之间的各种人身关系和财产关系，具体包括夫妻关系、父母子女关系以及其他近亲属之间的关系。《民法典》虽然将收养法的内容纳入其中，但收养关系也主要涉及养子女与其生父母、养父母以及其他近亲属之间的各种人身关系和财产关系。

（3）法律规范主要具有强制性。婚姻家庭法虽然是民法的组成部分，但由于其调整婚姻、家庭关系，具有维护伦理道德和社会秩序的制度功能，因此，婚姻家庭法的规范具有强制性的特点。例如，婚姻家庭法关于婚姻效力的规定，关于夫妻、家庭成员之间权利义务关系的规定，等等，均具有强制性规范的特点，当事人原则上不得通过约定予以排除。再如，婚姻家庭法关于结婚程序和离婚程序的规定也具有强制性，当事人违反相关规定，则无法产生结婚与离婚的法律效果。当然，并非所有婚姻家庭法的规范均属于强制性规范，在某些情形下，其也尊重当事人的意思自治，如婚姻家

---

〔1〕 参见夏吟兰："婚姻家庭编的创新和发展"，载《中国法学》2020 年第 4 期，第 69 页。

〔2〕 参见申晨："民法典婚姻家庭编的回归与革新"，载《比较法研究》2020 年第 5 期，第 112 页。

庭法也保障个人的婚姻自由，尊重夫妻双方对财产归属的约定，尊重夫妻双方在离婚时对财产分割的约定等。

二、婚姻家庭法的功能

（一）调整婚姻家庭关系

调整婚姻家庭关系时婚姻家庭法的基本功能，这一功能贯穿婚姻家庭法的始终。婚姻家庭法通过多种方式调整婚姻家庭关系，一方面，婚姻家庭法规定婚姻家庭伦理道德规范和禁止的婚姻家庭行为，确立了调整婚姻家庭关系的基本价值理念。另一方面，婚姻家庭法通过对夫妻关系、家庭关系的调整，维护婚姻家庭关系的稳定。此外，婚姻家庭法还通过对妇女、未成年人、老年人、残疾人的合法权益进行倾斜保护，维护婚姻家庭关系的和谐稳定。我国《民法典》婚姻家庭编规定了婚姻家庭法的基本原则、婚姻家庭伦理道德规范，规定了结婚的条件和程序、夫妻关系、夫妻财产制、父母子女关系和其他近亲属关系，以及离婚的条件、程序和法律后果，收养的条件、程序、效力，以及收养关系的解除等规则，从民事基本法层面确立了婚姻家庭法的制度框架和主要规则。

（二）维护基本伦理道德

婚姻家庭法具有很强的伦理道德属性，这也使得婚姻家庭法律制度天然具有维护基本伦理道德的功能。在《民法典》各编中，婚姻家庭编是伦理道德色彩最为浓厚的领域，也是本土性最强而受域外法影响最小的法律制度。婚姻家庭法之所以具有维护基本伦理道德功能，主要是因为，婚姻家庭法的调整对象具有特殊性，其仅调整婚姻家庭领域具有特定身份关系的主体之间的权利义务关系。婚姻家庭法既调整夫妻之间的婚姻关系，也调整父母子女关系以及其他近亲属关系，在此类法律关系中，当事人之间的权利义务关系主要是身份关系，这也使得婚姻家庭法规范具有较强的伦理道德属性。

从《民法典》的规定来看，其通过多种方式维护基本的伦理道德。其既从正面规定树立优良家风，弘扬家庭美德，重视家庭文明建设，夫妻应当互相忠实，互相尊重，互相关爱，家庭成员应当敬老爱幼，互相帮助，维护平等、和睦、文明的婚姻家庭关系等婚姻家庭道德规范，也从反面规定了禁止包办、买卖婚姻和其他干涉婚姻自由的行为，禁止重婚，禁止有配偶者与他人同居，禁止家庭暴力，禁止家庭成员间的虐待和遗弃等禁止的婚姻家庭行为。在具体调整婚姻家庭成员的权利义务关系时，婚姻家庭编又规定了夫妻之间相互忠诚、关爱、扶养的义务，以及抚养子女、赡养老人等义务，从具体的法律制度层面更好地维护基本伦理道德。

（三）维护婚姻家庭关系稳定

婚姻家庭的稳定是社会稳定的前提和基础，因此，婚姻家庭法始终将维护婚姻家庭关系稳定作为重要目标。从我国《民法典》婚姻家庭编的规定来看，其许多规则都体现了维护婚姻家庭关系稳定的理念。例如，婚姻家庭编专门规定了婚姻家庭伦理道德规范，如禁止重婚、禁止有配偶者与他人同居、禁止家庭暴力、禁止家庭成员间的虐待和遗弃等，其目的就在于维护良好的婚姻家庭关系，保持婚姻家庭关系的稳定。再如，家庭财产、夫妻共同财产既是家庭成员、夫妻共同生活的基础，也是稳定婚姻家庭关系的基础，因此，婚姻家庭编规定，在婚姻家庭关系存续期间，原则上禁止分割家庭财产、夫妻共同财产，其目的也旨在维护婚姻家庭关系的稳定。再如，关于离婚制度，婚姻家庭编虽然注重保障个人的离婚自由，但也反对轻率离婚行为，因此，《民法典》婚姻家庭编第 1077 条专门规定了离婚冷静期制度，该制度的设置并不是为了限制个人的离婚自由，而是通过适度增加个人的离婚成本，以尽可能减少轻率离婚行为，从而维护婚姻关系的稳定。

（四）保障婚姻自由

保障婚姻自由是婚姻家庭法的重要功能。婚姻自由包括结婚自由与离婚自由，从我国《民法典》的规定来看，其始终贯彻保障婚姻自由的价值理念。为保障结婚自由，《民法典》专门规定了禁止的婚姻家庭行为，如规定了禁止包办、买卖婚姻和其他干涉婚姻自由的行为，以及禁止借婚姻索取财物的规则，以排除各类直接或者间接干涉结婚自由的行为。为保障离婚自由，《民法典》专门规定了协议离婚制度，充分保障个人在离婚方面的意思自由。同时，《民法典》还规定了诉讼离婚制度，用于解决夫妻双方感情破裂又无法达成离婚协议的问题，以更好地维护个人在离婚方面的自由。当然，从《民法典》颁行以前的实践来看，法院对判决离婚大多持消极立场，甚至对离婚案件进行多次调解，而不作出离婚判决。此种做法虽然有利于维持婚姻家庭关系，但也可能不当干涉个人的离婚自由。产生此种现象的重要原因之一，是夫妻感情破裂缺乏明确的判断标准。为更好地保障个人的离婚自由，《民法典》第 1079 条专门规定了应当准予离婚的具体情形，为判决离婚提供了较为客观的标准，有利于更好地保障个人的离婚自由。

三、婚姻家庭法的渊源

（一）婚姻家庭法的渊源概述

婚姻家庭法的渊源是指婚姻家庭法规范的具体表现形式，其主要体现为各级国家机关所制定的规范性文件，同时，依据《民法典》第 10 条的规定，在符合法律规定的情形下，习惯也可以成为法律渊源，因此，习惯也应当是婚姻家庭法的渊源。

明确婚姻家庭法的渊源，有助于确定调整婚姻家庭关系的规范类型和范围，即哪些规范性文件可以用于调整婚姻家庭关系。例如，婚姻家庭法的渊源主要是指各类规范性文件，当事人之间的约定，如夫妻双方关于夫妻财产制的约定、夫妻双方在离婚时关于财产分割的约定等，其虽然也可以调整夫妻双方的权利义务关系，但其并非婚姻家庭法的渊源。同时，明确婚姻家庭法的法律渊源，也是确定各类规范之间适用关系的前提，尤其是在不同层级的法律规范均可调整某一婚姻家庭关系时，此时就需要借助法律适用规则明确各个规范之间的适用关系。

（二）婚姻家庭法的具体法律渊源

1. 宪法

宪法是由全国人民代表大会制定的，其在我国法律体系中具有最高的法律效力，是国家的根本法。宪法的相关规范如果涉及婚姻家庭关系，其也属于婚姻家庭法的渊源。我国《宪法》第49条专门就婚姻家庭关系作出了规定，该条规定："婚姻、家庭、母亲和儿童受国家的保护。夫妻双方有实行计划生育的义务。父母有抚养教育未成年子女的义务，成年子女有赡养扶助父母的义务。禁止破坏婚姻自由，禁止虐待老人、妇女和儿童。"我国《民法典》婚姻家庭编中关于婚姻自由、夫妻关系、家庭关系的规定，实际上就是对上述宪法规定的细化。除上述规定外，我国《宪法》中关于公民基本权利和义务的部分规定也属于婚姻家庭法的渊源。例如，依据《宪法》第38条的规定，公民的人格尊严不受侵犯，禁止用任何方法对公民进行侮辱、诽谤和诬告陷害，该规则也适用于夫妻关系和家庭关系，即夫妻双方以及家庭成员的人格尊严也不受侵犯，行为人不得以任何方法侵害其人格尊严。再如，依据《宪法》第40条的规定，公民的通信自由和通信秘密受法律保护，该规则也适用夫妻关系和家庭关系，即夫妻双方以及家庭成员的通信自由和通信秘密也应当受到法律保护。

需要指出的是，宪法虽然是婚姻家庭法的渊源，但其在司法裁判中的适用要受到一定的限制。依据最高人民法院2009年发布的《关于裁判文书引用法律、法规等规范性法律文件的规定》第4条规定，"民事裁判文书应当引用法律、法律解释或者司法解释。对于应当适用的行政法规、地方性法规或者自治条例和单行条例，可以直接引用"。该条并没有将宪法纳入民事裁判文书可以引用的法律规范范围，因此，法院在裁判婚姻家庭纠纷时，不得直接依据宪法规则裁判。当然，在裁判文书说理时，法院可以引用宪法规范作为说理的依据；同时法院在适用婚姻家庭法的其他规范时，也可以将宪法作为解释相关法律规范的基础和依据，即所谓的合宪性解释方法。

2. 民事法律

民事法律是由全国人民代表大会及其常委会制定和颁布的民事立法文件。在我国，民事立法主要是指《民法典》，当然除《民法典》之外，还有各类民事单行法。调整婚姻家庭关系的民事法律主要是指《民法典》婚姻家庭编，除婚姻家庭编外，《民法典》其他各编的规则也可能涉及婚姻家庭关系，其也属于婚姻家庭法的渊源。例如，总则编的民事法律行为规则也适用于夫妻关于财产归属的约定，人格权编中各项人格权益保护规则也适用夫妻和家庭成员人格权益的保护。

除《民法典》外，其他单行法的规则如果涉及婚姻家庭关系，也属于婚姻家庭法的渊源。例如，《妇女权益保障法》第七章专门就"婚姻家庭权益"作出了规定，相关规则也属于婚姻家庭法的渊源。当然，在法律适用层面，《民法典》作为私法的基本法，在解释适用单行法中的婚姻家庭法规范时，应当以《民法典》婚姻家庭编以及其他各编的规定作为基础和依据。

3. 行政法规

行政法规是国务院根据宪法和法律，按照行政法规规定的程序制定的法规的总称。行政法规中涉及婚姻家庭关系的规范，在性质上也属于婚姻家庭法的渊源。例如，为了规范婚姻登记工作，保障婚姻自由、一夫一妻等婚姻制度的实施，保护婚姻当事人的合法权益，国务院于2003年颁行了《婚姻登记条例》，其也属于婚姻家庭法的法律渊源。

4. 行政规章

行政规章是国务院各部、委员会、中国人民银行、审计署和具有行政管理职能的直属机构以及法律规定的机构，根据法律和国务院的行政法规、决定、命令，在本部门的权限范围内所制定的规范性文件。行政规章中涉及婚姻家庭关系的，相关的规则也属于婚姻家庭法的渊源。例如，民政部《关于发布〈两岸婚姻家庭服务术语〉等2项行业标准的公告》（第366号）、《民政部关于海峡两岸婚姻家庭协会筹备成立的批复》（民函〔2012〕177号）等，其相关规则即属于婚姻家庭法的渊源。

5. 司法解释

司法解释是最高人民法院和最高人民检察院对司法工作中具体应用法律问题所作出的解释。从理论层面看，司法解释并不属于我国法律体系的组成部分，但从实践来看，最高司法机关所作出的司法解释已经成为各级审判机关解决纠纷的依据，其事实上已经成为法律渊源，我国《立法法》也确认了司法解释法律渊源的地位。最高司法机关所颁行的司法解释，如果其涉及婚姻家庭关系，也属于婚姻家庭法的渊源。例如，在《民法典》颁行后，最高人民法院先后颁行了《民法典婚姻家庭编司法解释（一）》《彩礼纠纷司法解释》《民法典婚姻家庭编司法解释（二）》，其规则也属于婚姻家庭法的渊源。除此之外，最高人民法院还就夫妻债务的认定、内地与香港特别行政区法院相互认可和执行婚姻家庭民事案件判决等问题制定了相关的司法解释，其相关规范也属于婚姻家庭法的渊源。

需要指出的是，除司法解释外，最高人民法院还建立了案例指导制度，最高人民法院于2010年11月26日发布了《关于案例指导工作的规定》，但依据该规定第7条规定，指导性案例的效力体现为"各级人民法院在审判类似案件时应当参照"，相关的裁判结论也不能直接作为裁判依据，其只能用于裁判说理，因此，指导性案例在性质上并非法律渊源。据此，相关指导性案例中涉及婚姻家庭关系的裁判结论也并非婚姻家庭法的渊源。

6. 地方性法规或者自治条例和单行条例

地方性法规是指地方各级人民代表大会及其常务委员会根据本行政区域的具体情况和实际需要，在不同宪法、法律、行政法规相抵触的前提下所制定、发布的决议、命令、法规等规范性法律文件。地方性法规的适用范围通常限于特定的行政区域，但按照《立法法》的规定，地方性法规也是我国法律体系的组成部分，其也具有法律效力，地方性法规中涉及婚姻家庭关系的规范也属于婚姻家庭法的渊源。

自治条例是指民族自治地方的人民代表大会依照当地民族的政治、经济和文化特点所制定的、管理自治地方事务的综合性法规。单行条例是指民族自治地方的人民代表大会在法律规定的自治权范围内，依照当地民族的政治、经济和文化特点，就某方面问题所制定的法规。自治条例和单行条例的适用范围虽然有限，但依据《立法法》的规定，其也是我国法律体系的组成部分。如果自治条例和单行条例的规则涉及婚姻家庭关系，则其也应当属于婚姻家庭法的渊源。

7. 国际条约和国际惯例

国际条约是两个或者两个以上的国家就政治、经济、军事、法律、贸易等领域的问题确定其相互权利义务关系的协议。对于我国缔结或者参加的国际条约而言，除我国声明保留的条款外，即便其与我国民事法律规定不一致，也应当适用该国际条约的规则。国际惯例是指在国际交往中所形成的不成文的原则和规则，国际惯例也称为国际习惯。部分国际惯例并不具有法律效力，作为法律渊源的国际惯例应当是指具有法律效力的国际惯例。如果国际条约与国际惯例中涉及婚姻家庭关系，则其也应当属于婚姻家庭法的渊源。

8. 习惯

所谓习惯，是指是指在某区域范围内，基于长期的生产生活实践而为社会公众所知悉并普遍遵守的生活和交易习惯。《民法典》第10条规定："处理民事纠纷，应当依照法律；法律没有规定的，可以适用习惯，但是不得违背公序良俗。"依据该规定，习惯也是我国民法的渊源。当然，习惯要成为民法渊源，应当符合法律规定的条件，如习惯违背公序良俗，则其无法成为民法渊源。如果习惯涉及婚姻家庭关系，则其也可以依法成为婚姻家庭法的渊源。

四、婚姻家庭法的体系

（一）婚姻家庭法的体系概述

《民法典》婚姻家庭编共分为五章，包括婚姻家庭法的一般规定、结婚、家庭关系、离婚、收养，全编分为五章，共计79条，形成了完备的婚姻家庭法律制度体系。与原《婚姻法》相比，《民法典》婚姻家庭编在体系上最大的变化是将原《收养法》

纳入其中，实现了收养法的法典化回归，更有利于发挥收养制度调整亲子关系的功能。

从《民法典》婚姻家庭编的规定来看，其体系构建上最大的特点是采用了总分结构，这也是我国《民法典》以及《民法典》各分编均采用的一种立法技术。从婚姻家庭编的体系结构来看，其第一章"一般规定"是该编的总则，该章规定了婚姻家庭编的一般规则；该编第二章至第五章分别规定了结婚、家庭关系、离婚、收养制度。各项制度的安排也符合婚姻家庭关系的特点。无论是从该编各章的名称，还是整个婚姻家庭编的体系安排来看，其都具有明显的总分结构的特点。当然，除了《民法典》之外，其他法律规范中涉及婚姻家庭法的规范，也应当属于广义上的婚姻家庭法的范畴，也是婚姻家庭法体系的组成部分。

（二）婚姻家庭法体系的具体构成

1. 婚姻家庭法的总则

婚姻家庭法的总则即婚姻家庭法的一般规定，在规范层面，其主要是指《民法典》婚姻家庭编的第一章"一般规定"。该章属于婚姻家庭法的总括性规定，其具体规定了如下内容：

一是婚姻家庭法的调整对象，即婚姻家庭法调整因婚姻家庭产生的民事关系（《民法典》第 1040 条）。该条明确了婚姻家庭法所调整的法律关系的属性，即因婚姻家庭而产生的民事关系，这也为将婚姻家庭法纳入《民法典》提供了理论依据。

二是婚姻家庭法的基本原则，即婚姻家庭受国家保护原则，婚姻自由原则，一夫一妻原则，男女平等原则，保护妇女、未成年人、老年人、残疾人合法权益原则，以及最有利于被收养人原则。

三是禁止的婚姻家庭行为，即禁止包办、买卖婚姻和其他干涉婚姻自由的行为，禁止借婚姻索取财物，禁止重婚，禁止有配偶者与他人同居，禁止家庭暴力，禁止家庭成员间的虐待和遗弃。

四是婚姻家庭的道德规范，即家庭应当树立优良家风，弘扬家庭美德，重视家庭文明建设；夫妻应当互相忠实，互相尊重，互相关爱；家庭成员应当敬老爱幼，互相帮助，维护平等、和睦、文明的婚姻家庭关系。

五是婚姻家庭法的基本概念，具体规定了亲属、近亲属、家庭成员等婚姻家庭领域的基本概念。

2. 婚姻家庭法的分则

从规范层面看，婚姻家庭法的分则主要是指《民法典》婚姻家庭编第二章至第五章，具体包括：

一是结婚制度。结婚制度位于婚姻家庭编的第二章，该章主要规定了结婚的条件、无效婚姻的类型、可撤销婚姻的类型，以及婚姻被宣告无效或者被撤销的法律后果等内容。

二是家庭关系制度。家庭关系制度位于婚姻家庭编的第三章，该章主要规定了夫妻人身关系、夫妻财产关系、夫妻财产制、父母子女关系以及其他近亲属关系等内容。

三是离婚制度。离婚制度位于婚姻家庭编的第四章，该章主要规定了协议离婚制度、诉讼离婚制度以及离婚的法律后果。关于离婚的法律后果，该章主要规定了离婚在人身关系方面的效力、在财产方面的效力以及离婚损害赔偿制度等内容。

四是收养制度。收养制度位于婚姻家庭编的第五章，该章主要规定了收养制度的一般规则、收养关系的成立条件、收养关系成立后在各个主体之间发生效力、收养关系的解除及其法律后果等内容。

第三节　婚姻家庭法的基本原则

一、婚姻家庭法基本原则概述

民法的基本原则是制定、解释和适用民法规则的基本准则，是民法本质特征的集中体现，也是理解民法制度、规则基本价值的出发点。民法的所有规则都是围绕民法基本原则而展开的。所谓婚姻家庭法的基本原则，是指贯穿于婚姻家庭法之中、对婚姻家庭法具有指导作用的根本准则，其能够反映婚姻家庭法的本质特征，是制定、解释和适用婚姻家庭法规则的出发点和重要依据。[1] 婚姻家庭法的基本原则是理解婚姻家庭法制度和规则的基本出发点，其主要具有如下特征。

第一，贯穿于婚姻家庭法的始终。婚姻家庭法的基本原则是婚姻家庭法的基本准则，其贯穿于婚姻家庭法的始终，对婚姻家庭法的立法、司法以及法律规则的解释、适用等，均具有指导意义。例如，我国《民法典》婚姻家庭编将婚姻自由原则规定为该编的基本原则，婚姻家庭编任何规则的解释与适用均不得违反该原则。当然，如果某个原则只是适用于婚姻家庭法的某个领域，而不是贯穿于婚姻家庭编的始终，则其只能成为婚姻家庭法某项制度的原则，而非婚姻家庭法的基本原则。[2]

第二，具有强行性，不允许当事人约定排除适用。婚姻家庭法的基本原则体现了国家对婚姻家庭关系的干预，当事人应当严格遵守，而不得通过约定排除其适用，否则当事人的约定不发生效力。例如，《民法典》第 1041 条对一夫一妻原则作出了规定，该原则即具有强行性，当事人约定排除该原则适用的，该约定即无法发生效力。

第三，内容具有宽泛性，不直接规定当事人的具体权利和义务。与民法的基本原则类似，婚姻家庭法的基本原则在内容上也具有宽泛性，其并不直接规定当事人的具体权利和义务，也不直接规定违反该原则的法律后果。因此，在解决具体的纠纷时，

---

〔1〕 参见余延满：《亲属法原论》，北京，法律出版社 2007 年版，第 51 页。

〔2〕 参见余延满：《亲属法原论》，北京，法律出版社 2007 年版，第 51 页。

应当首先考虑适用具体的法律规则，在没有具体的法律规则可以适用、构成法律漏洞时，才能考虑适用婚姻家庭法的基本原则。从这一意义上说，婚姻家庭法的基本原则也具有补充性。当然，这并不意味着，婚姻家庭法的基本原则仅能在填补法律漏洞时才能适用，在解释具体的法律规则，尤其是在具体法律规则存在多种解释方案时，婚姻家庭法的基本原则也可以为解释选择提供价值指引，成为解释选择的依据。

关于婚姻家庭法的基本原则，《民法典》第 1041 条规定："婚姻家庭受国家保护。实行婚姻自由、一夫一妻、男女平等的婚姻制度。保护妇女、未成年人、老年人、残疾人的合法权益。"该条确立了婚姻家庭受国家保护原则，婚姻自由原则，一夫一妻原则，男女平等原则，保护妇女、未成年人、老年人、残疾人合法权益原则多项基本原则。可见，婚姻家庭编在总则编之外，规定了独立的、自成体系的基本原则体系，这一方面是因为，婚姻家庭领域具有很强的伦理色彩，具有不同于财产法的特点，难以被总则编的基本原则所统领；另一方面，婚姻家庭编的基本原则对于解决婚姻家庭领域的纠纷具有重要的价值指引作用，这显然是总则编基本原则所难以替代的。[1] 同时，鉴于婚姻家庭编已经对该编的基本原则作出了规定，因此，民法典总则编的基本原则，如平等原则、自愿原则、公平原则等，在适用于婚姻家庭编时也应当受到一定的限制。

二、婚姻家庭受国家保护的原则

《民法典》第 1041 条第 1 款规定："婚姻家庭受国家保护。"该条规定了婚姻家庭受国家保护的原则。该原则是我国《民法典》婚姻家庭编新增的原则。在我国，婚姻家庭受法律保护是一项重要的宪法原则，《宪法》第 49 条第 1 句规定："婚姻、家庭、母亲和儿童受国家的保护。"该条确立了婚姻家庭受国家保护的原则，婚姻家庭编中婚姻家庭受国家保护原则可以说是该宪法原则的具体化。除《宪法》外，我国民事立法也历来重视对婚姻家庭的保护。《民法通则》第 104 条第 1 款规定："婚姻、家庭、老人、妇女和儿童受法律保护。"《民法总则》第 112 条规定："自然人因婚姻、家庭关系等产生的人身权利受法律保护。"上述立法均明确规定了对婚姻家庭的保护，可见，《民法典》婚姻家庭编关于婚姻家庭受国家保护原则的规定，也是对我国民事立法经验的一种继承和延续。

从我国《民法典》的规定来看，其许多制度和规则都体现了婚姻家庭受国家保护的原则。例如，在总则编，《民法典》第 112 条规定："自然人因婚姻家庭关系等产生的人身权利受法律保护。"该条通过保护自然人因婚姻家庭而产生的人身权利，也可以起到保护婚姻家庭的作用。在人格权编，《民法典》第 1001 条规定："对自然人因婚姻家庭关系等产生的身份权利的保护，适用本法第一编、第五编和其他法律的相关规定；

---

[1]　参见申晨："民法典婚姻家庭编的回归与革新"，载《比较法研究》2020 年第 5 期，第 110-111 页。

没有规定的，可以根据其性质参照适用本编人格权保护的有关规定。"依据该条规定，关于身份权的法律调整，除法律有特别规定外，可以准用人格权编的规则，这尤其体现在身份权的保护方面，即在身份权遭受侵害的情形下，可以准用人格权的保护规则对权利人提供保护。[1] 例如，《民法典》第995条对人格权请求权作出了规定，而从《民法典》的规定来看，其并没有规定身份权请求权，因此，准用人格权请求权对身份权提供保护，有利于维护权利人对其身份利益所享有的圆满状态，也有利于及时预防侵害身份权行为的发生。再如，就违约精神损害赔偿规则而言，在因一方违约同时侵害他人身份权益，造成受害人严重精神损害的，权利人也应当有权主张精神损害赔偿责任，这也有利于对权利人提供全面的救济。婚姻家庭编的许多规则也都是婚姻家庭受国家保护原则的具体体现。例如，婚姻家庭编禁止重婚、禁止有配偶者与他人同居，在一方重婚或者与他人同居的情形下，在离婚诉讼中赋予无过错一方损害赔偿请求权等，均是婚姻家庭受国家保护原则的具体体现。

三、婚姻自由原则

《民法典》第1041条第2款规定："实行婚姻自由、一夫一妻、男女平等的婚姻制度。"该条确立了婚姻自由原则，所谓婚姻自由，又称婚姻自主，它是指婚姻当事人享有自主决定自己婚姻的权利。[2] 法律保障婚姻自由，是为了保障当事人能够基于自己的意愿与他人结成共同生活的伴侣，从而组建美满的家庭。

婚姻自由原则包含两方面内容：一是结婚自由，即当事人有权依法决定是否结婚以及与谁结婚，不受他人的非法干涉和强制。[3] 也就是说，个人可以基于自己的意愿，决定是否与他人缔结婚姻关系，或者决定与何人缔结婚姻关系，任何人不得非法强迫与干涉。从内容上看，结婚自由也包含不结婚的自由、初婚的自由、再婚的自由以及复婚的自由。[4] 二是离婚自由，即夫妻双方有权自主处理离婚问题，双方可以自愿协商离婚，在一方提出离婚后，另一方也不得进行非法干涉。[5] 保障当事人的离婚自由，有利于使当事人从已经破裂的婚姻关系中解脱出来，免受婚姻关系名存实亡的痛苦。从某种意义上说，没有离婚自由，就没有真正的婚姻自由。从我国《民法典》的规定来看，其所规定的禁止包办、买卖婚姻和其他干涉婚姻自由的行为（《民法典》第1042条），可以看作是婚姻自由原则的具体体现。需要指出的是，婚姻自由原则不同于自愿原则，其仅指结婚和离婚行为需要出于双方自愿，任何第三人不得强迫和干

---

[1] 参见杨立新："人格权编草案二审稿的最新进展及存在的问题"，载《河南社会科学》2019年第7期，第28页。

[2] 参见黄薇主编：《中华人民共和国民法典婚姻家庭编解读》，北京，中国法制出版社2020年版，第11页。

[3] 参见余延满：《亲属法原论》，北京，法律出版社2007年版，第53页。

[4] 参见余延满：《亲属法原论》，北京，法律出版社2007年版，第53页。

[5] 参见黄薇主编：《中华人民共和国民法典婚姻家庭编解读》，北京，中国法制出版社2020年版，第11—12页。

涉。夫妻间财产关系的自治等问题，不受该原则的调整。[1]

四、一夫一妻原则

所谓一夫一妻，是指一男一女结为夫妻，互为配偶，任何人不得同时与两个以上的人缔结婚姻关系。[2] 一夫一妻原则是我国《民法典》婚姻家庭编的基本原则，也是男女平等的基本要求，该原则具体包含如下内容：一是婚姻关系为男女的结合。在我国《民法典》婚姻家庭编立法过程中，有观点主张在婚姻家庭编中承认同性婚姻，但鉴于同性婚姻并没有被社会公众广泛认可，立法者没有采纳这一立法建议。婚姻家庭编将一夫一妻原则规定为基本原则，也意在强调婚姻关系为男女的结合，而没有承认同性婚姻的合法性。二是任何人都不得同时有两个或者两个以上的配偶。一夫一妻原则要求个人在同一时间段只能有一个配偶，否则即构成对该原则的违反。夫妻一方只有在已经离婚或者在配偶已经死亡的情形下，才能再次结婚。当然，此处的死亡既包括自然死亡，也包括宣告死亡。依据《民法典》第51条的规定，"被宣告死亡的人的婚姻关系，自死亡宣告之日起消除"，这也意味着，夫妻一方被宣告死亡的，婚姻关系即消灭，另一方即可再次结婚，其再婚后的婚姻关系属合法有效的婚姻关系，受到法律保护。

参考案例：1-4

【基本案情】

谷某早年曾下落不明，其妻子王某向法院申请宣告谷某死亡。在法院依法宣告谷某死亡后，王某与刘某结婚，并办理了结婚登记。在谷某重新出现后，法院依法撤销了对谷某的死亡宣告。后谷某向法院提起诉讼，请求与王某离婚。

【裁判结果】

法院认为，自然人在被宣告死亡后，其婚姻关系自被死亡宣告之日起消灭。在其死亡宣告被法院撤销后，如果其配偶尚未再婚，则二者的夫妻关系从撤销死亡宣告之日起自行恢复。如果其配偶再婚后又离婚或者再婚后配偶又死亡的，则不得认定夫妻关系自行恢复。本案中，被告王某已于原告谷某被宣告死亡后再婚，原、被告间已不存在婚姻关系，故原告的离婚诉请法院不予支持。

为有效贯彻一夫一妻原则，我国《民法典》婚姻家庭编对禁止重婚、禁止有配偶者与他人同居的规则作出了规定。我国《民法典》婚姻家庭编虽然在"一般规定"部分对一夫一妻原则作出了规定，但该部分并没有对行为人违反一夫一妻原则的法律后果作出规定。从婚姻家庭编的规定来看，行为人违反一夫一妻原则主要产生如下法律

---

〔1〕 参见申晨："民法典婚姻家庭编的回归与革新"，载《比较法研究》2020年第5期，第111页。

〔2〕 参见黄薇主编：《中华人民共和国民法典婚姻家庭编解读》，北京，中国法制出版社2020年版，第12页。

后果：一是有配偶者再次与他人结婚的，构成重婚，将导致后一婚姻关系无效。依据《民法典》第1051条的规定，重婚是导致婚姻关系无效的法定事由。因此，行为人违反一夫一妻原则，再次与他人结婚的，其后一婚姻关系将受到法律的否定性评价，无法成立有效的婚姻关系。二是行为人违反一夫一妻原则，与他人再次结婚，或者与他人同居的，构成违反夫妻忠诚义务，这是认定夫妻感情破裂的重要参考因素，也是法院准予离婚的法定情形。依据《民法典》第1079条的规定，行为人重婚或者与他人同居，经调解无效的，法院应当准予离婚。因此，行为人违反一夫一妻原则，构成准予离婚的法定事由。三是构成离婚损害赔偿的法定事由。依据《民法典》第1091条的规定，行为人违反一夫一妻原则，再次与他人结婚，或者与他人同居的，如果因此导致离婚，无过错方应当有权依法请求离婚损害赔偿。四是对离婚后子女直接抚养与财产分配的影响。行为人违反一夫一妻原则与他人重婚，或者与他人同居的，在离婚的情形下，还会对离婚后子女的直接抚养主体的确定，以及财产分配产生一定的影响。依据《民法典》第1084条的规定，离婚后，对于已满两周岁的子女，如果夫妻双方协商不成，则人民法院将根据双方的具体情况，按照最有利于未成年子女的原则确定子女的直接抚养主体，在一方构成重婚或者与他人同居的情形下，法院可能认定该方直接抚养子女将不利于未成年子女的成长，可能会因此判决由无过错方直接抚养子女。就财产分配而言，依据《民法典》第1087条第1款的规定，在离婚时，夫妻共同财产由双方协议处理，如果协议不成，则法院将根据财产的具体情况，按照照顾子女、女方和无过错方权益的原则判决。在一方违反一夫一妻原则的情形下，该方对离婚存在重大过错，法院在分配夫妻共同财产时将依法对无过错方进行倾斜保护。

当然，从《民法典》婚姻家庭编的规定来看，其在贯彻一夫一妻原则方面仍存在需要进一步完善之处，《民法典》婚姻家庭编在贯彻一夫一妻原则方面，主要从规定禁止的婚姻家庭行为、离婚制度等方面对违反一夫一妻原则的行为人进行制裁，并对无过错方进行保护，但对离婚外的其他情形，则缺乏有效保护无过错方的规则。由于行为人违反一夫一妻原则，重婚或者与他人同居时，无过错方并不当然会选择与其离婚，此种情形下如何保障无过错方的利益，值得探讨。同时，从《民法典》婚姻家庭编的规定来看，其将违反一夫一妻原则的行为类型主要限定为"重婚""与他人同居"这两种情形，其可能无法涵盖违反一夫一妻原则行为的所有类型。例如，行为人与他人长期保持婚姻外性关系，但并不构成重婚以及与他人同居，此时也有必要保护另一方的利益。

五、男女平等原则

男女平等原则是指男女两性在婚姻家庭中的地位平等，平等地享有权利，负担义务。《民法典》第1041条第2款规定："实行婚姻自由、一夫一妻、男女平等的婚姻制度。"该条对婚姻家庭法中男女平等原则作出了规定。男女平等原则可以看作是《民法典》总则编平等原则的一种具体体现，关于该原则，从正面看，男女平等原则是指在婚姻关系和家庭关系中，男女具有平等的法律地位，各自具有独立的人格，而不存在人身依附关系。例如，《民法典》第1057条规定："夫妻双方都有参加生产、工作、学习和社会活动的自由，一方不得对另一方加以限制或者干涉。"从反面看，男女平等原则还要求在婚姻家庭关系中不得因性别差异而进行区别对待，尤其是禁止对女性任何形式的歧视和压迫。

从我国《民法典》婚姻家庭编的规定来看，其在规定婚姻关系、家庭关系的具体规则时，一般并没有依据性别的不同而规定不同的规则。例如，在结婚方面，依据《民法典》第1050条的规定，在登记结婚后，双方可以约定，女方可以成为男方家庭的成员，男方可以成为女方家庭的成员。在离婚方面，依据《民法典》第1076条的规定，夫妻双方自愿离婚的，应当签订书面离婚协议，在订立离婚协议时，夫妻双方的法律地位是平等的，一方不得强迫另一方面订立该协议。再如，在家庭关系中，《民法典》第1055条规定，"夫妻在婚姻家庭中的地位平等"，第1056条规定，"夫妻双方都有各自使用自己姓名的权利"。可以说，我国《民法典》婚姻家庭编始终贯彻了男女平等原则，这也是建立和维系良好婚姻关系和家庭关系的重要保障。

六、保护妇女、未成年人、老年人、残疾人合法权益原则

所谓保护妇女、未成年人、老年人、残疾人合法权益原则，是指对于妇女、未成年人、老年人以及残疾人在婚姻家庭方面所享有的合法权益，婚姻家庭法予以特别的保护。《民法典》第1041条第3款规定："保护妇女、未成年人、老年人、残疾人的合法权益。"该条对保护妇女、未成年人、老年人、残疾人合法权益原则作出了规定。

我国立法历来重视对妇女、未成年人、老年人以及残疾人等弱势群体权益的重点保护，《宪法》第49条规定："婚姻、家庭、母亲和儿童受国家的保护。夫妻双方有实行计划生育的义务。父母有抚养教育未成年子女的义务，成年子女有赡养扶助父母的义务。禁止破坏婚姻自由，禁止虐待老人、妇女和儿童。"该条从基本法的层面对妇女、儿童、老年人合法权益的保护作出了规定，为我国民事立法强化对这些群体权益的保护提供了宪法依据。《民法通则》第104条第1款规定："婚姻、家庭、老人、妇女和儿童受法律保护。"该条也对老人、妇女、儿童权益的保护规则作出了规定。《婚姻法》第2条也规定了"保护妇女、儿童和老人的合法权益"的原则。《民法典》婚姻家庭编对保护妇女、未成年人、老年人、残疾人合法权益原则作出规定，可以说是我国民事立法经验的一种总结和延续。

保护妇女合法权益是我国《民法典》婚姻家庭编立法所秉持的一项基本价值理念，该编的许多规则都体现了这一立法理念。例如，《民法典》第1082条规定："女方在怀

孕期间、分娩后一年内或者终止妊娠后六个月内，男方不得提出离婚；但是，女方提出离婚或者人民法院认为确有必要受理男方离婚请求的除外。"该条为保护妇女的合法权益，对男方提出离婚的请求进行了限制。再如，《民法典》第 1087 条规定："离婚时，夫妻的共同财产由双方协议处理；协议不成的，由人民法院根据财产的具体情况，按照照顾子女、女方和无过错方权益的原则判决。"该条在规定离婚时的财产分割时，也特别强调了对女方的保护。

保护未成年人合法权益是我国一贯的立法政策。《民法典》第 1041 条将《婚姻法》第 2 条中保护"儿童"合法权益修改为保护"未成年人"合法权益，在保护对象方面更为广泛，因为一般认为，儿童是年龄较小的未成年人，无法涵盖所有未成年人，因此，立法上对此进行了必要的调整。[1]《民法典》婚姻家庭编的许多规则都体现了保护未成年人合法权益的立法理念。例如，在婚姻关系方面，依据《民法典》第 1076 条的规定，夫妻双方自愿离婚的，其所签订的离婚协议应当载明子女抚养事项，而且从《民法典》第 1078 条规定来看，婚姻登记机关在审查当事人的离婚协议时，也需要审查当事人是否已经对子女抚养事项作出约定，其目的即在于保护未成年人的利益，防止出现未成年人因父母离婚而无人抚养的现象。在家庭关系方面，依据《民法典》第 1068 条的规定，父母负有教育、保护未成年子女的义务，这实际上也赋予了未成年人享有接受抚养的权利。同时，为解决父母已经死亡或者父母无力抚养时未成年子女的抚养问题，《民法典》第 1074 条对有负担能力的祖父母、外祖父母对未成年孙子女、外孙子女的抚养义务作出了规定，第 1075 条对有负担能力的兄、姐对未成年弟、妹的扶养义务作出了规定。再如，在收养关系中，依据《民法典》第 1095 条的规定，如果未成年人的父母均不具备完全民事行为能力，并且可能严重危害该未成年人时，该未成年人的监护人可以依法将其送养，其目的也在于强化对未成年人的保护。

保护老年人合法权益也是我国婚姻家庭法的一项基本原则，这在《民法典》婚姻家庭编的许多规则都有所体现。例如，成年子女对父母有赡养的义务，在成年子女不履行赡养义务时，依据《民法典》第 1067 条的规定，缺乏劳动能力或者生活困难的父母有权请求成年子女给付赡养费。依据《民法典》第 1074 条第 2 款的规定，对于子女已经死亡或者子女无力赡养的祖父母、外祖父母，有负担能力的孙子女、外孙子女也负有赡养的义务。再如，依据《民法典》第 1088 条的规定，如果夫妻一方因照料老年人负担较多义务的，则其可以在离婚时向另一方请求补偿，另一方也应当给予补偿。

保护残疾人合法权益原则是《民法典》新增的一项原则，保护残疾人体现了对残疾人这一特殊群体的关爱，彰显了婚姻家庭的功能，因为残疾人受生理上的限制，独立生活能力受到一定的限制，在婚姻家庭领域应当受到特殊关爱，我国《民法典》婚姻家庭编将保护残疾人合法权益作为一项基本原则加以规定，体现了现代民法人文关

---

〔1〕 参见黄薇主编：《中华人民共和国民法典婚姻家庭编解读》，北京，中国法制出版社 2020 年版，第 10 页。

怀的价值理念。我国立法历来重视对残疾人合法权益的保护，《宪法》第 45 条规定："中华人民共和国公民在年老、疾病或者丧失劳动能力的情况下，有从国家和社会获得物质帮助的权利。国家发展为公民享受这些权利所需要的社会保险、社会救济和医疗卫生事业。国家和社会保障残废军人的生活，抚恤烈士家属，优待军人家属。国家和社会帮助安排盲、聋、哑和其他有残疾的公民的劳动、生活和教育。"该条从宪法的层面对强化残疾人合法权益保护作出了规定，这也为部门法强化残疾人权益保护提供了基本法层面的依据。除《宪法》外，我国还专门颁行了《残疾人保障法》，对残疾人的康复、教育、劳动就业、文化生活以及社会保障等问题作出了规定。在民事立法领域，《民法通则》第 104 条第 2 款规定："残疾人的合法权益受法律保护。"这也强调了对残疾人合法权益的保护。可见，《民法典》婚姻家庭编将保护残疾人合法权益作为一项基本原则，可以说是我国上述立法经验的一种总结。此外，从《民法典》婚姻家庭编的规定来看，其在一些规则中也就残疾人保护作出了特别规定。例如，《民法典》第 1100 条第 2 款规定："收养孤儿、残疾未成年人或者儿童福利机构抚养的查找不到生父母的未成年人，可以不受前款和本法第一千零九十八条第一项规定的限制。"该条适当放宽了收养残疾未成年人的条件，目的在于实现对残疾人的倾斜保护。

七、最有利于被收养人原则

《民法典》第 1044 条规定："收养应当遵循最有利于被收养人的原则，保障被收养人和收养人的合法权益。禁止借收养名义买卖未成年人。"该条对最有利于被收养人原则作出了规定，即在收养关系中，不论是认定收养关系的成立、收养关系的效力，还是在收养关系的解除中，均应当坚持最有利于被收养人的原则。当然，在收养关系中，不仅需要保护被收养人的利益，也需要保护收养人的利益，但收养法律制度在保护收养人与被收养人利益时是有所侧重的，即保护被收养人的利益为主，保护收养人的利益为辅，[1] 在二者利益发生冲突时，一般优先保护被收养人的利益。同时，被收养人不是商品，不能成为买卖的客体，因此，行为人不得借收养的名义买卖未成年人，行为人买卖未成年人构成犯罪的，将需要依法承担刑事责任。

从《民法典》的规定来看，其许多规则都体现了最有利于被收养人的原则。例如，《民法典》第 1093 条在规定未成年人被收养的条件时，主要是考虑到未成年人健康成长的需要，即符合该条规定的未成年人如果不允许被收养的话，其健康成长将受到严重影响。《民法典》第 1100 条第 2 款在规定孤儿、残疾未成年人或者儿童福利机构抚养的查找不到生父母的未成年人被收养的条件时，也放宽了对收养人条件的限制，其目的也在尽量使这些未成年人被收养，从而保障其健康成长。再如，依据《民法典》第 1114 条第 2 款的规定，如果收养人不履行抚养义务，实施了虐待、遗弃等侵害未成

---

〔1〕　参见黄薇主编：《中华人民共和国民法典婚姻家庭编解读》，北京，中国法制出版社 2020 年版，第 24 页。

年养子女合法权益行为的，则送养人有权要求解除收养关系，这显然也是为了保护被收养人的利益。

本章思考题

1. 简述婚姻家庭法的功能。
2. 简述借婚姻索取财物与自愿赠与之间的关系。
3. 简述婚姻自由原则的主要内容。
4. 《民法典》增设"家庭应当树立优良家风、弘扬家庭美德、重视家庭文明建设"的规定，具有哪些意义？
5. 如何理解给付彩礼行为的性质？

第二章 结 婚

【本章引例】

杨某（女，23 岁）与李某（男，25 岁）于 2015 年登记结婚，婚后生育一子。2020 年左右，因夫妻关系不和，杨某离开李某出走，到广州打工。2021 年下半年，杨某经人介绍与同在广州务工的吴某相识，后杨某来到吴某的老家，与吴某共同生活。2022 年 5 月，杨某与吴某在吴某老家的婚姻登记机关再次登记结婚，并领取了结婚证。因杨某不能生育，二人在同居生活期间经常发生争吵。后杨某因涉嫌重婚而被法院以重婚罪为由判处有期徒刑 10 个月。服刑期满后，杨某回到贵州娘家生活。2023 年 10 月，杨某与李某经法院调解离婚。2024 年 5 月，杨某向法院起诉，请求宣告其与吴某的婚姻无效。

【简要评析】

本案涉及婚姻关系无效的宣告问题。我国《民法典》虽然规定了婚姻无效的具体事由，但在出现婚姻无效的事由后，是否当然导致婚姻关系无效，还是需要由有关机关宣告婚姻关系无效，《民法典》并未作出明确规定。关于婚姻无效的确认，《民法典婚姻家庭编司法解释（一）》第 9 条规定："有权依据民法典第一千零五十一条规定向人民法院就已办理结婚登记的婚姻请求确认婚姻无效的主体，包括婚姻当事人及利害关系人。其中，利害关系人包括：（一）以重婚为由的，为当事人的近亲属及基层组织；（二）以未到法定婚龄为由的，为未到法定婚龄者的近亲属；（三）以有禁止结婚的亲属关系为由的，为当事人的近亲属。"该条区分婚姻无效的不同情形，分别规定了请求确认婚姻无效的主体。可见，即便出现了婚姻无效的事由，也并不当然导致婚姻关系无效，而需要由相关主体请求确认婚姻无效。在该案中，杨某在与李某婚姻关系存续的情形下，与吴某再次结婚，构成重婚，杨某作为婚姻当事人，有权请求确认其与吴某的婚姻关系无效。同时，从《民法典》第 1051 条与《民法典婚姻家庭编司法解释（二）》第 1 条规定来看，只要构成重婚，相关主体即有权依法请求宣告重婚的婚姻关系无效，而不论当事人在先的合法婚姻关系之后是否因当事人离婚或者配偶死亡等原因而消灭。从该条规定来看，其在将重婚规定为婚姻无效的事由时，并没有区分重婚的另一方当事人的善意与恶意，而一概将其规定为婚姻无效的事由。《民法典婚姻家庭编司法解释（二）》对重婚的效力补正规则作出了规定，依据该司法解释第 1 条规定，在以重婚为由请求确认婚姻无效的案件中，当事人不得以在先合法婚姻当事人已经离婚或者配偶已经死亡为由主张后一婚姻因此转为有效婚姻。此种立场值得赞同，该规则与《民法典》第 1051 条有关因重婚导致婚姻关系无效的规则具有一致性。换言之，在因重婚导致婚姻关系无效的情形下，后一婚姻关系在效力上属于自始无效、当然无效，其效力无法因合法婚姻当事人已经离婚或配偶已经死亡而补正。

第一节 结婚概述

一、结婚的概念

结婚即婚姻的成立，它是指男女双方依据法律规定的条件和程序确立夫妻关系的民事法律行为。结婚是婚姻关系产生的前提，也是婚姻关系发生法律效力的基础。一般而言，结婚行为主要具有如下几个特征：

第一，结婚行为一旦完成，即在当事人之间成立婚姻关系。也就是说，结婚行为完成的后果是在当事人之间成立婚姻关系。当然，需要指出的是，结婚虽然可以导致婚姻关系的成立，但该婚姻关系并不当然能够在婚姻当事人之间产生法定的夫妻权利义务关系，因为通过结婚行为成立的婚姻关系并非当然有效，其可能是无效婚姻或者是可撤销的婚姻，其要产生法定的夫妻权利义务关系，还必须具备法律规定的婚姻的有效要件，即必须成立有效的婚姻关系。

第二，结婚行为的主体是双方当事人。结婚行为在性质上属于民事法律行为，而且是双方民事法律行为，其必须具备双方当事人，而且当事人必须就结婚事项达成合意，否则无法成立婚姻关系。

第三，结婚行为需要符合法律规定的条件。如前所述，因结婚行为所成立的婚姻关系虽然并不当然是有效的婚姻关系，但此种婚姻关系也必须具备法律规定的条件，否则无法成立婚姻关系。例如，依据《民法典》第 1049 条的规定，当事人缔结婚姻关系的，应当依法办理登记，才能确立婚姻关系，如果当事人未按照法律规定办理登记，则原则上仅成立同居关系，而无法成立婚姻关系。依据《民法典婚姻家庭编司法解释（一）》第 5 条的规定，如果当事人未办理结婚登记手续，则当事人有权请求返还按照习俗所给付的彩礼。

二、结婚的条件

从《民法典》的规定来看，其在规定有效婚姻关系的同时，也规定了婚姻关系存在效力瑕疵的情形，即无效婚姻与可撤销婚姻。在婚姻关系存在瑕疵时，虽然无法在当事人之间产生法定的夫妻权利义务关系，但并不能据此否定在当事人之间已经成立了婚姻关系。因此，此处所探讨的结婚的条件需要从两个层面加以理解：一是结婚行为的成立要件，即成立结婚行为需要具备哪些要件，当然，在具备结婚行为的要件后，所成立的婚姻关系可能是有效的婚姻，也可能是存在效力瑕疵的婚姻关系，此种婚姻关系并不当然在当事人之间产生法定的夫妻权利义务关系及家庭关系。二是结婚行为的有效要件，即结婚行为成立后，需要对结婚行为是否符合法律规定的有效要件进行考察，如果其符合法律规定的有效要件，则属于有效的婚姻，将在当事人之间产生法定的夫妻权利义务关系及家庭关系。

（一）结婚行为的成立要件

结婚行为的成立需要具备如下要件：一是具备男女双方当事人；二是双方当事人就结婚达成合意；三是依法办理结婚登记。

1. 具备男女双方当事人

如前所述，结婚行为在性质上属于双方民事法律行为，其应当具备双方当事人。同时，从我国《民法典》规定来看，其在规定结婚的条件时，在多处强调了结婚必须是男女双方。例如，《民法典》第1046条规定："结婚应当男女双方完全自愿，禁止任何一方对另一方加以强迫，禁止任何组织或者个人加以干涉。"再如，《民法典》第1049条规定："要求结婚的男女双方应当亲自到婚姻登记机关申请结婚登记。符合本法规定的，予以登记，发给结婚证。完成结婚登记，即确立婚姻关系。未办理结婚登记的，应当补办登记。"可见，我国现行立法并未承认同性婚姻，结婚不仅需要具备双方当事人，而且结婚的当事人必须为异性，即男女双方，这也符合我国目前多数人的道德观念和法律理念。

2. 双方当事人就结婚达成合意

要成立婚姻关系，男女双方必须就结婚达成合意，男女双方不仅要就结婚达成合意，而且需要依法将其明确表示出来。依据《民法典》第1049条的规定，结婚的男女双方必须亲自到婚姻登记机关申请结婚登记，这也意味着，男女双方必须在婚姻登记机关处表达其结婚的合意，否则并不属于此处的结婚合意。同时，从《民法典》第1049条的规定来看，当事人双方必须亲自到婚姻登记机关申请结婚登记，因为作出结婚的意思表示具有人身专属性，必须由当事人亲自作出，而不能由他人代为作出。结婚行为本质上属于民事法律行为，但其又不同于民事合同，《民法典》合同编的规则并不能当然适用于结婚行为。[1] 当然，仅当事人就结婚达成合意，还不能当然成立婚姻关系，婚姻关系的成立还必须践行法定的登记程序。

需要指出的是，婚姻关系的成立只需要双方当事人依法达成合意即可，即便当事人是因为受欺诈或者受胁迫而作出结婚的意思表示，也并不影响结婚行为的成立，不影响婚姻关系的成立，而只可能影响婚姻关系的效力。例如，即便一方是受到他方胁迫而作

---

〔1〕 参见黄薇主编：《中华人民共和国民法典婚姻家庭编解读》，北京，中国法制出版社2020年版，第34-35页。

出结婚的意思表示，也不影响婚姻关系的成立，只是此种婚姻关系属于可撤销的婚姻。

此外，结婚行为在性质上虽然属于民事法律行为，但当事人在实施结婚行为时，不得对其附加条件或者期限。但如果当事人对结婚行为附加了条件或者期限，则如何认定该行为的效力？我国《民法典》并未对结婚行为附条件或者附期限的规则作出规定，有观点认为，如果当事人对结婚行为附生效条件或者始期，则应当认定当事人达成的是订婚的合意，而非结婚的合意；如果当事人对结婚行为附加了解除条件或者终期，由于其与婚姻制度的宗旨存在冲突，应当认定当事人没有附条件或者附期限。[1] 此种观点具有合理性。

3. 依法办理结婚登记

婚姻关系的成立必须依法办理结婚登记，对此，《民法典》第 1049 条规定："要求结婚的男女双方应当亲自到婚姻登记机关申请结婚登记。符合本法规定的，予以登记，发给结婚证。完成结婚登记，即确立婚姻关系。未办理结婚登记的，应当补办登记。"依据该条规定，婚姻关系的成立以完成结婚登记为条件，如果当事人没有办理结婚登记，则无法成立法律婚姻。如果男女双方以夫妻名义共同生活的，但尚未办理结婚登记的，则应当补办登记。《民法典婚姻家庭编司法解释（一）》第 6 条规定："男女双方依据民法典第一千零四十九条规定补办结婚登记的，婚姻关系的效力从双方均符合民法典所规定的结婚的实质要件时起算。"依据该规定，在当事人补办结婚登记的情形下，婚姻关系的效力从双方均符合婚姻法所规定的结婚的实质要件时起算。该规定具有合理性，其既可以维护法律有关结婚实质要件的规定，又可以减少因不当否定当事人婚姻关系而产生的纠纷。我国司法实践也采取了此种立场。

案例 2-1

【基本案情】

张某（男）与其女友赵某交往多年，二人并未办理结婚登记，赵某在为张某产下一子后与张某分手。张某便独自带着孩子生活。王某（女）在离异后一直一个人生活。后经人介绍，张某与王某相识，二人一见钟情。自 2007 年开始，二人在未办理结婚登记的情形下，一直以夫妻关系共同生活，并在 2012 年购买房屋和汽车。2015 年，二人补办了结婚登记。后二人因子女生育和抚养等问题发生争执，协商离婚，而二人就房屋等财产的分割发生争议，尤其是二人的婚姻关系何时成立，二人分歧较大。王某主张，二人的婚姻关系应当自 2007 年以夫妻关系共同生活时成立，而张某则主张，二人的婚姻关系应当自 2015 年补办结婚登记时成立。

【裁判结果】

法院认为，男女双方依法补办结婚登记的，婚姻关系的效力从双方均符合婚姻法

---

〔1〕 参见杨大文主编：《亲属法》，北京，法律出版社 2000 年版，第 87 页。

所规定的结婚前的实质要件时起算；当事人未依法办理结婚登记而以夫妻名义共同生活的男女，起诉到人民法院要求离婚的，应当区别对待：（一）1994 年 2 月 1 日民政部《婚姻登记管理条例》公布实施以前，男女双方已经符合结婚实质要件的，按事实婚姻处理；（二）1994 年 2 月 1 日民政部《婚姻登记管理条例》颁布实施以后，男女双方符合结婚实质要件的，人民法院应当告知其在案件受理前补办结婚登记；未补办结婚登记的，按解除同居关系处理。原、被告自 2007 年开始即以夫妻关系共同生活，符合结婚的实质要件，并于 2015 年 4 月 3 日补办结婚登记，故双方婚姻关系的效力从双方均符合婚姻法所规定的结婚的实质要件起算，即双方婚姻关系的效力应自 2007 年开始起算。

此外，《民法典婚姻家庭编司法解释（一）》第 8 条规定："未依据民法典第一千零四十九条规定办理结婚登记而以夫妻名义共同生活的男女，一方死亡，另一方以配偶身份主张享有继承权的，依据本解释第七条的原则处理。"依据该条规定，如果当事人以夫妻名义同居，但未办理结婚登记，即便当事人符合结婚的实质条件，除符合1994 年 2 月 1 日民政部《婚姻登记管理条例》公布实施以前事实婚姻关系成立的条件外，无法在当事人之间产生夫妻权利义务关系，此时，一方死亡的，另一方也不得以配偶身份主张享有继承权。

关于婚姻登记的机关，依据国务院《婚姻登记条例》第 2 条的规定，内地居民办理婚姻登记的机关是县级人民政府民政部门或省、自治区、直辖市人民政府按照便民原则确定的乡（镇）人民政府。中国公民同外国人，内地居民同香港特别行政区居民（以下简称香港居民）、澳门特别行政区居民（以下简称澳门居民）、台湾地区居民（以下简称台湾居民）、华侨办理婚姻登记的机关是省、自治区、直辖市人民政府民政部门或者省、自治区、直辖市人民政府民政部门确定的机关。同时，依据《婚姻登记条例》第 25 条的规定，中华人民共和国驻外使（领）馆可以依照本条例的有关规定，为男女双方均居住于驻在国的中国公民办理婚姻登记。

婚姻登记程序大致可以分为如下几个阶段。

一是申请。依据《婚姻登记条例》第 7 条的规定，结婚的男女双方应当亲自到婚姻登记机关共同申请结婚登记。需要指出的是，修订后的《婚姻登记条例》取消了内地居民需在一方当事人户口所在地的婚姻登记机关办理结婚登记的要求，实现了结婚登记"全国通办"，即内地居民可在全国任一婚姻登记机关完成结婚登记业务办理，这就简化了结婚登记的要求。依据该条例第 7 条第 2 款规定，中国公民同外国人在中国内地结婚的，内地居民同香港居民、澳门居民、台湾居民、华侨在中国内地结婚的，男女双方应当亲自到本条例第 2 条第 2 款规定的婚姻登记机关共同申请结婚登记。

当事人在申请婚姻登记时，还应当提供相关的证明材料，《婚姻登记条例》区分不同情形分别规定了当事人应当提供的证明材料，具体而言：（1）内地居民办理结婚登记时，应当提供下列证明材料：一是本人的居民身份证；二是本人无配偶以及与对方当事人没有直系血亲和三代以内旁系血亲关系的签字声明。需要指出的是，修订后的《婚姻登记条例》简化了内地居民办理结婚登记的条件，不再要求当事人在办理结婚登记时必须提供户口簿，这也有利于减少因户籍问题引发的家庭矛盾。（2）香港居民、澳门居民、台湾居民办理结婚登记的，应当提供下列证件和证明材料：一是本人的有效通行证或者港澳台居民居住证、身份证；二是经居住地公证机构公证的本人无配偶以及与对方当事人没有直系血亲和三代以内旁系血亲关系的声明。（3）华侨办理结婚登记的，应当提供下列证件和证明材料：一是本人的有效护照；二是居住国公证机构或者有权机关出具的、经中华人民共和国驻该国使（领）馆认证的本人无配偶以及与对方当事人没有直系血亲和三代以内旁系血亲关系的证明，或者中华人民共和国驻该国使（领）馆出具的本人无配偶以及与对方当事人没有直系血亲和三代以内旁系血亲关系的证明。（4）外国人办理结婚登记的，应当提供下列证件和证明材料：一是本人的有效护照或者其他有效的国际旅行证件；二是所在国公证机构或者有权机关出具的、经中华人民共和国驻该国使（领）馆认证或者该国驻华使（领）馆认证的本人无配偶的证明，或者所在国驻华使（领）馆出具的本人无配偶的证明。中华人民共和国缔结或者参加的国际条约另有规定的，按照国际条约规定的证明手续办理。[1]

二是审查。在当事人提供婚姻登记申请后，婚姻登记机关应当对结婚登记当事人出具的证件、证明材料进行审查并询问相关情况。

三是登记。对当事人提出的结婚登记申请和提供的相关证明材料，登记机关在审查后认为其符合婚姻登记条件的，则应当当场予以登记，并发给结婚证。依据《民法典》第 1049 条的规定，在完成婚姻登记后，婚姻关系即确立，也就是说，结婚登记既是婚姻关系成立的一种公示方法，也是其成立条件。如果登记机关在审查后认为当事人不符合结婚条件的，则不予登记，但应当向当事人说明不予登记的理由。同时，婚姻登记机关办理婚姻登记的行为在性质上属于具体行政行为，如果当事人认为婚姻登记程序存在瑕疵，主张撤销婚姻登记的，则应当通过行政复议或者提起行政诉讼的方式解决。对此，《民法典婚姻家庭编司法解释（一）》第 17 条第 2 款规定："当事人以结婚登记程序存在瑕疵为由提起民事诉讼，主张撤销结婚登记的，告知其可以依法申请行政复议或者提起行政诉讼。"

在当事人登记结婚后，男女双方将互为家庭成员，同时，《民法典》第 1050 条规定："登记结婚后，按照男女双方约定，女方可以成为男方家庭的成员，男方可以成为女方家庭的成员。"依据该条规定，在男女双方登记结婚后，当事人双方也可以约定，女方可以成为男方的家庭成员，男方可以成为女方的家庭成员。一旦当事人作出此种约定，将产生亲属法上的效力，女方或者男方成为对方家庭成员后，将会享有相应的民事权利，负担相应的民事义务。例如，依据《民法典》第 1042 条、第 1043 条的规

---

〔1〕 参见《婚姻登记条例》第 8 条。

定，"禁止家庭成员间的虐待和遗弃""家庭成员应当敬老爱幼，互相帮助，维护平等、和睦、文明的婚姻家庭关系"。需要指出的是，关于登记结婚后男女双方约定成为家庭成员的约定，1980年《婚姻法》第8条规定："登记结婚后，根据男女双方的约定，女方可以成为男方家庭的成员，男方也可以成为女方家庭的成员。"这体现了男女平等原则，后2001年婚姻法修改时，将"男方也可以成为女方家庭的成员"修改为"男方可以成为女方家庭的成员"，删除了该句中的"也"字，进一步彰显了男女平等的理念，这一立法经验也被《民法典》第1050条所继受。

在我国，实践中大量存在因为各种原因而未办理结婚登记的问题，即所谓事实婚姻问题。按照立法者的观点，事实婚姻是指没有配偶的男女，未进行结婚登记，便以夫妻关系同居生活，公众一般也认为其属于夫妻关系的两性结合。[1] 本书认为，事实婚姻描述的是当事人之间成立婚姻关系的一种状态，认定是否存在事实婚姻仅涉及婚姻关系是否成立的问题，而不涉及婚姻关系的效力，因此，事实婚姻的成立并不要求当事人必须是没有配偶的男女，对于一方已经办理结婚登记而仍然与对方以夫妻名义共同生活且未办理结婚登记的，应当构成重婚，属于无效婚姻，但其属于对婚姻关系效力的判断，并不能据此否定当事人之间已经成立婚姻关系。因此，事实婚姻的成立并不要求当事人必须为没有配偶的男女。

当然，并非所有的男女两性结合、未办理结婚登记的情形均构成事实婚姻，一般而言，事实婚姻的成立需要具备如下条件：一方面，存在男女双方公开同居生活的事实。对于已经办理结婚登记的法律婚姻而言，男女双方是否公开同居生活，并不影响婚姻关系的成立，而对事实婚姻而言，当事人必须存在同居生活的事实，否则无法认定当事人之间成立事实婚姻。此种同居生活的期间可长可短，并没有严格的时间限制，但当事人必须是公开同居生活，为一定范围内的人们所知悉。另一方面，男女双方必须以夫妻名义同居生活，即一般情形下，同居男女双方以夫妻相称，而且为一定范围内的社会公众所知悉。例如，如果男女双方并未以夫妻名义同居生活，而只是以男女朋友的名义同居生活，则不构成事实婚姻。

对于事实婚姻，其虽然没有办理结婚登记，但也不宜一概认定其婚姻关系不成立，否则可能不利于妇女利益的保护。对此，《民法典婚姻家庭编司法解释（一）》第7条规定："未依据民法典第一千零四十九条规定办理结婚登记而以夫妻名义共同生活的男女，提起诉讼要求离婚的，应当区别对待：（一）1994年2月1日民政部《婚姻登记管理条例》公布实施以前，男女双方已经符合结婚实质要件的，按事实婚姻处理。（二）1994年2月1日民政部《婚姻登记管理条例》公布实施以后，男女双方符合结婚实质要件的，人民法院应当告知其补办结婚登记。未补办结婚登记的，依据本解释第三条规定处理。"该条将当事人的事实婚姻区分为两种情形，分别认定

---

〔1〕　参见黄薇主编：《中华人民共和国民法典婚姻家庭编解读》，北京，中国法制出版社2020年版，第45页。

其效力：一是在 1994 年 2 月 1 日民政部《婚姻登记管理条例》公布实施以前，男女双方以夫妻名义同居生活，但未办理结婚登记，如果符合结婚的实质要件，则构成事实婚姻。对此种事实婚姻而言，即便当事人未办理结婚登记，也可以产生结婚的效力。二是对 1994 年 2 月 1 日民政部《婚姻登记管理条例》公布实施以后，如果男女双方以夫妻名义同居生活的，则即便当事人符合结婚的实质要件，当事人也应当补办结婚登记，否则虽然成立事实婚姻，但无法产生结婚的效力，而只能按照同居关系解决当事人的纠纷。在当事人补办结婚登记的情形下，婚姻关系的效力从双方均符合婚姻法所规定的结婚的实质要件时起算。[1] 也就是说，对此种事实婚姻关系而言，其在性质上属于已经成立的婚姻关系，而不属于无效婚姻，但如果当事人没有办理结婚登记，则即便当事人已经符合婚姻法所规定的结婚的实质要件，也不能产生法定的夫妻权利义务关系。《民法典》作出此种规定，也有利于督促事实婚姻的当事人尽早补办结婚登记。

（二）结婚行为的有效要件

结婚行为成立后，还必须符合结婚行为的有效要件，才能产生有效的婚姻关系，如果不具备结婚行为的有效要件，则即便当事人之间的婚姻关系已经成立，也可能属于无效婚姻或者可撤销婚姻，而无法在当事人之间产生法定的夫妻权利义务关系。一般而言，结婚行为的有效要件包括如下几个：一是当事人具有相应的民事行为能力；二是当事人意思表示真实；三是不具有导致婚姻关系无效的事由。

（1）当事人应当具有相应的民事行为能力。我国《民法典》总则编对自然人所具有的民事行为能力进行了一定的区分，即根据自然人的年龄、精神健康状况等因素，将自然人分为完全民事行为能力人、限制民事行为能力人与无民事行为能力人，而从《民法典》婚姻家庭编的规定来看，其并没有对自然人实施结婚行为所应当具有的民事行为能力作出特别规定，行为人在实施结婚行为时，是否必须具有完全民事行为能力？无民事行为能力人和限制民事行为能力人能否实施结婚行为？从《民法典》婚姻家庭编的规定来看，其在规定无效婚姻和可撤销婚姻的事由时，并没有将行为人为无民事行为能力人和限制民事行为能力人作为婚姻效力瑕疵的事由。按照体系解释规则，似乎不应当将具有完全民事行为能力认定为具备结婚行为能力的必要条件。但一般认为，《民法典》婚姻家庭编虽然没有明确规定行为人实施结婚行为时必须具有完全民事行为能力，但由于结婚行为的生效将在当事人之间成立婚姻关系，并因此产生复杂的权利义务关系，而且婚姻关系一旦成立，个人将负担大量的家庭和社会责任，只有个人具有完全民事行为能力，才能对自己是否缔结婚姻关系作出准确判断。因此，婚姻关系有效的条件之一，是缔结婚姻关系的当事人必须

---

〔1〕 参见《民法典婚姻家庭编司法解释（一）》第 6 条。

具有完全民事行为能力。从我国司法实践来看，在无民事行为能力人或者限制民事行为能力人申请登记结婚时，如果其无法准确表达是否结婚的意愿，则婚姻登记机关也拒绝对其进行结婚登记。

当然，对于个人在结婚时的民事行为能力要求，学理上也对上述观点提出了一定的质疑。有观点认为，个人结婚需要具备的民事行为能力（结婚行为能力）与一般情形下的民事行为能力存在一定的区别，虽然结婚行为属于民事法律行为中的身份行为，但结婚行为能力应当不同于民事行为能力，因为民事行为能力主要是指当事人对具有计算性和功利性的财产行为的理解能力与判断能力，而结婚行为能力则是指当事人对结婚这一极具人伦和情感色彩的身份行为的理解与判断能力，当事人的理性计算能力不应当成为判断结婚行为能力的主要或实质认定标准。[1] 也有不少学者认为，结婚行为能力是自然人实施结婚法律行为的资格，其本质上属于民事行为能力在婚姻家庭法领域的一种具体化，属于"特殊的行为能力"，具备结婚行为能力应当以达到法定婚龄与具有完全意思能力或者具备相应的精神健康状况为条件。[2] 具体而言：一是年龄。从《民法典》总则编的规定来看，仅从年龄层面看，完全民事行为能力人通常是成年人，而从婚姻家庭编的规定来看，个人结婚年龄的要求要高于成年人的标准，这也是判断个人是否具有结婚能力的客观标准，即低于法定结婚年龄要求的个人，并不具有结婚能力。《民法典》第 1047 条之所以将结婚年龄的要求规定在成年的标准之上，主要是考虑到婚姻关系的自然属性和社会属性，因为只有达到一定的年龄，才具有适合结婚的生理条件和心理条件，也才能承担对家庭和社会的责任。[3] 二是精神状况。精神状况是判断个人一般民事行为能力的重要标准，也是判断个人是否具有结婚能力的标准。《民法典》婚姻家庭编虽然没有对个人能够结婚的精神状况作出特别规定，但从该编的相关规定来看，其实际上也作出了相应的要求。依据《民法典》第 1046 条的规定，结婚应当男女双方完全自愿，此处的"自愿"要求双方结婚的意思应当是真实的、自由的。依据《民法典》第 1049 条的规定，"结婚的男女双方应当亲自到婚姻登记机关申请结婚登记"，该条虽然没有对当事人的结婚精神状况作出明确规定，但在办理结婚登记时，如果当事人无法准确表达自己结婚的意思，则婚姻登记机关也难以为其办理结婚登记。这在客观上也要求当事人在办理结婚登记时能够准确表达自己结婚的意愿。

（2）当事人意思表示真实。《民法典》第 1046 条规定："结婚应当男女双方完全自愿，禁止任何一方对另一方加以强迫，禁止任何组织或者个人加以干涉。"依据该条规定，婚姻关系的成立必须出于男女双方完全自愿，即男女双方在结婚时必须意思表示真实。如果当事人在结婚时意思表示不真实，如当事人基于胁迫而同意结婚，则该婚

---

[1]　参见夏江皓："论无结婚行为能力的精神障碍者缔结的婚姻效力"，载《法学》2023 年第 9 期，第 98 页。

[2]　相关学理观点的梳理参见田韶华："身份行为能力论"，载《法学》2021 年第 10 期，第 126 页。

[3]　参见黄薇主编：《中华人民共和国民法典婚姻家庭编解读》，北京，中国法制出版社 2020 年版，第 37 页。

姻关系属于可撤销婚姻(《民法典》第 1052 条);再如,依据《民法典》第 1053 条的规定,如果一方患有重大疾病而没有在结婚登记前如实告知另一方的,则另一方也有权请求撤销该婚姻关系。从《民法典》婚姻家庭编的规定来看,其仅就特定情形下当事人在结婚时意思表示不真实的情形作出了规定,而没有对当事人结婚时意思表示不真实情形下婚姻关系的效力作出一般规定。本书认为,由于结婚行为在性质上虽然属于民事法律行为,但其性质较为特殊,应当对民事法律行为一般规定在婚姻关系中的适用进行必要的限制。进一步而言,即便当事人在结婚时意思表示不真实,但如果其不属于《民法典》第 1052 条、第 1053 条所规定的情形,则当事人无权依据《民法典》总则编关于民事法律行为效力的一般规则请求撤销婚姻。

(3)不具有导致婚姻关系无效的事由。从《民法典》婚姻家庭编的规定来看,其专门就婚姻无效的事由作出了规定,《民法典》第 1051 条规定:"有下列情形之一的,婚姻无效:(一)重婚;(二)有禁止结婚的亲属关系;(三)未到法定婚龄。"在符合上述情形时,婚姻关系也将被宣告无效。需要指出的是,《民法典》第 1051 条虽然只是列举了婚姻无效的几种事由,只是使用了"有下列情形之一"的表述,而没有明确将婚姻无效的事由限于该条所规定的情形,但《民法典婚姻家庭编司法解释(一)》第 17 条第 1 款规定:"当事人以民法典第一千零五十一条规定的三种无效婚姻以外的情形请求确认婚姻无效的,人民法院应当判决驳回当事人的诉讼请求。"据此,婚姻无效的事由仅限于《民法典》第 1051 条所规定的情形,婚姻无效的事由在类型上具有法定性与封闭性的特征。

第二节 无 效 婚 姻

一、无效婚姻的概念和特征

所谓无效婚姻,是指已经成立、但由于存在法定的无效事由而无法按照婚姻当事人的意思发生法律效力的婚姻关系。如前所述,结婚行为作为民事法律行为,其只有具备法律规定的有效要件时,才能产生当事人所追求的法律效果,如果结婚行为具有法律规定的无效事由,则属于无效婚姻。无效婚姻主要具有如下特征:

第一,无效婚姻是已经成立的婚姻关系。与民事法律行为效力的判断类似,无效婚姻是对已经成立的婚姻关系效力的认定,如果婚姻关系尚未成立,则谈不上有效或者无效的问题。因此,婚姻被宣告无效的前提是婚姻关系已经成立。至于当事人之间所成立的是法律婚姻还是事实婚姻,并不影响对婚姻无效的宣告。

第二,无效婚姻是具有法律规定的婚姻无效事由的婚姻关系。从我国《民法典》的规定来看,其明确列举了婚姻无效的事由,这为准确认定无效婚姻提供了法律依据,依据《民法典》第 1051 条的规定,婚姻无效的事由包括如下几种:一是重婚;二是有禁止结婚的亲属关系；三是未到法定婚龄。在出现上述任何一个事由时，婚姻关系都将被宣告无效。

第三，无效婚姻无法产生当事人结婚时所追求的法律效果。婚姻关系一旦被宣告无效，即意味着其无法在婚姻当事人之间产生法定的夫妻权利义务关系。当然，婚姻关系无效并不意味着其无法产生任何法律效力，因为无效婚姻也是已经成立的婚姻关系，其仍可能产生相关的法律效力。例如，除该无效的婚姻关系外，如果当事人还存在其他的婚姻关系，则仍然可以构成重婚。

二、婚姻无效的事由

关于婚姻无效的事由，《民法典》第 1051 条规定："有下列情形之一的，婚姻无效：（一）重婚；（二）有禁止结婚的亲属关系；（三）未到法定婚龄。"该条对婚姻无效的法定事由作出了规定，从该条规定来看，其对婚姻无效的事由进行了封闭式列举，也就是说，只有具备该条所规定的三项事由，才能认定婚姻无效，否则不得随意否定婚姻关系的效力。对此，《民法典婚姻家庭编司法解释（一）》第 17 条第 1 款规定："当事人以民法典第一千零五十一条规定的三种无效婚姻以外的情形请求确认婚姻无效的，人民法院应当判决驳回当事人的诉讼请求。"这就进一步重申了婚姻无效事由法定性的立场，这也是我国司法实践的一贯立场。

案例 2-2

【基本案情】

黄某与张某经双方家人撮合相识，黄某父母和家人一定要其与张某结婚，黄某一直不同意。后黄某在其父母的压力之下，被迫与张某办理结婚登记，相关的结婚材料和婚礼都是黄某家人一手操办。婚后黄某也在家庭的压力下被迫与张某共同生活，并生有一子一女。但因性格长期不合，黄某与张某在婚后聚少离多，长期处于分居状态。后黄某主张其家人为其包办婚姻，且在结婚时，黄某不满 22 周岁。因此，黄某请求法院确认其与张某的婚姻无效。

【裁判结果】

法院认为，原告起诉要求人民法院确认其与被告的婚姻无效，争议焦点在于原、被告的婚姻是否存在无效的情形。法律明确规定了婚姻无效只有三种情形，即重婚的，有禁止结婚的亲属关系的，未到法定婚龄的。原告主张婚姻无效的理由有二，一为包办婚姻，二为结婚登记时其未达到法定婚龄。但包办婚姻不是构成婚姻无效的法定事由；原告与被告登记结婚时虽然未满 22 周岁，但其直至 2023 年始向法院主张婚姻无效，此时原告已年满 35 周岁，该符合无效婚姻情形的法定事由早已消失，故对原告的诉讼请求不予支持。

（一）重婚

所谓重婚，是指某一自然人有两个或两个以上的婚姻关系的情形。重婚既可能是法律婚姻之间重叠，也可能是事实婚姻之间的重叠，还可能是法律婚姻与事实婚姻之间的重叠。重婚本身是婚姻关系无效的事由，但在认定重婚时，只需要认定婚姻一方或者双方当事人存在两个或者两个以上的婚姻关系即可，至于婚姻当事人所存在的婚姻关系是否为有效婚姻，在所不问。重婚行为违反了我国一夫一妻的婚姻家庭制度，也会影响家庭的和谐、稳定，因此，我国《民法典》禁止重婚。[1]

依据《婚姻登记条例》第9条的规定，在重婚的情形下，婚姻登记机关将不予进行结婚登记，即便当事人已经办理结婚登记，依据《民法典》第1051条，该婚姻关系也是无效婚姻，无法在当事人之间产生法定的夫妻权利义务关系。当然，需要指出的是，从《民法典》第1051条规定来看，在构成重婚时，婚姻关系无效，该条并没有明确规定重婚究竟导致何种婚姻关系无效，尤其是在构成重婚的情形下，成立在先的婚姻关系是否无效？本书认为，按照目的解释，该条将重婚规定为婚姻无效的事由，意在遏制重婚行为，否定成立在后的婚姻关系的效力，而不是为了否定成立在先的婚姻关系的效力。因此，在构成重婚的情形下，应当认定成立在后的婚姻关系无效，如果当事人在存在婚姻关系的情形下，之后又成立多个婚姻关系，则成立在后的多个婚姻关系均应当属于无效婚姻，而成立在先的婚姻关系的效力不受影响。

在因重婚导致婚姻关系无效的情形下，通常会涉及重婚双方财产关系的处理，而该财产关系的处理可能会损害合法婚姻当事人的利益，因此，有必要在诉讼程序方面为合法婚姻当事人提供救济，为此，《民法典婚姻家庭编司法解释（一）》第16条规定："人民法院审理重婚导致的无效婚姻案件时，涉及财产处理的，应当准许合法婚姻当事人作为有独立请求权的第三人参加诉讼。"

问题在于，当事人在以重婚为由请求确认婚姻无效的情形下，如果合法婚姻的当事人已经离婚，或者其合法婚姻的配偶已经死亡，此时，后一婚姻是否转化为有效婚姻？《民法典》颁行前，在我国司法实践中，有的法院认为，在构成重婚的情形下，重婚的婚姻为无效婚姻，但如果在确认重婚婚姻的效力时，在先的婚姻关系已经消灭，此时，也不宜确认重婚的婚姻无效。例如，在"晋某与宋某甲、宋某乙婚姻无效纠纷再审案"中，二审法院认为，宋某丙与张某办理离婚登记时，张某不具有完全民事行为能力。宋某丙与张某到婚姻登记机关办理离婚登记的行为违反了我国婚姻登记法律规范规定的离婚登记的基本要求，即婚姻登记机关不应当受理不完全民事行为能力人的离婚登记申请；我国有关婚姻法律规范还规定，事实婚姻关系的当事人，在没有补办结婚证的情况下，不能通过协议婚姻的方式到婚姻登记机关申请离婚、取得离婚证、

---

〔1〕 参见黄薇主编：《中华人民共和国民法典婚姻家庭编解读》，北京，中国法制出版社2020年版，第50页。

解除婚姻关系，故此，宋某丙与张某的离婚登记行为归于无效，即意味着宋某丙与张某的事实婚姻关系尚未解除；宋某丙在与张某事实婚姻关系存续期间，又与晋某办理了结婚登记，违反了我国婚姻法规定的一夫一妻的婚姻制度。但当事人向人民法院申请宣告婚姻无效的申请时，法定的无效婚姻情形已经消失的，人民法院不予支持。在本案诉至法院之前，张某已经死亡，被告重婚的事实状态已经不存在，宋某丙与晋某之间构成无效婚姻的法定事由已经消除，其婚姻属合法有效。因此，申请人宋某甲、宋某乙要求确认宋某丙与晋某的婚姻关系无效的请求，缺乏法律依据，法院依法不予支持。[1]

从《民法典》第 1051 条规定来看，重婚是婚姻无效的法定事由，从该条规定来看，只要构成重婚，相关主体即有权依法请求宣告重婚的婚姻关系无效，而不论当事人在先的合法婚姻关系之后是否因当事人离婚或者配偶死亡等原因而消灭。同时，从该条规定来看，其在将重婚规定为婚姻无效的事由时，并没有区分重婚的另一方当事人的善意与恶意，而一概将其规定为婚姻无效的事由。《民法典婚姻家庭编司法解释（二）》对重婚的效力补正规则作出了规定，依据该司法解释第 1 条规定，在以重婚为由请求确认婚姻无效的案件中，当事人不得以在先合法婚姻当事人已经离婚或者配偶已经死亡为由主张后一婚姻因此转为有效婚姻。此种立场值得赞同，该规则与《民法典》第 1051 条有关因重婚导致婚姻关系无效的规则具有一致性。换言之，在因重婚导致婚姻关系无效的情形下，后一婚姻关系在效力上属于自始无效、当然无效，其效力无法因合法婚姻当事人已经离婚或配偶已经死亡而补正。

（二）有禁止结婚的亲属关系

禁止近亲结婚可以说是人类社会生活经验的总结，因为近亲结婚，可能会将生理或者精神上的缺陷遗传给下一代，有损下一代的健康，有害于人类的发展，因此，各国基本上都禁止近亲结婚。当然，禁止近亲结婚也与人们长期以来形成的伦理观念相一致，即人们一般认为，近亲结婚有悖于伦理道德。因此，《民法典》第 1051 条将有禁止结婚的亲属关系规定为婚姻无效的事由。依据《婚姻登记条例》第 9 条规定，申请结婚登记的当事人属于直系血亲或者三代以内旁系血亲的，婚姻登记机关不予登记。对此，《民法典》第 1048 条规定："直系血亲或者三代以内的旁系血亲禁止结婚。"依据该条规定，禁止结婚的亲属关系包括如下两类：

一是直系血亲。所谓直系血亲，是指具有直系血缘的亲属。例如，父母与子女之间，祖父母与孙子女之间，外祖父母与外孙子女之间等，均属于直系血亲关系。从《民法典》第 1048 条规定来看，只要是直系血亲，不论当事人之间有多少代数，均禁止结婚。

二是三代以内旁系血亲，即直系血亲之外、在血缘上和自己同出于三代以内的亲属。旁系血亲的计算规则为：从两个旁系血亲分别往上数至双方共同的长辈血亲，其

---

[1] 参见河南省洛阳市涧西区人民法院再审（2015）涧民再字第 15 号民事判决书。

自身为一代，若二者数至该共同的长辈血亲的代数相同，则该代数即为二者旁系血亲的代数，如果二者的代数不同，则以二者之中较大的代数为二者之间旁系血亲的代数。据此，三代以内旁系血亲包括二代旁系血亲与三代旁系血亲。二代旁系血亲是指与自己出自同一父母的兄弟姐妹，其既包括同父母的兄弟姐妹，也包括同父异母与同母异父的兄弟姐妹。三代旁系血亲是指出自同一祖父母、外祖父母的血亲关系，此类血亲关系既包括辈分相同的血亲关系，如堂兄弟姐妹关系、表兄弟姐妹关系，也包括辈分不同的血亲关系，如舅、姨与外甥、外甥女之间的关系，叔、伯、姑与侄子、侄女之间的关系。只要是三代以内的旁系血亲，均不得结婚，否则即构成无效婚姻。

案例 2-3

【基本案情】

原告金某与被告李某于 2018 年 5 月 16 日开始以夫妻名义同居生活，2020 年生育一女，后于 2022 年 2 月 6 日办理结婚登记。原告金某的父亲与被告李某的母亲是亲兄妹，原告与被告系三代以内旁系血亲。原告起诉要求法院宣告与被告的婚姻无效，并对子女抚养问题做出裁判。

【法院裁判】

法院认为，原告金某的父亲与被告李某的母亲系同胞兄妹关系，原、被告系表兄妹关系，为三代以内旁系血亲，属于婚姻法规定的禁止结婚的情形，系无效婚姻关系，依法应予宣告婚姻无效，故对原告金某要求宣告与被告李某的婚姻无效的诉讼主张，予以支持。对原告要求女儿随被告生活，原告支付抚养费的诉讼请求，法院另行制作裁判文书。

（三）未到法定婚龄

婚姻关系成立后，当事人可能需要对家庭、对子女等负担一定的义务和责任，因此，结婚的男女双方必须达到法律规定的结婚年龄才能结婚。依据《民法典》第 1051 条的规定，如果婚姻关系的任何一方当事人未达到法定婚龄，则该婚姻关系即为无效婚姻。关于法定婚龄，《民法典》第 1047 条规定："结婚年龄，男不得早于二十二周岁，女不得早于二十周岁。"该条对结婚男女双方的最低年龄作出了规定，依据该条规定，男性的结婚年龄应当在 22 周岁以上，女性的结婚年龄应当在 20 周岁以上。如果结婚男女双方有任何一方年龄未达到法定婚龄，该婚姻关系即属于无效婚姻。当然，有关部门在认定婚姻关系的效力时，应当根据确认婚姻关系效力时男女双方的年龄予以确认，也就是说，如果男女一方或者双方在结婚时未达到法定婚龄，但在确认其婚姻的效力时，双方均已达到法定婚龄，此时，即不得宣告该婚姻关系无效。[1] 也就是说，对于未达到法定婚龄的婚姻关系而言，应当在男女一方或者双方未达到法定婚龄时宣告其婚姻关系无效。

---

〔1〕 参见黄薇主编：《中华人民共和国民法典婚姻家庭编解读》，北京，中国法制出版社 2020 年版，第 52 页。

案例 2-4

【基本案情】

原告雷某（男）于 2001 年 1 月 10 日出生，被告张某（女）于 2004 年 12 月 23 日出生，双方于 2021 年 3 月经人介绍相识并建立恋爱关系，于 2022 年 5 月 17 日登记结婚。2023 年 5 月，双方因感情不和发生激烈争吵。雷某诉至法院，请求宣告其与张某的婚姻关系无效。

【法院裁判】

法院认为，张某至雷某起诉时尚未达到法定婚龄。双方在办理结婚登记手续时，张某未达到法定婚龄，且至雷某起诉时仍未达到法定婚龄，故双方法定婚姻无效的情形仍未消失，因此宣告双方的婚姻无效。

三、婚姻无效的确认

（一）婚姻无效的确认概述

所谓婚姻无效的确认，是指依据何种程序和规则确认婚姻关系无效。在具备婚姻关系无效的事由时，婚姻关系无效的确认究竟采用何种方式，主要存在如下两种做法：一是当然无效说。此种观点认为，只要具备婚姻关系无效的事由，婚姻关系即当然无效，任何人均可主张该婚姻关系无效，也不需要有关机关依据法定程序宣告该婚姻关系无效。二是宣告无效说。此种观点认为，即便婚姻关系出现无效的事由，婚姻关系也并不当然无效，而需要由适格的主体提出请求，并由法定的机关依据法定的程序宣告婚姻关系无效。

从我国《民法典》的规定来看，其在规定婚姻无效的事由时，既没有专门规定申请宣告婚姻无效的主体，也没有规定宣告婚姻无效的机关和宣告婚姻无效的程序，但《民法典婚姻家庭编司法解释（一）》第 9 条规定了请求确认婚姻无效的主体，该条规定："有权依据民法典第一千零五十一条规定向人民法院就已办理结婚登记的婚姻请求确认婚姻无效的主体，包括婚姻当事人及利害关系人。其中，利害关系人包括：（一）以重婚为由的，为当事人的近亲属及基层组织；（二）以未到法定婚龄为由的，为未到法定婚龄者的近亲属；（三）以有禁止结婚的亲属关系为由的，为当事人的近亲属。"这实际上是采纳了宣告无效说的立场。与当然无效说相比，宣告无效说的立场更值得赞同，因为在部分情形下，当事人在结婚时存在婚姻无效的事由，而在确认婚姻效力时，该无效的事由可能已经消失，此时，即不得宣告婚姻关系无效。

对此，《民法典婚姻家庭编司法解释（一）》第 10 条规定："当事人依据民法典第一千零五十一条规定向人民法院请求确认婚姻无效，法定的无效婚姻情形在提起诉讼时已经消失的，人民法院不予支持。"例如，在当事人未到法定婚龄而结婚的情形，如果在确认婚姻关系效力时，结婚的男女双方均已达到法定婚龄，此时则不得宣告该婚姻关系为无效婚姻。[1] 与当然无效说相比，宣告无效说更有利于维护婚姻家庭关系的稳定，也有利于保护子女的利益。

案例 2-5

【基本案情】

张某（男，2000 年出生）与李某（女，2000 年出生）相恋多年。2021 年，因未达到法定结婚年龄，张某便冒用其哥哥的身份，与李某办理了结婚登记。婚后张某与李某也开始以夫妻名义共同生活。2023 年，因感情不和，李某向法院提起诉讼，主张张某在办理结婚登记时未达到法定婚龄，并请求法院确认二人之间的婚姻关系无效。

【法院裁判】

法院认为，婚姻是以夫妻权利和义务为内容的民事法律关系，它以当事人的自愿和法律规定为成立的基础。本案中，张某因登记时不到法定结婚年龄而冒用了其哥哥的身份证进行婚姻登记，且李某对此明知，婚后双方也履行了夫妻权利和义务。李某提起诉讼时，张某已经达到法定婚龄要求，双方之间成立合法有效的婚姻关系。

（二）申请宣告婚姻无效的主体

依据《民法典婚姻家庭编司法解释（一）》第 9 条的规定，请求宣告婚姻关系无效的主体范围受到一定的限制，具体而言，有权申请宣告婚姻关系无效的主体包括婚姻当事人与利害关系人。该条规定区分了婚姻无效的不同情形，分别规定了请求宣告婚姻无效的主体，具体而言：以重婚为由请求宣告婚姻无效的，利害关系人为当事人的近亲属及基层组织；以未到法定婚龄为由请求宣告婚姻无效的，利害关系人为未到法定婚龄者的近亲属；以有禁止结婚的亲属关系为由请求宣告婚姻无效的，利害关系人为当事人的近亲属。此外，在夫妻一方死亡或者双方死亡后，则夫妻生存一方或者利害关系人仍然可以请求确认婚姻无效。对此，《民法典婚姻家庭编司法解释（一）》第 14 条规定："夫妻一方或者双方死亡后，生存一方或者利害关系人依据民法典第一千零五十一条的规定请求确认婚姻无效的，人民法院应当受理。"

关于利害关系人请求确认婚姻关系无效的诉讼当事人，《民法典婚姻家庭编司法解释（一）》第 15 条规定："利害关系人依据民法典第一千零五十一条的规定，请求人民法院确认婚姻无效的，利害关系人为原告，婚姻关系当事人双方为被告。"这就明确了利害关系人请求确认婚姻关系的诉讼主体，有利于规范此种诉讼活动的进行。

（三）宣告婚姻无效的机关

从我国《民法典》婚姻家庭编的规定来看，其只是规定了婚姻无效的事由，而没

---

〔1〕 参见黄薇主编：《中华人民共和国民法典婚姻家庭编解读》，北京，中国法制出版社 2020 年版，第 52 页。

有规定宣告婚姻无效的机关,但《婚姻登记条例》第20条规定:"婚姻登记机关收到人民法院确认婚姻无效或者撤销婚姻的判决书副本后,应当在当事人的婚姻登记档案中及时备注婚姻无效或者撤销婚姻的信息,并将相关信息上传至全国婚姻基础信息库。"从该条例的规定来看,有权宣告婚姻无效的机关为人民法院,该条例并没有规定婚姻登记机关享有宣告婚姻无效的权力。同时,依据《民政部关于贯彻落实〈中华人民共和国民法典〉中有关婚姻登记规定的通知》(民法〔2020〕116号)第1条的规定,有关婚姻登记机关撤销婚姻的规则已经废止。[1] 可见,有权宣告婚姻无效的机关为人民法院。

(四) 宣告婚姻无效的程序

关于人民法院宣告婚姻无效的程序,《民法典》婚姻家庭编也没有作出细化规定,但从相关司法解释的规定来看,利害关系人在申请人民法院宣告婚姻无效时,利害关系人为申请人,婚姻关系当事人双方为被申请人;如果夫妻一方死亡的,生存一方为被申请人;如果夫妻双方均已死亡的,则不列被申请人。

人民法院审理宣告婚姻无效案件,对婚姻效力的审理不适用调解,而应当依法作出判决。对此,《民法典婚姻家庭编司法解释 (一)》第11条第2、3款规定:"对婚姻效力的审理不适用调解,应当依法作出判决。涉及财产分割和子女抚养的,可以调解。调解达成协议的,另行制作调解书;未达成调解协议的,应当一并作出判决。"依据该规定,虽然人民法院在审理涉及婚姻效力的事项时不适用调解,但涉及财产分割和子女抚养的,可以调解,调解达成协议的,另行制作调解书;如果当事人无法达成调解协议,则人民法院应当将相关问题与婚姻效力事项一并作出判决。有关婚姻效力的判决一经作出,即发生法律效力。对财产分割和子女抚养问题的判决不服的,当事人可以上诉。

人民法院受理申请宣告婚姻无效案件后,经审查确属无效婚姻的,应当依法作出宣告婚姻无效的判决。在此情形下,即便原告申请撤诉,也不予准许。对此,《民法典婚姻家庭编司法解释 (一)》第11条第1款规定:"人民法院受理请求确认婚姻无效案件后,原告申请撤诉的,不予准许。"可见,在当事人申请宣告婚姻关系无效后,法院即可对婚姻关系是否存在无效的情形进行审查,而不允许当事人撤诉。同时,《民法典婚姻家庭编司法解释 (一)》第12条规定:"人民法院受理离婚案件后,经审理确属无效婚姻的,应当将婚姻无效的情形告知当事人,并依法作出确认婚姻无效的判决。"依据该规定,人民法院在审理离婚案件过程中,如果发现存在婚姻无效的事由,

---

〔1〕《婚姻登记工作暂行规范》第53条规定:"除受胁迫结婚之外,以任何理由请求宣告婚姻无效或者撤销婚姻的,婚姻登记机关不予受理。"依据该条规定,对于受胁迫结婚的情形,婚姻登记机关仍然可以受理当事人请求撤销婚姻的请求,但该规则已经被《民政部关于贯彻落实〈中华人民共和国民法典〉中有关婚姻登记规定的通知》所废止。

则应当将婚姻无效的情形告知当事人，并依法作出宣告婚姻无效的判决。此外，婚姻当事人或者利害关系人可能就同一婚姻关系分别向法院请求离婚和请求确认婚姻无效，对此种情形，由于离婚的前提是当事人之间存在有效的婚姻关系，如果当事人或者利害关系人对婚姻关系的效力存在争议，则首先应当解决婚姻效力纠纷。因此，《民法典婚姻家庭编司法解释（一）》第 13 条规定："人民法院就同一婚姻关系分别受理了离婚和请求确认婚姻无效案件的，对于离婚案件的审理，应当待请求确认婚姻无效案件作出判决后进行。"

第三节　可撤销婚姻

一、可撤销婚姻的概念和特征

所谓可撤销的婚姻，是指已经成立的但因存在法律规定的婚姻效力瑕疵事由，一方当事人有权依法请求人民法院予以撤销的婚姻。可撤销婚姻与无效婚姻类似，二者均属于效力上存在瑕疵的婚姻关系，但可撤销婚姻也不同于无效婚姻，无效婚姻通常违反了公序良俗，效力瑕疵较为严重，因此需要国家的积极干预，否定其效力；而可撤销婚姻并没有损害公序良俗和公共利益，而主要损害当事人的私益，因此，对可撤销的婚姻而言，是否否定该婚姻的效力，通常交由利益遭受损害的一方当事人自由决定。因此，对可撤销婚姻而言，仅特定的当事人有权请求人民法院撤销婚姻关系。同时，对无效婚姻的宣告并没有时间限制，即人民法院可以根据实际情况宣告相关的婚姻关系无效，而不受时间限制；而对可撤销婚姻而言，当事人必须在法律规定的时间内提出请求，否则撤销权将消灭，当事人即不得再请求撤销婚姻。

可撤销婚姻主要具有如下特征：

第一，可撤销婚姻属于已经成立的婚姻。可撤销婚姻是对已经成立的婚姻关系效力的判断，因此，构成可撤销婚姻的基本前提是婚姻关系已经成立，如果婚姻关系尚未成立，则不存在撤销与否的问题。

第二，可撤销婚姻具有法律规定的可撤销的事由。对可撤销婚姻关系而言，其虽然已经成立，但由于存在法律规定的可撤销的事由，因此，其效力也会受到影响。从我国《民法典》规定来看，其对可撤销婚姻的事由作出了规定，也只有在具备法定的可撤销事由时，当事人才能依法请求人民法院撤销婚姻关系，否则不得随意否定婚姻关系的效力。

第三，可撤销婚姻的当事人有权依法请求撤销该婚姻。在存在法定的可撤销事由时，当事人有权依法请求人民法院撤销婚姻。当然，与可撤销的民事法律行为的效力类似，即便婚姻关系存在可撤销的事由，但在当事人行使撤销权之前，该婚姻关系仍然属于有效的婚姻，仍然可以在当事人之间发生法定的夫妻权利义务关系。

二、婚姻可撤销的事由

从《民法典》婚姻家庭编的规定来看，婚姻可撤销的事由包括两种：一是因胁迫而结婚；二是一方患有重大疾病，但在结婚登记前未如实告知的。

（一）因胁迫而结婚

所谓因胁迫而结婚，是指婚姻关系中的一方当事人或者婚姻关系之外的第三人对婚姻关系中的另一方当事人进行威胁或者强迫，从而使其违背意愿而结婚。《民法典》第 1052 条第 1 款规定："因胁迫结婚的，受胁迫的一方可以向人民法院请求撤销婚姻。"该条对因胁迫而结婚的情形作出了规定，并将其规定为可撤销婚姻。《民法典》第 1046 条对结婚自愿规则作出了规定，即结婚行为应当男女双方完全自愿，任何人不得强迫他人结婚，任何人也不得干涉他人的结婚意愿。行为人胁迫他人结婚，显然违反了结婚自愿规则。因胁迫而结婚中的胁迫是指行为人以给另一方当事人或者其近亲属的生命、身体健康、名誉、财产等方面造成损害为要挟，迫使另一方当事人违背真实意愿结婚的情况。具体而言，此种胁迫的成立应当符合如下要件。

第一，行为人实施了胁迫行为。行为人实施胁迫行为既可能是针对因胁迫而结婚的当事人实施，也可能是针对其近亲属而实施。对此，《民法典婚姻家庭编司法解释（一）》第 18 条第 1 款规定："行为人以给另一方当事人或者其近亲属的生命、身体、健康、名誉、财产等方面造成损害为要挟，迫使另一方当事人违背真实意愿结婚的，可以认定为民法典第一千零五十二条所称的'胁迫'。"行为人实施胁迫行为既可以采用口头方式，也可以采用其他方式，如以发送短信、邮寄书信、发送邮件等方式实施胁迫行为。行为人所实施的胁迫行为既可以是给受胁迫一方造成现实的损害相威胁，也可以是以将来的不法侵害相威胁。如果行为人只是有胁迫他人结婚的意愿，但并未着手实施胁迫行为，则不成立胁迫他人结婚的行为。需要指出的是，行为人所实施的胁迫行为应当具有不法性，此种不法性包括如下几种情形：一是行为人实施的胁迫手段不法，如行为人以加害他人相威胁，此种情形即构成手段不法；二是目的不法，也就是说，行为人实施胁迫行为所要达到的目的是不法的；三是手段与目的结合的不法，即虽然行为人的手段是合法的，所要达到的目的也是合法的，但如果行为人手段和目的的结合是不法的，则也可能具有不法性。例如，甲欲与乙结婚，而向乙表示，如果乙不答应与其结婚，将告发乙的父亲违法的事实，在此情形下，虽然甲的手段和目的均不构成不法，但甲告发乙父亲违法行为的事实并不属于实现甲追求与乙结婚这一目的的适当方式，因此，该行为也具有不法性。

行为人所实施的胁迫行为通常体现为以侵害结婚的另一方当事人及其近亲属为要挟，但问题在于，如果行为人以伤害自身生命、健康等方式（如以自杀相威胁），威胁对方与其结婚的，能否成立《民法典》第 1052 条所规定的"因胁迫而结婚"的情形？

从前述《民法典婚姻家庭编司法解释（一）》第 18 条第 1 款的规定来看，其所列举的胁迫行为主要是行为人以给结婚的另一方当事人或者其近亲属造成损害为要挟，而没有列举行为人以自杀等损害自身利益的方式胁迫他人结婚的情形。《民法典总则编解释》第 22 条也规定了导致民事法律行为可撤销的胁迫行为，该条规定："以给自然人及其近亲属等的人身权利、财产权利以及其他合法权益造成损害或者以给法人、非法人组织的名誉、荣誉、财产权益等造成损害为要挟，迫使其基于恐惧心理作出意思表示的，人民法院可以认定为民法典第一百五十条规定的胁迫。"从该条规定来看，其所规定的胁迫行为也限于行为人以侵害受害人及其近亲属的人身、财产权益为要挟，而没有规定行为人以损害自身权益为要挟的情形。本书认为，从《民法典婚姻家庭编司法解释（一）》第 18 条第 1 款与《民法典总则编解释》第 22 条规定的文义来看，其只是列举了典型的胁迫行为，而不是对胁迫行为的周延列举，因此，不宜依据上述规定当然将行为人以损害自身利益为要挟的行为排除在胁迫行为之外。而从《民法典》婚姻家庭编将胁迫行为规定为婚姻撤销事由的立法目的来看，其旨在保护当事人的婚姻自主权，即保护个人决定结婚的意思不受他人的不当影响，因此，无论是行为人以侵害另一方及其近亲属的利益为要挟，还是行为人以侵害自身利益为要挟，只要该行为不当干涉了另一方的结婚意愿，使其陷入恐惧而结婚的，都应当将其认定为胁迫行为，受胁迫的一方都应当有权依法请求撤销婚姻。从我国司法实践来看，有些法院在裁判中也采取了此种立场。例如，在"柴某与戴某婚姻家庭纠纷案"中，被告在得知原告的母亲反对双方结婚后，便告知原告，说自己已经怀有原告的孩子，如果原告不同意与其领证结婚，其就自杀，并会在自杀时故意留遗书，称是原告逼死了被告和肚子里的孩子。后双方办理了结婚登记，但在办理结婚登记后，原告发现被告并未怀孕，因此请求撤销与被告的婚姻。法院认为，被告以自杀相威胁，逼迫原告结婚的行为，构成《民法典》第 1052 条所规定的胁迫行为，原告有权依法请求撤销该婚姻。[1]

第二，行为人有胁迫他人结婚的故意。也就是说，行为人实施胁迫行为的目的在于使他人产生内心的恐惧，并基于此种内心的恐惧而作出同意结婚的意思表示。因此，行为人实施胁迫行为的故意包括两方面的内容：一是行为具有实施胁迫他人的故意；二是行为人具有胁迫他人结婚的故意。同时，从《民法典》第 1052 条的规定来看，其并没有对实施胁迫行为的行为人的范围进行限制，没有要求其必须是婚姻关系的当事人，而从《民法典婚姻家庭编司法解释（一）》第 18 条规定来看，其规定胁迫是行为给"另一方当事人"或者其近亲属实施相关的行为，似乎是将实施胁迫的行为人限定为婚姻关系的当事人。本书认为，对因胁迫而结婚的情形而言，实施胁迫行为的行为人既可以是结婚的一方当事人，也可以是婚姻关系之外的第三人。因为从《民法典婚姻家庭编司法解释（一）》第 18 条规定的文义来看，其只是强调行为对婚姻关系一方

---

〔1〕 参见湖北省武汉东湖新技术开发区人民法院（2021）鄂 0192 民初 911 号民事判决书。

当事人的胁迫，而没有要求实施胁迫行为的行为人必须是婚姻关系的当事人。也就是说，即便被胁迫人是受婚姻关系之外的第三人的胁迫而结婚，其也有权依法请求人民法院撤销该婚姻。而且从《民法典》第 1052 条第 1 款的规定来看，在第三人实施胁迫行为时，被胁迫人均可依法请求撤销婚姻，而不论婚姻关系的另外一方对第三人实施胁迫行为是否知情。

案例 2-6

【基本案情】

武某（男）与张某（女）经人介绍相识，后张某母亲到武某家中威胁武某，要求武某与张某结婚。后武某与张某办理了结婚登记手续。后武某向法院提起诉讼，请求撤销其与张某的婚姻关系。

【法院裁判】

法院认为，根据我国婚姻法的相关规定，结婚要男女双方自愿，因胁迫结婚的，受胁迫的一方可在自胁迫行为终止之日起一年内，向人民法院请求撤销婚姻。本案中，武某与张某经人介绍认识后，张某母亲胁迫武某，使得武某在结婚登记时违背自己的真实意愿，在双方认识较短时间内与张某办理了结婚登记。张某对其母胁迫原告的事实予以认可，并陈述其与武某无感情，因其母亲喜欢、自己年龄较长，与武某办理了结婚登记，现同意撤销婚姻。因此，武某的诉请符合法律规定，且未超过撤销的法定期限。

在上述案例中，实施胁迫行为的即为第三人，但这并不影响权利人依法请求撤销婚姻的权利。

第三，行为人所实施的胁迫行为使被胁迫人内心产生了恐惧，并基于此种恐惧而作出同意结婚的意思表示。一方面，行为人所实施的胁迫行为必须使被胁迫人内心产生了恐惧，如果行为人的行为并没有使被胁迫人内心产生恐惧，则不构成此处的胁迫。例如，甲以告发乙实施过盗窃行为相威胁，要求乙与其结婚，但如果乙对此不以为然，并没有因甲的威胁而产生恐惧心理，则甲的行为也不构成因胁迫结婚中的胁迫。另一方面，受胁迫人必须是基于因胁迫而产生的恐惧心理而作出同意结婚的意思表示，二者之间应当具有因果关系，如果受胁迫人作出同意结婚的意思表示与行为人的胁迫行为无关，则也不得主张撤销婚姻关系。

（二）一方患有重大疾病，但在结婚登记前未如实告知的

婚姻关系成立后，男女双方将组建成家庭，不仅需要共同生活，而且还需要负担抚育子女等义务，因此，为了配偶、子女的健康以及家庭关系的和谐稳定，一方患有重大疾病的，应当如实告知对方，否则将构成撤销婚姻的事由。《民法典》第 1053 条第 1 款规定："一方患有重大疾病的，应当在结婚登记前如实告知另一方；不如实告知

的，另一方可以向人民法院请求撤销婚姻。"据此，如果一方患有重大疾病，但在结婚登记前未如实告知对方的，则构成撤销婚姻的事由。本条规定来自于《婚姻法》第7条，依据《婚姻法》第7条的规定，"患有医学上认为不应当结婚的疾病"的，禁止结婚。《民法典》第1053条改变了《婚姻法》第7条的立场，取消了此种禁止结婚的事由，而将其规定为撤销婚姻的事由。此种做法值得赞同，因为一方面，随着现代医学的快速发展，许多传统上认为不宜结婚的疾病已经能够得到有效控制，甚至能够被治愈，出于优生优育、降低遗传风险的考虑而将相关疾病作为禁止结婚事由的正当性在逐渐降低。同时，婚检制度的取消也使得相关疾病作为禁止结婚的事由失去了依托。[1]另一方面，这一立法变化也体现了对个人婚姻自由的尊重。婚姻自由是《宪法》所规定的公民基本权利，《民法典》应当保障个人的婚姻自由，而不应不当限制个人的婚姻自由，无论健康还是患有重大疾病的人，其婚姻自由都应当受到法律保护，个人患有重大疾病不应当成为其结婚的障碍。进一步而言，法律限制患有重大疾病的人结婚的重要目的在于保护与其结婚的另一方主体的利益，防止其受到损害，但对婚姻关系的另一方主体而言，如果其知道对方患有重大疾病，但仍然愿意与其结婚的，法律也应当尊重其意愿，保障其婚姻自主权。[2]因此，《民法典》废止原《婚姻法》将一方患有重大疾病作为禁止结婚事由的做法值得赞同。依据《民法典》第1053条的规定，一方患有重大疾病的，应当在结婚登记前如实告知另一方，如果其没有履行如实告知义务，则另一方享有请求撤销婚姻的权利。当然，如果另一方明知一方患有重大疾病，或者患有重大疾病的一方已经履行了如实告知义务，而另一方仍然愿意结婚的，则不得主张撤销婚姻。

《民法典》第1053条将一方不如实告知重大疾病作为撤销婚姻的事由，这也意味着，如果一方患有重大疾病，则其负有向对方如实告知的义务，该告知义务包括如下几方面内容：

第一，告知的时间应当是在结婚登记前，即如果一方患有重大疾病，则应当在结婚登记之前告知对方，以便于对方决定是否与其办理结婚登记。如果患有重大疾病的一方在结婚登记后才告知对方，则对方仍然有权依法撤销该婚姻关系。

第二，告知的内容是一方患有重大疾病的事实。关于本条所规定的"重大疾病"具体包括哪些疾病，本条并没有作出明确规定。一般而言，此处"重大疾病"主要是指《母婴保健法》所规定的各类疾病，该法第8条规定："婚前医学检查包括对下列疾病的检查：（一）严重遗传性疾病；（二）指定传染病；（三）有关精神病。经婚前医学检查，医疗保健机构应当出具婚前医学检查证明。"依据该条规定，此类疾病主要包

---

[1] 参见孙若军："疾病不应是缔结婚姻的法定障碍——废除《婚姻法》第7条第2款的建议"，载《法律适用》2009年第2期，第66页。

[2] 参见黄薇主编：《中华人民共和国民法典婚姻家庭编释义》，北京，法律出版社2020年版，第57页。

括严重遗传性疾病、指定传染病以及有关精神病。依据《母婴保健法》第 38 条的规定，指定传染病是指《传染病防治法》中规定的艾滋病、淋病、梅毒、麻风病以及医学上认为影响结婚和生育的其他传染病；严重遗传性疾病是指由于遗传因素先天形成，患者全部或者部分丧失自主生活能力，后代再现风险高，医学上认为不宜生育的遗传性疾病；有关精神病是指精神分裂症、躁狂抑郁型精神病以及其他重型精神病。〔1〕

　　当然，《民法典》第 1053 条所规定的"重大疾病"并不限于上述几类疾病，按照立法者的观点，该条之所以没有明确列举"重大疾病"的具体类型，主要是考虑到，随着医疗技术的进步和医疗水平的提高，不同时期的重大疾病可能是完全不同的，需要有关部门在实践中予以具体认定，因此，本条没有具体列举重大疾病的类型，也有利于保持立法的开放性。〔2〕本书认为，本条的立法目的在于保障婚姻当事人的知情权，防止一方因隐瞒重大疾病而侵害对方的婚姻自由，因此，只要是对个人决定是否结婚具有重要影响的疾病，均应当纳入本条所规定的"重大疾病"的范畴。

　　第三，患有重大疾病的一方应当如实告知。所谓如实告知，是指一方应当告知其所患重大疾病的具体情形，如该重大疾病的类型、严重程度以及诊疗情况等；同时，在一方告知后，如果另一方继续询问，则其仍然负有如实告知的义务。如果患有重大疾病的一方未进行如实告知，则不应产生告知的效果，另一方仍然有权依法请求撤销婚姻。问题在于，如果婚姻一方当事人曾经患有重大疾病，该疾病在当事人结婚时已经被治愈，但曾患有疾病的一方未告知另一方的，另一方能否请求撤销婚姻？依据《民法典》第 1053 条第 1 款的规定，如果一方患有重大疾病，且在结婚登记前未如实告知另一方的，则另一方可能请求撤销该婚姻。该条并没有规定一方所患重大疾病已经被治愈的情形，在此情形下，另一方能否请求撤销婚姻，存在疑问。有观点认为，对于因欺诈、胁迫等原因导致婚姻效力瑕疵的情形下，在当事人知道可撤销事由且愿意维持婚姻关系的情形下，应当认定其可以补正婚姻效力的瑕疵，但对于一方隐瞒重大疾病的情形，即便该重大疾病已经被治愈，也应当允许另一方请求撤销婚姻。〔3〕此种观点值得赞同，因为一方面，从《民法典》第 1053 条第 1 款规定的文义来看，只要一方患有重大疾病，其就应当在结婚登记前如实告知另一方，该条并没有将疾病尚未治愈规定为患病一方负有告知义务的前提。因此，即便一方所患重大疾病已经被治愈，

---

〔1〕　有观点认为，应当区分可撤销婚姻中的"重大疾病"与原《婚姻法》中不应当结婚的疾病，原《婚姻法》对不应当结婚的疾病作出规定，旨在保护未患病一方的健康权、生育权等权利，而《民法典》将一方患有重大疾病且未告知规定为婚姻的可撤销事由，旨在保护未患病一方的知情权。因此，作为可撤销婚姻的"重大疾病"在范围上应不同于《婚姻法》所规定的不应当结婚的疾病，而应当将其界定为会对未患病一方的结婚意愿产生重大影响的疾病。参见郝晶晶："《民法典》对弱势群体婚姻权利的保障及限度——以疾病婚姻效力修订为切入点"，载《广西社会科学》2021 年第 10 期，第 34 页。

〔2〕　参见黄薇主编：《中华人民共和国民法典婚姻家庭编解读》，北京，中国法制出版社 2020 年版，第 63 页。

〔3〕　参见郝晶晶："《民法典》对弱势群体婚姻权利的保障及限度——以疾病婚姻效力修订为切入点"，载《广西社会科学》2021 年第 10 期，第 34 页。

其也在结婚登记前将患病情况告知另一方。另一方面，允许另一方撤销婚姻，符合《民法典》第 1053 条的立法目的。《民法典》第 1053 条课以患有重大疾病的一方如实告知义务的立法目的并不完全是为了保护另一方的健康利益，而更多地是为了保护另一方的婚姻自主权，即患病一方在履行其如实告知义务后，另一方可以在全面了解相关情况的基础上，自主作出是否结婚的决定。从这一意义上说，《民法典》第 1053 条的规范重点并不在于患病一方所患疾病的类型及其对另一方健康等利益的影响，而在于课以患病一方如实告知义务，以保障另一方的婚姻自主权。因此，即便一方所患重大疾病已经被治愈，其也应当负有如实告知义务，否则侵害了另一方的婚姻自主权，另一方有权依法请求撤销婚姻。

在此需要明确的是，婚姻可撤销的事由是否限于《民法典》第 1052、1053 条规定的情形？换言之，除《民法典》第 1052、1053 条所规定的情形外，如果出现了《民法典》总则编所规定的民事法律行为可撤销的事由，当事人能否主张撤销婚姻？学理上对此存在较大分歧。一种观点认为，婚姻可撤销的事由并不限于婚姻家庭编明确规定的情形，除这两条规定的情形外，如果当事人在结婚过程中意思表示出现了瑕疵，如一方实施欺诈行为，或者当事人基于通谋虚伪意思表示结婚，则当事人可以援引《民法典》总则编的规定主张撤销婚姻关系；按照举轻以明重的当然解释方法，既然意思表示不自由都可以影响婚姻的效力，那么当事人结婚意思不真实的通谋虚伪意思表示、重大误解等，也应当可以影响婚姻的效力。[1] 另一种观点则主张，婚姻可撤销的事由应当具有封闭性，其仅限于《民法典》第 1052、1053 条所规定的两种情形，纯粹身份行为具有较强的特殊性，总体上排斥总则编民事法律行为效力瑕疵规范的适用，在认定婚姻的效力瑕疵时，不宜简单适用《民法典》总则编有关民事法律行为效力瑕疵的规定。[2]

上述观点均有一定的合理性，但相较而言，后一种观点更值得赞同，因为一方面，我国现行立法虽然没有对婚姻可撤销事由进行封闭式列举，但也不能当然得出婚姻可撤销事由具有开放性这一结论。应当看到，从我国现行立法规定来看，其有关婚姻无效事由与婚姻可撤销事由的规定的确存在一定的区别。《民法典》第 1051 条列举了婚姻无效的三种事由，即重婚、有禁止结婚的亲属关系以及未到法定婚龄。《民法典》第 1052 条与第 1053 条列举了婚姻可撤销的事由。仅从《民法典》上述规定的文义上看，其都只是对婚姻无效的事由以及婚姻可撤销的事由进行了列举，而没有采用封闭式列举的表述，似乎是保持了婚姻效力瑕疵事由的开放性。而《民法典婚姻家庭编司法解释（一）》第 17 条第 1 款规定："当事人以民法典第一千零五十一条规定的三种无效

---

〔1〕 参见冉克平："论婚姻缔结中的意思表示瑕疵及其效力"，载《武汉大学学报（哲学社会科学版）》2016 年第 5 期，第 126 页；贺剑："意思自治在假结婚、假离婚中能走多远？——一个公私法交叉研究"，载《华东政法大学学报》2022 年第 5 期，第 23 页。

〔2〕 参见刘征峰："法律行为规范对身份行为的有限适用"，载《现代法学》2024 年第 1 期，第 41-42 页。

婚姻以外的情形请求确认婚姻无效的,人民法院应当判决驳回当事人的诉讼请求。"该条对《民法典》第1051条作出了细化规定,明确将婚姻无效的事由限定为《民法典》第1051条所规定的三种事由。而该司法解释并没有对婚姻可撤销的事由作出细化规定。从立法上的此种区别规定可以看出,其似乎是保持了婚姻可撤销事由的开放性。但从《民法典》婚姻家庭编的规定来看,其既没有规定婚姻可撤销事由可以一概适用总则编有关可撤销民事法律行为的规定,也没有对总则编有关可撤销民事法律行为的规则进行重复规定,而是选择规定了胁迫以及未如实告知重大疾病这两类婚姻可撤销事由。这表明立法对婚姻可撤销事由进行了一定的筛选与限定,如果认定可以依据《民法典》总则编有关民事法律行为可撤销的规则认定婚姻关系的效力,则婚姻家庭编限定、筛选婚姻可撤销事由的立法目的也将因此落空。

另一方面,从法律规范适用层面看,不宜依据《民法典》总则编中可撤销民事法律行为的规则认定婚姻的效力。结婚行为需要双方当事人就结婚达成合意,因此,其本质上属于有关身份关系的协议。关于有关身份关系的协议的法律适用,《民法典》第464条规定:"合同是民事主体之间设立、变更、终止民事法律关系的协议。婚姻、收养、监护等有关身份关系的协议,适用有关该身份关系的法律规定;没有规定的,可以根据其性质参照适用本编规定。"依据该规定,对于有关身份关系的协议,首先应当适用有关该身份关系的法律规定,只有在没有相关规定时,才能根据其性质参照适用合同编的规定。而就可撤销婚姻而言,《民法典》婚姻家庭编第1052、1053条已经对其作出了规定,如前所述,《民法典》第1052、1053条有关婚姻可撤销的规定是对婚姻效力的特殊规定,是婚姻家庭编对民事法律行为效力瑕疵规则进行筛选的结果。因此,认定婚姻关系是否可撤销,应当依据婚姻家庭编的规定进行判断,而不宜再依据总则编有关可撤销民事法律行为的规则加以判断。

还应当看到,排除总则编可撤销规则的适用,也有利于维持婚姻家庭关系的稳定,符合婚姻家庭法的价值选择。从《民法典》婚姻家庭编的规定来看,与总则编所规定的民事法律行为可撤销的事由相比,其所规定的婚姻可撤销的事由较为有限,仅限于胁迫以及未履行重大疾病告知义务这两种情形。事实上,法律有关民事法律行为可撤销事由的规定,体现了立法者所作出的价值选择,就总则编所规定的民事法律行为可撤销事由而言,其规定了多种可撤销事由,这表明立法者虽然注重维护交易安全、鼓励交易,但也十分重视对当事人意思自由的保护。而《民法典》在规定婚姻可撤销事由时,婚姻家庭编严格限定了婚姻可撤销的事由,这表明在保护当事人在结婚方面的意思自由与维护婚姻家庭关系的稳定这两种价值之间,立法者更注重维护婚姻家庭关系的稳定,即只有在胁迫以及未履行重大疾病告知义务的情形下,当事人才能主张撤销婚姻,在出现总则编所规定的其他民事法律行为可撤销事由的情形下,当事人不得主张撤销婚姻,这实际上在一定程度上"牺牲"了对当事人结婚自由的保护,其目的就在于维护婚姻家庭关系的稳定。反之,如果认定可以依据总则编的规定认定婚姻可撤销事由，将导致婚姻可撤销事由的泛化，这可能导致大量的婚姻关系被不当撤销，进而影响婚姻家庭关系的稳定。或有观点认为，《民法典》总则编所规定的民事法律行为可撤销事由也是有限的，换言之，当事人在主张撤销相关的民事法律行为时，应当证明存在法定的可撤销事由，这实际上也可以限定婚姻撤销的情形，不会导致婚姻撤销事由的泛化。但本书认为，与婚姻家庭编严格限定婚姻可撤销事由的做法相比，总则编所规定的民事法律行为可撤销事由仍较为宽泛，允许当事人据此主张撤销婚姻，客观上确实可能导致大量的婚姻关系被撤销。例如，一方虚构自己的经济条件，使得对方与其结婚，该行为虽可能构成欺诈，但如果允许另一方据此主张撤销婚姻，则可能增加婚姻关系被随意撤销的风险。

三、婚姻撤销权的行使

（一）婚姻撤销权的主体

在婚姻存在撤销事由时，婚姻的效力虽然存在瑕疵，但如果撤销权人并不行使撤销权，则该婚姻仍然为有效婚姻，仍然可以产生法定的效力。当然，在婚姻关系存在可撤销的事由时，并非任何人均可以主张撤销婚姻关系，而只有法律规定的特定主体才能依法主张撤销婚姻。从《民法典》婚姻家庭编的规定来看，其在规定婚姻可撤销的两项事由时，分别规定了婚姻撤销权的主体：

一是在因胁迫而结婚的情形下，从《民法典》第 1052 条规定来看，仅"受胁迫的一方"有权请求撤销婚姻。对此，《民法典婚姻家庭编司法解释（一）》第 18 条第 2 款进一步明确规定："因受胁迫而请求撤销婚姻的，只能是受胁迫一方的婚姻关系当事人本人。"在因胁迫而结婚的情形下，由于受胁迫的一方在结婚时无法真实地表达自己的意愿，结婚本身也违背其意志，因此，法律赋予其请求撤销婚姻的权利，以保障其婚姻自由。而对因胁迫而结婚的另一方当事人而言，其在结婚时并没有受到胁迫，婚姻关系的成立也没有违背其意愿，因此，其并不享有请求撤销婚姻的权利。需要指出的是，从《民法典》第 1052 条和《民法典婚姻家庭编司法解释（一）》第 18 条第 2 款规定来看，仅"受胁迫的一方"有权请求撤销婚姻，即撤销权的主体限于受胁迫的一方，在其不行使撤销权的情形下，其父母、子女或者其他近亲属无权请求撤销婚姻。

二是在一方患有重大疾病但在结婚登记前未如实告知的情形下，从《民法典》第 1053 条第 1 款的规定来看，仅受欺诈的一方享有撤销权。与因胁迫而结婚的情形类似，在一方隐瞒重大疾病的情形下，受欺诈一方所作出的同意结婚的意思表示存在瑕疵，构成意思表示不自由，为保障其婚姻自由，法律赋予其请求撤销婚姻的权利。而对实施欺诈行为的一方而言，其所作出的同意结婚的意思表示并不存在不自由的情形，因此，其无权请求撤销婚姻。

(二) 撤销权行使的方法

关于婚姻撤销权的行使方法，原《婚姻法》第 11 条规定，"因胁迫结婚的，受胁迫的一方可以向婚姻登记机关或人民法院请求撤销该婚姻"，从该条规定来看，有权撤销婚姻的机关包括婚姻登记机关与人民法院，但《民法典》改变了《婚姻法》的立场，从《民法典》第 1052 条、第 1053 条规定来看，撤销权人仅能向人民法院请求撤销婚姻，即撤销权必须通过诉讼的方式行使。依据《婚姻登记条例》第 12 条规定，在因胁迫结婚以及一方当事人患有重大疾病而未如实告知的，另一方请求撤销婚姻的，均应当向人民法院请求撤销婚姻。这也与《民法典》的规定保持了一致。《民法典》与《婚姻登记条例》之所以作出此种规定，主要是基于如下原因：一方面，撤销权在性质上属于形成权，在婚姻关系中，当事人一旦行使撤销权，将导致当事人之间的婚姻关系消灭，而且当事人在结婚过程中是否受到胁迫或者欺诈，往往难以判断，容易发生争议，由法院判断撤销权的行使条件是否具备更为合理。另一方面，在婚姻被撤销后，还会涉及如何处理相关的财产关系和子女抚养等问题，此类关系的处理需要通过诉讼程序才能作出合理判断，婚姻登记机关并非专业的审判机构，显然难以处理此类问题。[1] 因此，《民法典》将婚姻撤销权的行使方法限定为诉讼方式。

应当看到，《民法典》将婚姻撤销的机关限定为人民法院，有利于避免婚姻登记机关过分干预个人婚姻关系，防止相关的婚姻关系被不当撤销，或者不当限制当事人请求撤销婚姻的权利。但完全由人民法院判断相关的婚姻关系是否应当被撤销，也存在需要完善的问题，尤其是在重大疾病撤销婚姻的情形，在存在强制婚检制度的情形下，法院尚可以参考婚检结果判断婚姻关系是否应当被撤销，在取消强制婚检制度之后，法院在判断相关疾病是否重大、是否影响婚姻关系的效力时，可能缺乏专业知识的支持，这也可能引发相关的裁判分歧。

(三) 婚姻撤销权的行使时间

1. 因胁迫而结婚情形下撤销权的行使期间

关于因胁迫而结婚情形下撤销权的行使期间，《民法典》第 1052 条第 2、3 款规定："请求撤销婚姻的，应当自胁迫行为终止之日起一年内提出。被非法限制人身自由的当事人请求撤销婚姻的，应当自恢复人身自由之日起一年内提出。"从该条规定来看，其就因胁迫而结婚情形下撤销权的行使期间确立了如下两项规则：

一是自胁迫行为终止之日起一年内。该期间适用于一般情形下因胁迫而结婚的情形。关于一般情形下当事人因被胁迫而结婚时撤销权的行使期间，原《婚姻法》第 11 条将其规定为"自结婚登记之日起一年内"，也就是说，如果自结婚登记之日起一年内，受胁迫一方没有请求撤销婚姻，其撤销权将消灭，但事实上，行为人对婚姻当事

---

[1] 参见黄薇主编：《中华人民共和国民法典婚姻家庭编解读》，北京，中国法制出版社 2020 年版，第 58 页。

人的胁迫可能处于持续状态，在结婚登记后一年内，该胁迫行为仍然可能处于持续状态，此时，认定当事人的撤销权消灭，显然不利于保护受胁迫一方的利益，难以保护其婚姻自由。因此，《民法典》第1052条将其修改为"自胁迫行为终止之日起一年内"，这一规定更为合理。

二是自恢复人身自由之日起一年内。该规则源于《婚姻法》第11条，内容并无变化，法律之所以在一般情形之外专门规定当事人被非法限制人身自由情形下撤销权的行使期间规则，主要是考虑到，在受胁迫而结婚的情形下，有些受胁迫人被他人非法限制人身自由，如被绑架、被拐卖的妇女与他人结婚的情形，在受胁迫人被有关部门解救前，相关行为人的胁迫行为虽然可能已经终止，但受胁迫人客观上仍然难以提出撤销婚姻的请求，因此，本条将此种情形下撤销权的行使时间规定为受胁迫人恢复人身自由之日起一年内。

需要指出的是，婚姻撤销权在性质上属于形成权，因此，《民法典》第1052条所规定的撤销权的行使期间在性质属于除斥期间，该期间属于不变期间，并不发生中断、中止、延长。对此，《民法典婚姻家庭编司法解释（一）》第19条第1款规定："民法典第一千零五十二条规定的'一年'，不适用诉讼时效中止、中断或者延长的规定。"同时，一旦该期间经过，权利人的撤销权也将随之消灭，相关的婚姻关系也将确定属于有效婚姻。此外，《民法典婚姻家庭编司法解释（一）》第19条第2款规定："受胁迫或者被非法限制人身自由的当事人请求撤销婚姻的，不适用民法典第一百五十二条第二款的规定。"《民法典》第152条第2款规定："当事人自民事法律行为发生之日起五年内没有行使撤销权的，撤销权消灭。"依据上述规定，受胁迫或者被非法限制人身自由的当事人请求撤销婚姻的，即便其没有在婚姻关系成立5年内行使撤销权的，其撤销权也不消灭。

2. 因隐瞒重大疾病而结婚情形下撤销权的行使期间

《民法典》第1053条第2款规定："请求撤销婚姻的，应当自知道或者应当知道撤销事由之日起一年内提出。"依据该规定，在因隐瞒重大疾病而结婚的情形下，撤销权的行使期间为"自知道或者应当知道撤销事由之日起一年内"，所谓知道或者应当知道撤销事由，是指受欺诈的一方知道对方隐瞒了重大疾病，或者根据客观情况判断其应当知道对方隐瞒了身患重大疾病的情形。该条所规定的撤销权的行使期间在性质上同样属于除斥期间，其在性质上是不变期间，并不发生中断、中止或者延长，其属于撤销权的存续期间，权利人应当在该期间内行使撤销权，该期间一旦经过，撤销权即消灭，相关的婚姻关系也将确定属于有效的婚姻关系。

第四节　婚姻被宣告无效或者被撤销的法律后果

关于婚姻被宣告无效或者被撤销的法律效果，《民法典》第1054条规定："无效的或者被撤销的婚姻自始没有法律约束力，当事人不具有夫妻的权利和义务。同居期间所得的财产，由当事人协议处理；协议不成的，由人民法院根据照顾无过错方的原则判决。对重婚导致的无效婚姻的财产处理，不得侵害合法婚姻当事人的财产权益。当事人所生的子女，适用本法关于父母子女的规定。婚姻无效或者被撤销的，无过错方有权请求损害赔偿。"关于婚姻被宣告无效或者被撤销的效力，该条从溯及力、在人身关系方面的效力，以及在财产关系方面的效力等三个方面对此作出了规定。

一、婚姻关系自始无效

关于婚姻被宣告无效或者被撤销之后能否产生溯及力，存在不同的观点：一是主张婚姻关系一旦被宣告无效或者被撤销，即可产生溯及既往的效力，即婚姻关系无效溯及至婚姻关系成立之时。[1] 二是主张应当区分当事人是否为善意，具体认定婚姻被宣告无效或者被撤销的溯及力，即对善意当事人而言，婚姻关系被宣告无效或者被撤销并不产生溯及既往的效力，而对恶意的当事人而言，婚姻关系被宣告无效或者被撤销则可以产生溯及既往的效力。三是主张婚姻被宣告无效或者被撤销的，不应当产生溯及既往的效力，即宣告婚姻无效或者撤销婚姻仅向将来发生效力。四是主张应当区分无效婚姻与可撤销婚姻，婚姻关系在被宣告无效后，应当具有溯及既往的效力，即婚姻关系自始无效；而可撤销婚姻中的可撤销事由损害的主要是当事人的私益，主要侵害的是当事人的婚姻自主决定权，如果双方在事实上已经形成了长期稳定的人身关系，已经形成了一定的家庭秩序，应当认定可撤销婚姻无效的后果仅能向将来发生效力。[2]

从《民法典》第 1054 条规定来看，婚姻关系被宣告无效或者被撤销的，婚姻"自始没有法律约束力"，这实际上是采纳了前述第一种观点，即宣告婚姻无效或者撤销婚姻具有溯及既往的效力。也就是说，在婚姻关系被宣告无效或者被撤销的情形下，当事人之间的婚姻关系自成立之时即属于无效婚姻，不论当事人之间婚姻关系存续时间的长短，也不论当事人之间的已经形成的人身、财产关系复杂程度如何，婚姻关系都将被认定为自始无效。可见，在溯及力方面，婚姻关系被宣告无效或者被撤销与一般的民事法律行为被宣告无效或者被撤销并无不同。

需要指出的是，在婚姻关系被撤销或者被确认无效前，其仍然受法律保护，而只有该婚姻关系被撤销或者被宣告无效时，其才自始不受法律保护。对此，《民法典婚姻家庭编司法解释（一）》第 20 条规定："民法典第一千零五十四条所规定的'自始没

---

[1] 参见姜大伟："论《民法总则》对亲属身份行为的调整—兼评我国《民法总则》相关之规定"，载《学术论坛》2017 年第 5 期，第 28 页。

[2] 参见田韶华："民法典婚姻家庭编瑕疵婚姻制度的立法建议—以《民法总则》之瑕疵民事法律行为制度在婚姻家庭编中的适用为视角"，载《苏州大学学报（法学版）》2018 年第 1 期，第 7 页。

有法律约束力'，是指无效婚姻或者可撤销婚姻在依法被确认无效或者被撤销时，才确定该婚姻自始不受法律保护。"

二、人身关系方面的后果

从《民法典》第1054条规定来看，在婚姻关系被宣告无效或者被撤销的情形下，将在人身关系方面产生如下效力。

（一）当事人不具有夫妻的权利和义务

从我国《民法典》婚姻家庭编的规定来看，对有效婚姻关系而言，夫妻双方将产生诸多权利义务关系。例如，依据《民法典》第1059条的规定，夫妻双方有相互扶养的义务，而且在一方不履行扶养义务时，另一方有权请求其给付扶养费。依据《民法典》第1061条的规定，夫妻有相互继承遗产的权利。依据《民法典》第1062条的规定，对夫妻双方在婚姻关系存续期间所得的财产，一般认定为夫妻共同财产，对于夫妻共同财产，夫妻双方有平等的处理权。此外，在离婚中，夫妻也依法负有适当帮助等义务。上述夫妻权利义务关系产生的基本前提是当事人之间的婚姻关系有效，如果婚姻被宣告无效或者被撤销，则当事人并不具有夫妻的权利和义务。同时，依据《民法典婚姻家庭编司法解释（一）》第21条的规定，"人民法院根据当事人的请求，依法确认婚姻无效或者撤销婚姻的，应当收缴双方的结婚证书并将生效的判决书寄送当地婚姻登记管理机关"。

（二）当事人所生的子女，适用《民法典》关于父母子女的规定

在婚姻关系被宣告无效或者被撤销的情形下，虽然婚姻关系自始无效，但在当事人婚姻关系成立后，可能存在生儿育女的事实，这就产生了一个问题，即该子女究竟是婚生子女还是非婚生子女？对此存在不同观点，一种观点认为，在婚姻关系被宣告无效或者被撤销的情形下，由于男女双方并没有合法的夫妻关系，因此双方所生子女应当为非婚生子女。[1] 另一种观点认为，即便婚姻关系被宣告无效或者被撤销，男女双方在婚姻成立之后所生的子女也属于婚生子女。[2] 本书认为，后一种观点更为合理，因为在判断是否为婚生子女时，主要是看子女是不是在婚姻关系存续期间内出生，即便婚姻关系被宣告无效或者被撤销，但当事人之间仍然存在婚姻关系，男女双方在婚姻成立之后所生子女应当被认定为婚生子女。当然，按照立法者的观点，婚姻关系被宣告无效或者被撤销后，男女双方在婚姻关系成立后所生子女为非婚生子女，但为

---

〔1〕 参见张伟主编：《家事法学》，北京，法律出版社2016年版，第152页。

〔2〕 参见余延满：《亲属法原论》，北京，法律出版社2007年版，第213页。

强化对未成年人的保护，非婚生子女享有与婚生子女同等的权利。[1]

依据《民法典》第 1054 条的规定，婚姻被宣告无效或者被撤销后，当事人所生子女适用《民法典》关于父母子女的规定，也就是说，《民法典》关于父母子女关系的规定，均可适用。例如，父母对未成年人子女或者不能独立生活的成年子女负有抚养义务，如果父母不履行抚养义务，则未成年子女或者不能独立生活的成年子女有权请求父母给付抚养费；成年子女对父母负有赡养的义务，如果其不履行赡养义务，则缺乏劳动能力或者生活困难的父母有权请求成年子女给付赡养费（《民法典》第 1067 条）。再如，依据《民法典》第 1188 条的规定，在无民事行为能力人、限制民事行为能力人造成他人损害时，如果父母是该无民事行为能力人、限制民事行为能力人的监护人，则其应当对受害人承担侵权责任。除上述规定外，《民法典》关于父母子女关系的规定均可适用于婚姻关系被宣告无效或者被撤销时的父母子女关系。

三、财产关系方面的后果

（一）同居期间所得财产的处理

在当事人缔结婚姻关系后，双方均可能获得一定的财产，在婚姻关系被宣告无效或者被撤销后，如何分割当事人在同居期间所获得的财产，存在不同的观点。一种观点认为，对于当事人一方个人所获得的财产，应当归其个人所有，对于双方在同居期间共同获得的财产，则应当认定为双方按份共有，按照按份共有的规则进行处理。另一种观点认为，在婚姻关系被宣告无效或者被撤销的情形下，当事人在同居期间所获得的财产不宜按照按份共有的规则处理，因为在婚姻关系成立后，当事人双方对家庭贡献的方式不同，一方可能主要体现为获得财产收入，而另一方则可能体现为对家庭的付出，如照顾子女、父母等，因此，不宜完全按照按份共有的规则处理当事人同居期间的财产。还有观点认为，在婚姻被宣告无效或者被撤销的情形下，如果当事人有证据证明某些财产属于其单独所有，则应当认定该财产为其单独所有，否则，即应当认定当事人在同居期间所取得的财产为双方共同共有。

关于双方同居期间所得财产的归属，《民法典婚姻家庭编司法解释（一）》第 22 条规定："被确认无效或者被撤销的婚姻，当事人同居期间所得的财产，除有证据证明为当事人一方所有的以外，按共同共有处理。"依据该规定，如果双方无法证明同居期间所得的财产归一方所有，则应当将其认定为双方共同共有。同时，依据《民法典》第 1054 条的规定，在婚姻关系被宣告无效或者被撤销后，当事人可以对同居期间所得的财产进行协商，如果当事人可以达成协议，则按照当事人的协议处理，如果当事人

---

[1] 参见黄薇主编：《中华人民共和国民法典婚姻家庭编解读》，北京，中国法制出版社 2020 年版，第 66-67 页。

无法达成协议，则由人民法院根据照顾无过错方的原则判决如何处理该财产，即对婚姻关系无效或者可撤销存在过错的一方，应当少分财产，而对此无过错的一方，应当多分财产。依据上述规定，在双方婚姻关系被确认无效或者被撤销的情形下，双方同居期间所得的财产的分割与离婚时的财产分割规则较为相似，这显然是考虑到了婚姻关系的特殊性，而没有按照按份共有的规则处理当事人同居关系期间所得的财产。

（二）对重婚导致的无效婚姻的财产处理，不得侵害合法婚姻当事人的财产权益

在因重婚而导致婚姻关系无效的情形下，在处理当事人在同居期间所获得的财产时，还可能涉及合法婚姻当事人财产权益的保护问题。因此，《民法典》第1054条规定，对"对重婚导致的无效婚姻的财产处理，不得侵害合法婚姻当事人的财产权益"，也就是说，在因重婚导致婚姻关系无效的情形下，在给无过错方多分同居期间所得财产时，不得侵害重婚一方合法婚姻的配偶一方的财产权益。[1]

（三）婚姻无效或者被撤销的，无过错方有权请求损害赔偿

在婚姻关系被宣告无效或者被撤销的情形下，仅通过多分无过错方财产的方式，可能难以有效保护无过错方的利益，因为双方当事人在婚姻关系成立后的同居期间可能并没有获得财产，或者获得的财产较少，此时，仅通过分割同居期间的财产，可能无法有效弥补因婚姻关系无效或者被撤销而给无过错一方所造成的损害。因此，《民法典》第1054条第2款规定："婚姻无效或者被撤销的，无过错方有权请求损害赔偿。"这就确立了无过错方的损害赔偿请求权。

本章思考题

1. 简述结婚的必备条件。
2. 简述我国婚姻无效的法定情形。
3. 简述我国可撤销婚姻的法定情形。
4. 简述婚姻被宣告无效或者被撤销的法律后果。
5. 当事人在以重婚为由请求确认婚姻无效的情形下，如果合法婚姻的当事人已经离婚，或者其合法婚姻的配偶已经死亡，此时，后一婚姻是否转化为有效婚姻？
6. 双方均无配偶的同居关系中，如何确定双方定同居期间的财产归属？
7. 如何理解结婚行为能力与民事行为能力之间的关系？

---

[1] 参见黄薇主编：《中华人民共和国民法典婚姻家庭编解读》，北京，中国法制出版社2020年版，第69页。

第三章 家庭关系

【本章引例】

刘某与张某为夫妻关系，2021年10月，二人共同到某市工作。因没有购买房屋，刘某便于当年11月份与李某订立房屋租赁合同，约定租期一年，每月租金1200元，交款方式为年付，共计14 000元。同时，二人还在合同中约定，房屋租赁期满后，如果双方不再续租，则刘某应当及时将钥匙交还李某。2022年11月，房屋租赁期限届满后，双方并未续签合同，但刘某与张某继续居住在李某的房屋之中，并按照约定向李某支付租金1200元。但自2023年3月份开始，刘某便不再向李某支付租金，经李某多次催告，刘某均已各种理由推脱，拒绝支付租金。2023年7月，李某通知刘某解除合同，并请求刘某与张某共同向其支付租金6000元，归还房屋钥匙。

【简要评析】

该案涉及夫妻一方订立的合同能否对另一方发生效力的问题。《民法典》第1060条规定："夫妻一方因家庭日常生活需要而实施的民事法律行为，对夫妻双方发生效力，但是夫妻一方与相对人另有约定的除外。夫妻之间对一方可以实施的民事法律行为范围的限制，不得对抗善意相对人。"该条对夫妻之间的日常家事代理权作出了规定，依据该规定，夫妻一方因家庭日常生活需要而实施的民事法律行为，原则上对夫妻双方发生效力。换言之，在符合日常家事代理权适用条件的情形下，相关的行为将对夫妻双方发生效力，即并未实施相关行为的夫妻另一方也将共同承受相关行为的法律后果。在本案中，因张某与刘某为夫妻关系，刘某向李某承租房屋发生在夫妻二人婚姻关系存续期间内，且承租房屋是为了满足二人家庭日常居住需要。因此，依据《民法典》第1060条的规定，该租赁合同也应当对张某发生效力，李某有权请求刘某与张某共同支付相应的租金。

第一节 夫妻关系

一、夫妻关系概述

(一) 夫妻关系的概念和特征

夫妻是婚姻关系中的男女双方以共同生活为目的而结成的配偶，夫妻关系是指夫妻间的权利义务关系。男女双方缔结婚姻关系的目的是共同生活，同时，基于此种共同生活关系，也会产生相关的人身关系和财产关系，如夫妻间的相互扶养关系、赡养老人以及抚养子女关系等。需要指出的是，夫妻关系的成立以当事人之间的婚姻关系合法有效为前提，如果当事人之间的婚姻关系被宣告无效，或者被撤销，虽然并不能据此否定当事人之间已经成立婚姻关系，但当事人之间的婚姻关系无法产生法定的夫妻关系。例如，依据《民法典》第 1059 条的规定，夫妻有相互扶养的义务；依据《民法典》第 1061 条的规定，夫妻有相互继承遗产的权利。上述夫妻关系的产生均以双方的婚姻关系合法有效为前提。

夫妻关系主要具有如下特征。

第一，夫妻关系在内容上包括夫妻人身关系和夫妻财产关系。男女双方在结婚之前属于相对独立的个体，但双方一旦结婚，组建家庭，就会在夫妻双方之间形成一系列的法律关系。夫妻关系的内容较为宽泛，其既包括夫妻因人格关系和身份关系而产生的人身关系，如夫妻双方的姓名权，人身自由权，以及抚养、教育和保护子女的权利等，也包括与财产相关的权利，如日常家事代理权、相互继承遗产的权利以及夫妻财产制等。

第二，夫妻关系既包括权利，也包括义务。从我国《民法典》婚姻家庭编的规定来看，夫妻关系中包含了许多权利，如夫妻双方相互享有日常家事代理权，夫妻均享有相互继承遗产的权利等，在一方行使权利时，另一方以及夫妻关系之外的第三人不得非法干涉。同时，夫妻关系中也包括义务，如夫妻均负有抚养、教育和保护子女的义务，夫妻之间有相互扶养的义务等。不论是夫妻关系中的权利还是义务，其根本目的都是为了保护夫妻双方的利益，并维护婚姻家庭关系的和谐、稳定。

第三，夫妻关系是家庭关系的核心。从内容上看，家庭关系包括了夫妻关系、父母子女关系和其他近亲属关系，但各种关系的地位并不是相同的，夫妻关系在家庭关系中居于核心地位，一方面，夫妻关系是家庭关系成立的前提和基础，也就是说，一般而言，没有夫妻关系，也就无法产生家庭关系。另一方面，夫妻关系在家庭关系中具有承上启下的作用，即夫妻双方既要对上赡养老人，也要对下抚养、教育子女，对家庭关系的维系具有决定性的影响。

（二）夫妻关系具有平等性

夫妻关系具有平等性，对此，《民法典》第 1055 条规定："夫妻在婚姻家庭中地位平等。"该条对夫妻在婚姻家庭中的地位平等规则作出了规定。男女平等是社会主义的法治原则，夫妻在婚姻家庭中的地位平等是男女平等原则在婚姻家庭关系中的具体体现。《宪法》第 48 条规定："中华人民共和国妇女在政治的、经济的、文化的、社会的和家庭的生活等各方面享有同男子平等的权利。国家保护妇女的权利和利益，实行男女同工同酬，培养和选拔妇女干部。"该条从基本法的层面对男女平等原则作出了规定。除《宪法》外，我国相关立法也强调男女平等。例如，《妇女权益保障法》第60条规定："国家保障妇女享有与男子平等的婚姻家庭权利。"《民法典》总则编第4条规定："民事主体在民事活动中的法律地位一律平等。"该条从民法基本原则的层面规定了平等原则，其中也包含男女平等的含义，《民法典》婚姻家庭编第1041条第2款也规定："实行婚姻自由、一夫一妻、男女平等的婚姻制度。"这也从婚姻家庭编基本原则的层面强调了男女平等。《民法典》第1055条关于夫妻关系具有平等性的规定，也可以看作是上述法律基本原则的一种具体化。

夫妻在婚姻家庭中的地位平等，是处理夫妻关系的指导原则，也是确定夫妻权利义务关系的重要基础。[1] 一方面，从规范层面看，《民法典》婚姻家庭编将夫妻关系平等性规则规定在"家庭关系"一章之首，这表明，该规则既是调整夫妻关系的基本规则，也是调整整个家庭关系的指导原则，也就是说，在依据"家庭关系"一章的规则处理家庭关系时，均应当将夫妻关系平等作为基本前提。另一方面，夫妻关系平等也要求夫妻双方应当平等地享有权利，负担义务。夫妻在婚姻家庭中地位平等，强调夫妻在人格上的平等以及权利义务的平等，夫妻双方应当互相尊重对方的人格独立，任何一方不得只享有权利而不负担义务，也不得非法侵害甚至剥夺对方的权利。当然，夫妻在婚姻家庭中的地位平等并不是指夫妻双方的权利义务是一一对等的，因为从家庭分工的层面看，夫妻双方可能会对家庭劳务等事项进行一定的分工，这也意味着双方可能并不是平均分担家庭劳务。[2] 但双方的地位是平等的，应当相互尊重。

从《民法典》婚姻家庭编的规定来看，其许多规则都体现了夫妻关系平等性规则。例如，在夫妻人身关系方面，《民法典》第1056条规定："夫妻双方都有各自使用自己姓名的权利。"第1057条规定："夫妻双方都有参加生产、工作、学习和社会活动的自由，一方不得对另一方加以限制或者干涉。"上述规定对夫妻双方的姓名权和人身自由权提供了平等保护。在夫妻财产关系方面，《民法典》第1061条规定："夫妻有相互继承遗产的权利。"该条规定夫妻有相互继承遗产的权利，也是夫妻关系平等的体现。再如，在子女抚养、教育、保护方面，《民法典》第1058条规定："夫妻双方平等享有对未成年子女抚养、教育和保护的权利，共同承担对未成年子女抚养、教育和保护的义务。"该条在规定子女的抚养、教育、保护问题时，也强调了夫妻双方平等地享有权利、负担义务。从"家庭关系"一章的规定来看，其许多条文都使用了"夫妻""夫妻双方""平等"等表述，而没有突出强调从夫妻一方的角度设置法律规则，这也体现了夫妻关系的平等性。

---

〔1〕 参见最高人民法院民法典贯彻实施工作领导小组主编：《中华人民共和国民法典婚姻家庭编继承编理解与适用》，北京，人民法院出版社2020年版，第111页。

〔2〕 参见黄薇主编：《中华人民共和国民法典婚姻家庭编解读》，北京，中国法制出版社2020年版，第75页。

二、夫妻人身关系

所谓夫妻人身关系，是指夫妻之间基于人格和身份而形成的没有直接财产利益因素的权利义务关系。[1] 夫妻人身关系的范围较为广泛，如夫妻双方均享有姓名权，享有人身自由权，夫妻之间互负忠实义务等，从《民法典》婚姻家庭编"家庭关系"一章的规定来看，其规定了如下几种夫妻人身关系，即夫妻姓名权，夫妻人身自由权，以及夫妻双方对子女的抚养、教育和保护的权利义务。

（一）夫妻姓名权

《民法典》第 1056 条规定："夫妻双方都有各自使用自己姓名的权利。"该条对夫妻姓名权规则作出了规定，该条规定来自于《婚姻法》第 14 条，[2] 将《婚姻法》第 14 条中的"各用"修改为"各自使用"，法条文义并未发生变化。姓名权是自然人依法决定、使用、变更或者许可他人使用自己的姓名，并要求他人尊重自己姓名的权利。姓名是辨别个人外在特征的一种语言符号，其主要功能在于将姓名权人与其他人区分开来。[3] 但姓名并不仅仅起到身份确定的功能，[4] 由于姓名与特定的主体相关联，还可以作为个人个性的一种表达和标志，因此包含一定的精神利益，因此，姓名权又是一项人格权，而且是个人所享有的一项重要的标表型人格权。一般认为，姓名权的功能主要是为了防止姓名权人同他人之间发生身份的混淆。[5]

在古代和近代，许多国家都奉行夫权婚姻，即在夫妻关系中，妇女要从夫姓，即男女在结婚后，女方需要将男方的姓放在自己的姓之前，这也用于标明已婚妇女归属于夫权之下，[6] 有些女性可能只有小名，甚至没有自己独立的姓名，这也反映出男女在婚姻关系中的不平等地位。我国民事立法历来强调男女在婚姻家庭关系中的地位平等，具体到姓名权的保护领域，我国婚姻法历来注重对夫妻双方姓名权的保护。例如，早在 1950 年，《婚姻法》第 11 条就明确规定："夫妻有各用自己姓名的权利。"这一规定也被我国婚姻立法所沿袭，并在《民法典》中得到再次确认。依据《民法典》第 1056 条，夫妻双方都有各自使用自己姓名的权利，该规则包含如下几方面内涵：

第一，夫妻双方结婚后，并不需要因结婚而改变自己的姓名。从《民法典》第 1056 条规定来看，夫妻双方均可各自使用自己的姓名，因此，男女双方在结婚后，并不需要因为结婚而改变自己的姓名。需要指出的是，姓名由姓氏和名组成，因此，一个完整的姓名应当包含姓氏和名字两部分内容。夫妻双方均有使用自己姓名的权利，

---

[1] 参见黄薇主编：《中华人民共和国民法典婚姻家庭编解读》，北京，中国法制出版社 2020 年版，第 71 页。

[2] 《婚姻法》第 14 条规定："夫妻双方都有各用自己姓名的权利。"

[3] Erman/H. P. Westermann，§ 12, Rn. 1.

[4] Palandt/Heinrichs，§ 12, Rn. 1.

[5] BGHZ 91, 117, 120; Palandt/Heinrichs，§ 12, Rn. 20.

[6] 参见余延满：《亲属法原论》，北京，法律出版社 2007 年版，第 220 页。

这也意味着，夫妻双方既不需要因为结婚而改变自己的姓氏，也不需要因为结婚而改变自己的名字。

第二，夫妻双方有权改变自己的姓名。从强化保护夫妻双方姓名权的角度，《民法典》第1056条虽然仅规定了夫妻双方有权各自使用自己的姓名，但按照法不禁止即自由的原则，夫妻双方也有权自主决定改变自己的姓名，如夫妻双方可以约定妻从夫姓或者夫从妻姓，任何人不得非法干涉。当然，即便当事人约定妻从夫姓或者夫从妻姓，当事人也可以随时主张变更自己的姓名。例如，在夫妻一方死亡后，另一方有权决定使用自己之前的姓氏。

第三，夫妻双方不仅有权各自使用自己的姓名，而且双方还享有姓名权的其他权能。《民法典》第1056条关于夫妻姓名权的规定本质上是姓名权规则的具体化，因此，虽然《民法典》第1056条仅规定了夫妻双方均有各自"使用"自己姓名的权利，但《民法典》关于姓名权规则的规定原则上也都可以适用于夫妻姓名权的保护。从《民法典》的规定来看，姓名权包括如下几方面内容：一是姓名决定权。姓名决定权是指个人有权选择和决定自己姓名的权利。当然，个人在选择自己的姓氏和名时，也应当遵守《居民身份证法》等法律的规定，不得违反法律规定和公序良俗。二是姓名使用权。姓名使用权是指权利人有权依法使用自己的姓名。例如，权利人在与他人签订合同，或者签署相关的文件时，有权依法使用自己的姓名。对于权利人依法使用自己姓名的行为，任何人不得非法干涉，否则将构成对他人姓名权的侵害。三是姓名变更权。姓名变更权是指权利人享有依法变更自己姓名的权利。当然，权利人变更自己姓名的，同样应当遵守前述姓名命名规则。四是许可他人使用姓名的权利。许可他人使用姓名的权利是指权利人可以许可他人使用其姓名。姓名权不仅具有消极防御的效力，即在遭受侵害后，权利人有权向行为人提出请求，而且也包含积极利用的权能，即权利人既可以自己使用其姓名，也可以许可他人使用其姓名。我国《民法典》人格权编对姓名的许可使用规则作出了规定。从实践来看，一些企业为了宣传自己的产品或者服务，会与一些知名演艺人员签订姓名许可使用合同，在其产品或者服务的广告宣传中使用该演艺人员的姓名，这实际上就是姓名的许可使用。五是要求他人尊重自己姓名的权利。所谓要求他人尊重自己姓名的权利，是指权利人有权要求他人尊重自己的姓名。例如，权利人有权要求他人正确称呼自己的姓名，不得恶意变更自己姓名的发音。姓名权的上述内容也都可以适用于夫妻姓名权的保护，任何人不得非法干涉。

《民法典》第1056条赋予夫妻双方各自使用自己姓名的权利，是男女平等原则的重要体现，该规则也从根本上改变了"妻从夫姓"的传统，巩固了夫妻双方的平等地位。如前所述，由于我国婚姻立法历来强调对夫妻姓名权的平等保护，该规则所蕴含的男女平等观念已经深入人心，实践中极少出现夫妻姓名权使用方面的纠纷。

（二）夫妻人身自由权

所谓夫妻人身自由权，是指夫妻双方均有参加生产、工作、学习和社会活动的自由，此种自由不因结婚而受到限制，一方不得对另一方加以限制或者干涉。《民法典》第1057条规定："夫妻双方都有参加生产、工作、学习和社会活动的自由，一方不得对另一方加以限制或者干涉。"该条对夫妻人身自由权作出了规定。夫妻人身自由权是夫妻法律地位平等应有之义，也是夫妻双方自由发展的必要条件。从《民法典》的规定来看，夫妻人身自由权适用于夫妻双方，当然，从实践来看，该规则主要适用于女方权利的保护，因为在传统社会，女方在婚姻家庭关系中处于从属地位，并不享有广泛地参与社会活动的自由，在婚姻关系中也不具有与男方平等的地位。因此，《民法典》对夫妻人身自由权作出规定，有利于保障女方参加生产、工作、学习以及社会活动的自由，这也有利于女方的自我发展，提高其社会地位，从而真正实现男女平等。[1]

从《民法典》第1057条规定来看，夫妻人身自由权包括如下几方面内容：

第一，夫妻双方均有参加生产、工作的自由。此处的生产、工作是指一切正当的生产、经营活动和社会性劳动。《民法典》第1057条从民事基本法的层面对男女双方参加生产、工作的权利作出了规定，除《民法典》外，我国相关立法也对此作出了细化规定。例如，《妇女权益保障法》第41条规定："国家保障妇女享有与男子平等的劳动权利和社会保障权利。"第23条规定："各单位在录用职工时，除不适合妇女的工种或者岗位外，不得以性别为由拒绝录用妇女或者提高对妇女的录用标准。各单位在录用女职工时，应当依法与其签订劳动（聘用）合同或者服务协议，劳动（聘用）合同或者服务协议中不得规定限制女职工结婚、生育的内容。"第24条规定："实行男女同工同酬。妇女在享受福利待遇方面享有与男子平等的权利。"第27条规定："任何单位不得因结婚、怀孕、产假、哺乳等情形，降低女职工的工资，辞退女职工，单方解除劳动（聘用）合同或者服务协议。但是，女职工要求终止劳动（聘用）合同或者服务协议的除外。各单位在执行国家退休制度时，不得以性别为由歧视妇女。"上述规定对妇女在生产、工作中的权利保护作出了细化规定，对于强化妇女权利的保护具有重要意义。当然，《民法典》第1057条对夫妻双方参加生产、工作的自由作出规定，意在强调夫妻双方应当尊重对方的此种权利，不得非法干涉。

第二，夫妻双方均有参加学习的自由。参加学习是提升个人能力、实现自我发展的重要途径，也是保障男女双方地位平等的重要条件。此处的学习既包括正规的在校学习，也包括扫盲学习、职业培训以及其他各种形式的知识和技能学习。[2]除《民法典》外，其他法律也对夫妻双方参加学习的权利作出了规定。例如，《妇女权益保障法》第38条规定："各级人民政府应当依照规定把扫除妇女中的文盲、半文盲工作，纳入扫盲和扫盲后继续教育规划，采取符合妇女特点的组织形式和工作方法，组织、

---

〔1〕 参见黄薇主编：《中华人民共和国民法典婚姻家庭编解读》，北京，中国法制出版社2020年版，第79页。
〔2〕 参见黄薇主编：《中华人民共和国民法典婚姻家庭编解读》，北京，中国法制出版社2020年版，第80页。

监督有关部门具体实施。"第 39 条规定："国家健全全民终身学习体系，为妇女终身学习创造条件。各级人民政府和有关部门应当采取措施，根据城镇和农村妇女的需要，组织妇女接受职业教育和实用技术培训。"该法对妇女参加学习的权利作出了规定。在夫妻关系中，一方依法主张参加学习的，另一方不得非法干涉。

第三，夫妻双方均有参加社会活动的自由。所谓参加社会活动的自由，是指夫妻双方均有参政、议政的权利，并有参加科学、技术、文学、艺术等活动，参加群众组织、社会团体的活动以及公益活动等的自由。[1] 参加各类社会活动对个人发展而言也是不可或缺的，夫妻一方参加社会活动的，另一方不得进行非法干涉。

《民法典》对夫妻人身自由权作出规定，对于保障夫妻双方各自的自我提升、自我发展具有重要意义，也是真正实现夫妻平等的重要保障。当然，夫妻人身自由权应当依法行使，不能片面强调夫妻双方的人格独立和人身自由，而忽略婚姻家庭所具有的伦理性特征，一方在行使夫妻人身自由权时，也不应当影响子女的抚养、老人的赡养，不应当影响婚姻家庭关系的和谐、稳定。[2]

案例 3-1

【基本案情】

张某（男）与侯某（女）结婚多年，后两人因为感情不和，经常发生矛盾和冲突，侯某也因此变得情绪容易激动。因担心侯某情绪易激动，容易与他人发生冲突，并因此造成他人损害，张某便时刻待在侯某身边。在自己必须外出时，张某便将侯某反锁在家中。侯某向法院提起诉讼，主张张某不当限制了自己的人身自由，侵害了其人身自由权。

【法院裁判】

法院认为，在不能确认配偶一方存在民事行为能力不足或会对他人造成实质危险时，夫妻间的监护关系未成立，另一方不得限制其人身自由。在本案中，并没有足够的证据显示侯某的民事行为能力存在缺陷，在这样的情况下，即使作为配偶，也没有权利通过各种手段使对方的人身自由受到限制。

（三）夫妻平等抚养、教育和保护未成年子女的权利和义务

《民法典》第 1058 条规定："夫妻双方平等享有对未成年子女抚养、教育和保护的权利，共同承担对未成年子女抚养、教育和保护的义务。"该条对夫妻平等抚养、教育和保护未成年子女的权利和义务作出了规定。该条规定来源于《婚姻法》第 21 条与第 23 条，依据《婚姻法》第 21 条的规定，"父母对子女有抚养教育的义务"，依据《婚

---

〔1〕　参见余延满：《亲属法原论》，北京，法律出版社 2007 年版，第 224 页。

〔2〕　参见最高人民法院民法典贯彻实施工作领导小组主编：《中华人民共和国民法典婚姻家庭编继承编理解与适用》，北京，人民法院出版社 2020 年版，第 122 页。

姻法》第 23 条的规定，"父母有保护和教育未成年子女的权利和义务"。《民法典》第 26 条第 1 款规定："父母对未成年子女负有抚养、教育和保护的义务。"该条就父母对未成年子女的抚养、教育和保护义务作出了规定。与《婚姻法》以及《民法典》总则编的规定相比，《民法典》第 1058 条一方面强调了夫妻有抚养未成年子女的权利，另一方面，该条也突出强调了夫妻在抚养、教育和保护未成年子女方面的权利义务是平等的。

所谓抚养未成年子女，是指父母为未成年子女的生活、教育等提供一定的物质条件，保障其健康成长。子女在未成年时，缺乏独立生活的能力，其健康成长有赖于父母的抚养。关于未成年子女的抚养，《民法典》第 1067 条第 1 款规定："父母不履行抚养义务的，未成年子女或者不能独立生活的成年子女，有要求父母给付抚养费的权利。"依据这一规定，如果父母不履行抚养未成年子女义务的，未成年子女有权请求父母给付抚养费。当然，抚养未成年子女既是夫妻的义务，也是夫妻双方的权利，一方不得非法侵害另一方抚养子女的权利。

所谓教育未成年子女，是指父母按照法律和道德要求，采取正确的方法教导未成年子女，并对其行为进行必要的约束。[1] "家庭是人生的第一个课堂，父母是孩子的第一任老师"，未成年子女的成长过程也是其世界观、人生观、价值观的形成过程，在这一过程中，父母应当对未成年子女进行积极引导，使其形成正确的价值观。父母对子女的教育涉及多个方面，如教育子女养成良好的品德，教会未成年子女如何做人，等等。父母在家庭教育中，应当将良好的道德观念传递给未成年子女，使其健康成长。同时，父母还应当注重对子女的言传身教，帮助未成年子女扣好人生的第一颗扣子。教育未成年子女既是夫妻双方的义务，也是其权利，任何一方不得不当妨害另一方对未成年子女的教育。

所谓保护未成年子女，是指父母应当保障未成年子女的人身、财产安全，预防和排除来自外界的损害，保障子女处于安全状态。[2] 法律之所以规定父母对未成年子女的保护义务，一方面是因为，未成年子女缺乏生活经验，对外界存在的危险缺乏足够的识别能力，因此，其健康成长需要受到特别保护。另一方面，依据《民法典》第 27 条的规定，父母是未成年子女的监护人，其本身也负有保护未成年子女的职责。保护未成年子女既是父母的义务，也是其权利，夫妻任何一方不得妨害另一方行使保护未成年子女的权利。

从《民法典》第 1058 条规定来看，夫妻双方平等地享有抚养、教育和保护未成年子女的权利，任何一方不得擅自妨害对方行使权利，更不得擅自剥夺另一方的权利。同时，夫妻双方也共同承担抚养、教育和保护未成年子女的义务，任何一方不履行抚养、教育、保护未成年子女义务的，另一方可以作为子女的法定代理人请求其履行相

---

〔1〕 参见黄薇主编：《中华人民共和国民法典婚姻家庭编解读》，北京，中国法制出版社 2020 年版，第 82 页。
〔2〕 参见黄薇主编：《中华人民共和国民法典婚姻家庭编解读》，北京，中国法制出版社 2020 年版，第 82 页。

关义务。[1] 当然，夫妻双方共同承担抚养、教育和保护未成年子女的义务，并不意味着夫妻双方平均分担该义务，也不意味着夫妻双方在抚养、教育和保护未成年子女方面的角色和作用完全相同，而应当根据未成年子女抚养、教育和保护的客观需要，遵循未成年人利益最大化原则，合理确定夫妻双方的义务。

三、夫妻财产关系

夫妻关系既包括夫妻人身关系，也包括夫妻财产关系。所谓夫妻财产关系，是指夫妻之间基于物质利益而形成的权利义务关系。[2] 男女双方结婚后，会在夫妻之间产生一系列财产关系，从《民法典》婚姻家庭编的规定来看，其主要规定了夫妻相互扶养的义务、日常家事代理权、夫妻相互继承遗产的权利，以及夫妻财产制等关系。

（一）夫妻有相互扶养的义务

1. 夫妻相互扶养义务概述

所谓夫妻相互扶养义务，是指夫妻之间相互供养和扶助的法定义务，其目的在于保障夫妻的正常生活，维护婚姻家庭关系的稳定。[3]《民法典》第 1059 条规定："夫妻有相互扶养的义务。需要扶养的一方，在另一方不履行扶养义务时，有要求其给付扶养费的权利。"该条对夫妻互负扶养义务的规则作出了规定。从比较法上看，许多国家的民法典也都规定了夫妻之间的扶养义务。例如，《意大利民法典》第 143 条第 3 款规定："依据婚姻的效力，夫妻间互负忠诚义务、相互给予精神和物质扶助的义务、为家庭利益而相互合作和同居的义务。"[4]《奥地利普通民法典》第 90 条第 1 款规定："配偶双方都有义务进行全面的婚后共同生活，尤其是共同居住、相互忠实、相互尊重和相互帮助。"在婚姻关系中，男女双方是以终身共同生活为目的而缔结婚姻关系，因此，夫妻之间应互负扶养义务，这也是维持夫妻共同生活的基本前提。

在夫妻关系中，夫妻互负扶养义务主要具有如下特征：

第一，夫妻互负扶养义务是因夫妻之间的身份关系而产生的，也会随着夫妻关系这种身份关系的消灭而消灭。也就是说，夫妻互负扶养义务因婚姻关系的产生而产生，不论夫妻双方在结婚后是否共同生活，也不论婚姻关系产生时间的长短，夫妻双方均互负扶养义务。当然，夫妻互负扶养义务以婚姻关系的存在为前提，如果夫妻双方通过协议离婚或者诉讼离婚的方式解除了婚姻关系，则该义务也随之消灭。

第二，夫妻互负扶养义务是一项法定义务，与夫妻财产制之间不存在直接关联。

---

〔1〕　参见最高人民法院民法典贯彻实施工作领导小组主编：《中华人民共和国民法典婚姻家庭编继承编理解与适用》，北京，人民法院出版社 2020 年版，第 125 页。

〔2〕　参见黄薇主编：《中华人民共和国民法典婚姻家庭编解读》，北京，中国法制出版社 2020 年版，第 71 页。

〔3〕　参见黄薇主编：《中华人民共和国民法典婚姻家庭编解读》，北京，中国法制出版社 2020 年版，第 83 页。

〔4〕　参见《意大利民法典》（2004 年），费安玲等译，北京，中国政法大学出版社 2004 年版，第 44 页。

夫妻互负扶养义务是法律为了维护婚姻家庭关系的稳定而规定的一项义务，该义务在性质上属于法定义务，而且从《民法典》第 1059 条规定来看，夫妻互负扶养义务与夫妻财产制的方式不存在直接关联，不论是夫妻之间实行法定财产制，还是夫妻之间通过约定实行分别财产制，夫妻双方均互负扶养义务，在一方需要扶养时，另一方均应当依法履行其扶养义务。

第三，夫妻互负扶养义务不允许当事人通过约定予以排除。法律规定夫妻之间互负扶养义务，既是为了保障夫妻双方的基本生活，也是为了维护婚姻家庭关系的稳定，该义务具有强制性，如果允许当事人通过约定排除，则可能影响夫妻一方的基本生活，影响婚姻家庭关系的稳定。因此，《民法典》第 1059 条关于夫妻互负扶养义务的规定在性质上属于强制性规定，当事人不能通过约定排除该规则的适用。[1]

从《民法典》第 1059 条规定来看，夫妻之间互负扶养的义务，也就是说，对一方而言，其既有扶养对方的义务，也有受对方扶养的权利，双方互为权利义务主体。夫妻互负扶养义务也是夫妻地位平等的一种体现。在传统社会，妻子在人身关系方面可能被认为附属于丈夫，在扶养义务方面，通常是丈夫一方对妻子负有扶养义务，妻子是被扶养的对象，这也反映出夫妻地位不平等的状况。我国《民法典》规定夫妻互负扶养的义务，也在一定程度上贯彻和宣示了夫妻地位平等的理念。

2. 一方不履行扶养义务时，需要扶养的一方享有请求给付扶养费的权利

依据《民法典》第 1059 条第 2 款的规定，"需要扶养的一方，在另一方不履行扶养义务时，有要求其给付扶养费的权利"，这就确立了在一方不履行扶养义务时另一方所享有的请求给付扶养费的权利。所谓"需要扶养"，是指夫妻一方的财产难以维持其正常生活，即依靠其自己的财产难以保障其基本生活，客观上需要另一方的扶养。例如，一方因为患病或者因为遭受人身伤害而失去劳动能力，难以维持基本生活，此时，另一方即需要对其进行扶养。当然，另一方履行扶养义务也应当以其具有扶养能力为前提，如果另一方的财产同样难以维持其基本生活，则其客观上也难以履行其扶养义务。

在一方需要扶养时，如果另一方不履行其扶养义务，则有扶养需要的一方有权请求另一方给付扶养费。关于扶养费的数额，《民法典》没有作出明确规定，夫妻双方可以通过协商予以确定，在当事人无法就扶养费的数额等达成协议时，需要扶养的一方可以向法院提起诉讼，由法院根据其扶养需求予以确定。由于夫妻之间的扶养主要是为了满足生活困难一方基本的生活需要和其他必要的支出，如医疗费支出等，因此，在司法实践中，人民法院在确定扶养费的数额时，通常会考虑需要扶养一方的实际需要、履行扶养义务一方的经济能力，以及当地居民的平均生活水平等因素，具体确定

〔1〕 参见黄薇主编：《中华人民共和国民法典婚姻家庭编解读》，北京，中国法制出版社 2020 年版，第 85 页。

扶养费的给付标准。[1]

(二) 日常家事代理权

1. 日常家事代理权的概念和特征

所谓日常家事代理权，是指夫妻一方因家庭日常生活需要而与第三人为一定民事法律行为时互为代理的权利。[2]《民法典》第 1060 条规定："夫妻一方因家庭日常生活需要而实施的民事法律行为，对夫妻双方发生效力，但是夫妻一方与相对人另有约定的除外。夫妻之间对一方可以实施的民事法律行为范围的限制，不得对抗善意相对人。"该条对夫妻双方的日常家事代理权作出了规定。从比较法上看，许多国家的法律都对夫妻双方的日常家事代理权规则作出了规定。例如，《法国民法典》第 220 条规定："夫妻各方均有权单独订立旨在维持家庭日常生活与教育子女的合同。夫妻一方依此缔结的债务对另一方具有连带约束力。但是，视家庭生活状况，视所进行的活动是否有益以及缔结合同的第三人是善意还是恶意，对明显过分的开支，不发生此种连带责任。以分期付款方式进行的购买以及借贷，如未经夫妻双方同意，亦不发生连带责任；但如此种购买与借贷数量较少，属于家庭日常生活之必要，不在此限。"[3] 该条对夫妻双方的日常家事代理权及其限制规则作出了规定。再如，《德国民法典》第 1357 条规定："(1) 配偶任何一方有权在具有也有利于配偶另一方的效力的情况下，处理旨在适当满足家庭生活需要的事务。配偶双方因此种事务而享有权利和负有义务，但由情事另有结果的除外。(2) 配偶一方可以限制或排除配偶另一方处理具有有利于配偶该方的效力的事务的权利；无限制或排除的充分理由的，家事法院必须根据申请，废止该项限制或排除。该项限制或排除仅依第 1412 条对第三人发生效力。(3) 配偶双方分居的，不适用第 1 款。"[4] 该条同样对夫妻双方的日常家事代理权及其限制和排除规则作出了规定。法律规定夫妻双方享有日常家事代理权，有利于降低夫妻家庭生活成本，因为夫妻双方作为平等主体，在处理家庭事务的地位和权利是平等的，即家庭事务的处理应当由双方协商解决，但问题在于，如果家庭事务事无巨细均需要夫妻双方协商解决，则会极大地增加夫妻家庭生活成本，而在法律规定日常家事代理权的情形下，赋予夫妻一方在处理日常家庭事务时对另一方的代理权，则对于日常家庭事务，夫妻一方即可独立解决，而不需要事事都与另一方协商，这就可以极大地降低夫妻协商成本，节省夫妻家庭生活成本。[5]

---

〔1〕 参见最高人民法院民法典贯彻实施工作领导小组主编：《中华人民共和国民法典婚姻家庭编继承编理解与适用》，北京，人民法院出版社 2020 年版，第 134 页。

〔2〕 参见黄薇主编：《中华人民共和国民法典婚姻家庭编解读》，北京，中国法制出版社 2020 年版，第 86 页。

〔3〕 参见《法国民法典》，罗结珍译，北京，中国法制出版社 1999 年版，第 74 页。

〔4〕 参见《德国民法典》，陈卫佐译注，北京，法律出版社 2010 年版，第 425 页。

〔5〕 参见余延满：《亲属法原论》，北京，法律出版社 2007 年版，第 248 页。

日常家事代理权主要具有如下特征：

第一，日常家事代理权由双方共同享有。从《民法典》第 1060 条规定来看，其在规定日常家事代理权的主体时使用了"夫妻一方"这一表述，而没有明确限定由夫妻中的哪一方享有该权利，这也意味着，夫妻双方均享有日常家事代理权。也就是说，在因家庭日常生活需要而实施民事法律行为的情形下，夫妻双方均可互为代理人。《民法典》将日常家事代理权的权利主体规定为夫妻双方，有利于确保夫妻双方在处理家庭事务方面的机会均等。

第二，日常家事代理权以夫妻关系的存在为前提。如前所述，日常家事代理权主要是为了降低夫妻双方在日常家庭生活方面的协商成本，其本质上是基于配偶身份关系而产生的权利。《民法典》婚姻家庭编将日常家事代理权规定在"夫妻关系"一节，也表明日常家事代理权是夫妻关系的重要内容。如果夫妻双方已经离婚，则双方的日常家事代理权也将不复存在。当然，从比较法上看，有的国家立法也规定，在夫妻分居的情形下，双方并不享有日常家事代理权。[1] 但从我国《民法典》第 1060 条规定来看，其并没有作出此种限制。

第三，日常家事代理权仅适用于民事法律行为。从《民法典》第 1060 条规定来看，日常家事代理权仅适用于夫妻一方所实施的民事法律行为，关于民事法律行为，《民法典》第 133 条规定："民事法律行为是民事主体通过意思表示设立、变更、终止民事法律关系的行为。"该条对民事法律行为的概念作出了规定，依据这一规定，所谓民事法律行为，是指以意思表示为核心、能够产生当事人预期的法律效果的行为。《民法典》第 1060 条将日常家事代理权的适用对象限于民事法律行为，与代理行为的适用对象保持了一致。关于代理行为，《民法典》第 161 条第 1 款规定："民事主体可以通过代理人实施民事法律行为。"依据该条规定，代理行为指向的对象是民事法律行为，代理不同于委托，委托的对象可以是民事法律行为，也可以是事实行为，而代理行为的对象必须是民事法律行为。就日常家事代理权而言，其仅适用于夫妻一方所实施的民事法律行为，民事法律行为之外的其他行为，不属于日常家事代理权的适用对象。

日常家事代理权虽然名义上为代理权，且在适用对象上也限于民事法律行为，但事实上，从《民法典》的规定来看，日常家事代理权与一般代理存在较大区别，从某种意义上说，二者的区别要大于共性，具体而言，二者的区别主要体现为如下几点：（1）在一般的代理关系中，代理人需要以被代理人的名义实施民事法律行为。《民法典》第 162 条规定："代理人在代理权限内，以被代理人名义实施的民事法律行为，对被代理人发生效力。"依据该条规定，代理人必须以被代理人的名义实施民事法律行为，代理人也只有以被代理人的名义实施民事法律行为，代理行为的法律效果也才能

---

〔1〕 参见《德国民法典》第 1357 条第 3 款。

归属于被代理人。可见，我国《民法典》对代理行为采取了显名主义。而对日常家事代理权的行使而言，从《民法典》第 1060 条规定来看，其并没有要求夫妻一方在行使日常家事代理权时必须以另一方的名义行为，并不需要表明其代理人身份，其是以自己的名义实施相关民事法律行为。（2）代理权的范围不同。在一般的代理关系中，代理人应当在代理权限范围内行为，该代理权限可以由代理人与被代理人约定，也可以由被代理人单方面决定，代理人实施代理行为超出代理权限的，将构成无权代理。而对日常家事代理权而言，夫妻一方行使该权利并不需要另一方的特别授权，其适用范围是日常家事活动。（3）代理行为法律效果的归属不同。在一般的代理关系中，代理人是以被代理人的名义行为，代理人在代理权限范围内实施代理行为，相应的法律效果也应当归属于被代理人。也就是说，因代理行为所产生的民事权利由被代理人享有，所产生的义务也应当由被代理人负担。而从《民法典》第 1060 条规定来看，夫妻一方行使日常家事代理权的，其原则上"对夫妻双方发生效力"。（4）代理权消灭的原因不同。对一般的代理关系而言，代理人代理权消灭的原因较多，《民法典》第 173 条规定："有下列情形之一的，委托代理终止：（一）代理期限届满或者代理事务完成；（二）被代理人取消委托或者代理人辞去委托；（三）代理人丧失民事行为能力；（四）代理人或者被代理人死亡；（五）作为代理人或者被代理人的法人、非法人组织终止。"该条对委托代理中代理权消灭的原因作出了规定。《民法典》第 175 条规定："有下列情形之一的，法定代理终止：（一）被代理人取得或者恢复完全民事行为能力；（二）代理人丧失民事行为能力；（三）代理人或者被代理人死亡；（四）法律规定的其他情形。"该条对法定代理中代理权消灭的原因作出了规定。而对日常家事代理权而言，夫妻一方代理权消灭的原因主要是夫妻双方的婚姻关系终止，如夫妻双方通过协议离婚或者诉讼离婚的方式解除婚姻关系。当然，在夫妻一方死亡的情形下，夫妻双方的日常家事代理权也当然终止。

2. 日常家事代理权的行使范围

从《民法典》第 1060 条规定来看，日常家事代理权的行为范围为"因家庭日常生活需要而实施的民事法律行为"。问题在于，如何理解此处"家庭日常生活需要"？《民法典》没有对此作出细化规定，按照立法者的观点，家庭日常生活需要的范围可以参考我国城镇居民家庭消费种类予以确定，其主要分为八大类，即食品、衣着、家庭设备用品及维修服务、医疗保健、交通通信、文娱教育及服务、居住、其他商品和服务，在判断家庭日常生活需要的范围时，可以参考上述八大类家庭消费的类型，并根据夫妻共同生活的状态以及当地一般社会生活习惯予以确定。[1]

在此需要探讨的是，能否将为家庭日常生活需要的支出解释为家庭生活的必要支出或者必需的支出？有观点认为，应当将家庭日常生活需要理解为维系一个家庭正常

---

　〔1〕　参见黄薇主编：《中华人民共和国民法典婚姻家庭编解读》，北京，中国法制出版社 2020 年版，第 90 页。

生活的必需开支，解释该概念的立足点在于"必须"。[1] 本书认为，不宜做此种解释，主要理由在于，一方面，从《民法典》第1060条规定来看，其并没有要求家庭日常生活需要必须是维系家庭正常生活的必需支出，这实际上是扩大了夫妻双方在处理家庭事务方面的自由，也扩大了夫妻一方可以独立处理的事务的范围。如果将日常家庭生活需要解释为维系家庭正常生活的必需支出，则将极大地限缩夫妻一方能够独立处理的家庭事务的范围，大量的家庭事务将不得不由双方协商处理，这将极大地增加夫妻双方的协商成本，有违法律设置日常家事代理权制度的目的。另一方面，何为家庭日常生活的必需支出，往往难以判断，将家庭日常生活需要的支出界定为家庭生活的必要支出，也会不当增加相对人的审查成本，即相对人在与夫妻一方交易时，需要查明哪些交易是夫妻双方家庭生活必需的交易，否则该交易可能无法对夫妻另一方产生拘束力，这也会不当增加交易相对人的交易成本，影响交易效率。此外，从我国司法实践来看，一般而言，非因家庭日常生活需要的事务往往限于对夫妻共同财产的重要决定，这也意味着，只要不是此类重要决定，原则上均可纳入日常家事代理权的适用范围，此种类似于负面清单的调整方式，更符合日常家事代理权制度的发展趋势。因此，只要不是涉及夫妻共同财产的重大决定，原则上均可纳入日常家事代理权的适用范围。

对日常家事代理权范围内的事项，夫妻任何一方均可独立处理，而不需要取得对方的同意，但对该范围之外的事项，夫妻一方在作出相关重要决定时，仍然需要与对方进行平等协商，取得对方的同意。对该重要事项，相对人也应当查明夫妻双方是否已经对此达成一致意见，当然，如果相对人有合理理由相信夫妻双方已经对此达成一致意见的，则夫妻一方实施相关行为的，另一方不得以其不同意或不知道为由对抗善意第三人。

3. 日常家事代理权行使的效力

依据《民法典》第1060条的规定，日常家事代理权的行使"对夫妻双方发生效力，但是夫妻一方与相对人另有约定的除外"，也就是说，一般而言，夫妻一方基于日常家事代理权而实施相关民事法律行为的，对夫妻双方发生效力，但夫妻一方与相对人另有约定的，则不对夫妻双方发生效力，具体而言：

（1）日常家事代理权的行使原则上对夫妻双方发生效力。在夫妻一方基于日常家事代理权与相对人交易时，该交易的法律后果对夫妻双方发生效力。所谓"对夫妻双方发生效力"，是指并未参与该交易的夫妻另一方也将成为交易当事人，与参与交易的一方当事人共同承受该交易的法律后果。一方面，基于该交易而产生的权利由夫妻双方享有，夫妻任何一方均有权请求交易相对人履行合同义务；另一方面，基于该交易而产生的义务，也由夫妻双方共同负担，构成夫妻共同债务，交易相对人也有权请求夫妻任何一方或者夫妻双方履行义务。例如，夫妻一方向相对人购买窗帘，夫妻另一

---

〔1〕 参见黄薇主编：《中华人民共和国民法典婚姻家庭编解读》，北京，中国法制出版社2020年版，第91页。

方虽然没有参与该买卖合同的订立，但由于该行为符合日常家事代理权的适用条件，该交易对其也发生效力，夫妻任何一方均有权请求出卖人履行合同义务；基于该买卖合同而产生的支付价款的债务也属于夫妻共同债务，出卖人有权请求夫妻任何一方或者双方履行该债务。

（2）夫妻一方与相对人另有约定的，则不对夫妻双方发生效力。夫妻一方在基于家庭日常生活需要而与对方交易时，如果其明确与相对人约定，该交易仅对其自身发生效力，而不对夫妻另一方发生效力，则该约定具有法律效力。由此可见，在夫妻一方基于家庭日常生活需要而对相对人交易时，其通常并不需要表明其是为了行使日常家事代理权，一般而言，该行为均可对夫妻双方发生效力，这是夫妻一方为家庭日常生活需要而实施民事法律行为效力的一般情形；只有在其与相对人另有约定的情形下，该交易才仅对其自身发生效力，这是此类民事法律行为效力的例外情形。

4. 日常家事代理权行使的限制

夫妻一方在行使日常家事代理权时，其所实施的民事法律行为对夫妻双方发生效力，即夫妻任何一方均可在日常家事代理权的范围内处理相关的家庭事务，而不需要取得对方的同意，这一方面有利于扩大夫妻双方处分家庭事务的自由，这也是日常家事代理权的主要制度功能，但另一方面，由于日常家事代理权范围内的家庭事务较为广泛，夫妻双方基于多种原因考虑，如夫妻一方的身体健康状况不佳，不宜实施相关的行为，夫妻双方可能会对双方的日常家事代理权的行使设置一定的限制。按照私法自治原则，当事人一旦就该限制达成合意，即可在当事人之间产生法律拘束力。例如，夫妻双方约定，丈夫一方不得购买特定的物品，如烟、酒，该约定即属于对其日常家事代理权的限制。但夫妻之间的约定并不具有公示方法，交易相对人很难知道该约定，因此，《民法典》第 1060 条第 2 款规定："夫妻之间对一方可以实施的民事法律行为范围的限制，不得对抗善意相对人。"所谓善意，是指相对人不知道或者不应当知道夫妻之间对一方可以实施的民事法律行为的限制。[1] 所谓不得对抗善意第三人，是指即便夫妻一方的日常家事代理权受到限制，但如果第三人在与其交易时不知道该限制，则该交易仍然可以对夫妻另一方发生效力。法律作出此种规定，主要是为了保护交易安全，防止夫妻之间的内部约定损害第三人的合理信赖。

当然，从《民法典》第 1060 条第 2 款规定来看，夫妻之间对日常家事代理权的限制只是不能对抗善意第三人，其仍然可以对抗恶意第三人。此处的对抗并不是要否定夫妻一方与交易相对人之间交易的效力，因为夫妻之间对日常家事代理权的限制并不会限制双方的民事行为能力，该约定只是使相关的民事法律行为无法适用日常家事代理权的规则，即该交易无法对夫妻另一方发生效力。例如，第三人明知夫妻之间已经

---

[1]　参见黄薇主编：《中华人民共和国民法典婚姻家庭编解读》，北京，中国法制出版社 2020 年版，第 91 页。

对丈夫一方的日常家事代理权作出了限制，如丈夫不得购买烟、酒，但其仍然与其交易，此时，该第三人即属于恶意第三人，夫妻之间对日常家事代理权的限制可以对其产生对抗效力，当然，该交易虽然不能对妻子一方发生效力，但其本身仍然是有效的。

（三）夫妻有相互继承遗产的权利

《民法典》第 1061 条规定："夫妻有相互继承遗产的权利。"该条对夫妻相互继承遗产的权利作出了规定。在传统社会，丈夫一方死亡的，妻子一方通常并无继承权，客观上难以继承丈夫的遗产，这也是传统社会中男女地位不平等的必然结果。[1] 自新中国成立以来，我国民事立法历来注重保障男女的平等地位，保障女方的继承权。《民法典》第 1061 条对夫妻相互继承遗产的权利作出规定，也是这种立法理念的一种体现，更是夫妻在婚姻家庭关系中地位平等的一种具体体现。

夫妻相互继承遗产的权利以双方存在有效的婚姻关系为前提。如果双方的婚姻关系无效，则双方互不享有继承权。如果双方的婚姻关系属于可撤销婚姻，在该婚姻关系被撤销后，一方死亡的，则另一方不得作为配偶继承其遗产；当然，由于可撤销婚姻在撤销之前是有效婚姻，因此，在该婚姻关系被撤销前，一方死亡的，另一方仍然可以作为配偶继承其遗产。此外，只要双方的婚姻关系是有效的，夫妻双方即可依法享有继承对方遗产的权利，即便夫妻一方在离婚诉讼过程中死亡，另一方也仍然有权作为配偶继承其遗产。[2]

依据《民法典》继承编的规定，配偶属于第一顺序的法定继承人。[3] 当然，在夫妻一方死亡后，另一方继承其遗产时，需要对夫妻共同财产进行分割，能够作为遗产继承的仅是死亡一方的个人财产。对此，《民法典》第 1153 条第 1 款规定："夫妻共同所有的财产，除有约定的外，遗产分割时，应当先将共同所有的财产的一半分出为配偶所有，其余的为被继承人的遗产。"即对夫妻共同财产而言，在夫妻一方死亡后，应当将该共同财产的一半直接分出归另一方所有，剩余的一半才是可以继承的遗产。此外，在夫妻一方死亡后，另一方作为配偶依法继承的遗产为其个人合法财产，受法律保护，在其再婚时，其有权对该财产进行处分，任何人不得非法干涉，否则将构成侵权。对此，《民法典》第 1157 条规定："夫妻一方死亡后另一方再婚的，有权处分所继承的财产，任何组织或者个人不得干涉。"

---

〔1〕 参见黄薇主编：《中华人民共和国民法典婚姻家庭编解读》，北京，中国法制出版社 2020 年版，第 93~94 页。

〔2〕 参见最高人民法院民法典贯彻实施工作领导小组主编：《中华人民共和国民法典婚姻家庭编继承编理解与适用》，北京，人民法院出版社 2020 年版，第 146 页。

〔3〕 《民法典》第 1127 条第 1 款规定："遗产按照下列顺序继承：（一）第一顺序：配偶、子女、父母；（二）第二顺序：兄弟姐妹、祖父母、外祖父母。"

第二节　夫妻财产制

一、夫妻财产制概述

（一）夫妻财产制的概念和功能

夫妻财产制又称为婚姻财产制，它是指规范夫妻之间财产关系的法律制度。夫妻财产制是夫妻财产关系的重要内容，从各国立法来看，许多国家的立法都对夫妻财产制作出了规定，而且从各国的法律规定来看，夫妻财产制都是夫妻财产关系的重心。例如，《德国民法典》第四编"亲属编"第一章规定了"民法上的婚姻"，该编以专节的形式规定了"夫妻财产制"（第六节），具体规定了法定财产制、约定财产制以及夫妻财产制登记簿等内容，而且从法条数目上看，"民法上的婚姻"一章一共 292 条（第 1297 条—第 1588 条），而夫妻财产制就占了 201 条（第 1363 条—第 1563 条）。可见，夫妻财产制不仅是夫妻财产关系的重心，也是整个婚姻法律制度的重心。再如，在《意大利民法典》中，"婚姻"一章（第六章）的内容一共 152 条（第 79 条—第 230 条），而夫妻财产制的内容就占到了 72 条（第 159 条—230 条），[1] 占了整个婚姻法律制度条文总数的近一半，这也可以反映出夫妻财产制在婚姻家庭法律制度中的重要地位。

我国民事立法历来注重对夫妻财产制的调整，1950 年《婚姻法》第 10 条规定："夫妻双方对于家庭财产有平等的所有权与处理权。"该条对夫妻双方平等享有和处理家庭财产的权利作出了规定，该条规定既是夫妻财产制的规则，也是夫妻法律地位平等重要的具体体现。该部《婚姻法》虽然没有对夫妻法定财产制和约定夫妻财产制作出规定，但据学者考证，当时中央人民政府法制委员会的有关文件对家庭财产的范围作出了规定，并且允许夫妻双方就家庭财产的归属和管理作出约定，这实际上是约定夫妻财产制的内容。[2] 1980 年《婚姻法》在 1950 年《婚姻法》的基础上，进一步完善了夫妻财产制的内容，该法第 13 条规定："夫妻在婚姻关系存续期间所得的财产，归夫妻共同所有，双方另有约定的除外。夫妻对共同所有的财产，有平等的处理权。"该条明确规定了夫妻共同财产的范围，而且从该条规定来看，其允许当事人对婚姻关系存续期间所得财产的归属作出特别约定，这实际上是承认了约定夫妻财产制。2001年《婚姻法》进一步丰富和完善了夫妻财产制的内容，具体而言：一是明确了夫妻共

---

〔1〕　与《德国民法典》类似，《意大利民法典》婚姻一章也以专节（第六节）的形式规定了夫妻财产制，具体规定了一般规定、家庭财产基金、法定共有、协议共有、分别财产制以及家庭企业等内容。

〔2〕　具体参见中央人民政府法制委员会《有关婚姻法施行的若干问题与解答》、中央人民政府法制委员会《关于中华人民共和国婚姻法起草经过和起草理由的报告》。参见余延满：《亲属法原论》，北京，法律出版社 2007年版，第 263 页。

有财产范围，进一步重申了夫妻双方对夫妻共有财产的平等处理权。该法第 17 条规定："夫妻在婚姻关系存续期间所得的下列财产，归夫妻共同所有：（一）工资、奖金；（二）生产、经营的收益；（三）知识产权的收益；（四）继承或赠与所得的财产，但本法第十八条第三项规定的除外；（五）其他应当归共同所有的财产。夫妻对共同所有的财产，有平等的处理权。"二是明确了夫妻一方个人财产的范围。该法第 18 条规定："有下列情形之一的，为夫妻一方的财产：（一）一方的婚前财产；（二）一方因身体受到伤害获得的医疗费、残疾人生活补助费等费用；（三）遗嘱或赠与合同中确定只归夫或妻一方的财产；（四）一方专用的生活用品；（五）其他应当归一方的财产。"这对于准确厘清夫妻财产的归属提供了法律依据。三是细化了约定夫妻财产制的规则。该法第 19 条规定："夫妻可以约定婚姻关系存续期间所得的财产以及婚前财产归各自所有、共同所有或部分各自所有、部分共同所有。约定应当采用书面形式。没有约定或约定不明确的，适用本法第十七条、第十八条的规定。夫妻对婚姻关系存续期间所得的财产以及婚前财产的约定，对双方具有约束力。夫妻对婚姻关系存续期间所得的财产约定归各自所有的，夫或妻一方对外所负的债务，第三人知道该约定的，以夫或妻一方所有的财产清偿。"与 1980 年《婚姻法》关于约定夫妻财产制的规定相比，该条关于约定夫妻财产制的规定更为细化和翔实，通过具体列举的方法规定了夫妻共同财产的范围，并新增规定了夫妻一方个人财产的规则。除立法外，最高人民法院也颁行了婚姻法系列司法解释以及有关涉及夫妻债务纠纷的司法解释等，进一步丰富和完善了我国夫妻财产制的内容。

正是在总结上述立法和司法实践经验的基础上，我国《民法典》婚姻家庭编在"夫妻关系"一节中对夫妻财产制作出了系统规定，其主要规定了夫妻共同财产（第1062 条）、夫妻个人财产（第 1063 条）、夫妻共同债务（第 1064 条）、夫妻约定财产制（第 1065 条）以及婚内分割夫妻共同财产（第 1066 条）等规则。这些规则可以说是我国几十年民事立法和司法实践经验的系统总结。

夫妻财产制的内容较为复杂，其制度设计需要兼顾多种价值。例如，夫妻财产制既需要考虑夫妻法律地位平等，又需要兼顾对夫妻关系中处于弱势一方的保护，这就需要充分承认夫妻一方从事家务劳动的价值，以强化对从事家务劳动一方的保护。再如，夫妻财产制既需要考虑尊重当事人的私法自治，也需要考虑婚姻家庭关系的伦理性以及夫妻关系的身份性特点，并兼顾对交易安全的保护。从整体上看，夫妻财产制主要具有如下功能。

第一，调整夫妻财产关系。夫妻财产关系是夫妻关系的重要内容，男女双方结婚后，就将在二者之间发生广泛而复杂的财产关系。例如，夫妻一方在结婚之前的财产归属如何，夫妻双方在婚姻关系存续期间内取得的各类财产的归属和管理权由哪一方享有，夫妻一方在婚姻关系存续期间内与第三人交易所产生的债务究竟由该方清偿，还是由双方共同清偿等，均需要法律的明确调整。法律对夫妻财产制作出规定，对夫妻之间的各种财产的归属、管理、收益、处分以及各种债务的负担规则等作出规定，其目的均在于妥当调整夫妻财产关系。

第二，保护夫妻双方的财产权。保护夫妻双方的财产权也是夫妻财产制的重要功能之一，夫妻财产制的主要内容在于确认夫妻关系中相关财产的归属，并在此基础上明确其管理、使用、处分等规则。从我国《民法典》婚姻家庭编的规定来看，夫妻财产制保护夫妻双方财产权的功能既体现为保护夫妻一方的个人财产，即明确规定哪些财产属于夫妻一方所有，也体现为保护夫妻共同财产，如我国《民法典》不仅规定了夫妻共同财产的范围，而且明确规定，在一方实施严重损害夫妻共同财产的行为时，另一方有权在婚姻关系存续期间内请求分割夫妻共同财产，其目的即在于保护夫妻共同财产。

第三，维持夫妻关系平等，并保障婚姻家庭关系的和谐、稳定。从《民法典》婚姻家庭编的规定可以看出，其在规定夫妻财产制时始终秉持夫妻双方法律地位平等的理念。例如，该编在规定夫妻一方个人财产的范围时使用了"夫妻一方""一方"等表述，这也体现了对夫妻双方地位平等的理念。同时，该编在规定夫妻共同财产的范围时，也明确规定相关财产为"夫妻的共同财产"，而且对夫妻共同财产而言，夫妻双方有平等的处理权，这也有利于维持夫妻关系的平等。此外，《民法典》夫妻财产制的规则明确划定夫妻共同财产和夫妻一方财产的范围，也有利于减少夫妻双方在相关财产的归属、管理、收益以及处分等方面的矛盾和冲突，有利于保障婚姻家庭关系的和谐、稳定。

第四，保障交易安全。夫妻财产关系也涉及交易安全的保护，夫妻双方不仅是伦理意义上的共同体，也是财产利益的共同体，即夫妻双方在婚姻关系存续期间内所取得的财产通常会被认定为夫妻共同财产，而且基于日常家事代理权规则，夫妻一方为日常家事需要而与相对人从事的交易，通常也会被认定为对双方发生效力。但在夫妻共同财产之外，也存在夫妻一方的个人财产，在日常家事活动之外，夫妻一方也会从事相关的交易活动，这些交易活动的法律后果无法当然归属于夫妻一方，因此，夫妻财产制通过明确夫妻共同财产与夫妻一方财产的范围，可以降低第三人的识别成本，即第三人不需要对相关财产究竟属于夫妻一方所有还是夫妻共同财产进行详尽的调查，这就可以有效降低交易成本，提高交易效率。此外，《民法典》夫妻财产制对夫妻共同债务的认定规则作出规定，也有利于保障交易相对人的合理预期，维护交易安全。

（二）夫妻财产制的内容

夫妻财产制的内容包括夫妻婚前财产和婚后所得财产的归属、管理、使用、收益、处分，以及家庭生活费用的负担、夫妻债务的清偿以及婚姻关系终止时财产的分割与清算等内容。[1] 我国《民法典》婚姻家庭编也主要从上述几个方面对夫妻财产制作出

---

〔1〕　参见黄薇主编：《中华人民共和国民法典婚姻家庭编解读》，北京，中国法制出版社 2020 年版，第 97 页；余延满：《亲属法原论》，北京，法律出版社 2007 年版，第 253 页。

了规定，具体而言，夫妻财产制主要包括如下几方面内容。

一是夫妻双方财产的归属规则。如前所述，在夫妻关系存续期间内，夫妻任何一方均可能有一定的财产收益，如工资收入，夫妻一方父母、亲友的赠与等，夫妻双方也可能基于共同的劳动而获得一定的收入，如夫妻双方基于共同经营而取得一定的收入，对于该财产收入，其究竟属于双方共有享有，还是归属于夫妻一方，在法律上有必要作出明确界定。同时，除双方的婚后所得外，夫妻双方在结婚之前还可能有一定的婚前财产，该财产的归属在结婚后是否会发生变化，也可能发生争议。我国《民法典》婚姻家庭编对夫妻共同财产和夫妻一方个人财产的认定规则作出了规定，为解决上述复杂夫妻财产归属问题提供了基本法律依据。明确夫妻双方财产的归属是明确该财产的管理、收益、处分规则的基本前提，从这一意义上说，夫妻双方财产的归属规则是夫妻财产制的核心内容。

二是夫妻双方财产的管理、收益、处分规则。夫妻双方在日常生活中，大量涉及对夫妻双方财产的管理、收益和处分。例如，夫妻一方或者双方需要对其财产进行一定的管理，如对夫妻双方共同所有的汽车进行维修；基于该财产还可能产生一定的收益，如将房屋出租将产生一定的租金收益；在一些情形下，双方还需要对其财产进行处分，夫妻一方将其个人所有的汽车转让，或者双方将共同所有的房屋转让。我国《民法典》婚姻家庭编也对夫妻双方财产的管理、收益以及处分规则作出了规定，为调整此类问题提供了基本法律依据。

三是夫妻双方所负债务的承担规则。夫妻双方为了家庭生活需要，或者为了满足个人需求，将不可避免地与第三人发生一定的交易，基于该交易关系或者其他法律规定的原因，夫妻双方将对他人负担一定的债务。此类债务究竟是夫妻一方的个人债务，还是夫妻双方的债务，需要法律作出明确规定，这也有利于准确认定夫妻双方的义务，并保障交易安全。正是基于上述考虑，我国《民法典》婚姻家庭编在总结我国立法和司法实践经验的基础上，对夫妻共同债务的认定规则作出了规定，为厘清夫妻共同债务与夫妻一方债务提供了法律依据。

四是夫妻财产制终止后的清算与分配规则。夫妻财产制终止后，将需要对夫妻双方的财产进行必要的清算，即将夫妻一方的财产认定为夫妻一方所有，并对夫妻共同财产在夫妻之间进行分配。一般而言，夫妻共同财产的分割发生在夫妻婚姻关系解除时，但在特殊情形下，如果一方在婚姻关系存续期间内实施了严重危及夫妻共同财产的行为，另一方也有权请求对夫妻共同财产进行分割。

（三）夫妻财产制的基本类型

1. 法定夫妻财产制与约定夫妻财产制

依据夫妻财产制确立根据的不同，可以将夫妻财产制区分为法定夫妻财产制与约定夫妻财产制。所谓法定夫妻财产制，是指夫妻双方在结婚前后并未就夫妻财产关系作出约定，或者虽然作出了约定，但该约定无效时，依据法律规定确定夫妻财产关系的夫妻财产制。[1] 从我国《民法典》婚姻家庭编的规定来看，法定夫妻财产制主要包括夫妻共同财产认定规则、夫妻一方个人财产认定规则以及夫妻共同债务认定规则。所谓约定夫妻财产制，是指夫妻双方通过约定确定夫妻财产关系的夫妻财产制。[2] 我国《民法典》婚姻家庭编第 1065 条也对约定夫妻财产制作出了规定。

法定夫妻财产制与约定夫妻财产制是我国《民法典》婚姻家庭编所规定的两种基本的夫妻财产制类型，一般而言，出于对当事人私法自治的尊重，法律允许夫妻双方对夫妻财产关系作出约定，只有在当事人未就夫妻财产关系作出约定，或者约定无效时，才依据法律规定确定夫妻之间的财产关系。例如，在"丁某某诉王某某夫妻财产约定纠纷案"中，法院认为，夫妻双方可以约定婚姻关系存续期间所得的财产的归属，约定未违反法律强制性规定的，该约定有效，协议约定被告将账本给原告和支付给原告现金 24 400 元，并承担孩子的学费，该协议应给予履行。[3]

2. 统一财产制、联合财产制、共同财产制、分别财产制

依据夫妻财产制的内容不同，可以将夫妻财产制区分为如下几种：一是统一财产制，即妻子在结婚后将其全部婚前财产在估定价额后转归丈夫所有，在婚姻关系消灭后，妻子有请求返还财产原本价额的权利；二是联合财产制，即夫妻双方对其所有的财产分别享有独立的权利，但将双方的财产合在一起，由丈夫一方统一管理；三是共同财产制，即除特有财产外，夫妻双方的全部或者部分财产均合并为夫妻的共同财产；四是分别财产制，即夫妻双方结婚前后的财产均归各自享有，由其分别独立行使管理、收益以及处分的权利，一方在行使其财产权时，另一方不得非法干涉和支配。[4]

二、法定夫妻财产制

（一）夫妻共同财产

1. 夫妻共同财产的概念和特征

所谓夫妻共同财产，是指夫妻双方对婚姻关系存续期间内所得的、依据法律规定或者夫妻双方约定共同享有权利的财产。从我国《民法典》的规定来看，依据产生依据不同，可以将夫妻共同财产区分为如下两类：一是法定的夫妻共同财产，《民法典》第 1062 条对法定的夫妻共同财产的范围作出了规定。二是约定的夫妻共同财产，依据《民法典》第 1065 条的规定，夫妻双方也可以约定夫妻双方所取得的财产全部或者部分归夫妻双方共同所有，此类财产即属于约定的夫妻共同财产。此处探讨的夫妻共同

---

〔1〕 参见黄薇主编：《中华人民共和国民法典婚姻家庭编解读》，北京，中国法制出版社 2020 年版，第 98 页。

〔2〕 参见余延满：《亲属法原论》，北京，法律出版社 2007 年版，第 255 页。

〔3〕 参见河南省新乡市封丘县人民法院（2014）封民初字第 00315 号民事判决书。

〔4〕 关于各种夫妻财产制，参见余延满：《亲属法原论》，北京，法律出版社 2007 年版，第 255-259 页；黄薇主编：《中华人民共和国民法典婚姻家庭编解读》，北京，中国法制出版社 2020 年版，第 98-99 页。

财产仅限于法定的夫妻共同财产。

关于夫妻共同财产的范围，《民法典》第 1062 条规定："夫妻在婚姻关系存续期间所得的下列财产，为夫妻的共同财产，归夫妻共同所有：（一）工资、奖金、劳务报酬；（二）生产、经营、投资的收益；（三）知识产权的收益；（四）继承或者受赠的财产，但是本法第一千零六十三条第三项规定的除外；（五）其他应当归共同所有的财产。夫妻对共同财产，有平等的处理权。"该条对夫妻共同财产的范围及夫妻双方对夫妻共同财产的平等处理权规则作出了规定。从法条来源上看，《民法典》第 1062 条关于夫妻共同财产的规定来源于《婚姻法》第 17 条，《婚姻法》第 17 条规定："夫妻在婚姻关系存续期间所得的下列财产，归夫妻共同所有：（一）工资、奖金；（二）生产、经营的收益；（三）知识产权的收益；（四）继承或赠与所得的财产，但本法第十八条第三项规定的除外；（五）其他应当归共同所有的财产。夫妻对共同所有的财产，有平等的处理权。"将《民法典》第 1062 条与《婚姻法》第 17 条的规定对比可以看出，《民法典》第 1062 条有如下变化：一方面，明确使用了"夫妻共同财产"的概念。《婚姻法》第 17 条只是规定了哪些财产归夫妻共同所有，而没有明确使用夫妻共同财产这一概念；而《民法典》第 1062 条则明确使用了"夫妻的共同财产"这一表述，即使用了"夫妻共同财产"的概念。二是《民法典》新增了具体列举的夫妻共同财产的类型。从《民法典》第 1062 条规定可以看出，其在具体列举夫妻共同财产的类型时，新增规定了劳务报酬和投资的收益这两种类型的财产，适应了社会发展需要。

夫妻共同财产主要具有如下特征。

第一，夫妻共同财产的主体限于存在合法有效婚姻关系的夫妻双方。一方面，夫妻共同财产的主体是夫妻双方而非夫妻一方。《民法典》确认夫妻共同财产的概念，并规定夫妻双方对该财产共同享有权利，也彰显了夫妻双方法律地位平等的理念。另一方面，夫妻双方必须具有合法有效的婚姻关系。如果双方的婚姻关系被宣告无效或者被撤销，则婚姻关系无效，双方无法享有夫妻共同财产。当然，如果双方的婚姻关系只是具有可撤销事由，但当事人尚未依法行使撤销权，则仍应认定该婚姻关系合法有效，夫妻双方可以享有夫妻共同财产。但问题在于，如果双方就结婚达成了合意，但尚未办理结婚登记，此时，其能否成为夫妻共同财产的主体？本书认为，结婚行为除当事人就结婚达成合意外，依据《民法典》第 1049 条的规定，还需要符合法律规定的条件，即当事人应当依法办理结婚登记，才能确立婚姻关系，如果当事人未办理登记，则原则上只能成立同居关系，而无法成立有效的婚姻关系，此时，双方也无法成为夫妻共同财产的主体。

第二，夫妻共同财产的范围是夫妻双方在婚姻关系存续期间内所取得的财产，其范围具有宽泛性。从《民法典》第 1062 条规定来看，夫妻共同财产是夫妻双方在婚姻关系存续期间内所得的财产。这也意味着，夫妻一方的婚前财产并不属于夫妻共同财产的范畴。同时，结合《民法典》第 1063 条和第 1065 条可以看出，对于夫妻婚后所得财产，除属于夫妻一方的财产和当事人有特别约定的情形外，均应当属于夫妻共同财产，这实际上是采取了所谓婚后所得共同制的立场。此种规定也符合婚姻关系的特点，因为婚姻关系成立后，夫妻双方将形成紧密的人身关系和财产关系，很难进行严格地区分，对于双方在婚姻关系存续期间内所取得的财产而言，通常很难明确将其认定为某一方所有，双方对该财产的取得均有一定的贡献，因此，婚后所得共同制恰恰符合婚姻关系的此种特点。当然，夫妻共同财产是夫妻双方在婚姻关系存续期间内所得的财产，但这并不意味着双方在婚姻关系存续期间内所得的所有财产均属于夫妻共同财产，某些财产依据法律规定或者当事人约定仍然属于夫妻一方的个人财产。此处的婚姻关系存续期间是指婚姻关系有效成立后至婚姻关系消灭的期间，即从双方登记结婚之日起至婚姻关系因一方死亡或者双方离婚之日。

从《民法典》第 1062 条规定来看，夫妻共同财产的范围具有宽泛性，该条在列举夫妻共同财产的范围时采取了具体列举+兜底规定的方式，从该条所列举的具体财产类型来看，其基本涵盖了夫妻双方在婚姻关系存续期间可以获得的大部分财产，而且该条除了列举各类夫妻共同财产外，还使用了"其他应当归共同所有的财产"这一兜底表述，这就保持了夫妻共同财产范围的开放性，也使得该条规定能够适应社会发展需要，将一些新型的财产形式纳入其中。同时，如前所述，我国夫妻共同财产采婚后所得共同制，即除法律规定和夫妻双方约定属夫妻一方的财产外，夫妻双方在婚姻关系存续期间内所得的财产均应当属于夫妻共同财产，这也使得夫妻共同财产的范围具有宽泛性。

第三，夫妻共同财产是夫妻双方在婚姻关系存续期间内"所得"的财产。一方面，夫妻共同财产是夫妻双方在婚姻关系存续期间内所取得的财产，其既包括夫妻双方共同所得的财产，如基于共同经营活动所取得的财产，也包括夫妻双方在婚姻关系存续期间内分别取得的财产，如夫妻双方的工资收入等。另一方面，夫妻共同财产是夫妻双方所取得的财产利益，此种财产利益有多种表现形式，其既可以是物权，也可以是债权或者其他财产权利。当然，要成为夫妻共同财产，要求该财产必须为夫妻双方所取得，如果夫妻双方并未实际取得相关的财产，而只是处于取得该财产的过程中，则不得将其纳入夫妻共同财产的范畴。例如，夫妻双方在与相对人交易时，如果只是处于合同订立阶段，而没有取得相关的利益，在合同生效时，夫妻双方如果已经离婚，则基于该合同所取得的财产收益即不得纳入夫妻共同财产的范畴。当然，在判断相关财产是否为夫妻双方在婚姻关系存续期间内所得时，不宜将夫妻双方实际取得该财产的占有作为必要条件。[1] 如果夫妻双方在婚姻关系存续期间内获得相关财产的条件已经完全具备，后续获得相关财产只是该条件延续的必然结果，则即便双方在实际取得该财产时已经离婚，也应当将该财产纳入夫妻共同财产的范畴。例如，在前例中，如

---

〔1〕　参见黄薇主编：《中华人民共和国民法典婚姻家庭编解读》，北京，中国法制出版社 2020 年版，第 103 页。

果夫妻双方已经与相对人订立合同，合同已经处于履行阶段，在相对人作出给付时，即便夫妻双方已经离婚，也应当将相关的财产收益纳入夫妻共同财产的范畴，因为该收益是夫妻双方合同债权实现的必然结果，应当属于夫妻共同财产。

第四，夫妻双方对夫妻共同财产是共同共有，而非按份共有。[1] 所谓共同共有，是指两个以上的民事主体，根据某种共同关系而对某项财产不分份额地共同享有权利和承担义务。共同共有是基于各个共有人之间的共同关系而产生的，而且以该共同关系的存在为前提，此种共同关系一般是各个共有人之间特殊的身份关系。对夫妻共同财产而言，夫妻双方的婚姻关系即属于此种共同关系，夫妻共同财产的存在以夫妻之间婚姻关系的存在为前提，夫妻双方婚姻关系消灭的，夫妻双方对相关财产的共同共有关系也将随之消灭。同时，在共同共有中，各个共有人是不分份额的共有某项财产，只有在共有关系终止时，才能确定各共有人的份额，[2] 这也是共同共有与按份共有的重要区别。共同共有的这一特征也适用于夫妻共同财产的共有，即在婚姻关系存续期间内，夫妻双方对夫妻共同财产的共有是不分份额的共有，只有在婚姻关系终止时，才对夫妻共有财产进行分割，也才能确定夫妻双方对夫妻共同财产所享有的份额。此外，在共同共有中，各个共有人原则上平等地享有管理共有财产的权利和义务。对此，《民法典》第300条规定："共有人按照约定管理共有的不动产或者动产；没有约定或者约定不明确的，各共有人都有管理的权利和义务。"对夫妻共有财产而言，夫妻双方对其也平等地享有管理的权利和义务。

2. 夫妻共同财产的范围

《民法典》第1062条对夫妻共同财产的范围作出了规定，依据该条规定，夫妻共同财产是夫妻双方在婚姻关系存续期间所得的财产，其具体范围如下：

（1）工资、奖金、劳务报酬。所谓工资，是指按期给付给劳动者的货币或者其他财产。所谓奖金，是指根据个人的贡献程度等因素而给付给个人的金钱。奖金既可以一次性给付给个人，也可以分期分批给付给个人。劳务报酬是工资、奖金之外的其他各种津贴、补贴等其他劳务报酬。就夫妻双方所得的应当被纳入夫妻共同财产的劳务报酬而言，《婚姻法》仅规定了工资和奖金两种方式，这显然难以涵盖实践中劳务报酬的各种类型，如夫妻双方基于提供劳务而获得的各种津贴、补贴等，其与工资、奖金相同，均属于夫妻双方在婚姻关系存续期间内的劳务报酬，应当纳入夫妻共同财产的范畴，因此，《民法典》婚姻家庭编新增规定了"劳务报酬"这一财产类型。需要指出的是，如果夫妻双方将其所得的工资、奖金、劳务报酬等用于购买其他财产，如购买房屋、汽车等，则此类财产属于工资、奖金以及劳务报酬等财产的转化形式，仍应

---

〔1〕 参见黄薇主编：《中华人民共和国民法典婚姻家庭编解读》，北京，中国法制出版社2020年版，第102页。

〔2〕 参见全国人大常委会法制工作委员会民法室编：《中华人民共和国物权法条文说明、立法理由及相关规定》，北京，北京大学出版社2007年版，第168页。

属于夫妻共同财产的范畴。[1] 例如，《民法典婚姻家庭编司法解释（一）》第 27 条规定："由一方婚前承租、婚后用共同财产购买的房屋，登记在一方名下的，应当认定为夫妻共同财产。"该司法解释之所以作出此种规定，主要是因为，该房屋虽然是一方婚前承租的，但属于夫妻双方在婚后用共同财产购买的，在性质上属于夫妻共同财产的转化形式，应当属于夫妻共同财产。

（2）生产、经营、投资的收益。生产、经营收益是指夫妻一方或者夫妻双方因从事生产、经营活动而取得的各种财产收益。例如，夫妻双方开设店铺，基于该店铺经营所获得的财产收入即为此处的生产、经营收益。《婚姻法》仅规定了生产、经营收益，而没有规定投资的收益，《民法典》在总结司法实践经验的基础上，新增规定了投资的收益，这就能够有效涵盖夫妻双方基于经营、投资性活动而产生的财产收益。所谓投资的收益，是指夫妻双方基于股票、债权等资本投资而获得的收益。需要指出的是，从《民法典》第 1062 条规定来看，其在将投资的收益纳入夫妻共同财产的范畴时，并没有明确限定其必须是基于夫妻共同财产的投资而产生的收益，也没有要求必须是夫妻双方共同投资而产生的收益，因此，不论该收益是基于夫妻双方共同财产的投资而产生的，还是基于夫妻一方的个人财产的投资而产生的，也不论该投资夫妻双方共同进行的投资，还是夫妻一方所进行的投资，只要是夫妻双方在婚姻关系存续期间因投资而产生的收益，均应当被认定为夫妻共同财产。

案例 3-2

【基本案情】

王某（男）与李某（女）为夫妻关系，二人在婚姻关系存续期间内与第三人张某一起开办了嘉丽公司，其中王某与李某分别享有该公司 50% 与 30% 的股权，第三人张某享有公司 20% 的股权。嘉丽公司在成立后运营状况良好，各个股东均取得了很好的收益。后王某与李某离婚，双方对于各自在嘉丽公司中的收益分配问题发生争议。因王某的持股比例大于李某，其相关收益也高于李某，因此主张该收益为其个人财产。而李某则主张，双方在嘉丽公司中的收益均为夫妻共同财产，应当平均分配。

【法院裁判】

法院认为，从工商部门的材料看，嘉丽公司是王某、李某与第三人张某在王某、李某夫妻关系存续期间开办的，嘉丽公司 80% 的股份应属于王某与李某的夫妻共同财产。鉴于嘉丽公司的财产涉及第三人的权益，涉及公司债权债务的负担，王某、李某分别实际享有嘉丽公司 50%、30% 的股权，双方在嘉丽公司中的收益属于夫妻共同财产的范围，离婚时应按照共同财产平均分割。

（3）知识产权的收益。知识产权收益是指基于作品、专利、商标或者其他知识产

---

〔1〕　参见余延满：《亲属法原论》，北京，法律出版社 2007 年版，第 267 页。

权而产生的财产收益。例如，专利权利人通过转让或者许可他人使用其专利而获得的收益。按照立法者的观点，知识产权是一种智力成果权，其兼具财产权属性与人身权属性，在权利归属上原则上仅能由夫妻一方享有，但基于该知识产权所获得的收益，则应当属于夫妻共同财产的范畴。此处的知识产权收益，是指夫妻双方在婚姻关系存续期间内实际取得或者已经明确可以取得的财产性收益。对此，《民法典婚姻家庭编司法解释（一）》第 24 条规定："民法典第一千零六十二条第一款第三项规定的'知识产权的收益'，是指婚姻关系存续期间，实际取得或者已经明确可以取得的财产性收益。"从司法实践来看，只要知识产权财产性收益明确的时间在婚姻关系存续期间内，则不论该收益的实际取得是在婚姻关系存续期间内，还是在婚姻关系终止之后，均应当将其认定为夫妻共同财产。[1] 例如，在婚姻关系存续期间内，夫妻一方将其专利权转让给第三人，但双方约定的支付专利转让费的时间在夫妻双方离婚后，则仍应当将其纳入夫妻共同财产的范畴。如果相关的知识产权是夫妻一方在婚姻关系存续期间内获得的，但如果基于知识产权所取得的收益尚不确定，则其将来取得的收益是否属于知识产权的范畴？例如，夫妻一方在婚姻关系存续期间内基于科研活动而取得了专利权，但其并没有在婚姻关系存续期间内将该专利权转让或者许可他人使用，此时，基于该专利能否获得收益，以及获得多少收益，并不是确定的，该收益是否属于夫妻共同财产？从我国司法实践来看，此种收益不应当属于夫妻共同财产的范畴，当然，由于该知识产权是一方在婚姻关系存续期间内获得的，考虑到另一方的支持和帮助，以及因此而负担了更多的家务，则在离婚情形下分割夫妻共同财产时，可以根据具体情况对另一方予以适当的照顾。[2]

（4）继承或者受赠的财产，但是应当被认定为夫妻一方个人财产的除外。所谓继承的财产，是指夫妻一方或者双方基于法定继承、遗嘱继承和遗赠而取得的财产。所谓受赠的财产，是指夫妻一方或者双方基于赠与合同而取得的财产。关于夫妻双方基于继承或者受赠而取得的财产的归属，有观点认为，应当尊重被继承人或者赠与人的意愿，即应当将继承或者受赠的财产认定为夫妻一方的个人财产，但如果被继承人或者赠与人明确将该财产归属于夫妻双方的除外。但《民法典》第 1062 条维持了《婚姻法》第 17 条的规定，原则上将夫妻双方基于继承或者受赠所取得的财产纳入夫妻共同财产的范畴，只有在被继承人或者赠与人明确将其归属于夫妻一方的情形下，才将其认定为夫妻一方的个人财产。法律之所以作出此种规定，一方面是考虑到，夫妻双方是婚姻关系共同体的组成部分，一方基于继承或者受赠所取得的财产是满足婚姻共同体存在的必要财产，应当被认定为夫妻共同财产；另一方面，被继承人或者赠与人在

---

〔1〕 参见最高人民法院民法典贯彻实施工作领导小组主编：《中华人民共和国民法典婚姻家庭编继承编理解与适用》，北京，人民法院出版社 2020 年版，第 153 页。

〔2〕 参见最高人民法院民法典贯彻实施工作领导小组主编：《中华人民共和国民法典婚姻家庭编继承编理解与适用》，北京，人民法院出版社 2020 年版，第 153 页。

基于遗嘱或者赠与合同将相关财产归属于夫妻一方时，也可以视为是将该财产归属于整个家庭，应当将其纳入夫妻共同财产的范畴，如果被继承人或者赠与人意欲将相关财产归属于夫妻一方，则其应当在遗嘱或者赠与合同中予以特别说明。[1] 此种立场值得赞同。需要指出的是，此处继承的财产只要求继承的事实发生在婚姻关系存续期间内即可，而不要求遗产的分割发生在婚姻关系存续期间内。[2] 例如，被继承人在夫妻双方婚姻关系存续期间内死亡，在分配其遗产时，夫妻双方已经离婚，此时仍应当将分得的遗产认定为夫妻共同财产，然后再在二人之间进行分割。

（5）其他应当归共同所有的财产。除上述各类财产外，随着社会的发展，还可能有新的财产类型出现，无法被上述具体列举的财产类型所涵盖，因此，《民法典》第1062条设置了该兜底规定，这就保持了夫妻共同财产范围的开放性。在总结司法实践经验的基础上，《民法典婚姻家庭编司法解释（一）》第25条规定："婚姻关系存续期间，下列财产属于民法典第一千零六十二条规定的'其他应当归共同所有的财产'：（一）一方以个人财产投资取得的收益；（二）男女双方实际取得或者应当取得的住房补贴、住房公积金；（三）男女双方实际取得或者应当取得的基本养老金、破产安置补偿费。"具体而言，其他应当归夫妻双方共同所有的财产主要包括如下几类：一是一方以个人财产投资取得的收益。由于此种收益是在婚姻关系存续期间内基于夫妻一方的经营行为所获得的收益，应当将其纳入夫妻共同财产的范畴。二是男女双方实际取得或者应当取得的住房补贴、住房公积金。此种收益也是为了解决夫妻双方的住房困难，与夫妻双方联系较为紧密，应当纳入夫妻共同财产的范畴。三是男女双方实际取得或者应当取得的养老保险金、破产安置补偿费。此外，依据《民法典婚姻家庭编司法解释（一）》第71条的规定，人民法院审理离婚案件，涉及分割发放到军人名下的复员费、自主择业费等一次性费用的，以夫妻婚姻关系存续年限乘以年平均值，所得数额为夫妻共同财产。此处的年平均值，是指将发放到军人名下的上述费用总额按具体年限均分得出的数额，其具体年限为人均寿命70岁与军人入伍时实际年龄的差额。

3. 夫妻对夫妻共同财产有平等的处理权

依据《民法典》第1062条的规定，夫妻双方对夫妻共同财产有平等的处理权。如前所述，夫妻双方对夫妻共同财产的共有是共同共有而非按份共有，这也是夫妻双方对夫妻共同财产享有平等处理权的重要原因，因为按照共同共有规则的要求，夫妻双方对夫妻共同财产的共有是不分份额的共有，双方对夫妻共同财产共同享有权利，负担义务，平等地享有占有、使用、收益和处分夫妻共同财产的权利。同时，夫妻双方对夫妻共同财产享有平等的处理权也是夫妻法律地位平等的重要体现，即夫妻法律地

---

[1] 参见黄薇主编：《中华人民共和国民法典婚姻家庭编解读》，北京，中国法制出版社2020年版，第105页。

[2] 参见最高人民法院民法典贯彻实施工作领导小组主编：《中华人民共和国民法典婚姻家庭编继承编理解与适用》，北京，人民法院出版社2020年版，第152页。

位平等不仅体现在夫妻人身权的保护方面，也体现为对夫妻财产权的平等保护。

夫妻双方对夫妻共同财产的平等处理权主要包括如下几方面含义：

第一，夫妻双方在处理夫妻共同财产方面的权利是平等的。夫妻共同财产是夫妻双方在婚姻关系存续期间内取得的财产，不论夫妻双方在取得特定共同财产方面贡献的大小，双方对夫妻共同财产均享有平等的权利。例如，在婚姻关系中，丈夫工作，妻子在家照顾老人和子女，对于丈夫所取得的工资等收入，妻子享有与丈夫平等的处理权，这也体现了对妻子一方家务劳动价值的肯定与保护。

第二，夫妻一方在日常家事代理权范围内处理夫妻共同财产的，不需要取得另一方同意，即可对另一方发生效力。如前所述，对于日常家事代理权范围内的事项，夫妻双方均可单独作出决定，而且该行为将对另一方发生效力，日常家事代理权的主体为夫妻双方，即双方平等地享有在日常家事代理权范围内处理夫妻共同财产的权利。

第三，夫妻一方处理夫妻共同财产的行为超出日常家事代理权范围的，应当与另一方协商，取得另一方的同意。也就是说，如果夫妻共同财产的处理超出了日常家事代理权的范畴，即属于夫妻财产关系中的重大事项，双方在处理该事项方面的地位是平等的，对该事项的决定应当由双方平等协商，任何一方擅自作出决定的，即构成对夫妻共同财产的侵害。夫妻一方擅自处分夫妻共同财产的，依据《民法典》第1092条的规定，在离婚分割夫妻共同财产时，对实施该行为的一方可以少分或者不分。离婚后，另一方发现有上述行为的，可以向人民法院提起诉讼，请求再次分割夫妻共同财产。

在一方处分夫妻共同财产的行为超出日常家事代理权范围的情形下，另一方不同意的，其有权主张该行为无效。当然，在夫妻一方擅自行为的情形下，如果相对人有理由相信其为夫妻双方共同意思表示的，则另一方不得以其不同意或者不知道为由对抗善意第三人。所谓有理由相信，是指根据交易的客观环境等因素，相对人有理由相信夫妻一方是基于双方的合意而实施相关行为。例如，夫妻一方在交易时提供了另一方同意的书面证明资料，或者另一方明知一方实施相关行为而不作出反对意思表示的，相对人即有理由相信该行为取得了另一方的同意。对此，《民法典婚姻家庭编司法解释（一）》第28条规定："一方未经另一方同意出售夫妻共同所有的房屋，第三人善意购买、支付合理对价并已办理不动产登记，另一方主张追回该房屋的，人民法院不予支持。夫妻一方擅自处分共同所有的房屋造成另一方损失，离婚时另一方请求赔偿损失的，人民法院应予支持。"出售房屋的行为已经超出了日常家事代理权的范围，在夫妻一方擅自出售房屋时，如果相对人为善意，已经支付合理对价并已办理不动产变更登记的，应当认定已经符合善意取得的构成要件，买受人有权取得该房屋所有权，夫妻另一方不得主张追回该房屋。当然，在离婚时，夫妻另一方有权请求实施该行为的一方赔偿其损失。可见，在相对人为善意的情形下，该行为对夫妻另一方同样发生效力，该法律效果类似于表见代理，但其与表见代理不同，因为在构成表见代理的情形下，代理人所实施法律行为的法律效果归属于被代理人，而在夫妻一方实施超出日常家事代理权范围的行为时，该法律效果对夫妻双方发生效力。此外，在相对人善意的情形下，该行为虽然对未实施该行为的另一方发生效力，该行为仍然构成对夫妻共同财产的侵害，另一方仍然有权主张适用《民法典》第1092条，即主张在离婚分割夫妻共同财产时，对实施该行为的一方可以少分或者不分。离婚后，另一方发现有上述行为的，可以向人民法院提起诉讼，请求再次分割夫妻共同财产。

（二）夫妻一方的个人财产

1. 夫妻一方的个人财产概述

所谓夫妻一方的个人财产，是指依据法律规定或者当事人约定属于夫妻一方所有的财产。《民法典》第1063条规定："下列财产为夫妻一方的个人财产：（一）一方的婚前财产；（二）一方因受到人身损害获得的赔偿或者补偿；（三）遗嘱或者赠与合同中确定只归一方的财产；（四）一方专用的生活用品；（五）其他应当归一方的财产。"该条对夫妻一方个人财产的范围作出了规定。从《民法典》第1062条规定来看，夫妻共同财产的范围较为广泛，但在夫妻共同财产之外，夫妻也会有一些个人财产，如夫妻一方在结婚前的个人财产，即便双方结婚，也仍应当将该财产认定为夫妻一方的财产。夫妻一方个人财产是夫妻共同财产制的补充，法律规定夫妻一方个人财产既是为了保护其合法的个人财产，也是为了在此基础上保持夫妻一方个人生活的连续性和完整性，保障夫妻双方灵活处理财产关系的空间，[1] 这也是夫妻双方个人自由发展的重要保障。

从比较法上看，许多国家的立法都对夫妻一方的个人财产作出了规定。例如，《法国民法典》第1404条规定："以下财产，即使是在婚姻期间取得，依其性质，仍构成个人自由财产：——属于夫妻一方使用的衣、被及其他布织品；——对本人受到的身体或精神伤害请求赔偿之诉权；——不得让与的债权与抚恤金；——以及一般言之，具有人身性质的所有财产以及专与人身相关的一切权利。夫妻一方为从事职业所必要的劳动工具，依其性质，亦构成个人自有财产；但在必要时，已给予该方补偿之情形，不在此限；如此种工具属于一项营业资产之附属部分，或者属于构成共同财产的经营事务的附属部分，亦不在此限。"[2] 该条对夫妻一方个人财产的范围作出了规定，同时，该法第1405条——第1408条还对一方婚前财产、依据自有财产附属物名义取得的财产等特殊情形下夫妻一方财产的认定规则作出了规定。再如，《德国民法典》第1418条规定："（1）保留财产被排除在共同财产之外。（2）保留财产是具有下列情形的标的：1. 被夫妻财产合同宣布为属于配偶一方的保留财产的标的；2. 配偶一方死因取得的标的或

---

〔1〕　参见最高人民法院民法典贯彻实施工作领导小组主编：《中华人民共和国民法典婚姻家庭编继承编理解与适用》，北京，人民法院出版社2020年版，第156页。

〔2〕　参见《法国民法典》，罗结珍译，北京，中国法制出版社1999年版，第341页。

第三人向其无偿给予的标的，但以被继承人以终意处分或该第三人在给予时指定该项财产应属于保留财产为前提；3. 配偶一方因属于其保留财产的权利，或作为对属于保留财产的标的的毁坏、损坏或侵夺的补偿，或因与保留财产有关的法律行为而取得的标的。（3）配偶任何一方独立地管理其保留财产。配偶任何一方为自己的计算而管理其保留财产。（4）财产标的属于保留财产的，前款所规定的管理仅依第 1412 条对第三人有效力。"[1] 该条不仅对夫妻一方个人财产的范围作出了规定，而且规定了夫妻一方对其个人财产的独立管理权。再如，《意大利民法典》第 179 条规定："下列物品不构成夫妻共有财产而属于夫妻个人所有：1）配偶一方在婚前享有所有权或用益物权的物；2）婚后取得的、在赠与文书或遗嘱中没有特别表明属于共有财产的赠与或遗产；3）属于个人使用的物品及其附属物；4）属于配偶一方的职业用品；但属于夫妻共有财产的、用于企业经营的财产不在此限；5）因遭受损害获得的赔偿以及因部分或全部丧失劳动能力而获得的抚恤金；6）在购置文件中明确载明是用转让或交换本条所列个人财产获得的价金购置的物品。配偶一方也参与并在购置文件中明确表示所购置的物品不属于共有财产的，依本条第 3 项、第 4 项以及第 5 项的规定，在婚后取得的第 2683 条所列动产、不动产不属于共有财产。"[2] 该条也通过具体列举的方式划定了夫妻一方个人财产的范围。从上述各国的规定可以看出，各国主要通过具体列举的方式划定夫妻共同财产的范围，虽然各国规定不尽一致，但总体上将夫妻一方的个人财产大致界定为夫妻一方的婚前财产及其转化财产、夫妻双方基于约定而确定的夫妻一方个人财产以及与夫妻一方具有人身专属性的财产等类型。

夫妻一方的个人财产主要具有如下特征：

第一，夫妻一方的个人财产具有相对独立性，其与夫妻共同财产相互独立。夫妻关系一旦成立，即在夫妻双方之间产生一系列的人身关系和财产关系，如前所述，我国实行婚后所得共同制，夫妻双方在婚后所得的财产原则上纳入夫妻共同财产的范畴，但这并不影响夫妻一方个人财产的独立性，即一方面，夫妻一方的个人财产与夫妻共同财产不同，其并不属于夫妻共同财产的组成部分。另一方面，夫妻一方的个人财产不因双方结婚而成为夫妻共同财产，在符合法律规定和当事人约定的情形下，即便相关财产是夫妻一方在婚姻关系存续期间内取得的，其也属于夫妻一方的个人财产，而不属于夫妻共同财产。此外，不论双方夫妻存续时间的长短，均不影响夫妻一方个人财产的独立性。

第二，夫妻任何一方对其个人财产享有独立的占有、使用、收益和处分的权利。如前所述，对夫妻共同财产而言，在行使日常家事代理权的情形下，夫妻一方处分夫妻共同财产并不需要取得另一方同意，即其对夫妻双方发生效力，但在夫妻一方就夫

---

[1] 参见《德国民法典》，陈卫佐译注，北京，法律出版社 2010 年版，第 439 页。

[2] 参见《意大利民法典》，费安玲等译，北京，中国政法大学出版社 2004 年版，第 53-54 页。

妻共同财产作出重大决定时，则需要取得另一方的同意。而对夫妻一方的个人财产而言，夫妻一方享有更大的管理权和处分权，即便相关的管理和处分决定已经超出了日常家事代理权的事项范围，夫妻一方也享有独立的决定权，而不需要取得另一方同意。例如，在夫妻一方出卖其个人所有的房屋时，其有权独立作出决定，而不需要另一方同意，另一方也不得进行非法干预，否则将构成对其财产权的侵害。从前述比较法的规定可以看出，有的国家的立法（如《德国民法典》）也专门规定了夫妻一方对其个人财产独立的管理权。

夫妻任何一方可以独立处分其财产，而不需要取得另一方同意，其既可以将其个人财产以出卖、赠与等方式转让给第三人，也可以将其个人财产赠与给另一方，或者与另一方约定，其个人财产在结婚后将成为夫妻共同财产，按照私法自治原则，此种约定也具有法律效力。但问题在于，夫妻一方在将其个人财产（如房屋）赠与给另一方时，或者约定为夫妻共同财产，但如果合同生效后、财产移转前，赠与的一方反悔，主张撤销赠与，另一方能否主张继续履行合同？对此，《民法典婚姻家庭编司法解释（一）》第32条规定："婚前或者婚姻关系存续期间，当事人约定将一方所有的房产赠与另一方或者共有，赠与方在赠与房产变更登记之前撤销赠与，另一方请求判令继续履行的，人民法院可以按照民法典第六百五十八条的规定处理。"《民法典》第658条规定："赠与人在赠与财产的权利转移之前可以撤销赠与。经过公证的赠与合同或者依法不得撤销的具有救灾、扶贫、助残等公益、道德义务性质的赠与合同，不适用前款规定。"依据上述规定，在夫妻一方在将其房屋赠与给另一方时，如果不属于不可撤销的赠与，则其可以在财产所有权移转之前撤销赠与。需要指出的是，司法解释的上述规则虽然只是就房屋赠与所作出的规定，但其也应当可以类推适用于夫妻间其他财产的赠与。

案例 3-3

【基本案情】

汤某（男）与谢某（女）结婚2年多，在结婚之前，汤某有一套房屋，该房屋登记在汤某名下。在二人结婚后，汤某与谢某签订协议，约定将汤某名下的该套房屋变更登记为汤某、谢某共同所有。但在办理登记前，汤某认为，其与谢某刚结婚2年多，感情尚不稳定，因此不愿办理变更登记。谢某则主张，双方的约定已经生效，汤某应当及时办理变更登记。双方为此发生争议。

【法院裁判】

法院认为，汤某与谢某在婚后签订协议，约定将登记在汤某名下的一套房屋产权与谢某共同享有，目的是明确夫妻双方之间的赠与行为，所签订的协议应当属于赠与协议，依据法律规定，赠与一方有权在赠与房产的权利转移前撤销赠与。

第三，范围的受限制性。由于夫妻关系一旦成立，夫妻双方不仅形成身份意义上的共同体，也将形成财产意义上的共同体，而且为了维系夫妻关系，稳定和维持家庭关系，夫妻双方的婚后所得原则上属于夫妻共同财产，因此，夫妻共同财产的范围具有开放性和广泛性的特点，与此相对应，夫妻一方个人财产的范围具有受限制性。从前述比较法的做法可以看出，有的国家在规定夫妻一方个人财产的范围时采取了封闭列举的方法，有的国家虽然没有采取封闭列举的方法规定夫妻一方个人财产的范围，但也对兜底条款设置了一些限制条件。例如，《法国民法典》第 1404 条在规定夫妻一方个人财产的范围时虽然设置了兜底条款，即"一般言之，具有人身性质的所有财产以及专与人身相关的一切权利"，但该规定也设置了限制性条件，即其他法律未予规定的夫妻一方个人财产限于具有人身性质的财产以及与夫妻一方人身相关的财产。我国《民法典》第 1063 条在规定夫妻一方个人财产的范围时，虽然在具体列举夫妻一方个人财产类型的基础上设置了兜底条款，但考虑到夫妻一方个人财产的受限制性，在解释上也应当对其进行必要的限制。

2. 夫妻一方的个人财产的范围

依据《民法典》第 1063 条的规定，夫妻一方的个人财产包括如下几项：

（1）一方的婚前财产。依据《民法典》第 1062 条，夫妻共同财产是夫妻双方在婚姻关系存续期间内所得的财产，因此夫妻双方的婚前财产应当为其个人财产，归双方各自所有，不因婚姻关系的成立而转化为夫妻共同财产。对此，《民法典婚姻家庭编司法解释（一）》第 31 条明确规定："民法典第一千零六十三条规定为夫妻一方的个人财产，不因婚姻关系的延续而转化为夫妻共同财产。但当事人另有约定的除外。"因此，夫妻一方的个人财产将保持其独立性，其并不因当事人结婚而转化为夫妻共同财产；当然，如果当事人另有约定，如约定一方的婚前财产在婚后将转化为夫妻共同财产，按照私法自治原则，该约定也具有法律效力。判断某项财产是否为一方的婚前财产，应当以双方完成结婚登记作为判断时间点，也就是说，在一方结婚登记之前的财产属于其婚前财产，在完成结婚登记之后所获得的财产，原则上即应当纳入夫妻共同财产的范畴。一方的婚前财产在婚后可能转化为其他财产形式，如一方使用其婚前的个人储蓄购买房屋，该房屋即属于其婚前财产的转化形式，在此情形下，应当认定该转化的财产形式与一方的婚前财产具有同一性，仍应当将其界定为夫妻一方的个人财产。当然，从实践来看，一方的婚前财产可能由双方在婚后通过管理和收益，并据此使原财产获得一定的增值，或者产生新的财产利益。例如，夫妻双方对一方婚前所有的房屋进行修缮，使该房屋的价值增加。在此情形下，应当认定，夫妻一方的婚前财产不因夫妻双方婚后的共同管理和使用而转化为夫妻共同财产，但基于夫妻双方共同的管理和使用而使该财产产生的增值部分，或者新产生的财产利益，属于夫妻双方婚后共同所得，应当纳入夫妻共同财产的范畴。对此，《民法典婚姻家庭编司法解释（一）》第 26 条规定："夫妻一方个人财产在婚后产生的收益，除孳息和自然增值外，应认定为夫妻共同财产。"依据该规定，夫妻一方个人财产在婚后所产生的收益原则上属于夫妻共同财产，这显然也采取了此种立场。但依据该条规定，夫妻一方个人财产所产生的孳息和自然增值，不应当属于夫妻共同财产，因为对于夫妻一方个人财产的孳息和自然增值收益而言，其并不是夫妻双方在婚后共同管理该财产所获得的收益，不属于夫妻双方婚后共同所得财产，应当属于夫妻一方的个人财产。当然，在夫妻双方管理和使用一方的婚前财产时，也可能使该财产遭受一定的损失，在离婚时，对该财产享有权利的一方也不得主张以夫妻共同财产抵偿其损失。

（2）一方因受到人身损害获得的赔偿或者补偿。夫妻一方因受到人身损害而获得的赔偿或者补偿是与其生命健康相关的财产，具有人身专属性，而且该赔偿与补偿对个人权利的救济与保护具有重要意义，因此，《民法典》将其纳入夫妻一方个人财产的范畴。[1] 该规则来源于《婚姻法》第18条第2项的规定，依据《婚姻法》的规定，"一方因身体受到伤害获得的医疗费、残疾人生活补助费等费用"，属于夫妻一方的个人财产。《民法典》婚姻家庭编对该规则进行了一定调整，将其扩张及于一方因受到人身损害而获得的赔偿或者补偿，这就实现了与《民法典》侵权责任编规则的一致，《民法典》第1179条规定："侵害他人造成人身损害的，应当赔偿医疗费、护理费、交通费、营养费、住院伙食补助费等为治疗和康复支出的合理费用，以及因误工减少的收入。造成残疾的，还应当赔偿辅助器具费和残疾赔偿金；造成死亡的，还应当赔偿丧葬费和死亡赔偿金。"依据该条规定，在一方遭受人身损害时，其有权获得的赔偿金并不限于医疗费、残疾人生活补助费，还包括护理费、交通费、营养费、住院伙食补助费等费用，这些费用也属于一方因受到人身损害获得的赔偿的范畴，属于夫妻一方的个人财产，这就扩大了夫妻一方个人财产的范围，既符合夫妻一方个人财产的特点，也更有利于对遭受侵害的夫妻一方的保护。此种赔偿不仅限于一方因受到人身损害而获得的财产损害赔偿，也包括精神损害赔偿。[2] 同时，《民法典婚姻家庭编司法解释（一）》第30条规定："军人的伤亡保险金、伤残补助金、医药生活补助费属于个人财产。"依据该规定，军人的伤亡保险金、伤残补助金以及医药生活补助费也属于其个人财产。

此外，依据《民法典》侵权责任编的规定，在一方遭受人身损害时，其还可能依法获得一定的补偿。例如，《民法典》第1190条第1款规定："完全民事行为能力人对自己的行为暂时没有意识或者失去控制造成他人损害有过错的，应当承担侵权责任；没有过错的，根据行为人的经济状况对受害人适当补偿。"《民法典》第1254条第1款规定："禁止从建筑物中抛掷物品。从建筑物中抛掷物品或者从建筑物上坠落的物品造

---

〔1〕 参见黄薇主编：《中华人民共和国民法典婚姻家庭编解读》，北京，中国法制出版社2020年版，第110页。

〔2〕《民法典》第996条规定："因当事人一方的违约行为，损害对方人格权并造成严重精神损害，受损害方选择请求其承担违约责任的，不影响受损害方请求精神损害赔偿。"第1183条第1款规定："侵害自然人人身权益造成严重精神损害，被侵权人有权请求精神损害赔偿。"上述规则对违约损害人格权的精神损害赔偿以及侵害人身权益的精神损害赔偿规则作出了规定，夫妻一方基于上述规则所获得的精神损害赔偿也属于其个人财产。

成他人损害的，由侵权人依法承担侵权责任；经调查难以确定具体侵权人的，除能够证明自己不是侵权人的外，由可能加害的建筑物使用人给予补偿。可能加害的建筑物使用人补偿后，有权向侵权人追偿。"受害人在遭受人身损害后所获得补偿也属于其个人财产范畴。需要指出的是，《民法典》将一方受到人身损害所获得赔偿或者补偿界定为夫妻一方的个人财产，而没有对其遭受人身损害及获得赔偿或者补偿的时间做出限定，即只要是一方因遭受人身损害所获得的赔偿及补偿，不论其发生在婚姻关系成立之前，还是婚姻关系存续期间，均属于夫妻一方的个人财产。

（3）遗嘱或者赠与合同中确定只归一方的财产。从前述比较法的规定可以看出，关于夫妻一方继承或者受赠的财产的归属，各国规定并不完全一致，依据《德国民法典》第 1418 条的规定，夫妻一方的个人财产包括"配偶一方死因取得的标的或第三人向其无偿给予的标的，但以被继承人以终意处分或该第三人在给予时指定该项财产应属于保留财产为前提"，即对于夫妻一方基于遗嘱或者赠与合同而取得的财产，只有被继承人或者赠与人明确表示该财产归属于夫妻一方，其才属于夫妻一方的个人财产，否则属于夫妻共同财产。而依据《意大利民法典》第 179 条的规定，对于夫妻一方在婚后取得的、在赠与文书或遗嘱中没有特别表明属于共有财产的赠与或遗产，属于夫妻一方的个人财产，只有赠与合同或者遗嘱中明确表明其归属于夫妻双方，其才属于夫妻共同财产。我国《民法典》采取了与《德国民法典》相同的立场，从《民法典》第 1062 条、第 1063 条规定来看，对于夫妻一方基于遗嘱或者赠与合同而取得的财产而言，只有遗嘱或者赠与合同明确将该财产归属于夫妻一方，其才属于夫妻一方的个人财产，否则将被认定为夫妻共同财产。

从我国司法实践来看，赠与人通常会在赠与合同中明确表明其赠与意愿，即其究竟是赠与给夫妻双方，还是夫妻一方，但在赠与人没有明确表明其赠与意愿时，法院也会通过其行为推定其赠与意愿，这主要体现在父母为双方购置房屋出资的情形。对此，《民法典婚姻家庭编司法解释（一）》第 29 条规定："当事人结婚前，父母为双方购置房屋出资的，该出资应当认定为对自己子女个人的赠与，但父母明确表示赠与双方的除外。当事人结婚后，父母为双方购置房屋出资的，依照约定处理；没有约定或者约定不明确的，按照民法典第一千零六十二条第一款第四项规定的原则处理。"《民法典婚姻家庭编司法解释（二）》第 8 条还对婚姻关系存续期间内父母购房出资的归属认定规则作出了规定。依据上述规定，对于父母的出资，应当按照如下规则认定其归属：

一是当事人结婚前，父母为双方购置房屋出资的，该出资应当认定为对自己子女的个人赠与，但父母明确表示赠与双方的除外。也就是说，在双方结婚前，父母为双方购置房屋的出资视为对自己子女的赠与，如果是一方父母出资，则应当认定为其子女一方的个人财产；如果是双方父母共同出资，则应当认定为双方父母分别对自己子女的赠与，夫妻双方对该房屋按照出资比例实行按份共有，当事人对按份共有的份额另有约定的除外。当然，如果父母明确表示赠与双方的，则应当将其认定为是对夫妻双方的赠与，该购房出资应当属于夫妻共同财产。

二是当事人结婚后，父母为双方购置房屋出资的，依据《民法典婚姻家庭编司法解释（一）》第29条第2款规定，如果当事人有约定的，按照约定处理。从实践来看，此种约定既可以是书面形式的，也可以是口头形式的，还可以以行为的方式推定当事人的意愿。例如，父母为夫妻双方购买房屋出资的，如果该房屋登记在其子女名下，则推定该方父母是对其子女一方的赠与，该出资应当属于其子女的一方财产，而不属于夫妻共同财产。如果当事人没有约定或者约定不明确的，则将该出资认定为夫妻共同财产。《民法典婚姻家庭编司法解释（二）》第8条则区分了夫妻一方父母全额出资与部分出资以及双方父母出资的情形，分别确定了相关出资的归属认定规则。依据该条第1款规定，婚姻关系存续期间内，购买房屋的出资是由夫妻一方父母全额出资的，如果赠与合同明确约定只赠与自己子女一方的，则应当将该出资认定为夫妻一方的个人财产。如果当事人没有约定或者约定不明确的，则在离婚分割共同财产时，法院可以判决该房屋归出资人子女一方所有，并综合考虑共同生活及孕育共同子女情况、离婚过错、对家庭的贡献大小以及离婚时房屋市场价格等因素，确定是否由获得房屋一方对另一方予以补偿以及补偿的具体数额。依据该条第2款规定，婚姻关系存续期间，购房出资由夫妻一方父母部分出资或者双方父母出资的，如果赠与合同明确约定相应出资只赠与自己子女一方的，则按照约定处理，即将相关的出资认定为夫妻一方的个人财产。如果当事人没有约定或者约定不明确，在离婚分割夫妻共同财产时，法院可以根据当事人诉讼请求，以出资来源及比例为基础，综合考虑共同生活及孕育共同子女情况、离婚过错、对家庭的贡献大小以及离婚时房屋市场价格等因素，判决房屋归其中一方所有，并由获得房屋一方对另一方予以合理补偿。

（4）一方专用的生活用品。所谓一方专用的生活用品，是指具有专属于个人使用特点的生活用品。例如，夫妻一方专用的化妆品、衣服、鞋子等。从前述域外法的规定来看，一些国家也明确将一方专用的生活用品规定为夫妻一方的个人财产。例如，依据《法国民法典》第1404条的规定，属于夫妻一方使用的衣、被及其他布织品属于夫妻一方的个人财产。再如，依据《意大利民法典》第179条的规定，"属于个人使用的物品及其附属物"，属于夫妻一方的个人财产。我国《民法典》第1063条将一方专用的生活用品规定为夫妻一方的个人财产，符合比较法的通行做法。

一方专用的生活用品应当符合如下条件：一方面，其必须是一方专用的物品。如果相关的物品并非夫妻一方专用，而是夫妻双方共同使用，或者夫妻一方与其他家庭成员共同使用，则不属于一方专用的物品。例如，汽车虽然由夫妻一方驾驶，但如果由双方共同使用，或者由多个家庭成员共同使用，则不属于夫妻一方的个人财产。此处的生活用品既可以是夫妻一方利用其个人财产所购买的，也可以是利用夫妻共同财产所购买的,还可以是夫妻一方利用其个人财产为对方购买的[1]。另一方面,其必须是一方专用的"生活用品"。关于此处生活用品的范围,《民法典》没有作出细化规定,只要是为了满足个人日常生活需要的用品,均可纳入此处"生活用品"的范畴。从《民法典》第 1063 条规定来看,其并没有对生活用品的价值作出限定,这也意味着,即便相关生活用品的价值较高,如金银首饰,只要是一方专用的生活用品,均属于夫妻一方的个人财产。[2] 当然,从我国司法实践来看,有的法院也认为,如果夫妻一方专用的生活用品价值较高,则属于夫妻共同财产。

案例 3-4

【基本案情】

穆某(男)与石某(女)在结婚以来感情一直较好,在二人结婚一周年即将到来之际,穆某为石某购买了一枚钻戒和一条黄金项链,并在结婚一周年当天将其送给石某。石某收下钻戒和项链后,一直随身佩戴。但随后二人因为性格不合,时常发生争吵。后穆某诉至法院,请求判决二人离婚,并主张其为石某购买的钻戒和黄金项链为夫妻共同财产,因此主张分割该财产。而石某则主张,钻戒和黄金项链为其个人生活用品,应当是其个人财产。双方为此发生争议。

【法院裁判】

法院认为,钻戒和黄金项链虽然是穆某在婚姻关系存续期间为石某购买,但因其价格较高,除佩戴外还具有保值功能,并非单纯的生活用品。因此,钻戒与黄金项链应当为双方共同财产,在二人离婚时应当予以分割。

(5)其他应当归一方的财产。除上述几种类型的财产外,《民法典》第 1063 条在规定夫妻一方个人财产的范围时,还设置了兜底条款,这一兜底条款的设置具有重要意义,因为随着社会的发展,夫妻一方个人财产的范围可能会不断扩张,对夫妻一方个人财产的范围进行封闭式列举,可能无法适应社会发展需要,因此,本条专门规定了兜底条款,以保持夫妻一方个人财产范围的开放性。

但问题在于,从《民法典》第 1062 条规定来看,其在规定夫妻共同财产的范围时也设置了兜底条款,即"其他应当归共同所有的财产"归夫妻共同所有,这就会产生一个难题,即就法律并未作出明确规定的财产而言,究竟应当将其认定为夫妻共同财产?抑或是夫妻一方的个人财产?本书认为,除非相关财产具有人身专属性,否则原则上应当将其认定为夫妻共同财产,因为从《民法典》第 1063 条规定来看,其所列举的各类夫妻一方的个人财产类型一般都具有人身专属性,按照同类解释规则,在解释本条中"其他应当归一方的财产"时,也应当将其界定为具有人身专属性的财产,这

---

〔1〕 此种情形可以认定为是夫妻一方对另一方的赠与。

〔2〕 参见黄薇主编:《中华人民共和国民法典婚姻家庭编解读》,北京,中国法制出版社 2020 年版,第 111 页。

也符合夫妻一方个人财产的特点。同时，鉴于我国《民法典》婚姻家庭编对夫妻共同财产采婚后所得共同制，夫妻共同财产的范围较为宽泛，而夫妻一方个人财产的范围则相对较小，其范围具有受限制性的特点，因此，在存在疑问时将其界定为夫妻共同财产，也符合《民法典》划定夫妻共同财产与夫妻一方个人财产范围的基本立场。从比较法上看，有的国家也明确采取了此种立场。例如，《法国民法典》第 1402 条第 1 款规定："任何财产，不论是动产还是不动产，如不能证明其依据法律的规定属于夫妻一方的自有财产者，均视为共同财产。"[1] 依据这一规定，在无法确定相关财产属于夫妻共同财产或者夫妻一方个人财产时，原则上应当将其认定为夫妻共同财产，只有在例外情形下才能将其认定为夫妻一方的个人财产。

（三）夫妻共同债务

1. 夫妻共同债务概述

所谓夫妻共同债务，是指夫妻双方基于共同意思表示或者基于家庭日常生活需要所负担的债务，以及超出家庭日常生活需要但债权人能够证明其应当由夫妻双方共同负担的债务。随着经济社会的发展，人们越来越深入地参与市场交易，在婚姻关系存续期间内，夫妻一方与第三人从事交易的现象也越来越普遍，但因夫妻一方交易行为所产生的债务究竟应当由一方负担，还是由夫妻双方共同负担，可能引发一定的争议，这就有必要在法律上明确夫妻共同债务的认定规则。具体而言，在法律上规定夫妻共同债务规则主要具有如下意义：一方面，有利于保护债权人的利益，维护交易安全。对夫妻一方的个人债务而言，另一方并不负有清偿义务，尤其是从实践来看，夫妻可能通过离婚恶意转移财产、逃避债务，不利于保护交易相对人的利益。因此，在夫妻一方与第三人交易时，准确界定夫妻一方的个人债务与夫妻共同债务，有利于保护交易相对人的合理预期，维护交易安全。另一方面，有利于保护夫妻双方的财产权益，尤其是保护未举债一方的利益。婚姻关系成立后，夫妻双方虽然形成财产上的共同体，但夫妻双方仍然依法享有个人财产，一旦因一方的行为而产生的债务被认定为夫妻共同债务，另一方即可能需要以其个人财产清偿该债务。因此，法律对夫妻共同债务的认定规则作出规定，尤其是要求夫妻共同债务的成立需要夫妻双方同意，或者为了满足夫妻共同生活或者共同的生产经营活动，可以有效保护未举债一方的利益，从而减少纠纷的发生，维护婚姻家庭关系的稳定。

案例 3-5

【基本案情】

王某（男）与袁某（女）为夫妻关系，2021 年 6 月，王某向刘某借款 20 万元，借款人为王某个人，袁某并未在借款合同中签字。2022 年 7 月，王某与袁某因感情不

---

〔1〕　参见《法国民法典》，罗结珍译，北京，中国法制出版社 1999 年版，第 341 页。

和离婚。在二人离婚后，借款合同到期，刘某请求王某与袁某偿还借款，并按照约定支付利息。袁某主张，其对王某向刘某借款之事并不知情，其属于王某的个人债务，因此拒绝还款；王某则主张，虽然借款人是自己，但其已经将借款用于满足夫妻共同生活，因此，该债务应当属于夫妻共同债务。

【裁判结果】

法院认为，在夫妻一方向他人借款的情形下，要构成夫妻共同债务，要求该借款必须用于夫妻共同生活或者共同的生产经营活动。在夫妻离婚后，债权人持夫或妻一方所书写的借条要求夫妻共同还款时，如果夫妻一方主张以其个人名义的借款属于夫妻共同债务而其配偶否认的，为防止借款人与债权人串通侵害借款人配偶的利益，应将举证责任分配给借款人。因此，在本案中，如果王某无法证明其将借款用于夫妻共同生活，则不宜将其认定为夫妻共同债务。

从比较法上看，许多国家的立法都对夫妻共同债务的规则作出了规定。例如，《法国民法典》第220条规定："夫妻各方均有权单独订立旨在维持家庭日常生活与教育子女的合同。夫妻一方依此缔结的债务对另一方具有连带约束力。但是，视家庭生活状况，视所进行的活动是否有益以及缔结合同的第三人是善意还是恶意，对明显过分的开支，不发生此种连带责任。以分期付款方式进行的购买以及借贷，如未经夫妻双方同意，亦不发生连带责任；但如此种购买与借贷数量较少，属于家庭日常生活之必要，不在此限。"[1] 本条对夫妻共同债务的判断规则作出了规定，并明确了明显过分的开支以及分期付款交易情形下夫妻共同债务的认定规则。再如，《巴西新民法典》第1643条规定："夫妻一方可无需他方授权实施以下行为：（1）购买家庭生活必需品，即使是赊购，亦同；（2）为获得为了购买此等物品所需的金钱而借贷。"该法第1644条规定："为了实现前条规定的目的缔结的债务，夫妻双方承担连带责任。"[2] 上述规定与我国《民法典》中的日常家事代理权规则类似，同时，《巴西新民法典》第1667条规定："婚后夫妻一方缔结的债务仅该方承担责任，但能证明他方已享有此等债务的部分或全部利益的，不在此限。"[3] 该条对夫妻共同债务的认定规则作出了细化规定。

我国民事立法和相关司法解释历来重视对夫妻共同债务的调整。1950年《婚姻法》第24条规定："离婚时，原为夫妻共同生活所负担的债务，以共同生活时所得财产偿还；如无共同生活时所得财产或共同生活时所得财产不足清偿时，由男方清偿。男女一方单独所负的债务，由本人偿还。"该条对夫妻共同债务与夫妻一方个人债务进行了区分，并规定了夫妻共同债务的清偿规则。1980年《婚姻法》第32条规定："离婚时，原为夫妻共同生活所负的债务，以共同财产偿还。如该项财产不足清偿时，由

---

〔1〕《法国民法典》，罗结珍译，北京，中国法制出版社1999年版，第74页。
〔2〕《巴西新民法典》，齐云译，北京，中国法制出版社2009年版，第258页。
〔3〕《巴西新民法典》，齐云译，北京，中国法制出版社2009年版，第263页。

双方协议清偿；协议不成时，由人民法院判决。男女一方单独所负债务，由本人偿还。"该条同样区分了夫妻共同债务与夫妻一方单独负担的债务，并分别规定了这两种债务的偿还规则。2001 年《婚姻法》第 41 条规定："离婚时，原为夫妻共同生活所负的债务，应当共同偿还。共同财产不足清偿的，或财产归各自所有的，由双方协议清偿；协议不成时，由人民法院判决。"该条也对夫妻共同债务的认定规则以及清偿规则作出了规定，而且该条还规定了约定夫妻财产制情形下夫妻共同债务的偿还规则，为认定夫妻共同债务以及明确夫妻共同债务的清偿规则提供了基本法律依据。除《婚姻法》的规定外，最高人民法院还颁行了相关的司法解释，专门规定了夫妻共同债务的认定规则和清偿规则。例如，《最高人民法院关于适用〈中华人民共和国婚姻法〉若干问题的解释（二）》第 24 条规定："债权人就婚姻关系存续期间夫妻一方以个人名义所负债务主张权利的，应当按夫妻共同债务处理。但夫妻一方能够证明债权人与债务人明确约定为个人债务，或者能够证明属于婚姻法第十九条第三款规定情形的除外。夫妻一方与第三人串通，虚构债务，第三人主张权利的，人民法院不予支持。夫妻一方在从事赌博、吸毒等违法犯罪活动中所负债务，第三人主张权利的，人民法院不予支持。"《最高人民法院关于适用〈中华人民共和国婚姻法〉若干问题的解释（二）的补充规定》还专门就司法解释的上述规则作出了补充规定，即"在《最高人民法院关于适用〈中华人民共和国婚姻法〉若干问题的解释（二）》第二十四条的基础上增加两款，分别作为该条第二款和第三款：夫妻一方与第三人串通，虚构债务，第三人主张权利的，人民法院不予支持。夫妻一方在从事赌博、吸毒等违法犯罪活动中所负债务，第三人主张权利的，人民法院不予支持。"此外，最高人民法院在 2018 年还专门颁行了《最高人民法院关于审理涉及夫妻债务纠纷案件适用法律有关问题的解释》，[1] 这也反映出夫妻共同债务在夫妻关系中的重要性。该司法解释的规则也基本被《民法典》婚姻家庭编所承继。

在充分借鉴域外法经验，尤其是总结我国既有立法和司法实践经验的基础上，我国《民法典》第 1064 条规定："夫妻双方共同签名或者夫妻一方事后追认等共同意思表示所负的债务，以及夫妻一方在婚姻关系存续期间以个人名义为家庭日常生活需要所负的债务，属于夫妻共同债务。夫妻一方在婚姻关系存续期间以个人名义超出家庭日常生活需要所负的债务，不属于夫妻共同债务；但是，债权人能够证明该债务用于夫妻共同生活、共同生产经营或者基于夫妻双方共同意思表示的除外。"该条对夫妻共同债务的认定规则作出了规定。该条将夫妻共同债务区分为三种类型：即基于夫妻双

---

〔1〕 该司法解释第 1 条规定："夫妻双方共同签字或者夫妻一方事后追认等共同意思表示所负的债务，应当认定为夫妻共同债务。"第 2 条规定："夫妻一方在婚姻关系存续期间以个人名义为家庭日常生活需要所负的债务，债权人以属于夫妻共同债务为由主张权利的，人民法院应予支持。"第 3 条规定："夫妻一方在婚姻关系存续期间以个人名义超出家庭日常生活需要所负的债务，债权人以属于夫妻共同债务为由主张权利的，人民法院不予支持，但债权人能够证明该债务用于夫妻共同生活、共同生产经营或者基于夫妻双方共同意思表示的除外。"

方共同意思表示所负担的共同债务，为家庭日常生活需要所负担的共同债务，以及夫妻一方负担的超出日常家庭生活需要但债权人能够证明该债务用于夫妻共同生活、共同生产经营或者基于夫妻双方共同意思表示的债务。

夫妻共同债务主要具有如下特征：

（1）夫妻共同债务原则上是夫妻双方婚姻关系存续期间内所负担的债务。从《民法典》第1064条规定来看，其在规定夫妻共同债务时强调其是"夫妻双方"所负担的债务，这也意味着，夫妻共同债务原则上成立于婚姻关系成立之后，一方在婚前所负担的债务原则上并不属于夫妻共同债务。对此，《民法典婚姻家庭编司法解释（一）》第33条规定："债权人就一方婚前所负个人债务向债务人的配偶主张权利的，人民法院不予支持。但债权人能够证明所负债务用于婚后家庭共同生活的除外。"依据该规定，夫妻一方婚前所负担的债务，原则上并不属于夫妻共同债务，但在例外情形下，如果债权人能够证明夫妻一方婚前所负担的债务用于婚后的家庭共同生活，则应当将该债务认定为夫妻共同债务。从比较法上看，有些国家的立法也持此种立场，例如，依据前述《巴西新民法典》第1668条的规定，一方的婚前债务不属于夫妻共同债务，但为结婚而为的借款或已转化为共有利益的债务，则属于夫妻共同债务。[1] 从实践来看，如果夫妻一方在婚前借款所购置的房屋等财物已转化为夫妻共同财产的，则为购置该财物借款所负担的债务，视为夫妻共同债务。当然，此种情形下，一方在婚前的借款要被视为夫妻共同债务，要求一方所购置的相关财产必须已经转化为夫妻共同财产，债权人对其应当负担举证义务。

（2）夫妻共同债务产生的原因具有多样性。《民法典》第1064条仅列举了几种比较典型的夫妻共同债务的类型，而且其主要是基于合同而产生的债务。但从实践来看，夫妻共同债务产生的原因较多，除上述几种类型外，还存在基于其他原因而产生的债务。例如，《民法典》第307条规定："因共有的不动产或者动产产生的债权债务，在对外关系上，共有人享有连带债权、承担连带债务，但是法律另有规定或者第三人知道共有人不具有连带债权债务关系的除外……"依据该条规定，如果是夫妻共有的财产致人损害，因此产生的债务也应当属于夫妻共同债务。再如，《民法典》第1188条第1款规定："无民事行为能力人、限制民事行为能力人造成他人损害的，由监护人承担侵权责任。监护人尽到监护职责的，可以减轻其侵权责任。"依据该条规定，在被监护人造成他人损害时，应当由监护人承担侵权责任，一般而言，未成年人的父母是其监护人，在未成年人致人损害时，对其父母而言，因此产生的债务也应当属于夫妻共同债务。

（3）夫妻共同债务具有连带性。夫妻共同债务是夫妻双方所负担的债务，所谓"共同"，除了此种债务的产生主要是基于夫妻双方的共同意愿，并主要用于夫妻共同

---

〔1〕 参见《巴西新民法典》，齐云译，北京，中国法制出版社2009年版，第262页。

生活外，还意味着夫妻双方对该债务负担共同清偿的义务。对夫妻共同债务而言，夫妻双方负有连带清偿的义务，在婚姻关系存续期间内，夫妻双方应当以夫妻共同财产以及夫妻双方的个人财产对该债务负担清偿义务，即便双方的婚姻关系已经解除，双方也仍需要以其个人财产对该债务负担清偿义务。对此，《民法典》第1089条规定："离婚时，夫妻共同债务应当共同偿还。共同财产不足清偿或者财产归各自所有的，由双方协议清偿；协议不成的，由人民法院判决。"此外，就夫妻共同债务而言，夫妻双方对债权人负担连带清偿的义务，债权人有权请求夫妻任何一方清偿全部债务。在共同债务成立后，即便夫妻一方死亡，另一方也应当对该债务负担清偿义务。对此，《民法典婚姻家庭编司法解释（一）》第36条规定："夫或者妻一方死亡的，生存一方应当对婚姻关系存续期间的夫妻共同债务承担清偿责任。"

2. 夫妻共同债务的类型

从《民法典》第1064条规定来看，夫妻共同债务主要具有如下几种类型：

（1）基于夫妻双方共同意思表示所负担的共同债务。从《民法典》第1064条规定来看，夫妻共同债务的第一种类型是"夫妻双方共同签名或者夫妻一方事后追认等共同意思表示所负的债务"，即基于夫妻双方共同意思表示所负担的共同债务。此处夫妻双方共同意思表示是指双方共同就负担某项债务作出意思表示，如果仅夫妻一方同意负担某项债务，另一方拒绝负担该债务，或者就债务人的数额、内容等作出不同的意思表示的，则无法成立夫妻共同债务。从《民法典》第1064条规定来看，夫妻双方共同意思表示有两种方式：一是夫妻双方共同签名。夫妻双方共同签名即所谓的"共债共签"，此种方式要求夫妻双方必须在负担共同债务的文件中签名，此种签名原则上是夫妻双方亲自签名，但如果夫妻一方确因客观原因无法到场的，也可以委托另一方或者第三人签名。在相对人与夫妻一方进行交易时，要求夫妻共同债务的成立必须夫妻双方共同签名，目的在于督促相对人尽量加强事先防范，尽可能要求夫妻双方共同签名，以减少纠纷的发生，这也有利于保护未参与交易的夫妻另一方的利益，保障其在涉及夫妻财产重大决定方面的知情权和同意权，从源头上杜绝夫妻一方"被负债"的现象。[1] 二是夫妻一方事后追认。所谓夫妻一方事后追认，即在夫妻一方在与相对人交易并因此负担债务时，另一方对该负担债务的行为予以追认。在不构成前述"共债共签"的情形下，夫妻一方所负担的债务也可以因为另一方的追认而成为夫妻共同债务。从《民法典》第1064条规定来看，其并没有对夫妻另一方的事后追认的方式作出限定，也就是说，只要夫妻另一方作出了追认的意思表示，不论其采用书面形式，还是口头形式，抑或是其他方式，只要能够证明夫妻另一方对该债务作出了追认，即可将其认定为夫妻共同债务。此外，从《民法典》第1064条规定来看，夫妻共同意思表示的方式也不限于夫妻双方共同签名或者夫妻一方事后追认这两种方式，只要是能够

---

[1] 参见黄薇主编：《中华人民共和国民法典婚姻家庭编解读》，北京，中国法制出版社2020年版，第116页。

证明夫妻双方对共同债务的成立作出了共同意思表示，即可将该债务认定为夫妻共同债务。

（2）为家庭日常生活需要所负担的共同债务。依据《民法典》第1064条，"夫妻一方在婚姻关系存续期间以个人名义为家庭日常生活需要所负的债务，属于夫妻共同债务"，这就确立了为家庭日常生活需要所负担的债务属于夫妻共同债务的规则，此处所谓为家庭日常生活需要所负担的债务是指基于夫妻日常家事代理权所产生的债务。[1] 如前所述，日常家事代理权是指夫妻一方因家庭日常生活需要而与第三人为一定民事法律行为时互为代理的权利。《民法典》第1060条规定："夫妻一方因家庭日常生活需要而实施的民事法律行为，对夫妻双方发生效力，但是夫妻一方与相对人另有约定的除外。夫妻之间对一方可以实施的民事法律行为范围的限制，不得对抗善意相对人。"一般而言，家庭日常生活需要主要分为八大类，即食品、衣着、家庭设备用品及维修服务、医疗保健、交通通信、文娱教育及服务、居住、其他商品和服务，但在具体判断其范围时，需要考虑夫妻共同生活的状态以及当地的一般社会生活习惯，通常情形下，只要不是对夫妻财产关系具有重大影响的事务，原则上均可纳入日常家事代理权的范畴。依据《民法典》第1060条的规定，在夫妻一方基于日常家事代理权与相对人交易时，将对另一方发生效力，这就意味着，基于该交易取得的权利归属于夫妻双方，所产生的义务也由夫妻双方共同负担，即构成夫妻共同债务。将基于日常家事代理权而产生的债务界定为夫妻共同债务，是日常家事代理权的应有之义。从比较法上看，有的国家确立了这一规则。例如，依据前述《法国民法典》第220条第1款的规定，夫妻任何一方为维持家庭日常生活与教育子女的需要而单独订立的合同，因此产生的债务对另一方具有连带约束力，即因此产生的债务属于夫妻共同债务。依据我国《民法典》第1064条第2款的规定，夫妻一方负担的超出日常家庭生活需要而负担的债务，原则上不属于夫妻共同债务。

（3）夫妻一方负担的超出日常家庭生活需要但债权人能够证明该债务用于夫妻共同生活、共同生产经营或者基于夫妻双方共同意思表示的债务。依据《民法典》第1064条第2款的规定，"夫妻一方在婚姻关系存续期间以个人名义超出家庭日常生活需要所负的债务，不属于夫妻共同债务；但是，债权人能够证明该债务用于夫妻共同生活、共同生产经营或者基于夫妻双方共同意思表示的除外"。这就确立了夫妻一方负担的超出日常家庭生活需要但债权人能够证明该债务用于夫妻共同生活、共同生产经营或者基于夫妻双方共同意思表示的债务属于夫妻共同债务的规则。具体而言，对于夫妻一方负担的超出日常家事代理权范围的债务，原则上不属于夫妻共同债务，仅在如下几种情形下，才能将该债务认定为夫妻共同债务：

一是该债务用于夫妻共同生活。关于此处的夫妻共同生活究竟包括哪些内容，《民

---

〔1〕 参见黄薇主编：《中华人民共和国民法典婚姻家庭编解读》，北京，中国法制出版社2020年版，第117页。

法典》没有作出细化规定，按照立法者的观点，此处的用于夫妻共同生活是指该债务用于夫妻双方的共同消费支配，或者用于形成夫妻共同财产，或者基于夫妻共同利益管理财产产生的支出。[1] 从实践来看，随着社会的发展，人们生活消费的方式也在日益多元化，许多支出可能超出家庭日常生活需要的范围，一般而言，为购置家庭生活用品、购买或者装修房屋、抚养教育子女、赡养老人以及治疗疾病等所负担的债务，可以被认定为用于夫妻共同生活的债务。

二是该债务用于共同生产经营。《民法典》婚姻家庭编也没有明确共同生产经营的范围，按照立法者的观点，此处的共同生产经营包括夫妻双方共同决定的生产经营事项，或者虽然由一方决定，但另一方作出了授权，在具体判断时需要考虑经营活动的性质以及夫妻双方在其中的地位等因素，其一般包括双方共同从事工商业、共同投资以及购买生产资料所负担的债务。[2]

三是该债务基于夫妻双方共同意思表示而成立。如前所述，基于夫妻双方共同意思表示所负担的债务属于夫妻共同债务，因此，即便是夫妻一方所负担的债务，但如果债权人能够证明该债务是基于夫妻双方共同意思表示所负担的，也应当将其认定为夫妻共同债务。

对于上述几种情形的债务，不论是夫妻一方以自己名义所负担的债务，还是以双方名义所负担的债务，均属于夫妻共同债务。当然，在具体认定相关行为是否属于上述三种情形时，在解释上应当从严认定，因为一方面，上述事项已经超出了家庭日常生活需要，属于夫妻财产关系中的重大事项，此类事项在形式上并不是夫妻双方共同意思表示的结果，而且相关的债务一旦被认定为夫妻共同债务，夫妻双方即应当需要对该债务负担连带清偿义务，尤其是我国《民法典》在夫妻财产制方面实行婚后所得共同制，在一方从事相关的交易活动时，另一方从中受益属于常态，[3] 如果不严格限定"夫妻共同生活""共同生产经营"的内涵，可能使大量的债务被认定为夫妻共同债务，这显然不符合夫妻共同债务制度的本旨。此外，从《民法典》第1064条第2款规定来看，对于是否属于上述三种情形，应当由债权人负担举证证明的义务。将举证义务分配给债权人，既符合举证责任负担的一般原理，也有利于督促债权人在交易时尽到审慎的注意义务，尤其是在与夫妻一方从事涉及夫妻财产关系重大事项的交易时，债权人更应当尽到更高的注意义务，这也有利于维护交易安全，减少纠纷的发生。

关于夫妻共同债务的认定，《民法典婚姻家庭编司法解释（一）》还在总结司法实践经验的基础上，规定了夫妻共同债务的除外情形，该司法解释第34条规定："夫

---

[1] 参见黄薇主编：《中华人民共和国民法典婚姻家庭编解读》，北京，中国法制出版社2020年版，第118-119页。

[2] 参见黄薇主编：《中华人民共和国民法典婚姻家庭编解读》，北京，中国法制出版社2020年版，第119页。

[3] 参见最高人民法院民法典贯彻实施工作领导小组主编：《中华人民共和国民法典婚姻家庭编继承编理解与适用》，北京，人民法院出版社2020年版，第169页。

妻一方与第三人串通，虚构债务，第三人主张该债务为夫妻共同债务的，人民法院不予支持。夫妻一方在从事赌博、吸毒等违法犯罪活动中所负债务，第三人主张该债务为夫妻共同债务的，人民法院不予支持。"依据该规定，以下两种债务不属于夫妻共同债务：一是夫妻一方与第三人串通虚构的债务，由于此种债务并不存在，并不属于夫妻共同债务；同时，夫妻一方与第三人串通虚构夫妻共同债务的，构成严重损害夫妻共同财产利益的行为，依据《民法典》第 1066 条的规定，夫妻一方可以在婚姻关系存续期间请求分割夫妻共同财产。同时，依据《民法典》第 1092 条的规定，在离婚分割夫妻共同财产时，还可以对伪造夫妻共同债务的一方少分或者不分。二是夫妻一方在从事赌博、吸毒等违法犯罪活动中所负债务，由于此类行为违反公序良俗，因此所产生的"债务"也并非合法债务，如夫妻一方因赌博活动所欠的赌债，或者因购买毒品而欠的价款，此类债务并不受法律保护，无法产生债的效力，也当然不属于夫妻共同债务。

3. 夫妻共同债务的清偿

如前所述，夫妻双方应当对夫妻共同债务负担连带清偿义务，即夫妻双方不仅要以其共同财产清偿夫妻共同债务，在夫妻共同财产不足以清偿该债务时，夫妻双方还需要以其个人财产清偿。同时，夫妻双方对夫妻共同财产的连带清偿义务与夫妻财产制无关，也就是说，一旦相关债务被认定为夫妻共同债务，不论夫妻双方的财产关系采法定夫妻财产制，还是约定夫妻财产制，夫妻双方均对该债务承担连带清偿义务。此外，夫妻双方对夫妻共同债务的清偿义务也不因夫妻双方离婚而消灭。从我国司法实践来看，有的法院也认为，夫妻双方在离婚协议中有关共同财产分割或者夫妻共同债务承担的约定并不影响对其夫妻共同债务的连带清偿责任，当然，在一方对共同债务承担责任后，可以基于双方的约定向另一方追偿。此种做法具有合理性，因为夫妻双方之间有关夫妻共同债务承担的约定在效力上具有相对性，仅能在夫妻之间产生拘束力，而无法对抗债权人的权利，否则将不利于保护债权人的利益，也可能诱发当事人通过约定逃避债务。对此，《民法典》第 1089 条规定："离婚时，夫妻共同债务应当共同偿还。共同财产不足清偿或者财产归各自所有的，由双方协议清偿；协议不成的，由人民法院判决。"《民法典婚姻家庭编司法解释（一）》第 35 条进一步规定："当事人的离婚协议或者人民法院生效判决、裁定、调解书已经对夫妻财产分割问题作出处理的，债权人仍有权就夫妻共同债务向男女双方主张权利。一方就夫妻共同债务承担清偿责任后，主张由另一方按照离婚协议或者人民法院的法律文书承担相应债务的，人民法院应予支持。"依据上述规定，即便当事人已经在离婚协议或者诉讼离婚过程中进行了夫妻共同财产分割，但在双方离婚之后，债权人仍然有权就夫妻共同债务向双方主张权利，双方不得以离婚协议或者法院生效判决、裁定、调解书已经就夫妻财产分割作出了处理为由提出抗辩。当然，离婚协议或者人民法院生效法律文书就夫妻共同债务在双方的内部分担仍然具有一定的意义，即一方在离婚后所履行的夫妻共同债务超出其按照离婚协议或者人民法院生效裁判文书确定的其应当分担的份额的，则其有权向另一方追偿超出的部分。例如，双方在离婚协议中约定，双方在离婚后平均分担夫妻共同债务，但在双方离婚后，债权人仅请求男方履行夫妻共同债务，在此情形下，男方履行全部债务后，有权向女方追偿一半的债务数额。

三、约定夫妻财产制

（一）约定夫妻财产制概述

所谓约定夫妻财产制，是指夫妻双方或者即将订立婚姻关系的双方以合同的方式约定其财产关系，从而排除法定夫妻财产制的适用。我国《民法典》第 1065 条规定："男女双方可以约定婚姻关系存续期间所得的财产以及婚前财产归各自所有、共同所有或者部分各自所有、部分共同所有。约定应当采用书面形式。没有约定或者约定不明确的，适用本法第一千零六十二条、第一千零六十三条的规定。夫妻对婚姻关系存续期间所得的财产以及婚前财产的约定，对双方具有法律约束力。夫妻对婚姻关系存续期间所得的财产约定归各自所有，夫或者妻一方对外所负的债务，相对人知道该约定的，以夫或者妻一方的个人财产清偿。"该条对约定夫妻财产制作出了规定，约定夫妻财产制与法定夫妻财产制相对应，二者均属于调整夫妻间财产关系的法律制度，但约定夫妻财产制不同于法定夫妻财产制，对法定夫妻财产制而言，夫妻之间的财产关系如夫妻共同财产的范围、夫妻一方的个人财产以及夫妻共同财产的管理、处分规则等，均是由法律作出规定，而对约定夫妻财产制而言，夫妻之间的财产关系是由夫妻双方以合同的方式约定的。法律对约定夫妻财产制作出规定，允许婚姻当事人对其财产关系作出约定，体现了对当事人私法自治的尊重。同时，按照约定夫妻财产制，婚姻当事人可以根据其生活状况、生活方式、感情状况以及财产状况等对其财产关系作出约定，更能适应现代社会多样化的生活方式。[1]

从比较法上看，许多国家的立法也都对约定夫妻财产制作出了规定。例如，《法国民法典》第 1497 条规定："夫妻双方得在婚姻财产契约中，订立与第 1387 条、第 1388 条及第 1389 条之规定不相抵触的任何协议，约定对法定共同财产制作出变更。夫妻双方尤其可以约定：（1）夫妻共同财产包括动产与婚后取得的财产；（2）不执行有关共同财产管理的规则；（3）夫妻一方得以支付补偿费的方式先取某些财产；（4）夫妻一方享有健在配偶的先取权；（5）夫妻二人在共同财产内所占的份额不等；（6）夫妻之间实行包括全部财产的共同财产制。凡是未经当事人约定的其他所有事项，仍适用法定共同财产制的规则。"[2] 该条不仅规定了夫妻双方可以约定的财产关系的具体范围，而且对约定夫妻财产制与法定夫妻财产制的关系作出了规定。再如，《德国民法典》第1408 条规定："（1）配偶双方可以以合同调整他们的夫妻财产制上的关系，特别是也

---

〔1〕 参见黄薇主编：《中华人民共和国民法典婚姻家庭编解读》，北京，中国法制出版社 2020 年版，第 121 页。

〔2〕 《法国民法典》，罗结珍译，北京，中国法制出版社 1999 年版，第 356-357 页。

可以在缔结婚姻后废止或变更夫妻财产制。（2）配偶双方在夫妻财产合同中订立关于供给的均衡的约定的，在此限度内，《供给均衡法》第 6 条和第 8 条必须予以适用。"[1] 该条规定了夫妻配偶双方约定夫妻财产制的权利，同时，该法第 1409 条至1413 条还分别对夫妻约定财产制的限制、约定的形式、限制民事行为能力人和无民事行为能力人的夫妻财产合同等规则、夫妻财产约定对第三人的效力以及配偶一方撤回对财产管理的托付等规则作出了规定。

我国民事立法也注重对约定夫妻财产制的调整，受各种客观条件的影响，1950 年《婚姻法》并未对约定夫妻财产制作出规定。1980 年《婚姻法》首次从民事基本法的层面规定了约定夫妻财产制，该法第 13 条第 1 款规定："夫妻在婚姻关系存续期间所得的财产，归夫妻共同所有，双方另有约定的除外。"该条允许夫妻双方对婚姻关系存续期间所得财产的归属作出约定，体现了对当事人私法自治的尊重，当然，从该条规定来看，其适用范围仅限于夫妻在婚姻关系存续期间所得的财产，而不涉及夫妻双方的婚前财产。2001 年《婚姻法》对约定夫妻财产制的规则作出了细化规定，该法第 19条规定："夫妻可以约定婚姻关系存续期间所得的财产以及婚前财产归各自所有、共同所有或部分各自所有、部分共同所有。约定应当采用书面形式。没有约定或约定不明确的，适用本法第十七条、第十八条的规定。夫妻对婚姻关系存续期间所得的财产以及婚前财产的约定，对双方具有约束力。夫妻对婚姻关系存续期间所得的财产约定归各自所有的，夫或妻一方对外所负的债务，第三人知道该约定的，以夫或妻一方所有的财产清偿。"在适用范围上，该规定与 1980 年《婚姻法》相似，即仅适用夫妻双方在婚姻关系存续期间所得的财产，但与 1980 年《婚姻法》相比，该规定更为细化，其还具体规定了夫妻双方约定夫妻财产的方式、约定夫妻财产制与法定夫妻财产制的适用关系以及约定夫妻财产制的效力等规则，确立了约定夫妻财产制的基本内容，该规则也整体上被《民法典》婚姻家庭编所继受。

我国《民法典》中约定夫妻财产制主要具有如下特征：

（1）约定内容的受限定性。在夫妻约定财产制中，关于婚姻当事人约定的内容是否应当受到限制，存在不同的做法，从前述域外法的规定来看，《法国民法典》第1497 条虽然具体列举了夫妻双方可以约定的夫妻财产的内容，但其也规定在不与现行法相冲突的情形下，夫妻双方享有广泛的约定夫妻财产制的自由；《德国民法典》同样没有对夫妻双方约定夫妻财产制的自由作出过多限制。从我国立法来看，1980年《婚姻法》也允许夫妻双方对婚姻关系存续期间内的财产作出约定，而没有限制当事人约定的内容。2001 年《婚姻法》则明确限定了当事人约定的内容，即当事人仅能约定相关财产归各自所有、共同所有或部分各自所有、部分共同所有，而不能作出其他约定，这一做法也被《民法典》婚姻家庭编所继受。具体而言，双方约定

---

[1] 《德国民法典》，陈卫佐译注，北京，法律出版社 2010 年版，第 436-437 页。

夫妻财产制的内容包括如下几种：一是双方约定财产归各自所有，即双方约定各自的婚前财产以及双方在婚姻关系存续期间内所获得的财产分别归各自所有，也就是所谓的分别财产制；二是双方约定财产归双方共同所有，即双方约定双方的婚前财产以及婚姻关系存续期间内所获得的财产均归夫妻双方共同所有，也就是所谓的一般共同制；三是双方约定财产部分各自所有、部分共同所有，即双方约定其婚前财产与婚姻关系存续期间内所得的财产部分归各自所有，部分为双方共同所有，双方可以约定各自分别所有的财产的范围以及共同所有的财产的范围，也就是所谓的限定共同制或部分共同制。[1]

从《民法典》第 1065 条规定来看，双方所约定的财产归属方式仅限于上述三种，当然，该条仅规定了夫妻财产的归属问题，而没有对夫妻财产的管理、处分等规则作出规定。从域外法的规定来看，有的国家立法如《法国民法典》，还对夫妻财产归属之外的其他财产规则作出了规定，我国《民法典》婚姻家庭编虽然没有对夫妻财产的管理、处分等规则作出规定，但按照私法自治原则，在不违反法律、行政法规以及公序良俗的前提下，双方也可以对夫妻财产归属之外的其他规则作出约定，该约定对双方也应当具有法律约束力。

（2）约定形式具有要式性。由于夫妻财产制涉及夫妻双方财产权的保护，与交易安全也有直接关联，因此，为了明确夫妻财产关系、保护交易安全、督促当事人谨慎订立相关合同，并减少纠纷的发生，双方在约定夫妻财产制时，通常需要采用特定的形式。例如，《德国民法典》第 1410 条规定："夫妻财产合同必须在双方当事人同时在场并由公证人记录的情形下订立。"该条要求夫妻在约定夫妻财产制时不仅需要采用书面形式，而且必须由公证人记录。我国《民法典》第 1065 条也对双方约定夫妻财产制的形式作出了规定，即"约定应当采用书面形式"。问题在于，如果当事人在约定夫妻财产制时并未订立书面形式的合同，而只是达成口头协议，能否产生法律效力？对此，我国《民法典》合同编确立了"履行治愈规则"，该法第 490 条第 2 款规定："法律、行政法规规定或者当事人约定合同应当采用书面形式订立，当事人未采用书面形式但是一方已经履行主要义务，对方接受时，该合同成立。"依据该条规定，即便当事人在订立合同时没有践行法律、行政法规规定或者当事人约定的书面形式，但如果一方已经履行主要义务，且对方接受的，则可以弥补合同订立方面形式上的瑕疵，合同仍然可以成立。该规则应当也可以适用于约定夫妻财产制的情形，不过在约定夫妻财产制的情形下，很难认定何种情形构成"一方已经履行主要义务"。本书认为，从尊重当事人私法自治的理念出发，在双方就约定财产制达成口头协议的情形下，如果双方对约定的内容并无争议，则仍应当承认该约定的效力。

---

〔1〕　参见最高人民法院民法典贯彻实施工作领导小组主编：《中华人民共和国民法典婚姻家庭编继承编理解与适用》，北京，人民法院出版社 2020 年版，第 174~175 页。

需要注意的是，在依据夫妻双方约定认定相关财产的归属时，需要准确判断双方相关的约定是否为有关夫妻财产的约定。例如，夫妻双方可能以共同财产投资设立有限责任公司，并同时登记为股东，并登记了各自的持股比例。此种持股比例的约定可能是出于便利公司经营等需要而作出的，其本身并非双方有关夫妻共同财产归属的约定。因此，在双方离婚时，任何一方不得主张直接依据该持股比例分割夫妻共同财产。对此，《民法典婚姻家庭编司法解释（二）》第 10 条规定："夫妻以共同财产投资有限责任公司，并均登记为股东，双方对相应股权的归属没有约定或者约定不明确，离婚时，一方请求按照股东名册或者公司章程记载的各自出资额确定股权分割比例的，人民法院不予支持；对当事人分割夫妻共同财产的请求，人民法院依照民法典第一千零八十七条规定处理。"依据该规定，在上述情形下，不能将当事人有关持股比例或者出资额的约定视为有关夫妻财产的约定。同时，在用夫妻共同财产出资购买的股权登记在一方名下的情形下，该股权属于夫妻共同财产，但为了维护交易安全，提高交易效率，即便夫妻一方未经另一方同意转让该股权的，另一方也不得以该行为侵害夫妻共同财产为由，请求确认股权转让合同无效。对此，《民法典婚姻家庭编司法解释（二）》第 9 条规定："夫妻一方转让用夫妻共同财产出资但登记在自己名下的有限责任公司股权，另一方以未经其同意侵害夫妻共同财产利益为由请求确认股权转让合同无效的，人民法院不予支持，但有证据证明转让人与受让人恶意串通损害另一方合法权益的除外。"关于夫妻一方转让用夫妻共同财产出资，但登记在自己名下的有限责任公司股权的行为究竟属于有权处分还是无权处分，学理上存在一定的分歧。本书认为，用夫妻共同财产出资取得的股权属于夫妻共同财产的转化形式，即便其登记在一方名下，也应当属于夫妻共同财产。关于该股权转让行为属于有权处分还是无权处分，需要区分如下两种情形，分别予以认定：一是如果该股权的价值不大，则应当认定该股权转让行为属于夫妻日常家事代理权的行使范围，该行为即属于有权处分，相对人有权依法取得相关的股权。二是如果该股权的价值较大，则该股权转让行为属于涉及夫妻共同财产的重大决定，而不属于夫妻日常家事代理权的行使范围，该行为应当取得另一方同意，否则构成无权处分，相对人只有构成善意时，才能基于善意取得的规则取得该股权。但不论夫妻一方转让股权的行为是否构成无权处分，其与相对人之间的股权转让合同都是有效的。当然，转让人与受让人构成恶意串通的，依据《民法典》第 154 条规定，夫妻另一方有权请求确认该股权让合同无效。

（3）约定的范围具有宽泛性。从《民法典》第 1065 条规定来看，双方在约定夫妻财产制时，既可以对婚姻关系存续期间所得财产的归属作出约定，也可以对双方婚前财产的归属作出约定，这也体现了对当事人私法自治的充分尊重。当然，夫妻双方可以仅对双方婚前财产的归属作出约定，或者仅对婚姻关系存续期间所得财产的归属作出约定，或者夫妻双方可以仅对婚姻关系存续期间所得的部分财产以及婚前财产的归属作出约定，而不需要对所有财产均作出约定，对于当事人未作出约定的部分财产，则依据法定夫妻财产制的规则确定其归属。例如，夫妻双方仅约定了双方婚前财产的归属，此时，对于双方在婚姻关系存续期间所得的财产，则依据《民法典》第 1162 条、第 1163 条的规定确定其归属。

（4）既可以在婚姻关系成立之前订立，也可以在结婚之时，或者在婚姻关系存续期间内订立。从《民法典》第 1065 条第 1 款规定来看，其并没有要求双方当事人订立夫妻财产制合同时必须存在夫妻关系，因此，当事人既可以在婚姻关系成立之前订立夫妻财产制合同，也可以在结婚之时或者在婚姻关系存续期间内订立此类合同。同时，按照私法自治原则，即便当事人之间已经订立了夫妻财产制合同，在婚姻关系成立前、结婚之时，或者在婚姻关系存续期间内，双方当事人经协商一致，也应当有权对该合同的内容作出变更。

（5）效力具有优先性。约定夫妻财产制与法定夫妻财产制虽然是夫妻财产制的两种基本形式，但二者的效力并不相同。从《民法典》第 1065 条规定来看，只有在双方没有就夫妻财产关系作出约定，或者约定不明的情形下，才依据法定夫妻财产制确定双方的财产关系。所谓约定不明，是指虽然当事人对夫妻财产关系作出了约定，但依据该约定无法准确确定双方的财产关系，双方对此不能达成一致意见的，则应当认定其属于约定不明。例如，双方并没有约定其财产的具体归属，而只是约定其全部或者部分财产均按照法律或者习惯来确定归属，此种情形即属于约定不明。此外，即便双方对夫妻财产制作出了规定，但如果该约定无效，或者被撤销，则该约定也无法产生当事人追求的法律效果，此时，仍然需要依据法定夫妻财产制的规则确定夫妻间的财产关系。由于只有在双方没有就其财产关系作出约定、约定不明或者约定被宣告无效、被撤销时，才能适用法定夫妻财产制的规则，这也意味着约定夫妻财产制具有优先适用的效力，而在当事人约定了夫妻财产制的情形下，法定夫妻财产制的规则仅具有补充适用的效力。法律作出此种规定，也体现了对当事人私法自治的充分尊重。从域外法的做法来看，各国也大多采取了这一立场。例如，依据前述《法国民法典》第 1497 条第 3 款的规定，对当事人未约定的事项，适用法定夫妻财产制的规则，也就是说，对当事人约定的事项，应优先按照当事人的约定处理。再如，《意大利民法典》第 210 条第 1 款规定："在不与第 161 条的规定相抵触的情况下，夫妻双方可以依第 162 条的规定，以协议的方式修改法定夫妻共有关系。"[1] 依据该规定，夫妻双方可以通过约定修改法定夫妻财产关系，当事人一旦作出此种约定，该约定在适用顺序方面即应当优先于法定夫妻财产制的规则。

（二）夫妻财产制约定的有效要件

当事人关于夫妻财产制约定的有效应当具备一定的条件，否则无法产生当事人追

---

〔1〕《意大利民法典》（2004 年），费安玲等译，北京，中国政法大学出版社 2004 年版，第 59 页。

求的法律效果，一方面，由于当事人是通过合同这一媒介约定夫妻财产制的，因此，当事人的约定应当符合合同有效的一般要件；另一方面，由于当事人约定夫妻财产制的目的在于明确夫妻双方的财产关系，因此，该约定也应当以当事人之间存在有效的婚姻关系为前提。具体而言，夫妻财产制约定的有效应当具备如下要件：

（1）双方应当具有完全民事行为能力。从域外法的规定来看，有的国家并没有要求订立夫妻财产制合同的当事人必须具有完全民事行为能力。例如，《德国民法典》第1411条对限制民事行为能力人和无民事行为能力人订立夫妻财产制合同的规则作出了规定，即限制民事行为能力人只有经过其法定代理人同意，才能订立夫妻财产制合同，而无民事行为能力人应当由其法定代理人代为订立该合同。我国《民法典》第1065条虽然没有明确要求订立夫妻财产制合同的当事人必须为完全民事行为能力人，但按照立法者的观点，订立夫妻财产制合同的当事人必须为完全民事行为能力人。[1] 当然，具备完全民事行为能力是对当事人订约能力的要求，即双方在订约时应当为完全民事行为能力人，在合同生效后，即便一方成为限制民事行为能力人或者无民事行为能力人，也不影响已经成立的夫妻财产制合同的效力。

（2）双方意思表示真实。双方当事人在订立夫妻财产制合同时应当平等协商，自愿达成合同。如果一方在订立夫妻财产制合同的过程中因为受到对方欺诈、胁迫，或者因为其他原因而意思表示不自由，或者意思与表示不一致的，则其有权依法撤销该合同。需要指出的是，在一方或者双方当事人意思表示不真实的情形下，双方订立的夫妻财产制合同并非当然无效，如果享有撤销权的一方并未主张撤销合同，在具备其他有效条件时，该合同仍然是有效的。

（3）约定的内容不违反法律、行政法规的强制性规定，不违反公序良俗。当事人关于夫妻财产制的约定不得违反法律、行政法规的强制性规定，也不得违反公序良俗，否则，该约定将因为存在民事法律行为无效的事由而当然无效。例如，夫妻双方恶意串通，借夫妻财产制约定逃避债务，或者规避法定义务的，则该合同应当被宣告无效。

（4）双方之间存在有效的婚姻关系。从《民法典》第1065条第1款规定来看，订立夫妻财产制的当事人为"男女双方"，其并没有要求订立夫妻财产制的当事人之间具有夫妻关系，但由于夫妻财产制是调整夫妻之间财产关系的法律制度，因此，当事人达成的夫妻财产制约定要实际发生效力，还需要双方之间成立有效的婚姻关系。进一步而言，即便当事人之间的婚姻关系已经成立，但如果存在婚姻无效事由，或者被依法撤销，则当事人之间的婚姻关系将自始无效，无法产生法定的夫妻权利义务关系，双方关于夫妻财产制的约定也无法发生效力。

---

〔1〕 参见黄薇主编：《中华人民共和国民法典婚姻家庭编解读》，北京，中国法制出版社2020年版，第124页。

（三）夫妻财产制约定的效力

1. 对内效力

所谓夫妻财产制约定的对内效力，是指夫妻财产制约定在夫妻之间产生的效力。对此，《民法典》第 1065 条第 2 款规定："夫妻对婚姻关系存续期间所得的财产以及婚前财产的约定，对双方具有法律约束力。"依据该规定，在夫妻双方对夫妻财产制作出约定的情形下，则该约定将对夫妻双方产生法律拘束力，此种拘束力主要体现为：一方面，一旦双方就夫妻财产制作出了约定，则该约定将产生形式上的拘束力，任何一方未经他方同意，不得擅自变更或者解除该约定。另一方面，在双方就夫妻财产制作出约定时，在双方之间成立有效的婚姻关系之后，双方即应当按照约定确定夫妻间财产的归属，并按照该约定确定夫妻间财产的管理、收益以及处分等事项，双方均应当受该约定的约束。在我国司法实践中，有的法院也认为，就夫妻财产关系的法律调整而言，应当优先适用婚姻家庭法的规定，而不适用《民法典》物权编有关物权变动的规定；在夫妻双方对相关财产的归属作出约定的情形下，可以直接依据双方当事人的约定确定相关财产的归属，而不以完成相关的物权变动公示要件作为物权变动的条件。

2. 对外效力

当事人约定夫妻财产制的，也会对婚姻关系之外的第三人产生一定的效力，即夫妻财产制约定的对外效力。对此，《民法典》第 1065 条第 3 款规定："夫妻对婚姻关系存续期间所得的财产约定归各自所有，夫或者妻一方对外所负的债务，相对人知道该约定的，以夫或者妻一方的个人财产清偿。"依据该条规定，如果夫妻约定夫妻关系存续期间所得的财产归各自所有（即实行分别财产制），则对夫或者妻一方对外负担债务的清偿需要区分如下两种情形：

一是相对人知道夫妻财产制约定的，则夫妻一方对外所负担的债务以夫或者妻一方的个人财产清偿。所谓夫妻一方对外所负担的债务，是指夫妻一方以自己名义与相对人之间所产生的债务，按照立法者的观点，此种债务既包括为夫妻共同生活所负担的债务，也包括夫妻一方的个人债务。[1] 在相对人知道的情形下，该债务应当由夫或者妻一方的个人财产清偿。所谓相对人知道，是指相对人明知夫妻双方对夫妻财产制的约定。此处的相对人知道不包括相对人应当知道。在婚姻双方当事人就夫妻财产制作出约定时，由于约定是当事人之间的合同关系，并没有对外公示，因此，第三人通常难以知道该约定的存在。此处的相对人知道通常是因为夫妻一方或者双方告知相对人，或者相对人通过其他方式知道，如相对人曾经是夫妻财产制约定时的见证人或者知情人。[2] 对于相对人知道夫妻财产制约定的情形，夫妻一方或者双方负有举证证明的义务。对此，《民法典婚姻家庭编司法解释（一）》第 37 条规定："民法典第一千

---

〔1〕 参见黄薇主编：《中华人民共和国民法典婚姻家庭编解读》，北京，中国法制出版社 2020 年版，第 128 页。

〔2〕 参见胡康生主编：《中华人民共和国婚姻法释义》，北京，法律出版社 2001 年版，第 79 页。

零六十五条第三款所称'相对人知道该约定的',夫妻一方对此负有举证责任。"需要指出的是,此处的相对人知道的时间应当限于相对人与夫妻一方债务成立之前,或者该债务成立之时,如果相对人在债务成立之后知道夫妻财产制约定的,则不属于本条所规定的"第三人知道该约定"的情形。

二是相对人不知道夫妻财产制约定的。如果相对人不知道夫妻财产制约定,则该约定对相对人不发生效力,此时,夫妻一方与相对人交易所负担的债务,按照夫妻共同财产制下的清偿规则清偿该债务,即如果该债务被认定为夫妻共同债务,则应当由夫妻双方共同偿还;如果该债务被认定为夫妻一方的个人债务,则应当由夫妻一方的个人财产进行偿还,原则上不得以夫妻共同财产偿还,当然,夫妻另一方同意的,则也可以以夫妻共同财产偿还。

四、婚内分割夫妻共同财产

(一) 婚内分割夫妻共同财产概述

所谓婚内分割夫妻共同财产,是指在婚姻关系存续期间内,如果夫妻一方实施了严重损害夫妻共同财产行为,或者在一方负有法定扶养义务的人患重大疾病需要医治而另一方不同意支付相关医疗费用的情形下,夫妻一方可以请求分割夫妻共同财产。婚姻关系成立后,夫妻双方将形成财产利益的共同体,一般而言,对于双方在婚姻关系存续期间所得的财产,除当事人另有约定外,一般会被认定为夫妻共同财产,夫妻共同财产既是夫妻财产利益共同体的象征,更是维持婚姻家庭关系的重要物质基础,因此,在婚姻关系存续期间内,夫妻双方通常不得主张分割夫妻共同财产,[1] 这也是共同共有规则的基本要求,因为在婚姻关系存续期间内,双方的人身关系仍然存在,共同关系尚未消灭,任何一方不得主张分割夫妻共同财产。但从实践来看,在某些情形下,夫妻一方可能通过多种方式侵害夫妻共同财产,一方故意毁损夫妻共同财产,或者挥霍夫妻共同财产,此时,如果双方愿意协议离婚,或者符合离婚的法定条件,则另一方主张离婚,并在离婚时对夫妻共同财产进行分割。但一方婚姻当事人并不愿意离婚,而仅主张分割夫妻共同财产,或者当事人虽然愿意离婚,但由于协议离婚或者诉讼离婚的耗时可能较长,如果不赋予另一方请求分割夫妻共同财产的权利,而必须在离婚程序中对夫妻共同财产进行分割,可能使另一方的财产权益难以获得及时救济。为此,《民法典》第 1066 条规定:"婚姻关系存续期间,有下列情形之一的,夫妻一方可以向人民法院请求分割共同财产:(一)一方有隐藏、转移、变卖、毁损、挥霍

---

〔1〕 当然,虽然夫妻双方原则上不得在婚姻关系存续期间内请求分割夫妻共同财产,但在婚姻关系存续期间内,夫妻双方可以以订立借款协议的方式,约定将夫妻共同财产出借给夫妻一方使用,此种行为在性质上属于双方处分夫妻共同财产的行为。对此,《民法典婚姻家庭编司法解释(一)》第 82 条规定:"夫妻之间订立借款协议,以夫妻共同财产出借给一方从事个人经营活动或者用于其他个人事务的,应视为双方约定处分夫妻共同财产的行为,离婚时可以按照借款协议的约定处理。"

夫妻共同财产或者伪造夫妻共同债务等严重损害夫妻共同财产利益的行为；（二）一方负有法定扶养义务的人患重大疾病需要医治，另一方不同意支付相关医疗费用。"该条对婚内分割夫妻共同财产的规则作出了规定，为解决上述问题提供了法律依据。

婚内分割夫妻共同财产主要具有如下特征：

第一，发生在婚姻关系存续期间，不以离婚为前提条件。从《民法典》第 1066 条规定来看，婚内分割夫妻共同财产的事由发生在"婚姻关系存续期间"，而且从该条规定来看，夫妻一方在主张分割夫妻共同财产时，也不以双方离婚为前提条件。也就是说，只要符合法律规定的条件，夫妻一方即可主张在婚姻关系存续期间内分割夫妻共同财产，而不需要先行主张离婚。当然，这并不意味着，在夫妻一方实施严重损害夫妻共同财产等行为的情形下，仅能通过婚内分割夫妻共同财产制度对夫妻另一方提供救济，此种情形同样是离婚制度的调整对象，对此，《民法典》第 1092 条规定："夫妻一方隐藏、转移、变卖、毁损、挥霍夫妻共同财产，或者伪造夫妻共同债务企图侵占另一方财产的，在离婚分割夫妻共同财产时，对该方可以少分或者不分。离婚后，另一方发现有上述行为的，可以向人民法院提起诉讼，请求再次分割夫妻共同财产。"可见，在夫妻一方实施严重损害夫妻共同财产时，在离婚过程中以及离婚后，另一方均可获得救济。

第二，分割的对象为夫妻共同财产。依据《民法典》第 1066 条的规定，夫妻可以主张分割的是夫妻共同财产。一方面，婚内分割夫妻共同财产的制度功能在于对夫妻一方就夫妻共同财产所享有的权利进行救济，夫妻一方的个人财产归属于其个人，另一方对此并不享有权利，因此，即便一方实施严重损害夫妻共同财产等行为，另一方也仅能主张分割夫妻共同财产，而不得主张分割另一方的个人财产。另一方面，此处的共同财产既包括法定夫妻财产制下的夫妻共同财产，也包括约定夫妻财产制下的夫妻共同财产。从《民法典》第 1066 条规定来看，其并没有对可以分割的夫妻共同财产的范围作出限定，这也意味着不论是法定夫妻财产制下的夫妻共同财产，还是约定夫妻财产制下的夫妻共同财产，均属于分割的对象。关于法定夫妻财产制下夫妻共同财产的范围，《民法典》第 1062 条第 1 款规定："夫妻在婚姻关系存续期间所得的下列财产，为夫妻的共同财产，归夫妻共同所有：（一）工资、奖金、劳务报酬；（二）生产、经营、投资的收益；（三）知识产权的收益；（四）继承或者受赠的财产，但是本法第一千零六十三条第三项规定的除外；（五）其他应当归共同所有的财产。"关于约定夫妻财产制下夫妻共同财产的范围，《民法典》第 1065 条第 1 款规定："男女双方可以约定婚姻关系存续期间所得的财产以及婚前财产归各自所有、共同所有或者部分各自所有、部分共同所有。约定应当采用书面形式。没有约定或者约定不明确的，适用本法第一千零六十二条、第一千零六十三条的规定。"在约定夫妻共同财产制下，除当事人约定属于夫妻共同财产外，夫妻共同财产还包括当事人未约定但依据《民法典》第 1062 条第 1 款应当被纳入夫妻共同财产的财产权益。

第三，由夫妻一方向人民法院提出分割请求。从《民法典》第 1066 条规定来看，婚内分割夫妻共同财产由"夫妻一方"向人民法院提出请求，此处的"夫妻一方"究竟是指夫妻双方均可"单独"向人民法院提出分割夫妻共同财产的请求？还是指仅夫妻某一方有权向人民法院提出请求？《民法典》没有对此作出明确规定，但按照目的解释规则，本条的规范目的主要在于保护夫妻共同财产遭受侵害的一方当事人的利益，因此，应当将本条中的"夫妻一方"解释为夫妻共同财产遭受侵害的一方以及负有法定扶养义务而需要从夫妻共同财产中支付医疗费的一方。同时，在一方主张分割夫妻共同财产时，其需要以提起诉讼的方式向人民法院提出请求，而不得通过其他方式（如申请仲裁）提出请求。

第四，必须存在法定事由。如前所述，夫妻共同财产是维系婚姻家庭关系的物质基础，在婚姻关系存续期间内，夫妻任何一方原则上都不得主张分割夫妻共同财产，《民法典》第 1066 条关于婚内分割夫妻共同财产的规则是特殊情形下对夫妻一方的救济规则，其适用必须严格遵循法律规定的条件和程序。也就是说，一方在婚姻关系存续期间主张分割夫妻共同财产的，其必须证明存在《民法典》第 1066 条所规定的事由，否则不得主张分割夫妻共同财产。对此，《民法典婚姻家庭编司法解释（一）》第 38 条规定："婚姻关系存续期间，除民法典第一千零六十六条规定情形以外，夫妻一方请求分割共同财产的，人民法院不予支持。"法律严格限制一方请求婚内分割夫妻共同财产的事由，目的在于维持婚姻家庭关系的稳定。

（二）婚内分割夫妻共同财产的条件

依据《民法典》第 1066 条，在符合如下条件的情形下，夫妻一方可以主张分割夫妻共同财产：

（1）一方实施了严重损害夫妻共同财产的行为。一方所实施的严重损害夫妻共同财产的行为主要有如下几种：一是隐藏财产，即夫妻一方将夫妻共同财产隐匿起来，使另一方无法发现该财产；二是转移财产，即夫妻一方私自将夫妻共同财产转移至他处，使其脱离另一方的控制；三是变卖财产，即夫妻一方擅自将夫妻共同财产折价卖给他人；四是毁损财产，即夫妻一方采用打碎、拆卸等方式，降低夫妻共同财产的效用，或者使其失去经济效用；五是挥霍财产，即夫妻一方对夫妻共同财产进行不合理地使用，导致相关财产遭受不合理的耗费；六是夫妻一方伪造夫妻共同债务，即夫妻一方与第三人恶意串通，伪造夫妻双方共同负担的债务，由于夫妻双方需要对夫妻共同债务负担连带清偿义务，因此，夫妻一方伪造夫妻共同债务的行为不仅会损害夫妻共同财产，而且可能损害夫妻另一方的个人财产。除上述几类行为外，《民法典》第 1066 条还使用了"等"兜底性表述，保持了夫妻一方侵害夫妻共同财产行为类型的开放性，除上述各种行为外，夫妻一方实施的其他行为只要损害了夫妻共同财产，即可纳入本条的适用范围。依据《民法典婚姻家庭编司法解释（二）》第 7 条的规定，夫妻一方为重婚、与他人同居以及其他违反夫妻忠实义务等目的，将夫妻共同财产赠于他人或者以明显不合理的价格处分夫妻共同财产，另一方可以以该方存在转移、变卖夫妻共同财产行为，严重损害夫妻共同财产利益为由，请求在婚姻关系存续期间分割夫妻共同财产。

案例 3-6

【基本案情】

谢某（男）与刘某（女）为夫妻关系，谢某有长期赌博的恶习，并在外欠下不少赌债。2021 年 6 月，谢某在购买某种体育彩票时，中得一等奖，获得奖金 100 万元。刘某在向谢某询问该奖金时，谢某声称已经用于偿还赌债，但其拿不出证据予以证实。后谢某再次赌博，欠下巨额债务。2022 年 7 月，刘某诉至法院，请求法院判决其与谢某离婚，并主张分割谢某所获得的 100 万元奖金。

【裁判结果】

法院认为，谢某在婚姻存续期间获取巨额财产后，本应与刘某平等地享有占有、使用、收益和处分的权利，然而谢某对此却独自支配，面对刘某的询问和索要，声称绝大部分已偿还赌债，且毫无证据证实，致使刘某作为配偶无法知晓夫妻共同财产的确切下落，谢某的行为已经严重损害刘某作为配偶对夫妻共同财产的平等所有权，因此，可对刘某要求分割夫妻共同财产的请求予以支持。

（2）一方负有法定扶养义务的人患重大疾病需要医治，另一方不同意支付相关医疗费用。在夫妻一方负有法定扶养义务的人患重大疾病需要医治时，其需要履行法定扶养义务，这可能需要通过夫妻共同财产支付相关的医疗费用，如果夫妻另一方不同意支付该医疗费，则既不利于夫妻一方履行其法定扶养义务，也可能延误疾病的治疗，此时，夫妻一方有权请求分割夫妻共同财产。此种情形下分割夫妻共同财产应当具备如下条件：

一是一方负有法定扶养义务的人患有疾病。按照立法者的观点，此种的扶养义务应当从广义上理解，其既包括长辈对晚辈的抚养，也包括晚辈对长辈的赡养，还包括平辈之间的扶养（即狭义的扶养）。[1] 从我国《民法典》的规定来看，其多个条款都规定了法定扶养义务。例如，就长辈对晚辈的抚养义务，《民法典》第 1058 条规定："夫妻双方平等享有对未成年子女抚养、教育和保护的权利，共同承担对未成年子女抚养、教育和保护的义务。"该条规定了父母对未成年子女的抚养义务。就晚辈对长辈的赡养义务，《民法典》第 1074 条第 2 款规定："有负担能力的孙子女、外孙子女，对于子女已经死亡或者子女无力赡养的祖父母、外祖父母，有赡养的义务。"就平辈之间的扶养义务，《民法典》第 1075 条规定："有负担能力的兄、姐，对于父母已经死亡或者

---

〔1〕 参见黄薇主编：《中华人民共和国民法典婚姻家庭编解读》，北京，中国法制出版社 2020 年版，第 133 页。

父母无力抚养的未成年弟、妹，有扶养的义务。由兄、姐扶养长大的有负担能力的弟、妹，对于缺乏劳动能力又缺乏生活来源的兄、姐，有扶养的义务。"该条对兄弟姐妹之间的法定扶养义务作出了规定。需要指出的是，本条仅适用于一方负有"法定扶养义务"的人患有疾病的情形，因为除法定扶养义务外，夫妻一方还可能基于约定对他人负担扶养义务，此种情形并不属于婚内分割夫妻共同财产的情形。

二是该疾病必须是重大疾病。关于本条所规定的"重大疾病"具体包括哪些疾病，《民法典》并没有作出明确规定，一般而言，此类疾病是指需要长期治疗、花费较高的疾病，或者直接涉及生命安全的疾病。[1] 因为在夫妻一方负有法定扶养义务的人患有重大疾病时，其通过自己个人财产往往无法负担相关医疗费用，这就有必要运用夫妻共同财产支付相关费用，在夫妻另一方拒绝支付相关医疗费时，就有必要赋予夫妻一方请求婚内分割夫妻共同财产的权利。当然，从《民法典》第 1066 条规定来看，其并没有以夫妻一方的个人财产或者被扶养一方无法支付相关医疗费用为条件，即只要其负有法定扶养义务的人患有重大疾病而夫妻另一方拒绝支付相关医疗费的，其就有权请求分割夫妻共同财产。

三是夫妻另一方不同意支付相关医疗费。如果夫妻另一方同意支付相关的医疗费用，则夫妻一方不得主张分割夫妻共同财产。此处的医疗费用包括为治疗疾病需要的必要的、合理的费用，不包括营养费、陪护费等费用。[2]

第三节　父母子女关系和其他近亲属关系

一、父母子女关系概述

（一）父母子女关系的概念和特征

父母子女关系即父母与子女之间在法律上的权利义务关系。父母子女关系又称为亲子关系，亲即父母双亲，子即为子女，父母子女关系是关系最为亲近的直系血亲关系。男女双方结婚后，生儿育女是婚姻关系的常态，这也是维系婚姻关系和家庭关系和谐稳定的基础。父母子女关系是家庭关系的重要组成部分，甚至可以说是家庭法律关系的核心，调整父母子女关系的法律规则也因此成为婚姻家庭法律制度的重要组成部分。

鉴于父母子女关系在家庭关系中的重要性，从比较法上看，许多国家都在亲属法中规定了父母子女关系。例如，《法国民法典》以专编（第七编）的形式规定了亲子

---

〔1〕 参见黄薇主编：《中华人民共和国民法典婚姻家庭编解读》，北京，中国法制出版社 2020 年版，第 134 页。

〔2〕 参见最高人民法院民事审判第一庭编著：《最高人民法院婚姻法司法解释（三）理解与适用》，北京，人民法院出版社 2015 年版，第 86 页。

关系，具体规定了"有关婚生与非婚生亲子关系的共同规定""婚生子女""非婚生子女"等规则，确立了调整父母子女关系的基本规则。《德国民法典》也在第四编"亲属法"中设置专章规定亲属关系（第二章），具体规定了"扶养义务""父母和子女之间的一般法律关系""父母照顾""辅佐""收养"等规则，其中许多规则都涉及父母子女间的关系。再如，《意大利民法典》也在第一编"人与家庭"中设置专章规定亲子关系（第七章），具体规定了婚生亲子关系与非婚生亲子关系与认领规则。

我国民事立法历来重视对父母子女关系的调整。1950 年《婚姻法》即以专章（第四章）的形式规定了"父母子女间的关系"，对父母子女间的抚养义务与赡养义务作出了规定，并规定了非婚生子女的权利保护规则。1980 年《婚姻法》将父母子女的规定与夫妻间的权利义务关系合并，共同规定在"家庭关系"一章（第三章）中，其整体上继承了 1950 年《婚姻法》关于父母子女关系的规则，但也新增规定了养父母子女关系、继父母子女关系等规则。2001 年《婚姻法》在父母子女关系方面基本继受了 1980 年《婚姻法》的规则。除民事立法外，我国相关司法解释也对父母子女关系作出了规定。上述立法和司法实践经验也基本被《民法典》婚姻家庭编所沿袭，当然，《民法典》婚姻家庭编也对 2001 年《婚姻法》的规定作出了一些调整，如新增规定了亲子关系异议之诉规则（《民法典》第 1073 条）。《民法典》对父母子女关系作出规定，明确了其相互之间的权利义务关系，有利于维护家庭成员之间关系的和谐、稳定，这也是《民法典》落实社会主义核心价值观的重要体现。

（二）父母子女关系的类型

从域外法的做法来看，多数国家都以父母与子女之间是否有自然血缘关系为标准，将父母子女关系区分为自然血亲的父母子女关系与拟制血亲的父母子女关系，我国《民法典》婚姻家庭编同样采取了此种立场，即依据产生原因的不同，我国《民法典》将父母子女关系区分如下两种：

（1）自然血亲的父母子女关系。自然血亲的父母子女关系是指基于子女出生这一法律事实而产生的父母子女关系。因为对于自然血亲的父母子女关系而言，其产生于子女出生的事实，以双方的血缘关系为纽带，因此，不论子女的父母是否存在合法有效的婚姻关系，均不影响此种父母子女关系的存续。依据子女出生时其父母是否具有婚姻关系，可以将自然血亲的父母子女关系进一步区分为婚生父母子女关系与非婚生父母子女关系。自然血亲的父母子女关系主要具有如下特征：

第一，基于子女的出生而产生。也就是说，只要子女出生，即可在子女与其父母之间产生自然血亲的父母子女关系，而不论父母之间是否具有婚姻关系；同时，不论父母子女之间事实上是否履行了法定义务，如父母是否尽到抚养教育子女的义务，子女是否尽到赡养父母的义务等，均不影响自然血亲的父母子女关系的存续。

第二，具有不可解除性。与拟制血亲的父母子女关系不同，自然血亲的父母子女关系以父母子女之间的血缘关系为纽带，当事人无法通过法律行为解除父母子女关系。有观点认为，对于自然血亲的父母子女关系而言，其不能人为地解除，只能因为一方的死亡而消灭。[1] 此种观点强调了父母子女关系以自然血亲为纽带的特点，具有一定的合理性，当然，除一方死亡外，从我国《民法典》婚姻家庭编的规定来看，在子女被他人依法收养的情形下，也会导致自然血亲的父母子女关系的消灭。需要指出的是，自然血亲的父母子女关系会因为收养而消灭，但双方的自然血缘联系并未因此消灭，只有在子女或者父母一方死亡时才会消灭。[2]

第三，具有权利义务的属性。自然血亲的父母子女关系并非纯粹的伦理上的关系，其也会在父母子女之间产生一系列的权利义务关系。从我国《民法典》婚姻家庭编的规定来看，父母对子女负有抚养的权利和义务，享有接受子女赡养的权利，对子女也有教育、保护的权利和义务，也享有继承子女遗产的权利；子女则享有接受父母抚养的权利，对父母负有赡养的义务，负有尊重父母婚姻权利的义务，也享有继承父母遗产的权利。可见，父母子女关系并非纯粹的血缘、伦理上的关系，其还涉及多项权利义务，法律对父母子女关系间的权利义务关系作出规定，也是为了更好地调整父母子女之间的关系，维护家庭关系的和谐、稳定。

（2）拟制血亲的父母子女关系。拟制血亲的父母子女关系是指基于法律规定而人为设定的父母子女关系。对拟制血亲的父母子女关系而言，父母子女之间并不存在自然血亲关系，但基于法律规定而使其产生与自然血亲的父母子女关系相似的父母子女关系。依据设定原因的不同，又可以将拟制血亲的父母子女关系区分为如下两种：一是养父母子女关系，即基于收养这一民事法律行为而产生的养父母子女关系；二是有抚养教育关系的继父母子女关系。

除上述两种类型的父母子女关系外，随着现代医学和科学的发展，尤其是人工辅助生殖技术的发展，人们可以用人工方法代替自然生殖过程中的某些环节，这一方面解决了部分人不能自然生育的困难，但也带来了一些家庭、伦理方面的难题，具体到父母子女关系方面，人工辅助生殖技术的发展也对父母子女关系的类型划分带来了一定的冲击，即借助人工辅助生殖技术而出生的子女，其与父母的关系究竟属于自然血亲的父母子女关系？还是属于拟制血亲的父母子女关系？抑或属于独立类型的父母子女关系？理论上对此存在不同的主张，例如，有观点认为，对于同质人工授精生育的子女，即采用不同形式使丈夫的精子和妻子的卵子结合，由妻子怀孕分娩，因此生产的子女属于婚生子女，此种父母子女关系应当属于婚生父母子女关系；而对于异质人工授精生育或者代孕生育的情形，则可与自然血亲的父母子女关系、拟制血亲的父母

---

〔1〕 参见孟令志、曹诗权、麻昌华：《婚姻家庭法与继承法》，北京，北京大学出版社 2012 年版，第 200 页。

〔2〕 参见马忆南：《婚姻家庭继承法学》，北京，北京大学出版社 2014 年版，第 140 页。

子女关系并列，将其认定为一种独立的父母子女关系，即人工生育形成的父母子女关系。[1] 也有观点认为，在婚姻关系存续期间内，夫同意妻通过科学技术手段人工授精所生子女属于婚生的父母子女关系。[2] 本书认为，对于借助人工辅助生殖技术使男方的精子与女方的卵子结合，并且由女方怀孕生育子女的情形，由于其不涉及第三人精子、卵子的使用，也不由他人代孕，此种情形下，人工辅助生殖技术只是起到辅助男女双方精子、卵子结合的作用，其不应当对父母子女关系产生实质性影响，即此种情形下的父母子女关系仍然属于自然血亲的父母子女关系，至于其究竟属于婚生的父母子女关系还是非婚生的父母子女关系，则需要结合男女双方的婚姻状况予以判断。对此，《民法典婚姻家庭编司法解释（一）》第 40 条规定：“婚姻关系存续期间，夫妻双方一致同意进行人工授精，所生子女应视为婚生子女，父母子女间的权利义务关系适用民法典的有关规定。”依据该规定，在婚姻关系存续期间内，只要夫妻双方一致同意进行人工授精，则所生的子女应当视为婚生子女。而对借助人工辅助生殖技术生育子女的其他情形而言，究竟如何界定相关的父母子女关系，则有待于进一步研究。[3]

二、自然血亲的父母子女关系

（一）婚生的父母子女关系

1. 婚生的父母子女关系概述

婚生的父母子女关系即婚生子女与其父母之间的权利义务关系。可见，认定相关的父母子女关系是否为婚生的父母子女关系，关键在于判断子女是否为婚生子女。我国《民法典》使用了“婚生子女”这一概念，但何为婚生子女，《民法典》并未作出明确规定，一般认为，婚生子女是指在婚姻关系存续期间受胎或者出生的子女。[4] 准确认定婚生子女需要注意如下两点：

（1）婚生子女的父母之间应当有婚姻关系。父母之间有婚姻关系是婚生子女与非婚生子女的主要区别，但问题在于，婚生子女父母之间的婚姻关系是否必须为合法有效的婚姻关系？换言之，如果父母之间的婚姻关系被宣告无效，或者被撤销，则该子女为婚生子女？抑或为非婚生子女？有学者主张，如果父母之间的婚姻关系被宣告无

---

〔1〕 参见杨大文主编：《亲属法与继承法》，北京，法律出版社 2013 年版，第 174-175 页。

〔2〕 参见李洪祥：《我国民法典立法之亲属法体系研究》，北京，中国法制出版社 2014 年版，第 239 页。

〔3〕 例如，在我国司法实践中，有的法院认为，对于夫妻双方离婚后采用人工授精方式生育子女的，如果男方明确表示不同意，则其并不负担抚养该子女的义务。例如，在“程天×诉程德×抚养费案”中，法院认为，在夫妻关系存续期间，双方一致同意进行人工授精，所生子女应视为夫妻双方的婚生子女，父母子女之间权利义务关系适用《婚姻法》的有关规定。离婚后又进行人工授精的，虽然男方曾给女方写了无条件保证配合完成试管婴儿相关手续的承诺，但其实际上并未履行任何相关手续，而且在征求意见时，男方明确某表示不同意。故女方所生子女与男方无关，不应由男方提供抚养费。参见北京市丰台区人民法院（2009）民字第 09513 号民事判决书。

〔4〕 参见余延满：《亲属法原论》，北京，法律出版社 2007 年版，第 383 页；杨大文主编：《亲属法与继承法》，北京，法律出版社 2013 年版，第 180 页；张伟主编：《家事法学》，北京，法律出版社 2016 年版，第 151 页。

效，则双方所生子女属于非婚生子女。[1] 按照此种观点，婚生子女父母之间的婚姻关系必须合法有效，如果该婚姻关系被宣告无效，或者被撤销，则该子女即属于非婚生子女。本书认为，此种观点值得商榷，因为婚生子女与非婚生子女之间的区别在于其父母之间是否存在婚姻关系，即便父母之间的婚姻关系被宣告无效或者被撤销，也不能否定父母之间已经成立了婚姻关系，因此，此种情形下的子女应当属于婚生子女。因此，在双方的婚姻关系被宣告无效或者被撤销的情形下，虽然无法在双方之间产生法定的夫妻权利义务关系，但并不影响子女婚生子女的法律地位。

（2）婚生子女必须在婚姻关系存续期间受胎或者出生。也就是说，不论子女是在婚姻关系存续期间内受胎，还是在婚姻关系存续期间内出生，均应当属于婚生子女。一方面，只要是在父母婚姻关系存续期间内受胎的子女，不论其是否在父母婚姻关系存续期间内出生，均应当被认定为婚生子女。例如，子女在父母婚姻关系存续期间内受胎后，父母双方后来离婚，之后子女出生，此种情形下出生的子女应当被认定为婚生子女。另一方面，子女受胎时其父母尚未结婚，但子女在其父母婚姻关系存续期间内出生的，也应当被认定为婚生子女。[2] 当然，婚生子女必须是丈夫一方的子女，如果受胎行为是丈夫之外的人所为，则不属于婚生子女。[3]

除上述条件外，学理上一般还认为，要被认定为婚生子女，还要求该子女必须为其生父之妻子所生，如果是其生父与其妻子之外的女子受胎所生的子女，则不属于婚生子女。[4] 此种观点具有一定的合理性，即如果该子女是其生父与其妻子之外的女子受胎所生，则不应当属于婚生子女，但随着辅助生殖技术的发展，代孕现象时有发生，代孕可以分为完全代孕和部分代孕，完全代孕即代孕母仅以自身的子宫作为载体，植入胚胎进行妊娠和分娩。在完全代孕的情形下，植入的胚胎一般是委托方夫妻双方生殖细胞结合而形成的胚胎，当然，也可能是委托方夫妻一方的生殖细胞与他人的生殖细胞结合而形成的胚胎，甚至可能是捐献的胚胎，此种情形下的亲子关系认定较为复杂。[5] 部分代孕即由代孕母提供卵细胞，精子则来源于委托方丈夫或者其他捐赠者。与完全代孕不同，在部分代孕中，代孕子女与代孕母之间存在基因上的关联性。可见，

---

[1] 参见李洪祥：《我国民法典立法之亲属法体系研究》，北京，中国法制出版社2014年版，第239页。

[2] 当然，也有观点认为，如果是在婚前受胎而在婚姻关系存续中出生的子女，并不属于婚生子女。参见张伟主编：《家事法学》，北京，法律出版社2016年版，第151页。

[3] 参见余延满：《亲属法原论》，北京，法律出版社2007年版，第383页。

[4] 参见马忆南：《婚姻家庭继承法学》，北京，北京大学出版社2014年版，第150页；杨大文主编：《亲属法与继承法》，北京，法律出版社2013年版，第180页。

[5] 在我国司法实践中，有的法院采用"分娩者为母"的原则认定相关的亲子关系。例如，在"罗荣某、谢某某诉陈某监护权纠纷案"中，法院认为本案中代孕所生的两名孩子的亲子关系，法律上的生母应根据"分娩者为母"原则认定为代孕者，法律上的生父根据血缘关系及认领行为认定为罗某，由于罗某与代孕者之间不具有合法的婚姻关系，故所生子女为非婚生子女。陈某主张类推适用最高人民法院1991年函视为婚生子女，因该函针对的是以合法的人工生殖方式所生育子女的法律地位之认定，而代孕行为本身不具有合法性，故不符合类推适用之情形。参见上海市第一中级人民法院（2015）沪一中少民终字第56号民事判决书。

代孕的情形较多，在代孕的情形下，子女由代孕母所生，但并不能据此当然否定该子女为婚生子女，尤其是在完全代孕且由委托方夫妻双方生殖细胞结合形成胚胎的情形下，不能仅因子女并非妻子一方所生就当然否定其为婚生子女。

此外，从域外法的规定来看，还存在婚生子女推定制度，即妻子在婚姻关系存续期间内受胎或者出生的子女推定为丈夫一方婚生子女的制度。当然，比较法上婚生子女推定的规则存在一定的差别，有的国家以子女是否在其父母婚姻关系存续期间内受胎作为推定的标准，有的国家则不以子女是否在其父母婚姻关系存续期间内受胎为标准，而以其是否在其父母婚姻关系存续期间内出生作为推定标准，有的国家则采用混合标准，即以子女是否在其父母婚姻关系存续期间内受胎或者出生作为推定标准。[1] 我国《民法典》并未对婚姻子女推定制度作出规定，但一般认为，只要符合婚生子女的上述条件，即可推定为该子女为婚生子女。

2. 父母对子女的权利和义务

（1）抚养子女的权利和义务。父母负有抚养子女的义务，如前所述，在夫妻关系中，双方平等享有对未成年子女抚养、教育和保护的权利。《民法典》第 26 条第 1 款规定："父母对未成年子女负有抚养、教育和保护的义务。"《民法典》第 1067 条第 1 款规定："父母不履行抚养义务的，未成年子女或者不能独立生活的成年子女，有要求父母给付抚养费的权利。"上述规定对父母抚养子女的义务作出了规定，所谓抚养，是指父母应当抚育子女的成长，并为其生活、学习提供一定的物质条件。[2] 关于抚养费的范围，《民法典婚姻家庭编司法解释（一）》第 42 条规定："民法典第一千零六十七条所称'抚养费'，包括子女生活费、教育费、医疗费等费用。"例如，父母应当为子女支付生活费、医药费、教育费用等，并在生活上照顾子女。在我国，父母负有抚养子女的义务也是一项重要的宪法规则，《宪法》第 49 条第 3 款规定："父母有抚养教育未成年子女的义务，成年子女有赡养扶助父母的义务。"《民法典》对父母抚养子女的规则作出规定，也是上述宪法规则的一种具体化。一般而言，父母抚养义务的对象是未成年子女，即自子女出生时起至其年满 18 周岁时止，即在子女成年、能够独立生活后，父母就不再负有抚养义务。

案例 3-7

【基本案情】

徐某甲（50 岁）为徐某乙（20 岁）的父亲，徐某乙在高中毕业后，一直没有找到稳定的工作，整日游手好闲，每月固定向徐某甲索要生活费。某日，徐某甲将徐某乙推荐至其朋友刘某的工厂，希望徐某乙能够自力更生，找到稳定的工作。但徐某乙觉

---

〔1〕 参见余延满：《亲属法原论》，北京，法律出版社 2007 年版，第 384 页。

〔2〕 参见黄薇主编：《中华人民共和国民法典婚姻家庭编解读》，北京，中国法制出版社 2020 年版，第 136 页。

得刘某工厂的工作太辛苦，且收入太低，因此拒绝前去工作。徐某甲至此拒绝再向徐某乙提供生活费，徐某乙诉至法院，主张其并没有独立生活能力，徐某甲应当负担抚养义务。

【裁判结果】

法院认为，根据法律规定，父母对子女有抚养教育的义务，父母不履行抚养义务时，未成年的或不能独立生活的子女，有要求父母付给抚养费的权利。而不能独立生活的子女是指尚在校接受高中及其以下学历教育，或丧失或未完全丧失劳动能力等非因主观原因而无法维持正常生活的成年子女。在该案中，徐某乙已年满18周岁，系完全民事行为能力人，且已完成高中学业，不符合法律规定的未成年的或不能独立生活的子女的范围，其父徐某甲已无承担抚养费的法定义务。

当然，依据《民法典》第18条第2款的规定，"十六周岁以上的未成年人，以自己的劳动收入为主要生活来源的，视为完全民事行为能力人"，结合父母抚养义务的立法目的，应当认定，如果子女已经年满16周岁，且能够以自己的劳动收入为主要生活来源，则父母即不再负有抚养义务。[1] 但在特殊情形下，如果子女成年后仍然没有独立生活的能力，则父母仍负有给付抚养费的义务。关于"不能独立生活的成年子女"的范围，《民法典婚姻家庭编司法解释（一）》第41条规定："尚在校接受高中及其以下学历教育，或者丧失、部分丧失劳动能力等非因主观原因而无法维持正常生活的成年子女，可以认定为民法典第一千零六十七条规定的'不能独立生活的成年子女'。"依据该条规定，成年子女没有独立生活能力主要是指如下两种情形：一是子女尚在校接受高中及其以下学历教育。此种情形下，由于子女尚未参加工作，因此并无独立生活的能力。二是成年子女丧失或部分丧失劳动能力等非因主观原因而无法维持正常生活。在成年子女丧失劳动能力的情形下，其通常难以独立生活，客观上仍然需要父母的抚养。例如，成年子女因为身体残疾等原因，丧失劳动能力，客观上难以独立生活。即便成年子女只是部分丧失劳动能力，如果其收入无法维持正常生活，则父母也负有支付抚养费的义务。当然，成年子女无法维持正常生活必须是因丧失或者部分丧失劳动能力等客观原因导致的，如果是因该成年子女自身主观原因造成的，则父母并不负有支付抚养费的义务。例如，近些年来，一些地方出现了所谓"啃老"现象，成年子女客观上具有劳动能力，但拒绝工作，而仍然依靠父母抚养，在此种情形下，成年子女是因自身主观原因导致其无法维持正常生活，父母并不负有支付抚养费的义务。

父母抚养子女的义务是一项法定义务，不能被免除，而且即便父母已经离婚，父母双方也仍应当负担抚养子女的义务。一般而言，父母是子女的法定监护人，如果父母双方或者一方被撤销监护人资格，则其是否仍然负有抚养子女的义务？对此，《民法典》第37条规定："依法负担被监护人抚养费、赡养费、扶养费的父母、子女、配偶

---

〔1〕 参见马忆南：《婚姻家庭继承法学》，北京，北京大学出版社2014年版，第152页。

等，被人民法院撤销监护人资格后，应当继续履行负担的义务。"依据该条规定，即便父母双方或者一方被撤销监护人资格，其也仍然负有抚养子女的义务。

问题在于，如果父母双方或者一方未尽到抚养义务，在子女成年后，其是否有权请求未履行抚养义务的父母双方或者一方支付相关的抚养费？对于此种情形，司法实践中一般认为，抚养费的功能在于保障未成年子女的成长，如果子女已经成年，已经能够独立生活，则没有被抚养的必要性，其应当无权请求父母双方或者一方支付抚养费。[1]

需要指出的是，从《民法典》第1058条规定来看，抚养子女既是父母的义务，也是其权利，任何主体不得非法侵害父母抚养子女的权利；同时，夫妻双方平等地享有抚养子女的权利，一方不得非法侵害另一方抚养子女的权利。

（2）接受成年子女赡养的权利。依据《民法典》第1067条的规定，成年子女依法负有赡养父母的义务，与此相应，父母也享有接受成年子女赡养的权利。如果成年子女不履行赡养义务，则父母有权依法请求成年子女给付赡养费。对此，《民法典》第1067条第2款规定："成年子女不履行赡养义务的，缺乏劳动能力或者生活困难的父母，有要求成年子女给付赡养费的权利。"

（3）教育、保护未成年子女的权利和义务。《民法典》第1068条规定："父母有教育、保护未成年子女的权利和义务。未成年子女造成他人损害的，父母应当依法承担民事责任。"依据该条规定，父母负有教育、保护未成年人的权利和义务。具体而言，该条所规定的权利和义务包括如下两种：

一是教育子女的权利和义务。所谓教育子女，是指父母应当在日常生活中对子女的思想、品质、智力等方面予以关怀和培养，并对其行为进行必要的约束。在未成年人成长过程中，其各种观念都在形成中，父母应当对其成长进行积极引导，这也是未成年人健康成长的重要保障。一般而言，父母教育子女的义务包括如下几个方面：第一，父母应当尊重未成年子女接受教育的权利，使其按照规定接受义务教育，对此，《义务教育法》第5条第2款规定："适龄儿童、少年的父母或者其他法定监护人应当依法保证其按时入学接受并完成义务教育。"该法第11条规定："凡年满六周岁的儿童，其父母或者其他法定监护人应当送其入学接受并完成义务教育；条件不具备的地区的儿童，可以推迟到七周岁。适龄儿童、少年因身体状况需要延缓入学或者休学的，其父母或者其他法定监护人应当提出申请，由当地乡镇人民政府或者县级人民政府教育行政部门批准。"《未成年人保护法》第16条也规定，父母应当"尊重未成年人受教育的权利，保障适龄未成年人依法接受并完成义务教育"。因此，父母负有保证未成年子女按时入学接受并完成义务教育的义务，这也是父母教育义务的重要组成部分。第二，父母应当对未成年子女的思想、品行等进行积极引导，使其树立良好的思想道德

---

〔1〕 参见最高人民法院民法典贯彻实施工作领导小组主编：《中华人民共和国民法典婚姻家庭编继承编理解与适用》，北京，人民法院出版社2020年版，第189页。

观念，并防止未成年子女从事吸烟、酗酒、吸毒、卖淫、赌博等行为。父母是子女的启蒙老师，父母与子女之间存在亲密关系，这为父母教育子女提供了便利的条件，父母负担教育子女的义务，也是家庭的一项重要职能。第三，父母有义务约束未成年子女的行为。由于未成年子女尚在成长过程中，其对自己行为的后果往往缺乏充分的认识，如果不加以约束，既可能造成自身损害，也可能造成他人损害。因此，父母应当约束未成年子女的行为，避免未成年子女的行为造成他人损害。依据《民法典》第1068条的规定，如果未成年人子女造成他人损害，则父母应当依法承担民事责任。法律作出此种规定，主要是为了督促父母尽到其教育未成年子女的义务。从该条规定来看，在未成年子女造成他人损害的情形下，父母需要"依法"承担民事责任，此处的"依法"主要是指依据《民法典》侵权责任编的规定确定父母的责任。对此，《民法典》第1188条规定："无民事行为能力人、限制民事行为能力人造成他人损害的，由监护人承担侵权责任。监护人尽到监护职责的，可以减轻其侵权责任。有财产的无民事行为能力人、限制民事行为能力人造成他人损害的，从本人财产中支付赔偿费用；不足部分，由监护人赔偿。"该条对无民事行为能力人、限制民事行为能力人造成他人损害时监护人的责任作出了规定，在未成年子女造成他人损害时，其父母作为监护人的，也需要依据该规则承担责任。同时，《民法典》第1189条规定："无民事行为能力人、限制民事行为能力人造成他人损害，监护人将监护职责委托给他人的，监护人应当承担侵权责任；受托人有过错的，承担相应的责任。"依据该条规定，在父母将其监护职责委托给他人的情形下，如果未成年子女造成他人损害的，其父母也需要依据该规则承担责任。

从《民法典》第1068条规定来看，父母教育未成年人既是其义务，也是其权利，任何人不得非法侵害父母教育未成年子女的权利。父母双方平等地享有教育未成年子女的权利，这也是男女平等原则、夫妻法律地位平等规则的重要体现，一方不得非法侵害另一方教育未成年子女的权利。

二是保护未成年子女的权利和义务。所谓保护未成年子女，是指父母应当保障未成年子女的人身和财产安全，防止其遭受外来的损害。未成年子女通常属于无民事行为能力人或者限制民事行为能力人，对外界可能存在的危险缺乏足够的判断力，因此，有受到特别保护的必要，《民法典》规定父母有保护未成年子女的义务，其目的也是为了弥补未成年子女自我保护能力的不足，强化对未成年子女的保护。一般而言，父母保护未成年子女的义务主要体现在如下几个方面：第一，保护未成年子女的人身权益和财产权益。父母保护未成年子女的人身权益主要体现为照顾未成年子女的生活、为未成年子女提供住所等；父母保护未成年子女的财产权益主要体现为出于保护未成年子女的利益管理其财产权益。[1] 父母在管理未成年子女的财产时应当以保护未成年子

---

〔1〕 参见黄薇主编：《中华人民共和国民法典婚姻家庭编解读》，北京，中国法制出版社2020年版，第142页。

女的利益为中心，除为未成年子女的利益外，不得擅自处分未成年子女的财产。第二，在未成年子女的人身权益或者财产权益遭受他人侵害时，父母应当积极制止相关的侵害行为，以减少未成年子女的损害；同时，在第三人侵害未成年子女利益的情形下，父母也有权作为该未成年子女的法定代理人，请求行为人依法承担民事责任。第三，父母自身不得侵害未成年子女的人身权益和财产权益。父母在保护未成年子女的利益时，除了防止第三人侵害未成年子女的利益外，其自身也不得实施侵害未成年子女利益的行为。父母侵害未成年子女利益的行为既可以体现为积极侵害行为，如父母侵占未成年子女的财产，或者基于自身利益考虑而处分未成年子女的财产，也可以体现为父母未尽到保护义务使得未成年子女遭受第三人侵害，在此种情形下，父母也应当对其未尽到保护未成年子女的义务而承担责任，此时，未成年子女的父母与第三人均为加害人，二者之间可能成立无意思联络的数人侵权，双方应当根据其过错程度对未成年子女承担责任。

保护未成年子女既是父母的义务，也是其权利，而且未成年子女的父母双方平等地享有保护未成年子女的权利，一方不得侵害另一方保护未成年子女的权利，而且未成年子女父母双方保护未成年子女的权利相互独立，一方怠于行使保护未成年子女的权利的，另一方也可以独立行使保护未成年子女的权利。

（4）继承子女遗产的权利。《民法典》第1070条规定："父母和子女有相互继承遗产的权利。"该条规定了父母有继承子女遗产的权利。依据《民法典》第1127条的规定，父母是子女的第一顺序法定继承人，在子女死亡时，父母有权依法继承子女的遗产。父母作为子女的法定继承人，也可以依法按照遗嘱继承的规则继承子女的遗产。

3. 子女对父母的权利义务

（1）接受父母抚养、教育、保护的权利。如前所述，父母负有抚养、教育、保护子女的义务，与此相对应，子女也享有接受父母抚养、教育、保护的权利。例如，就接受父母抚养的权利而言，子女有权接受父母所给付的生活费用、教育费用以及医疗费用等。享有接受父母抚养的权利的子女既包括未成年子女，也包括不能独立生活的成年子女。父母不履行抚养义务的，将构成对未成年子女接受抚养权利的侵害，依据《民法典》第1067条的规定，在此情形下，未成年子女或者不能独立生活的成年子女有权请求父母给付抚养费。对此，《民法典婚姻家庭编司法解释（一）》第43条规定："婚姻关系存续期间，父母双方或者一方拒不履行抚养子女义务，未成年子女或者不能独立生活的成年子女请求支付抚养费的，人民法院应予支持。"此外，依据《民法典婚姻家庭编司法解释（一）》第42条的规定，抚养费主要是指子女生活费、教育费、医疗费等费用。

（2）赡养、扶助、保护父母的义务。《民法典》第26条规定："成年子女对父母负有赡养、扶助和保护的义务。"《民法典》第1067条第2款规定："成年子女不履行赡养义务的，缺乏劳动能力或者生活困难的父母，有要求成年子女给付赡养费的权利。"该条对子女赡养父母的义务作出了规定。所谓赡养，是指子女在物质上为父母提供必要的生活条件，并在精神上对父母提供必要的关心照料。在我国，虽然《老年人权益保障法》等法律已经规定了公民在年老的情形下有权从国家和社会获得物质帮助，但从实践来看，老年人的赡养问题主要是由子女赡养来解决的，因此可以说，在现阶段，赡养老人是家庭的一项重要社会功能。在《民法典》颁行前，我国相关立法已经对子女赡养父母的义务作出了规定。《宪法》第49条第3款规定："父母有抚养教育未成年子女的义务，成年子女有赡养扶助父母的义务。"该条从基本法的层面规定了成年子女赡养父母的义务，《老年人权益保障法》也对子女赡养父母的义务作出了细化规定。《民法典》婚姻家庭编规定子女赡养父母的义务，可以说是上述立法经验的一种总结。

子女赡养父母的义务是一项法定义务，子女不得拒绝履行。对此，《老年人权益保障法》第19条第1款规定："赡养人不得以放弃继承权或者其他理由，拒绝履行赡养义务。"如果子女拒绝履行赡养义务，则父母有权依据《民法典》第1067条请求其支付赡养费。

赡养父母义务的成立需要具备一定的条件，具体而言：一是父母有赡养的必要。从比较法上，各国法律大多规定，只有父母有赡养的必要时，子女才负有赡养父母的义务，但何为父母有赡养的必要，各国的规定并不完全一致。从我国《民法典》第1067条第2款规定来看，父母有赡养的必要是指父母缺乏劳动能力或者生活困难，缺乏劳动能力是指父母双方或者一方丧失劳动能力，或者虽然尚未丧失劳动能力，但依靠劳动收入难以维持其基本生活；生活困难是指父母双方或者一方现有的财产难以维持其基本生活。从《民法典》第1067条规定来看，"缺乏劳动能力"与"生活困难"属于并列关系，即只要出现二者中的一种情形，即可认定父母有赡养的必要。二是子女有赡养父母的能力。关于哪些子女负有赡养父母的义务，存在不同的观点。一种观点认为，赡养义务的承担者是有独立生活能力的成年子女。[1] 按照此种观点，赡养义务的主体限于成年子女，而且成年子女必须有独立生活能力。另一种观点认为，一切有经济能力的子女，对有赡养必要的父母，均应当予以赡养。[2] 还有观点认为，子女必须有赡养能力，其必须有独立的劳动收入或者其他收入，而且是依靠该收入能够满足自己的最低生活水平之外仍有剩余的成年子女，或者16周岁以上但能够以自己的劳动收入维持当地一般生活水平的子女。[3] 本书认为，上述第三种观点最为合理，从《民法典》第1067条规定来看，其只是规定有赡养需要的父母有权要求成年子女给付赡养费，因此，应当将赡养义务的主体原则上限定为成年子女。对于16周岁以上能够

---

[1] 参见张伟主编：《家事法学》，北京，法律出版社2016年版，第149页。

[2] 参见黄薇主编：《中华人民共和国民法典婚姻家庭编解读》，北京，中国法制出版社2020年版，第138页。

[3] 参见马忆南：《婚姻家庭继承法学》，北京，北京大学出版社2014年版，第154页。

以自己劳动收入维持当地一般生活水平的子女而言，法律将其视为完全民事行为能力人，其也应当负担赡养父母的义务。当然，子女要负担赡养义务，其自身也必须有赡养能力，如果其自己的收入无法维持其基本生活，或者在维持基本生活后没有剩余财产，则其不应当负有赡养义务。

关于赡养义务的内容，我国《民法典》婚姻家庭编没有作出细化规定，一般认为，需要根据《老年人权益保障法》的内容确定赡养义务的内容，具体而言，赡养义务包括如下几方面内容：一是子女应当对有赡养需求的父母进行经济上供养、生活上照料和精神上慰藉，并照顾其特殊需要（《老年人权益保障法》第14条第1款）。二是子女应当使患病的父母及时得到治疗和护理；对经济困难的父母，子女应当提供医疗费用。在父母生活不能自理的情形下，子女应当承担照料责任；如果子女不能亲自照料，则可以按照父母的意愿委托他人或者养老机构等照料（《老年人权益保障法》第15条）。三是子女应当妥善安排父母的住房，不得强迫父母居住或者迁居条件低劣的房屋。父母自有的或者承租的住房，子女或者其他亲属不得侵占，不得擅自改变产权关系或者租赁关系。父母自有的住房，子女也负有维修的义务（《老年人权益保障法》第16条）。四是子女有义务耕种或者委托他人耕种父母承包的田地，照管或者委托他人照管父母的林木和牲畜等，收益归父母所有（《老年人权益保障法》第17条）。五是子女应当关心父母的精神需求，不得忽视、冷落父母（《老年人权益保障法》第18条）。

除赡养义务外，依据《民法典》第26条的规定，成年子女还负有扶助、保护父母的义务。所谓扶助父母的义务，是指父母在经济上存在困难、难以维持基本生活时，成年子女应当及时、无偿地为父母提供帮助，以维持其基本生活；所谓保护父母的义务，是指父母在年老之后，由于行动不便、缺乏判断力等原因，需要子女保护其人身、财产安全，成年子女即负有保护父母的义务。[1]

（3）尊重父母婚姻权利的义务。《民法典》第1069条规定："子女应当尊重父母的婚姻权利，不得干涉父母离婚、再婚以及婚后的生活。子女对父母的赡养义务，不因父母的婚姻关系变化而终止。"该条对子女尊重父母婚姻权利的义务作出了规定。我国《民法典》贯彻婚姻自由原则，其不仅在总则编第110条规定了个人享有婚姻自主权，而且在婚姻家庭编确认了婚姻自由原则，并对包办、买卖婚姻等干涉婚姻自由的行为作出了规定，婚姻自由既适用于年轻人，也当然适用于老年人，[2]但从实践来看，老年人的婚姻自由并没有得到充分保障，老年人离婚、再婚所遇到的障碍较多，其中很大的障碍就是子女阻挠和干涉，一些子女甚至用侮辱、威胁等方式阻止父母离婚或者

---

〔1〕　参见王利明主编：《中华人民共和国民法总则详解》，北京，中国法制出版社2017年版，第126页。

〔2〕　参见最高人民法院民法典贯彻实施工作领导小组主编：《中华人民共和国民法典婚姻家庭编继承编理解与适用》，北京，人民法院出版社2020年版，第197~198页。

再婚。正是基于这一原因，《民法典》第 1069 条有针对性地强调了对老年人婚姻自由的保护。[1]

在《民法典》颁行前，我国相关立法也已经就老年人婚姻自由的保护作出了规定。例如，《老年人权益保障法》第 21 条第 1 款规定："老年人的婚姻自由受法律保护。子女或者其他亲属不得干涉老年人离婚、再婚及婚后的生活。"该条强调了老年人的婚姻自由受法律保护。《老年人权益保障法》第 76 条规定："干涉老年人婚姻自由，对老年人负有赡养义务、扶养义务而拒绝赡养、扶养，虐待老年人或者对老年人实施家庭暴力的，由有关单位给予批评教育；构成违反治安管理行为的，依法给予治安管理处罚；构成犯罪的，依法追究刑事责任。"该条对干涉老年人婚姻自由的法律后果作出了规定。《刑法》第 257 条规定："以暴力干涉他人婚姻自由的，处二年以下有期徒刑或者拘役。犯前款罪，致使被害人死亡的，处二年以上七年以下有期徒刑。"该条规定了暴力干涉婚姻自由罪，行为人干涉老年人婚姻自由，符合该条规定的，也将构成犯罪。《民法典》婚姻家庭编专门规定子女负有不得干涉父母婚姻自由的规则，可以说是上述立法理念的一种延续。

从《民法典》第 1069 条规定来看，子女尊重父母婚姻权利的义务包括如下几方面内容：一是子女不得干涉父母离婚。离婚自由是婚姻自由的重要内容，如果没有离婚自由，则婚姻自由也将形同虚设，男女双方结婚后，即便已经育有子女，甚至子女已经成年，其离婚自由也并不因此消灭。因此，在父母双方感情破裂、难以维持婚姻关系的情形下，父母均享有离婚的权利，子女应当尊重父母离婚的权利，而不得以拒绝履行赡养义务等手段干涉父母离婚。二是子女不得干涉父母再婚。在父母离婚或者一方去世后，另一方也有权选择再婚，这也是婚姻自由的重要内容。父母任何一方选择再婚的，子女均应当予以尊重，而不得非法干涉。从实践来看，在父母一方再婚的情形下，子女可能基于保护父母财产权等考虑而阻止父母再婚，该行为也将构成对父母婚姻自由的不当干涉。三是子女不得干涉父母再婚后生活。父母任何一方在再婚后，有权选择自己的生活方式，对于父母在再婚之后所选择的生活方式，子女应当予以尊重，而不得非法干涉。例如，父母一方在再婚后，有权选择同再婚的另一方共同居住，或者将自己的个人财产赠与给另一方，其子女不得干涉。

此外，依据《民法典》第 1069 条的规定，"子女对父母的赡养义务，不因父母的婚姻关系变化而终止"。也就是说，不论是父母离婚，还是再婚，只要父母还在世且需要赡养，子女都应当依法履行赡养义务，[2] 如果子女不履行赡养义务，父母有权请求子女支付赡养费。

---

〔1〕 参见黄薇主编：《中华人民共和国民法典婚姻家庭编解读》，北京，中国法制出版社 2020 年版，第 144 页。

〔2〕 参见最高人民法院民法典贯彻实施工作领导小组主编：《中华人民共和国民法典婚姻家庭编继承编理解与适用》，北京，人民法院出版社 2020 年版，第 199 页。

（4）继承父母遗产的权利。《民法典》第1070条规定："父母和子女有相互继承遗产的权利。"该条不仅规定了父母享有继承子女遗产的权利，也规定了子女有继承父母遗产的权利。依据《民法典》第1127条的规定，子女是父母的第一顺序法定继承人，在父母死亡的情形下，子女有权依法继承父母的遗产。同时，子女也可以按照遗嘱继承的规则继承父母的遗产。

（二）非婚生的父母子女关系

非婚生的父母子女关系是指非婚生子女与其父母之间的关系。所谓非婚生子女，是指没有婚姻关系的男女所生的子女，即在男女双方婚姻关系存续期间之外受胎、出生的之女。非婚生子女既可能是未婚男女双方所生的子女，也可能是已婚男女与婚姻关系之外第三人所生的子女。[1] 如前所述，即便男女双方的婚姻关系被宣告无效或者被撤销，但双方之间仍然存在婚姻关系，其所生子女仍应当被认定为婚生子女。《民法典》第1071条规定："非婚生子女享有与婚生子女同等的权利，任何组织或者个人不得加以危害和歧视。不直接抚养非婚生子女的生父或者生母，应当负担未成年子女或者不能独立生活的成年子女的抚养费。"该条从非婚生子女权利保护的角度对非婚生父母子女之间的关系作出了规定。依据该规定，非婚生子女与婚生子女享有同等的权利，对于不直接抚养非婚生子女的生父或者生母而言，其仍应当负担该非婚生子女的生活费、教育费等抚养费，直至该非婚生子女能独立生活为止。

从历史上看，受习俗、宗教观念等因素的影响，非婚生子女大多会遭受一定的歧视和危害。但在现代社会，随着人权保障观念的发展和平等思想的普及，非婚生子女的法律地位得到了极大改善。有的国家立法甚至取消了婚生子女与非婚生子女的称谓，而统一使用"子女"一词。我国民事立法历来注重对非婚生子女权利的保护。1950年《婚姻法》第15条规定："非婚生子女享受与婚生子女同等的权利，任何人不得加以危害或歧视。非婚生子女经生母或其他人证物证证明其生父者，其生父应负担子女必需的生活费和教育费全部或一部；直至子女十八岁为止。如经生母同意，生父可将子女领回抚养。生母和他人结婚，原生子女的抚养，适用第二十二条的规定。"该条明确了非婚生子女与婚生子女的平等地位，这一规则也被我国之后的婚姻法所沿袭。1980年《婚姻法》第19条规定："非婚生子女享有与婚生子女同等的权利，任何人不得加以危害和歧视。非婚生子女的生父，应负担子女必要的生活费和教育费的一部或全部，直至子女能独立生活为止。"该条重申了非婚生子女与婚生子女平等的地位，并规定了非婚生子女生父的抚养义务。法律作出此种规定，主要是考虑到非婚生子女一般是随生母生活，因此，法律特别强调了非婚生子女生父的抚养义务。2001年《婚姻法》第25条规定："非婚生子女享有与婚生子女同等的权利，任何人不得加以危害和歧视。不直

---

　　〔1〕　参见黄薇主编：《中华人民共和国民法典婚姻家庭编解读》，北京，中国法制出版社2020年版，第150页。

接抚养非婚生子女的生父或生母，应当负担子女的生活费和教育费，直至子女能独立生活为止。"该条在规定非婚生子女与婚生子女平等保护的同时，也规定了不直接抚养非婚生子女的生父和生母的抚养义务。该规则在整体上被《民法典》所继承。

从《民法典》第 1071 条规定来看，非婚生子女权利的保护主要体现在如下几个方面。

第一，非婚生子女享有与婚生子女同等的权利。如前所述，我国民事立法历来强调非婚生子女与婚生子女的平等地位，而且从《民法典》的规定来看，其虽然区分了婚生子女与非婚生子女，但在具体的制度、规则设计方面并没有对二者进行区分，而是对其进行平等保护，许多规则中的"子女"同时包括了婚生子女和非婚生子女。所谓非婚生子女享有与婚生子女同等的权利，是指法律规定婚生子女所享有的权利，非婚生子女也同样享有；同时，非婚生子女在行使权利时，遵循与婚生子女同样的规则，在其权利遭受侵害时，也同样受到法律的平等保护。从我国《民法典》的规定来看，与婚生子女相同，非婚生子女主要享有如下权利：一是接受父母抚养、教育、保护的权利。在其生父母不履行义务时，非婚生子女有权请求其履行。例如，在其生父母拒绝履行抚养义务时，非婚生子女有权依据《民法典》第 1067 条请求其给付抚养费。二是继承其生父母遗产的权利。非婚生子女也享有继承其生父母遗产的权利，我国《民法典》继承编也确认了这一规则，依据《民法典》第 1127 条规定，子女为父母的第一顺序继承人，而且该条明确规定，"本编所称子女，包括婚生子女、非婚生子女、养子女和有扶养关系的继子女"，这就再次确认了非婚生子女在继承父母遗产方面享有与婚生子女同等的权利。三是非婚生子女与父母的其他近亲属间也享有与婚生子女同等的权利。例如，依据《民法典》第 1074 条的规定，有负担能力的祖父母、外祖父母对于父母已经死亡或者父母无力抚养的未成年孙子女、外孙子女也负有抚养的义务，该规则也适用于非婚生子女的保护。

当然，非婚生子女在享有与婚生子女同等权利的同时，也应当与婚生子女负担同等的义务。例如，非婚生子女也负有赡养、扶助、保护父母的义务，在生父母结婚、离婚、再婚时，其也负有尊重生父母婚姻权利的义务。

第二，对非婚生子女，不得加以危害和歧视。虽然我国民事立法历来强调，非婚生子女享有与婚生子女同等的权利，但从实践来看，仍然存在一些危害和歧视非婚生子女的现象。对非婚生子女的危害和歧视既可能来自于其家庭成员，也可能来自于第三人。例如，有些人将非婚生子女贬称为"私生子"，并对其进行非议，这可能使非婚生子女遭受一定的身心伤害。因此，《民法典》再次重申，对非婚生子女，不得加以危害和歧视。

第三，不直接抚养非婚生子女的生父或者生母，应当负担未成年子女或者不能独立生活的成年子女的抚养费。从实践来看，一些非婚生子女是已婚男女与婚姻关系之外第三人所生的子女，在该非婚生子女出生后，其可能只是随生父或者生母一方生活，这就涉及其扶养费的负担问题。从《民法典》第1071条规定来看，不直接抚养非婚生子女的生父或者生母，应当负担该非婚生子女的抚养费。也就是说，不论是非婚生子女的生父还是生母，只要其不直接抚养非婚生子女，其均应当负担非婚生子女的抚养费。需要指出的是，非婚生子女的抚养费应当由其生父母共同负担，[1] 虽然《民法典》第1071条仅规定了不直接抚养非婚生子女的生父或者生母负担抚养费的义务，但直接抚养该非婚生子女的一方也当然需要负担部分抚养费。

从《民法典》第1071条规定来看，有权主张抚养费请求权的非婚生子女既包括未成年子女，也包括不能独立生活的成年子女。例如，即便该非婚生子女已经成年，但如果其因为身体残疾，或者丧失、部分丧失劳动能力而无法独立生活，其就有权请求不直接抚养的生父或者生母支付抚养费。抚养费的范围通常包括基本的生活费用、教育费用以及医疗费用等。

（三）亲子关系异议之诉

1. 亲子关系异议之诉概述

所谓亲子关系异议之诉，是指父母或者子女在对亲子关系有异议且有正当理由的情形下，有权向人民法院提起诉讼，请求确认或者否认亲子关系的制度。《民法典》颁行前，我国立法并未对亲子关系异议之诉作出规定，但从实践来看，因为亲子关系的确认和否认而发生的纠纷较多，为更好地解决此类纠纷，《民法典》新增规定了亲子关系异议之诉制度。《民法典》第1073条规定："对亲子关系有异议且有正当理由的，父或者母可以向人民法院提起诉讼，请求确认或者否认亲子关系。对亲子关系有异议且有正当理由的，成年子女可以向人民法院提起诉讼，请求确认亲子关系。"该条对提起亲子关系异议之诉的主体、提起此类诉讼的条件等作出规定，为解决此类纠纷提供了法律依据。

依据不同的标准可以将亲子关系区分为不同类型。从亲子关系异议之诉对亲子关系的影响角度看，亲子关系异议之诉可以区分为亲子关系确认之诉和亲子关系否认之诉两类，前者是指当事人通过诉讼的方式，请求确认当事人之间存在亲子关系；而后者则是指当事人通过诉讼的方式，请求否认当事人之间存在亲子关系。而依据提起诉讼主体的不同，又可以将亲子关系异议之诉区分为由父或者母作为提起诉讼主体的亲子关系之诉，以及成年子女作为提起诉讼主体的亲子关系之诉，我国《民法典》第1073条正是按照此种分类方法规定亲子关系异议之诉的。当然，不论是何种类型的亲子关系异议之诉，其所确认和否认的都只是自然血亲的父母子女关系，而非拟制血亲的父母子女关系，因为拟制血亲的父母关系是基于当事人所实施的民事法律行为或者基于事实行为而产生的，父母与子女之间并不存在血缘关系，并不属于亲子关系异议

---

[1] 参见黄薇主编：《中华人民共和国民法典婚姻家庭编解读》，北京，中国法制出版社2020年版，第152页。

之诉的适用对象。

由于亲子关系对家庭关系的影响较大，涉及家庭关系的和谐、稳定，也涉及未成年人的保护。因此，应当对提起亲子关系异议之诉的条件进行严格限制，从我国《民法典》的规定来看，其对提起亲子关系异议之诉的条件进行了严格限制：一方面，提起亲子关系异议之诉的主体限于父母或者成年子女，其他主体无权提起亲子关系异议之诉。亲子关系的确认与否认虽然也会对父母子女之外的主体产生影响，如在涉及遗产继承时，如果否认亲子关系，可能会使得其他继承人获得遗产，但亲子关系的确认与否认对父母子女的影响最大，并将直接决定当事人之间是否存在父母子女关系，如果不对提起亲子关系异议之诉的主体进行严格限制，可能会严重影响夫妻关系、父母子女关系的和谐、稳定，因为如果允许第三人提起亲子关系异议之诉，即便并未对既有的亲子关系产生影响，也可能会影响家庭关系的和谐稳定。因此，我国《民法典》严格限制了提起亲子关系异议之诉的主体范围。另一方面，提起亲子关系异议之诉需要具有正当理由。不论是父或者母提起的亲子关系异议之诉，还是成年子女提起的亲子关系异议之诉，都需要具有正当理由，在缺乏正当理由的前提下，当事人不得随意提起此类诉讼，这也在一定程度上限定了提起亲子关系异议之诉的条件。

2. 父或者母作为提起诉讼主体的亲子关系异议之诉

《民法典》第 1073 条第 1 款规定："对亲子关系有异议且有正当理由的，父或者母可以向人民法院提起诉讼，请求确认或者否认亲子关系。"该款规定确立了父或者母作为提起诉讼主体的亲子关系异议之诉，从实践来看，此种诉讼主要发生在子女出生后被抱错、子女被社会福利机构领养或者因其他原因导致父母和子女离散的情形。[1] 从该条规定来看，有权提起此种诉讼的主体限于"父或者母"，其他主体无权提起此种诉讼。父或者母作为提起诉讼主体的亲子关系诉讼包括两类：一是确认亲子关系，即父或者母主张其与相关主体之间存在自然血亲的父母子女关系。二是否认亲子关系，即父或者母主张其与相关主体之间不存在自然血亲的父母子女关系。问题在于，父或者母在提起亲子关系异议之诉时，能否主张确认或者否认其子女与他人具有亲子关系？例如，母亲能否主张，某人与其子女之间具有自然血亲的亲子关系？从《民法典》第1073 条规定来看，只要父或者母对亲子关系有异议且有正当理由的，均可通过诉讼请求确认或者否认亲子关系，因此，在上述情形下，母亲应当有权主张确认或者否认其子女与他人的自然血亲关系。例如，在生父不愿意认可亲子关系的情形下，生母可以提起诉讼，主张确认生父与其子女之间存在亲子关系。[2] 同理，在有正当理由的情形下，父或者母也应当有权提起否认其子女与他人存在亲子关系的诉讼。

---

〔1〕 参见最高人民法院民法典贯彻实施工作领导小组主编：《中华人民共和国民法典婚姻家庭编继承编理解与适用》，北京，人民法院出版社 2020 年版，第 222 页。

〔2〕 参见最高人民法院民法典贯彻实施工作领导小组主编：《中华人民共和国民法典婚姻家庭编继承编理解与适用》，北京，人民法院出版社 2020 年版，第 222 页。

父或者母提起确认亲子关系异议之诉必须符合一定的条件，具体而言：

（1）父或者母对亲子关系有异议，即父或者母认为既存的亲子关系是错误的。具体而言，在确认亲子关系的情形下，父或者母认为子女与他人的亲子关系是错误的，而主张自己与子女之间具有自然血亲的亲子关系；在否认亲子关系的情形下，父或者母认定自己与子女之间的亲子关系是错误的，并主张自己与子女之间不具有自然血亲的亲子关系。

（2）必须具有正当理由。父或者母在提起亲子关系异议之诉时，应当具有正当理由，这也是为了对当事人提起此种诉讼进行限制，其目的在于维持夫妻关系、家庭关系的和谐稳定。但此处的正当理由包括哪些理由，《民法典》并没有作出明确规定，这就需要法院在个案中进行具体判断。由于亲子关系的确认和否认将会对当事人的人身关系产生重大影响，并直接影响家庭关系的和谐、稳定，因此，法院在个案中具体判断当事人的请求是否有正当理由时，应当对当事人所提交的证据进行严格审核和认定。[1] 一般而言，在确认亲子关系的情形下，当事人应当提供亲子鉴定报告等足以证明当事人之间存在血缘关系的证据；而在否认亲子关系的情形下，当事人也应当提供相对充分的证据，如夫妻一方没有生育能力，夫妻之间没有同居，或者妻子在受胎期间并未与丈夫同居，或者当事人能够提供否定亲子关系的亲子鉴定报告等。

在父或者母提起亲子关系异议之诉时，其虽然能够提供一定的证据，但如果该证据并不足以确认或者否定相关的亲子关系，这就需要做亲子鉴定以最终确定相关的亲子关系是否存在，在此情形下，如果父或者母另一方拒绝做亲子鉴定，则可能使得法官无法判断相关亲子关系是否存在。为解决这一困境，《民法典婚姻家庭编司法解释（一）》第39条规定："父或者母向人民法院起诉请求否认亲子关系，并已提供必要证据予以证明，另一方没有相反证据又拒绝做亲子鉴定的，人民法院可以认定否认亲子关系一方的主张成立。父或者母以及成年子女起诉请求确认亲子关系，并提供必要证据予以证明，另一方没有相反证据又拒绝做亲子鉴定的，人民法院可以认定确认亲子关系一方的主张成立。"依据该规定，在父或者母一方主张确认或者否定相关的亲子关系并已提供必要的证据时，如果另一方无相反的证据否认该主张，且拒绝做亲子鉴定的，则将产生对自己不利的后果，即人民法院可以认定提起诉讼的一方确认或者否认亲子关系的主张成立。

案例 3-8

【基本案情】

杨某（男）与张某（女）为夫妻关系，二人婚后育有一子杨小某。在二人结婚后，杨某经常听到张某与刘某有不正当关系的传闻，有人甚至说杨小某并非杨某与张

---

〔1〕 参见最高人民法院民法典贯彻实施工作领导小组主编：《中华人民共和国民法典婚姻家庭编继承编理解与适用》，北京，人民法院出版社 2020 年版，第 223-224 页。

某所生，而是张某与刘某所生。在杨小某长到 2 岁后，杨某越来越觉得杨小某与其长得不像，反而与刘某有几分相似。杨某为此与张某多次发生争吵，张某也承认其在婚后与刘某保持不正当关系。后杨某要求带杨小某做亲子鉴定，但张某予以拒绝。杨某诉至法院，请求张某返还其为抚养杨小某而支付的抚养费，并请求张某承担精神损害赔偿责任。

【裁判结果】

法院认为，做亲子鉴定能够确认杨某与杨小某的身份关系，便于彻底解决纠纷，但张某在法院告知败诉风险的情况下，仍不予配合，张某应承担败诉的后果。法院据此认为，杨某对杨小某无抚养责任和义务，张某应返还抚养费，因张某不忠实于夫妻感情，给杨某造成精神损害，应赔偿精神抚慰金。

3. 成年子女作为提起诉讼主体的亲子关系异议之诉

《民法典》第 1073 条第 2 款规定："对亲子关系有异议且有正当理由的，成年子女可以向人民法院提起诉讼，请求确认亲子关系。"该条对成年子女作为提起诉讼主体的亲子关系异议之诉作出了规定。从该条规定来看，有权提起此种诉讼的主体为"成年子女"，一方面，有权提起此类诉讼的主体限于子女，即对亲子关系存在异议的子女，其他主体无权提起此种诉讼。另一方面，有权提起此种诉讼的子女限于成年子女，未成年子女无权提起此种诉讼。如果未成年人主张确认亲子关系，可以由其父或者母提出请求。

从《民法典》第 1073 条第 2 款规定来看，成年子女在提起亲子关系异议之诉时，仅能主张确认亲子关系，而不能主张否认亲子关系。法律作出此种限定的主要目的是为了防止成年子女通过提起亲子关系否认之诉逃避其对父母的赡养义务，尤其是在父母已经对子女尽了抚养义务的情形，允许成年子女提起否认亲子关系之诉，将有违社会主义核心价值观。[1] 本书认为，对成年子女提起亲子关系异议之诉的请求作出限制具有一定的合理性，也具有其实践基础，但严格地说，完全排除成年子女的亲子关系否认之诉并不妥当，主要理由在于：一方面，父母赡养问题并不应当成为排除成年子女亲子关系否认之诉的理由，因为在子女提起否认亲子关系的诉讼后，如果最终认定双方存在亲子关系，则子女并不能据此逃避其赡养义务；反之，如果最终认定双方不存在亲子关系，则双方本就不存在赡养的权利义务关系，此时，父母的赡养问题更不应当成为否定成年子女提出此类诉讼的理由。另一方面，在成年子女有正当理由（如能够提供否认亲子关系的亲子鉴定报告）的情形下，完全排除其亲子关系否认之诉并不妥当，而且即便不允许其提出否认亲子关系的诉讼，其他主体（如该成年子女的生父母）也可以提出亲子关系确认或者否认之诉，同样达到否定该成年子女既存亲子关系的目的。至于对该成年子女已经支出的抚养费，属于另一种法律关系，可以通过不

---

[1] 参见黄薇主编：《中华人民共和国民法典婚姻家庭编解读》，北京，中国法制出版社 2020 年版，第 158 页。

当得利等制度予以解决，更不应当成为排除成年子女提出亲子关系否认之诉的理由。

与父或者母提起的亲子关系异议之诉类似，成年子女在提起亲子关系异议之诉时，也应当有正当理由，这也是为了对成年子女提出此类诉讼进行必要的限制。关于正当理由的类型和范围，《民法典》也没有作出明确规定，需要法官在个案中具体认定，关于正当理由的具体判断，前文已经说明，此处不再赘述。在成年子女提起确认亲子关系的诉讼时，即便其能够提供必要的证据，但该证据可能无法确认相关亲子关系存在，这就需要父或者母配合做亲子鉴定，但如果父或者母拒绝做亲子鉴定，将无法最终确定是否存在亲子关系。为此，《民法典婚姻家庭编司法解释（一）》第 39 条第 2 款规定："父或者母以及成年子女起诉请求确认亲子关系，并提供必要证据予以证明，另一方没有相反证据又拒绝做亲子鉴定的，人民法院可以认定确认亲子关系一方的主张成立。"依据该规定，在成年子女提起确认亲子关系的诉讼时，另一方没有相反证据又拒绝做亲子鉴定的，也将产生对其不利的后果，即人民法院可以认定成年子女确认亲子关系的主张成立。

三、拟制血亲的父母子女关系

如前所述，拟制血亲的父母子女关系包括两种：一是有抚养教育关系的继父母子女关系，二是基于收养而形成的养父母子女关系。就养父母子女关系而言，我国《民法典》婚姻家庭编第五章专门规定了"收养"，其中规定了养父母子女关系，本书将在后文详细阐释，此处所探讨的拟制血亲的父母子女关系仅限于继父母子女关系。

（一）继父母子女关系概述

继父母是指子女的母亲或者父亲再婚的配偶。关于继子女的概念，学理上存在不同的观点，一种观点认为，继子女是妻对夫与前妻所生子女或夫对妻与前夫所生的子女的称谓。[1] 按照此种观点，继子女必须是夫妻一方在之前婚姻关系存续期间所生子女，即必须是婚生子女。另一种观点认为，继子女是指配偶一方对另一方与前配偶或其他男子或者女子所生的子女。[2] 按照此种观点，继子女并不当然是婚生子女，非婚生子女也可以成为继子女。本书认为，后一种观点更为合理，因为成为继子女的核心要件是该子女并非夫妻双方所生，而是夫妻一方在结婚前与他人所生子女，至于该子女受胎或者出生时其生父母之间是否存在婚姻关系，并不会对其继子女身份的认定产生影响。继子女与继父母之间属于拟制血亲关系，二者之间并不存在自然血亲关系。

我国民事立法历来重视对继父母子女关系的调整。1950 年《婚姻法》第 16 条规定："夫对于其妻所抚养与前夫所生的子女或妻对于其夫所抚养与前妻所生的子女，不

---

〔1〕　参见杨大文主编：《亲属法与继承法》，北京，法律出版社 2013 年版，第 189 页；马忆南：《婚姻家庭继承法学》，北京，北京大学出版社 2014 年版，第 158 页；

〔2〕　参见余延满：《亲属法原论》，北京，法律出版社 2007 年版，第 430 页。

得虐待或歧视。"这就明确了继子女在家庭关系中的地位，并且强调不得虐待和歧视继子女。1980 年《婚姻法》第 21 条规定："继父母与继子女间，不得虐待或歧视。继父或继母和受其抚养教育的继子女间的权利和义务，适用本法对父母子女关系的有关规定。"该条明确使用了继父母、继子女的概念，除强调不得虐待和歧视继子女外，还规定了具有抚养关系的继父母子女适用父母子女关系的法律规则，这就进一步明确了继子女在家庭关系中的法律地位。2001 年《婚姻法》第 27 条规定："继父母与继子女间，不得虐待或歧视。继父或继母和受其抚养教育的继子女间的权利和义务，适用本法对父母子女关系的有关规定。"该条延续了 1980 年《婚姻法》第 21 条的规定，该规则也被《民法典》婚姻家庭编所沿袭。《民法典》第 1072 条规定："继父母与继子女间，不得虐待或者歧视。继父或者继母和受其抚养教育的继子女间的权利义务关系，适用本法关于父母子女关系的规定。"该条延续了前几部《婚姻法》的规则，明确了继子女在家庭关系中的地位。

从前述立法发展过程可以看出，我国民事立法历来强调对继子女的保护，强调不得虐待或者歧视继子女，但由于我国封建社会的历史较为悠久，许多人仍然秉持传统观念，继子女的地位并未得到应有的保障。从实践来看，继父母虐待和歧视继子女的现象仍时有发生。例如，有的继父母随意体罚继子女，或者剥夺继子女受教育的权利。因此，《民法典》第 1072 条再次重申，"继父母与继子女间，不得虐待或者歧视"，该规则包含如下两方面的含义：一是继父母和继子女之间不得虐待。从实践来看，除前述继父母虐待继子女的现象外，还存在继子女虐待继父母的现象，尤其是在继子女为成年子女的情形下，在继父母年老后，继子女也可能虐待继父母。因此，《民法典》专门规定继父母和继子女间不得虐待。二是继父母和继子女间不得歧视。一般而言，此种歧视主要是继父母对继子女的歧视。从《民法典》第 1072 条规定来看，继父母和继子女间不得虐待和歧视的规则适用于所有继父母子女关系，也就是说，不论继父母子女间是否形成拟制血亲的父母子女关系，其相互之间均不得虐待和歧视。

（二）继父母子女关系的类型

继父母子女关系成立后，将在继父母子女之间成立直系姻亲关系，但并非所有的继父母子女关系均可形成拟制血亲的父母子女关系，从我国《民法典》的规定来看，以继父母子女之间关系的性质为标准，可以将继父母子女关系区分为如下两种：

（1）纯粹的直系姻亲关系。对继父母子女关系而言，纯粹的直系姻亲关系主要包括如下两种情形：一是在继父母子女关系成立时，继子女已经成年并且已经独立生活，此时，继父母并未直接抚养教育继子女，二者之间并不成立拟制血亲的父母子女关系。二是在继父母子女关系成立时，继子女虽然并未成年，并未独立生活，但如果其并未受继父母的抚养教育，则二者之间也不成立拟制血亲的父母子女关系，而仍然属于纯粹的直系姻亲关系。对纯粹的直系姻亲关系而言，继父母与继子女之间并不存在法律上的权利义务关系。

（2）拟制血亲的父母子女关系。继父母子女之间也可能成立拟制血亲的父母子女关系，其也包括如下两种情形：

第一，继父母收养继子女的。在继父母收养继子女的情形下，将在继父母与继子女之间形成养父母子女关系，其在性质上属于拟制血亲的父母子女关系。依据《民法典》第1111条第2款的规定，"养子女与生父母以及其他近亲属间的权利义务关系，因收养关系的成立而消除"，而在继父母收养继子女的情形下，上述规则的适用存在一定的特殊性，因为在继父母收养继子女的情形下，继子女通常会与其生父或者生母一方共同生活，因此，其与其共同生活的生父或者生母及其近亲属之间的权利义务关系仍然存在。[1] 当然，在继父母收养继子女的情形下，继子女与不与其共同生活的生父或者生母及其他近亲属之间的权利义务关系将因收养关系的成立而消除。

第二，继父母抚养教育继子女的。依据《民法典》第1072条，如果继父母与继子女之间形成抚养教育关系，则将在二者之间形成拟制血亲的父母子女关系。如果继父母与继子女之间不存在抚养教育关系，且继父母没有收养继子女的，则二者之间属于纯粹的直系姻亲关系，而不成立拟制血亲的父母子女关系。

关于如何判断继父母与继子女之间是否形成抚养教育关系，《民法典》并未作出明确规定，理论上对此存在不同的观点。例如，有观点认为，继父母对继子女抚养教育达5年以上的，才可被认定为成立抚养教育关系。[2] 再如，有学者主张，如果继子女与继父母长期共同生活，继父或者继母负担了继子女部分或者全部生活费和教育费，或者继子女的生活费和教育费虽然主要由其生父或者生母负担，但其与继父或者继母长期共同生活，并受继父或者继母生活上的照料，则可以认定继父母与继子女之间形成了抚养教育关系。[3] 还有观点认为，主要应当以继父母是否负担了继子女全部或者部分生活费和教育费作为判断标准。[4] 上述观点均有一定的合理性，鉴于《民法典》没有对抚养教育关系的判断标准作出明确规定，为准确判断继父母与继子女之间是否存在抚养教育关系，《民法典婚姻家庭编司法解释（二）》第18条规定："对民法典第一千零七十二条中继子女受继父或者继母抚养教育的事实，人民法院应当以共同生活时间长短为基础，综合考虑共同生活期间继父母是否实际进行生活照料、是否履行家庭教育职责、是否承担抚养费等因素予以认定。"此外，需要指出的是，继父母与继子女之间形成抚养教育关系并不以继子女为未成年人为条件，即便继子女已经成年，但如果其并没有独立生活能力，其与继父母子女之间仍然可以成立抚养教育关系。

---

〔1〕 参见余延满：《亲属法原论》，北京，法律出版社2007年版，第431页。

〔2〕 参见王歌雅：《扶养与监护纠纷的法律救济》，北京，法律出版社2001年版，第89页。

〔3〕 参见张伟、赵江红主编：《亲属法学》，北京，中国政法大学出版社2009年版，第187页。

〔4〕 参见余延满：《亲属法原论》，北京，法律出版社2007年版，第432页。

（三）继父或者继母和受其抚养教育的继子女间的权利义务关系，适用《民法典》关于父母子女关系的规定

依据《民法典》第 1072 条的规定，继父或者继母和受其抚养教育的继子女间的权利义务关系，适用《民法典》关于父母子女关系的规定，所谓适用父母子女关系的规定，是指《民法典》关于父母子女权利义务关系的规定，均可适用于继父母子女关系。具体而言，继父母享有抚养、教育和保护继子女的权利，也负担抚养、教育和保护继子女的义务，同时，继父母也享有接受成年继子女赡养的权利。继子女则享有接受继父母抚养、教育、保护的权利，负有赡养、扶助、保护继父母的义务，并尊重继父母婚姻权利的义务。此外，依据《民法典》第 1127 条的规定，第一顺序的继承人包括配偶、子女、父母，此处的"子女"包括婚生子女、非婚生子女、养子女和有扶养关系的继子女，"父母"则包括生父母、养父母和有扶养关系的继父母。可见，继父母子女之间也相互享有继承遗产的权利，而且二者互为第一顺序继承人。当然，继父母子女之间要互为第一顺序的继承人，要求在继承事实发生时，双方仍存在扶养关系，否则，即便当事人之间曾经存在过扶养关系，但在继承事实发生时该扶养关系已经终止的，则双方不得主张互为第一顺序继承人。

案例 3-9

【基本案情】

张某（男）与陈某（女）婚后育有一子陈小某，在陈小某 2 岁时，张某因病去世，陈某便与孙某结婚，陈小某随二人共同生活。陈某在与孙某结婚 7 年后，二人感情破裂，办理了离婚登记。之后，9 岁的陈小某一直随陈某生活。陈小某在成年后一直在国外生活，后孙某因病去世，陈小某得知后，认为其与孙某之间为继父母子女关系，因此主张继承孙某的遗产。孙某的其他子女则主张，在陈某与孙某离婚后，陈小某一直未跟随孙某生活，双方的继父母子女关系已经终止，陈小某无权继承孙某的遗产。双方为此发生争议。

【裁判结果】

法院认为，在认定继父母子女之间是否享有继承权时，应当以当事人之间是否形成扶养关系为判断标准，确定是否形成扶养关系应以继承实际发生时为节点。本案中，陈小某 2 岁时，因生母陈某与被继承人孙某结婚，确实与孙某共同生活，形成事实上的继父子关系。后陈某与孙某协议离婚，双方在离婚协议中明确约定时年 9 岁的陈小某由陈某继续抚养，孙某不再承担抚养费用。陈某成年后主要在国外生活，也未对孙某尽过赡养义务。在此情形下，法院认为孙某不再继续抚养是对原已形成的抚养事实的终止，孙某与陈小某之间的继父子关系视为解除，陈小某对被继承人孙某的遗产不享有继承权。

需要指出的是，虽然具有抚养教育关系的继父母子女之间成立拟制血亲的父母子女关系，适用父母子女关系的规则，但与养父母子女关系不同，继子女与其生父或者生母之间的父母子女关系并不因此种拟制血亲的父母子女关系的成立而消除。也就是说，在此种情形下，继子女和其生父母、继父母之间形成了双重的权利义务关系，继子女与其生父母以及继父母之间的关系都适用《民法典》关于父母子女关系的规定。[1]

四、祖父母、外祖父母与孙子女、外孙子女关系

（一）祖父母、外祖父母与孙子女、外孙子女关系概述

《民法典》第 1074 条规定："有负担能力的祖父母、外祖父母，对于父母已经死亡或者父母无力抚养的未成年孙子女、外孙子女，有抚养的义务。有负担能力的孙子女、外孙子女，对于子女已经死亡或者子女无力赡养的祖父母、外祖父母，有赡养的义务。"该条对祖父母、外祖父母与孙子女、外孙子女之间的抚养义务和赡养义务作出了规定。我国已经步入人口老龄化社会，但在现阶段，完全依靠社会力量还不足以承担起对老人的扶养义务；同时，对父母已经死亡或者无力抚养的未成年人而言，社会福利机构等也无法完全负担其抚养义务。《民法典》婚姻家庭编对祖父母、外祖父母与孙子女、外孙子女之间的抚养义务和赡养义务作出规定，目的也是为了更好地发挥家庭在赡养老人、抚养未成年人方面的作用。

祖父母、外祖父母与孙子女、外孙子女之间的关系属于家庭关系的重要组成部分。依据《民法典》第 1045 条的规定，家庭成员包括配偶、父母、子女和其他共同生活的近亲属，而除了配偶、父母、子女外，近亲属还包括兄弟姐妹、祖父母、外祖父母、孙子女、外孙子女。可见，除夫妻关系和父母子女关系外，家庭关系还包括其他家庭成员之间的关系，其中就包括祖父母、外祖父母与孙子女、外孙子女之间的关系。因此，我国《民法典》婚姻家庭编在"家庭关系"一章中对祖父母、外祖父母与孙子女、外孙子女之间的关系作出了规定。

祖父母、外祖父母与孙子女、外孙子女之间属于直系血亲关系，一般而言，子女由其父母抚养，而祖父母、外祖父母则由其子女赡养，因此，祖父母、外祖父母与孙子女、外孙子女之间通常没有直接的扶养关系。但在特殊情况下，如果孙子女、外孙子女的父母无法履行抚养义务，或者祖父母、外祖父母的子女无力履行赡养义务，则可能在祖父母、外祖父母与孙子女、外孙子女之间产生一定的抚养义务与赡养义务。需要指出的是，祖父母、外祖父母与孙子女、外孙子女之间的隔代抚养与赡养属于例外情形下的抚养义务和赡养义务，其必须以法律明确规定为前提，而且必须符合法律规定的条件。

---

〔1〕 参见黄薇主编：《中华人民共和国民法典婚姻家庭编解读》，北京，中国法制出版社 2020 年版，第 156 页。

《民法典》婚姻家庭编对祖父母、外祖父母与孙子女、外孙子女之间的关系作出规定，可以说是我国民事立法经验的一种继受和总结。我国1950年《婚姻法》并未对祖父母、外祖父母与孙子女、外孙子女的权利义务关系作出规定。1980年《婚姻法》对此作出了规定，该法第22条规定："有负担能力的祖父母、外祖父母，对于父母已经死亡的未成年的孙子女、外孙子女，有抚养的义务。有负担能力的孙子女、外孙子女，对于子女已经死亡的祖父母、外祖父母，有赡养的义务。"该条确立了祖父母、外祖父母与孙子女、外孙子女相互间负担抚养义务与赡养义务的基本规则，但从该条规定来看，其所规定的隔代直系血亲间抚养义务和赡养义务的条件较为严格，即有负担能力的祖父母、外祖父母只有在孙子女、外孙子女的父母已经死亡时，其才负有抚养义务；相应地，有负担能力的孙子女和外孙子女也只对子女已经死亡的祖父母、外祖父母负担赡养义务，其并没有考虑到孙子女、外孙子女的父母以及祖父母、外祖父母的子女无力履行抚养义务和赡养义务的情形。2001年《婚姻法》对此作出了调整，适当放宽了隔代直系血亲间抚养义务和赡养义务的条件，该法第28条规定："有负担能力的祖父母、外祖父母，对于父母已经死亡或父母无力抚养的未成年的孙子女、外孙子女，有抚养的义务。有负担能力的孙子女、外孙子女，对于子女已经死亡或子女无力赡养的祖父母、外祖父母，有赡养的义务。"该规则也被《民法典》婚姻家庭编所沿袭。

（二）祖父母、外祖父母对孙子女、外孙子女的抚养义务

《民法典》第1074条第1款规定："有负担能力的祖父母、外祖父母，对于父母已经死亡或者父母无力抚养的未成年孙子女、外孙子女，有抚养的义务。"该款规定了祖父母、外祖父母对孙子女、外孙子女的抚养义务，此种抚养义务的义务主体限于祖父母、外祖父母，权利人限于孙子女、外孙子女，如果有多个孙子女、外孙子女需要抚养，而祖父母、外祖父母又没有足够的负担能力同时抚养所有的孙子女、外孙子女时，则应当优先抚养经济状况和身体状况最差的孙子女、外孙子女。[1] 依据该规定，祖父母、外祖父母对孙子女、外孙子女负担抚养义务需要具备如下条件：

第一，祖父母、外祖父母必须具有负担能力。只有祖父母、外祖父母有负担能力，其才对孙子女、外孙子女负有抚养义务，如果祖父母、外祖父母本身都难以维持基本生活，则不应当课以其抚养孙子女、外孙子女的义务。关于何为有负担能力，《民法典》并没有作出明确规定，一般认为，祖父母、外祖父母有负担能力是指其已有财产和收入除能够满足其自身和其第一顺序扶养权人的合理生活外，仍然有剩余财产，此处的第一顺序扶养权人包括需要扶养的配偶、未成年的亲生子女、养子女和有抚养关系的继子女、不能独立生活的成年子女以及需要赡养的父母等人。[2]

第二，孙子女、外孙子女为未成年人。《民法典》第17条规定："十八周岁以上的

---

〔1〕 参见胡康生主编：《中华人民共和国婚姻法释义》，北京，法律出版社2001年版，第117页。

〔2〕 参见马忆南：《婚姻家庭继承法学》，北京，北京大学出版社2014年版，第187页。

自然人为成年人。不满十八周岁的自然人为未成年人。"也就是说,孙子女、外孙子女必须未满18周岁。《民法典》要求祖父母、外祖父母抚养义务中的孙子女、外孙子女必须是未成年人,也体现了严格限制祖父母、外祖父母此种抚养义务的立场,因为从《民法典》第1067条关于父母抚养义务的规定来看,如果成年子女没有独立生活能力,则父母仍然负有抚养义务,而祖父母、外祖父母抚养义务的对象限于未成年的孙子女、外孙子女,也就是说,如果孙子女、外孙子女已经成年,则即便其没有独立生活能力,客观上需要被抚养,祖父母、外祖父母也不对其负有法定的抚养义务。

第三,孙子女、外孙子女的父母已经死亡或者无力抚养。此处孙子女、外孙子女的抚养人已经死亡既包括自然死亡,也包括宣告死亡,因为在宣告死亡的情形下,孙子女、外孙子女也将失去其父母的抚养,在这方面与自然死亡并不存在差别。当然,如果孙子女、外孙子女的父母在被宣告死亡后重新出现,且具有抚养能力的,则祖父母、外祖父母并不负有此种抚养义务。所谓孙子女、外孙子女的父母无力抚养,是指孙子女、外孙子女的父母不能以自己的收入满足子女的基本抚养费用,如不能满足子女基本的生活费用、医疗费用和教育费用的支出。当然,本书认为,此处的无力抚养虽然主要是指孙子女、外孙子女的父母没有足够的经济能力抚养子女,但其也应当包括其客观上没有抚养子女能力的其他情形,如孙子女、外孙子女的父母因为身体残疾,或者患有精神疾病等,不能照料子女的基本生活。

在符合上述条件的情形下,祖父母、外祖父母对孙子女、外孙子女即依法负有抚养义务,祖父母、外祖父母可以通过如下方式履行其抚养义务:一是与孙子女、外孙子女共同居住生活,直接抚养孙子女、外孙子女;二是祖父母、外祖父母通过给付抚养费或者其他扶助方式履行抚养义务。[1] 在祖父母、外祖父母不依法履行其抚养义务时,孙子女、外孙子女有权请求其支付抚养费用。

(三) 孙子女、外孙子女对祖父母、外祖父母的赡养义务

《民法典》第1074条第2款规定:"有负担能力的孙子女、外孙子女,对于子女已经死亡或者子女无力赡养的祖父母、外祖父母,有赡养的义务。"该款规定就孙子女、外孙子女对祖父母、外祖父母的赡养义务作出了规定。依据该条规定,孙子女、外孙子女负担此种赡养义务应当具备如下条件:

第一,孙子女、外孙子女有负担能力。关于如何判断孙子女、外孙子女有负担能力,《民法典》也没有作出明确规定,一般认为,孙子女、外孙子女有负担能力主要是指孙子女、外孙子女的已有财产和收入除了满足自己和其第一顺序扶养权人(配偶、子女、父母)的基本生活需求外,仍有剩余财产。[2] 在此情形下,即可认定孙子女、

---

〔1〕 参见黄薇主编:《中华人民共和国民法典婚姻家庭编解读》,北京,中国法制出版社2020年版,第163页。

〔2〕 参见最高人民法院民法典贯彻实施工作领导小组主编:《中华人民共和国民法典婚姻家庭编继承编理解与适用》,北京,人民法院出版社2020年版,第230页。

外孙子女有负担能力。

第二，祖父母、外祖父母需要赡养。如前所述，从《民法典》第 1067 条第 2 款规定来看，所谓需要赡养，是指祖父母、外祖父母缺乏劳动能力或者生活困难，即祖父母、外祖父母丧失劳动能力或者虽然未丧失劳动能力，但其财产和收入难以维持其基本生活。祖父母、外祖父母有赡养的必要是孙子女、外孙子女负担赡养义务的前提，如果祖父母、外祖父母并不存在生活困难，如祖父母、外祖父母依靠其退休金可以维持基本生活，则其孙子女、外孙子女并不负有此种赡养义务。

第三，祖父母、外祖父母的子女已经死亡或者子女无力赡养。祖父母、外祖父母的子女已经死亡既包括自然死亡，也包括宣告死亡。所谓无力赡养，是指祖父母、外祖父母的子女的财产和收入在负担自己和其第一顺序扶养权人的基本生活支出外，无力再负担其赡养费用。需要指出的是，由于法律规定孙子女、外孙子女负担此种赡养义务，主要是解决祖父母、外祖父母有赡养的必要而无人赡养的困境，因此，此处的"祖父母、外祖父母的子女已经死亡或者子女无力赡养"中的"子女"应当是指祖父母、外祖父母的所有子女，而不限于特定孙子女、外孙子女的父母，也就是说，即便特定孙子女、外孙子女的父母已经死亡或者没有赡养能力，但如果其祖父母、外祖父母尚有其他子女有赡养能力，能够满足祖父母、外祖父母的赡养需要，则孙子女、外孙子女并不负有此种赡养义务。

与前述祖父母、外祖父母抚养义务的履行方式类似，孙子女、外孙子女既可以与祖父母、外祖父母共同居住生活，直接履行赡养义务，也可以通过支付赡养费或者其他方式履行赡养义务。在孙子女、外孙子女不依法履行其赡养义务时，祖父母、外祖父母有权请求其支付赡养费。

五、兄弟姐妹关系

（一）兄弟姐妹关系概述

兄弟姐妹关系是重要的家庭关系类型。依据《民法典》第 1045 条的规定，兄弟姐妹也是家庭成员的重要组成部分，兄弟姐妹之间的关系也属于重要的家庭关系。因此，我国《民法典》婚姻家庭编在"家庭关系"一章中对兄弟姐妹的关系作出了规定。兄弟姐妹是同辈旁系血亲关系，也是关系最为亲近的同辈旁系血亲。依据《民法典》第 1127 条的规定，兄弟姐妹也互为第二顺序的法定继承人。虽然从现实来看，兄弟姐妹间相互扶养的情况较为常见，但一般而言，兄弟姐妹都由其父母抚养，其相互间并无扶养义务，但在特定情形下，兄弟姐妹间也可能存在法定的扶养义务，即必须符合法律规定的条件，才能认定其相互间负担扶养义务。

我国 1950 年《婚姻法》并未对兄弟姐妹关系作出规定，1980 年《婚姻法》开始调整兄弟姐妹间的关系，该法第 23 条规定："有负担能力的兄、姊，对于父母已经死亡或父母无力抚养的未成年的弟、妹，有抚养的义务。"该条对特定情形下兄、姐对弟、妹的扶养义务作出了规定。但该法并没有就弟、妹对兄、姐的扶养义务作出规定。在总结司法实践经验的基础上，2001年《婚姻法》第29条规定："有负担能力的兄、姐，对于父母已经死亡或父母无力抚养的未成年的弟、妹，有扶养的义务。由兄、姐扶养长大的有负担能力的弟、妹，对于缺乏劳动能力又缺乏生活来源的兄、姐，有扶养的义务。"该条不仅规定了特定情形下兄、姐对弟、妹的扶养义务，而且也对弟、妹对兄、姐的法定扶养义务作出了规定，体现了权利义务相一致的法律精神，也有利于构建尊老爱幼的家庭关系。这一规则也被《民法典》婚姻家庭编所继受，该法第1075条规定："有负担能力的兄、姐，对于父母已经死亡或者父母无力抚养的未成年弟、妹，有扶养的义务。由兄、姐扶养长大的有负担能力的弟、妹，对于缺乏劳动能力又缺乏生活来源的兄、姐，有扶养的义务。"与2001年《婚姻法》第29条相比，该条只是将原规定区分为两款，在内容方面并无变化。

要准确适用《民法典》婚姻家庭编关于兄弟姐妹关系的规则，首先需要明确兄弟姐妹的范围，《民法典》并没有对此作出规定，学理上对此存在不同观点。一种观点认为，此处的兄弟姐妹限于同父同母、同父异母、同母异父兄弟姐妹以及拟制血亲的兄弟姐妹，而不包括表兄弟姐妹，以及因姻亲关系所形成的兄弟姐妹，此处拟制血亲的兄弟姐妹是指养兄弟姐妹与继兄弟姐妹。[1] 另一种观点认为，此处的兄弟姐妹包括同父母的兄弟姐妹、同父异母或同母异父的兄弟姐妹、养兄弟姐妹和有扶养关系的继兄弟姐妹，所谓有扶养关系的继兄弟姐妹，是指继兄弟姐妹之间因为事实上的扶养关系而产生的一种拟制血亲。[2] 可见，学理上一般认为，表兄弟姐妹并不属于此处兄弟姐妹的范畴，而同父母、同父异母、同母异父兄弟姐妹、养兄弟姐妹属于此处兄弟姐妹的范畴，至于继兄弟姐妹能否纳入其中，学理上则存在一定的争议，有的观点主张继兄弟姐妹间必须有扶养关系，否则不属于此处的兄弟姐妹，而有的观点则并没有此种要求。按照立法者的观点，继兄弟姐妹间不论是否有扶养关系，均属于此处兄弟姐妹的范畴。[3]

（二）兄、姐对弟、妹的扶养义务

《民法典》第1075条第1款规定："有负担能力的兄、姐，对于父母已经死亡或者父母无力抚养的未成年弟、妹，有扶养的义务。"该款规定就兄、姐对弟、妹的扶养义务作出了规定，依据该规定，此种扶养义务的成立需要具备如下条件：

第一，兄、姐有负担能力。关于何种情况下可以认定兄、姐有扶养能力，《民法

---

〔1〕　参见最高人民法院民法典贯彻实施工作领导小组主编：《中华人民共和国民法典婚姻家庭编继承编理解与适用》，北京，人民法院出版社2020年版，第232页。

〔2〕　参见马忆南：《婚姻家庭继承法学》，北京大学出版社2014年版，第188页；杨大文主编：《亲属法与继承法》，北京，法律出版社2013年版，第238页。

〔3〕　参见黄薇主编：《中华人民共和国民法典婚姻家庭编解读》，北京，中国法制出版社2020年版，第166页。

典》没有作出明确规定，一般而言，其主要是指兄、姐的财产和收入除了满足自己和自己配偶、父母、子女的合理生活需要外，还有扶养弟、妹的能力。[1] 有观点认为，有负担能力的兄、姐必须已经成年。[2] 但从《民法典》第 1075 条规定来看，其并没有作出此种要求。

第二，弟、妹的父母已经死亡或者无抚养能力。此处的死亡包括自然死亡和宣告死亡，当然，此处的"父母已经死亡"应当解释为父母双方均已死亡或者虽然只有一方死亡，但另一方并不具有抚养能力，如果父母一方死亡而另一方仍然有抚养子女的能力，则兄、姐对弟、妹并不负有扶养义务。无抚养能力是指父、母双方均无抚养能力，即父母双方缺乏抚养子女的经济能力，或者存在其他无法抚养子女的情况。

第三，弟、妹未成年。依据《民法典》第 1075 条，只有弟、妹未成年时，兄、姐才有可能对其负担法定的扶养义务。如果弟、妹已成年，则即便其没有独立生活能力，兄、姐也不负有法定的扶养义务。

在具备上述条件的情形下，兄、姐应当依法履行其扶养义务，如果需要扶养的弟、妹有负担能力的兄、姐有多个，则应当根据其经济状况共同负担扶养弟、妹的义务。兄、姐不履行其法定扶养义务的，弟、妹有权通过诉讼的方式请求其履行。

（三）弟、妹对兄、姐的扶养义务

《民法典》第 1075 条第 2 款规定："由兄、姐扶养长大的有负担能力的弟、妹，对于缺乏劳动能力又缺乏生活来源的兄、姐，有扶养的义务。"该款规定就弟、妹对兄、姐的扶养义务作出了规定，依据该规定，此种扶养义务的成立需要具备如下条件：

第一，弟、妹有负担能力。此处有负担能力是指弟、妹的财产和收入除满足自己和配偶、父母、子女的合理生活需求外，仍然有扶养兄、姐的能力。如果弟、妹本身不具备负担能力，则不负有此种扶养义务。

第二，弟、妹由兄、姐扶养长大。一般认为，弟、妹由兄、姐扶养长大，是指弟、妹长期全部或者主要依靠兄、姐提供的扶养费用，直到自己能够以自己的收入为主要生活来源。[3] 从《民法典》第 1075 条第 2 款规定来看，其并没有要求弟、妹必须已经成年。当然，按照权利义务对等原则，弟、妹仅对扶养其长大的兄、姐负有扶养义务，对其他兄、姐并不具有扶养义务。

第三，兄、姐缺乏劳动能力又缺乏生活来源。弟、妹要对兄、姐负担扶养义务，还需要兄、姐有被扶养的必要，依据《民法典》第 1075 条第 2 款的规定，此种有被扶

---

〔1〕 参见马忆南：《婚姻家庭继承法学》，北京，北京大学出版社 2014 年版，第 188 页。
〔2〕 参见张伟主编：《家事法学》，北京，法律出版社 2016 年版，第 200 页。
〔3〕 参见马忆南：《婚姻家庭继承法学》，北京，北京大学出版社 2014 年版，第 188 页。

养的必要是指兄、姐缺乏劳动能力又缺乏生活来源。所谓缺乏劳动能力，是指兄、姐丧失劳动能力，或者虽然未丧失劳动能力，但无法以自己的劳动收入满足基本生活需要。所谓缺乏生活来源，是指兄、姐没有经济来源，无法维持基本生活。需要指出的是，只有上述两个条件同时具备，才能认定兄、姐有被扶养的必要。例如，如果兄、姐虽然缺乏劳动能力，但依靠其子女的赡养能够维持基本生活，则其弟、妹并不负有扶养义务；反之，兄、姐虽然缺乏生活来源，但如果兄、姐能够依靠其劳动收入维持基本生活，则弟、妹也不负有扶养义务。

除上述条件外，按照立法者的观点，弟、妹对兄、姐负担扶养义务还要求兄、姐没有第一顺序的扶养义务人，或者虽然有第一顺序的扶养义务人但该扶养义务人没有扶养能力。[1] 本书认为，从《民法典》第 1075 条第 2 款规定来看，其并没有作出此种额外要求；同时，在兄、姐有第一顺序扶养义务人且该扶养义务人有扶养能力时，可以认定兄、姐并不缺乏生活来源，此时也当然可以排除弟、妹的扶养义务。即便兄、姐第一顺序的扶养义务人不履行扶养义务，导致其客观上缺乏生活来源的，其也可以通过诉讼的方式主张扶养费用，从而满足其被扶养的需求，因此，此种情形下同样应当排除弟、妹对兄、姐的扶养义务。

本章思考题

1. 简述夫妻日常家事代理权。
2. 简述法定夫妻财产制的内涵。
3. 简述我国夫妻共同财产的范围。
4. 简述我国父母子女间权利义务的主要内容。
5. 案例分析

张某（男）与王某（女）结婚，在结婚之前，张某创作完成了一部长篇小说，但由于一直未联系到出版社，该书未能出版。两人结婚后，王某利用自己在出版社工作的便利，为张某办妥了出版事宜，并组织了该书的宣传和销售。该书上市后，为张某带来了近 10 万元的稿酬。后双方夫妻感情开始出现裂痕，张某以与王某性格不合为由提出离婚，王某同意离婚，但要求依法分割包括张某近 30 万元稿酬在内的夫妻共同财产。张某认为，虽然该书的稿酬是在婚后取得的，但该书是自己在婚前完成的智力成果，因此，稿酬应当属于其婚前的个人财产，不能作为共同财产加以分割。双方为此发生争议，诉至人民法院。

问：在该案中，张某在结婚之前基于创作行为而取得著作权，并在婚姻关系存续期间获得一定的收益，该收益究竟应当属于夫妻一方的财产？还是属于夫妻共同财产？

---

〔1〕　参见黄薇主编：《中华人民共和国民法典婚姻家庭编解读》，北京，中国法制出版社 2020 年版，第 168 页。

第四章 离 婚

【本章引例】

陈某为省级男子乒乓球运动员，其与某公司女职工张某于2021年2月结婚。2022年3月，张某生育一女，后张某辞职在家看管孩子。2023年5月，因与张某感情不和，陈某提出离婚，张某同意离婚，但二人就婚姻关系存续期间内取得的相关财产的分割问题无法达成一致意见。陈某向法院提起诉讼。法院审理后查明，二人在婚姻关系存续期间内主要取得了如下财产：一是二人共同存款100万元；二是二人使用工资收入购买了一套100平方米的房屋；三是在二人结婚时，陈某的父母赠与80平方米的房屋一套，但陈某父母明确表示将房屋赠与给陈某一人；四是陈某参加省级乒乓球比赛，获得金牌2块、银牌5块，并获得奖金10万元。

【简要评析】

该案涉及夫妻离婚时对夫妻关系存续期间内获得的财产的分割问题。在本案中，陈某与张某对于夫妻关系存续期间内获得财产的归属并没有特别约定，因此，应当基于《民法典》婚姻家庭编的有关规定依法分割相关财产。依据《民法典》第1062条第1款规定，对于双方在婚姻关系存续期间内取得的100万元存款，以及用工资购买的100平方米房屋，应当属于夫妻共同财产，在双方离婚时，原则上应当平均分割该100万元存款，就该100平方米住房，双方可以协商归一方所有，而由取得房屋的一方按照房屋的市场价值对另一方进行补偿。对于陈某父母赠与的80平方米住房，依据《民法典》第1063条规定，其属于"赠与合同中确定只归一方的财产"，该房屋应当属于陈某的个人财产，张某无权请求分割。对于陈某获得比赛奖金，依据《民法典》第1062条第1款规定，其属于夫妻共同财产，原则上应当由二人平分。而对于陈某所获得的比赛金牌和银牌，其具有特定的人身属性，应当属于陈某的个人财产。

第一节 离 婚 概 述

一、离婚的概念和特征

所谓离婚，是指在婚姻关系存续期间内，夫妻双方依据法律规定的条件和程序解除婚姻关系。在男女双方有共同生活的意愿时，其可以通过结婚这一方式组建家庭，而且婚姻关系一旦成立，即在当事人之间产生诸多财产上、身份上的权利义务关系。但当男女双方感情破裂时，法律也应当为当事人提供脱离婚姻关系的途径，这也正是离婚制度的功能之所在。离婚主要具有如下法律特征：

第一，离婚的前提是存在合法、有效的婚姻关系。离婚的前提是当事人之间存在合法、有效的婚姻关系，即一方面，当事人之间应当成立婚姻关系。如果当事人只是同居，并不成立事实婚或者法律婚，则不存在离婚的问题。对此，《民法典婚姻家庭编司法解释（一）》第3条规定："当事人提起诉讼仅请求解除同居关系的，人民法院不予受理；已经受理的，裁定驳回起诉。当事人因同居期间财产分割或者子女抚养纠纷提起诉讼的，人民法院应当受理。"依据该规定，在当事人之间只是同居，而不存在婚姻关系时，当事人无法像诉讼离婚一样通过诉讼的方式解除同居关系。当然，当事人可以就同居期间所得财产的分割或者子女抚养问题提起诉讼，但该诉讼在性质上并不属于离婚纠纷。另一方面，当事人之间的婚姻关系应当是合法、有效的婚姻关系，如果当事人之间的婚姻关系属于无效婚姻或者可撤销婚姻，则可以通过宣告婚姻无效或者撤销婚姻否定婚姻关系的效力，而不存在离婚的问题。当然，如果当事人之间的婚姻属于可撤销婚姻，但由于当事人未在法定期限内请求撤销婚姻等原因而使该婚姻转化为有效婚姻的，也可以适用离婚制度。

第二，离婚必须依据法定的条件和程序进行。为了维持婚姻关系的稳定性，《民法典》婚姻家庭编严格限制了离婚的条件，即只有符合法律规定的离婚条件，当事人才能通过协议或者诉讼的方式离婚。同时，与结婚类似，离婚也应当按照法定的程序进行，否则也无法产生离婚的法律效果。

第三，离婚的法律后果是使当事人之间的婚姻关系消灭。离婚所产生的最重要的法律后果是使当事人之间的婚姻关系消灭，即离婚将产生终止婚姻关系的法律后果。当然，除消灭婚姻关系外，离婚也会在当事人之间产生一些与婚姻关系消灭相关的权利义务关系，这些权利义务关系既包括人身关系，如离婚后，父母对于子女仍有抚养、教育、保护的权利和义务，也包括财产关系，如离婚时，夫妻共同债务应当共同偿还。

从我国《民法典》婚姻家庭编的规定来看，我国法律规定的离婚包括协议离婚与诉讼离婚两种类型，在这两种离婚制度中，当事人对离婚的态度不同，因此，其在适用条件、适用的法律程序等方面也存在较大差别，容后文详述。

二、离婚之后的复婚

所谓复婚，是指离婚后的男女重新和好，再次登记结婚，恢复婚姻关系。[1]离婚后，如果男女双方重新和好，愿意恢复婚姻关系的，则可以通过再次办理结婚登记的方式恢复婚姻关系。关于复婚，《民法典》第1083条规定："离婚后，男女双方自愿恢

---

〔1〕　参见黄薇主编：《中华人民共和国民法典婚姻家庭编解读》，北京，中国法制出版社2020年版，第204页。

复婚姻关系的，应当到婚姻登记机关重新进行结婚登记。"从该条规定来看，复婚应当具备如下条件：

第一，男女双方自愿。也就是说，在离婚后，男女双方均自愿恢复婚姻关系，如果只有一方愿意恢复婚姻关系，而另一方不愿意恢复婚姻关系，也无法实现复婚，当事人应当亲自作出同意复婚的意思表示，而不能由他人代为作出。同时，如果一方使用欺诈、胁迫等手段强迫对方复婚的，则受到欺诈或者胁迫的一方有权依法请求撤销婚姻关系。

第二，复婚应当办理结婚登记。依据《婚姻法》第35条的规定，复婚应当办理"复婚登记"，依据该规定，在复婚的情形下，当事人应当重新申请结婚登记。该条改变了修订前《婚姻登记条例》所规定的"复婚登记"规则，而要求当事人办理"结婚登记"，该规定与《民法典》第1083条规定具有一致性，具有合理性，主要理由在于：一方面，复婚虽然是恢复当事人之间的婚姻关系，但其本质上是当事人之间重新缔结婚姻关系，当事人复婚应当符合结婚的法定条件，复婚登记手续与结婚登记手续一致，其本质上是重新进行结婚登记。另一方面，从实践来看，当事人复婚的，其所取得的结婚证与初次结婚证是没有区别的，实践中并不存在复婚证，因此，修订后的《婚姻登记条例》将原条例中的"复婚登记"修改为"结婚登记"更为合理。

需要指出的是，当事人复婚的，应当办理结婚登记，在当事人办理结婚登记后，其婚姻关系即已恢复。如果夫妻双方离婚后，虽然感情重新和好，甚至已经选择同居，但如果当事人没有办理结婚登记，则无法恢复婚姻关系，发生相关的纠纷后，当事人之间的关系也只能按照同居关系处理，而不能认定当事人之间存在夫妻关系。

第三，当事人应当符合结婚的法定条件，并遵循结婚的法定程序。从《民法典》第1083条规定来看，当事人选择复婚的，应当办理结婚登记，这也意味着当事人复婚应当符合结婚的法定条件，而且办理登记时也应当按照结婚登记的程序进行，否则可能会导致婚姻关系不成立，或者使婚姻的效力产生瑕疵。

第二节　协议离婚

一、协议离婚的概念和意义

协议离婚，即夫妻双方自愿就离婚达成协议，并就子女抚养、财产以及债务的处理等事项达成协商一致，并经婚姻登记机关办理离婚登记而进行的离婚。《民法典》第1076条规定："夫妻双方自愿离婚的，应当签订书面离婚协议，并亲自到婚姻登记机关申请离婚登记。离婚协议应当载明双方自愿离婚的意思表示和对子女抚养、财产以及债务处理等事项协商一致的意见。"该条对协议离婚制度的基本规则作出了规定，除该条外，《民法典》第1077条与第1078条还分别对离婚冷静期以及婚姻登记机关对协议离婚查明的规则作出了规定。我国《婚姻法》已经对协议离婚制度作出了规定，该法第 31 条规定："男女双方自愿离婚的，准予离婚。双方必须到婚姻登记机关申请离婚。婚姻登记机关查明双方确实是自愿并对子女和财产问题已有适当处理时，发给离婚证。"与《婚姻法》的规定相比，《民法典》婚姻家庭编增加了两条规定，进一步丰富了协议离婚制度。

协议离婚制度是我国离婚制度的重要组成部分，我国《民法典》婚姻家庭编完善协议离婚制度主要具有如下意义：

第一，有利于充分尊重当事人的意愿，是婚姻自由原则的重要体现。我国婚姻法贯彻婚姻自由原则，即法律保障个人在决定婚姻事务方面的自由，在当事人愿意缔结婚姻关系时，《民法典》通过结婚的各项制度对个人的结婚自由予以保障。例如，在个人因欺诈或者胁迫而结婚时，《民法典》通过赋予受欺诈或者受胁迫一方请求撤销婚姻的权利，以保障其婚姻自由。同样，在当事人不愿继续维持婚姻关系时，法律也通过离婚制度为当事人解除婚姻关系提供法律保障，这也是协议离婚制度的重要功能。同时，与诉讼离婚制度相比，协议离婚制度允许当事人就离婚本身及相关事项达成合意，也能够更好地保障当事人在解除婚姻关系中的意愿。从这一意义上说，协议离婚制度也可以看作是婚姻自由原则的细化规定。

第二，有利于更好地解决离婚纠纷。与诉讼离婚制度相比，协议离婚制度允许当事人在离婚之前就离婚达成合意，这有利于当事人和平解决离婚纠纷，消除对立情绪，避免产生更大的矛盾和冲突；而且在协议离婚的情形下，婚姻登记机关并不审查当事人离婚的原因，这也有利于保护个人的隐私。[1]

第三，有利于保护各方主体的利益。一方面，协议离婚制度有利于保护婚姻当事人的利益，协议离婚制度允许当事人就离婚本身以及相关事项作出约定，有利于保障当事人在离婚事务中的意思自治。另一方面，协议离婚制度要求当事人在协议中对子女抚养问题作出约定，法院也会对此进行审查，这也有利于保护子女的利益。此外，当事人需要在协议中就债务的处理作出约定，这也有利于保护第三人的合法权益，降低债权人实现债权的成本。

二、协议离婚的条件

关于协议离婚的条件，《民法典》第 1076 条规定："夫妻双方自愿离婚的，应当签订书面离婚协议，并亲自到婚姻登记机关申请离婚登记。离婚协议应当载明双方自愿离婚的意思表示和对子女抚养、财产以及债务处理等事项协商一致的意见。"依据该条规定，协议离婚应当符合如下条件：

（1）当事人之间具有合法、有效的婚姻关系。当事人进行协议离婚的基本前提是

---

〔1〕　参见黄薇主编：《中华人民共和国民法典婚姻家庭编解读》，北京，中国法制出版社 2020 年版，第 170-171 页。

当事人之间存在合法、有效的婚姻关系，如果当事人之间的婚姻关系不成立（如属于同居关系），或者被宣告无效、被撤销，则不存在离婚的问题。同时，并非所有合法、有效的婚姻关系都能够通过协议离婚的方式解除，依据《婚姻登记条例》第 15 条的规定，当事人办理离婚登记的，应当提交本人的结婚证，可见，能够进行协议离婚的当事人限于依法办理了结婚登记的婚姻关系当事人。[1] 因此，当事人在申请协议离婚时，需要向婚姻登记机关提供结婚证，以证明其存在合法、有效的婚姻关系，否则将影响协议离婚程序的顺利进行。

（2）当事人具有完全民事行为能力。从《民法典》第 1076 条规定来看，其并没有对协议离婚当事人的民事行为能力作出要求，但依据《婚姻登记条例》第 14 条的规定，如果办理离婚登记的当事人为无民事行为能力人或者限制民事行为能力人，则婚姻登记机关对当事人的申请将不予受理。因此，婚姻一方当事人为无民事行为能力人或者限制民事行为能力人的，只能通过诉讼离婚的方式解除婚姻关系，而无法进行协议离婚。

（3）当事人双方自愿就离婚达成书面协议。首先，从《民法典》第 1076 条规定来看，协议离婚的当事人应当是"自愿离婚"，即当事人离婚的合意应当是自愿达成的，而不能是受到他人欺诈或者胁迫而达成的；同时，此处的自愿应当是双方自愿，如果只是一方自愿，而另一方是受欺诈或者受胁迫而与对方达成离婚合意，也不属于此处的自愿离婚。其次，离婚行为在性质上属于身份行为，当事人应当亲自就离婚事项达成合意，而不能由他人代理实施。此外，当事人应当就离婚签订书面离婚协议。从《民法典》第 1076 条规定来看，离婚协议具有要式性，即双方应当达成书面离婚协议，如果当事人只是就离婚达成合意，而没有形成书面协议，也无法进行协议离婚。依据《婚姻登记条例》第 14 条的规定，如果当事人未达成离婚协议的，婚姻登记机关对当事人的申请将不予受理。

按照私法自治原则，当事人虽然原则上可以自由约定离婚协议的内容，但为了保护子女和第三人的利益，《民法典》也对离婚协议的内容作出了规定，从《民法典》第 1076 条规定来看，离婚协议应当包括如下内容：一是双方当事人自愿离婚的意思表示，即当事人应当明确在协议中载明离婚的意思表示，这也是婚姻登记机关识别离婚协议的基本依据。如果当事人只是在协议中载明了子女抚养等内容，但没有明确记载离婚的意思表示，则很难被认定为离婚协议。二是子女抚养事项。为了保护子女的合法权益，法律要求当事人应当在协议中对子女抚养事项作出约定，如子女抚养费用、教育费用的分担问题、探望权的行使规则等。当事人在约定子女抚养事项时，应当按照有利于保护子女利益的原则进行。从实践来看，在订立离婚协议的过程中，为了取得直接抚养子女的权利，一方可能会在离婚协议中同意另一方在离婚后不负担子女抚

---

[1] 参见黄薇主编：《中华人民共和国民法典婚姻家庭编解读》，北京，中国法制出版社 2020 年版，第 172 页。

养费，该约定是否有效？依据《民法典婚姻家庭编司法解释（二）》第 16 条第 1 款规定，离婚协议中关于一方直接抚养未成年子女或者不能独立生活的成年子女、另一方不负担抚养费的约定，对双方具有法律约束力。但在离婚后，如果直接抚养子女一方的经济状况发生变化，导致原生活水平显著降低或者子女生活、教育、医疗等必要合理费用确有显著增加，则未成年子女或者不能独立生活的成年子女仍有权请求另一方支付抚养费。在此情形下，法院应当在综合考虑离婚协议整体约定、子女实际需要、另一方的负担能力、当地生活水平等因素的基础上，确定抚养费的数额。此外，依据该司法解释第 17 条规定，在双方离婚后，如果不直接抚养子女一方未按照离婚协议约定或者以其他方式作出的承诺给付抚养费，未成年子女或者不能独立生活的成年子女有权请求其支付欠付的抚养费。在不直接抚养子女的一方未按照约定支付抚养费的情形下，即便子女已经成年并能够独立生活，直接抚养子女的一方也仍有权请求另一方支付欠付的抚养费。三是财产及债务处理事项。夫妻离婚后，需要对夫妻共同财产进行分割，当事人应当清偿夫妻共同债务，当事人应当在离婚协议中对财产及债务处理事项作出约定。当然，夫妻双方在离婚协议中对财产及债务的处理不得不当影响夫妻任何一方债权人债权的实现，否则可能对该协议的效力产生一定的影响。对此，《民法典婚姻家庭编司法解释（二）》第 3 条规定："夫妻一方的债权人在证据证明离婚协议中财产分割条款影响其债权实现，请求参照适用民法典第五百三十八条或者第五百三十九条规定撤销相关条款的，人民法院应当综合考虑夫妻共同财产整体分割及履行情况、子女抚养费负担、离婚过错等因素，依法予以支持。"关于夫妻双方在离婚协议中就夫妻财产及债务处理事项作出约定的效力，《民法典婚姻家庭编司法解释（一）》第 69 条规定："当事人达成的以协议离婚或者到人民法院调解离婚为条件的财产以及债务处理协议，如果双方离婚未成，一方在离婚诉讼中反悔的，人民法院应当认定该财产以及债务处理协议没有生效，并根据实际情况依照民法典第一千零八十七条和第一千零八十九条的规定判决。当事人依照民法典第一千零七十六条签订的离婚协议中关于财产以及债务处理的条款，对男女双方具有法律约束力。登记离婚后当事人因履行上述协议发生纠纷提起诉讼的，人民法院应当受理。"依据该条规定，对当事人在协议离婚中所达成的财产和债务处理协议而言，如果双方并未实现协议离婚，而最终通过诉讼离婚的方式解除婚姻关系，而在诉讼离婚中，一方对前述财产和债务处理协议反悔的，则应当认定该协议没有生效，相关的财产分割和夫妻共同债务的清偿应当按照诉讼离婚的规则处理。作出此种规定的原因在于，双方就财产分割及债务处理达成的协议的目的在于实现协议离婚，如果双方无法完成协议离婚，则该协议的目的也将不存在，因此，在一方反悔时，应当认定该协议不发生效力。当然，从上述规定来看，对双方在协议离婚中所达成的财产和债务处理协议而言，如果双方在诉讼离婚中均未反悔，则似乎仍可承认其效力。此外，在协议离婚后，如果双方就协议离婚过程中所达成的财产和债务处理协议发生争议并提起诉讼的，人民法院仍然应当受理。

此外，在协议离婚后，如果一方或者双方就财产分割问题反悔，在存在法定的效力瑕疵事由时，当事人有权依法请求撤销财产分割协议；如果该协议并不存在法定的效力瑕疵事由，则当事人不得主张撤销该协议。对此，《民法典婚姻家庭编司法解释（一）》第70条规定："夫妻双方协议离婚后就财产分割问题反悔，请求撤销财产分割协议的，人民法院应当受理。人民法院审理后，未发现订立财产分割协议时存在欺诈、胁迫等情形的，应当依法驳回当事人的诉讼请求。"

需要指出的是，子女抚养事项、财产及债务处理事项是离婚协议必须记载的事项，如果当事人未在离婚协议中就上述事项作出约定，则无法进行协议离婚，而只能通过诉讼离婚的方式解除婚姻关系。[1]

从实践来看，夫妻双方可能基于子女落户、降低购房税费、逃避债务等原因，实施所谓"假离婚"行为，即双方夫妻双方订立离婚协议，在协议中约定相关财产分割、子女抚养等内容，在双方办理离婚登记后，对当事人之间的婚姻关系以及财产分割等方面将产生何种效力？本书认为，认定"假离婚"行为的效力，需要区分其对婚姻关系的影响及对财产分割、债务承担等的影响，分别认定其效力。就"假离婚"行为对婚姻关系的影响而言，在夫妻双方订立"假离婚"协议的情形下，如果当事人办理了离婚登记，将导致当事人之间婚姻关系的消灭。对此，《民法典婚姻家庭编司法解释（二）》第2条规定："夫妻登记离婚后，一方以双方意思表示虚假为由请求确认离婚无效的，人民法院不予支持。"此种立场值得赞同，因为在当事人订立"假离婚"协议的情形下，当事人订立该协议可能是出于子女落户、避税等目的，但当事人离婚的意思表示本身是真实的，当事人订立该协议的动机并不影响离婚协议的效力。因此，在当事人办理离婚登记后，将导致当事人婚姻关系的消灭。而就"假离婚"协议中财产分割、债务承担条款的效力而言，依据《民法典》婚姻家庭编的规定，在协议离婚的情形下，当事人还需要就夫妻共同财产分割、债务承担等作出约定。在当事人"假离婚"的情形下，当事人所约定的财产分割条款、债务承担条款可能并非当事人的真实意思表示，当事人可能出于逃避债务、避税等目的，或者基于将来"复婚"的期待，而基于虚假的意思表示作出相关约定。因此，如果一方当事人能够证明双方是基于虚假意思表示而作出相关约定，则依据《民法典》第146条第1款的规定，应当认定相关的条款无效。在当事人有关财产分割、债务承担等条款被认定为无效后，当事人有权主张重新分割夫妻共同财产。当然，即便当事人订立的是"假离婚"协议，但如果当事人在订立相关财产分割、债务承担条款时的意思表示真实，则相关条款仍可发生效力。

此外，除财产分割、债务承担条款外，夫妻双方在订立"假离婚"协议时，还可能约定子女抚养条款（如当事人约定由哪一方直接抚养子女）、违约责任条款（如当事人专门约定，如果另一方将来拒绝"复婚"，需要承担何种违约责任），相关条款是否

---

[1] 参见黄薇主编：《中华人民共和国民法典婚姻家庭编解读》，北京，中国法制出版社2020年版，第173页。

有效，值得探讨。就有关子女抚养条款的效力而言，需要探求其是否为当事人的真实意思表示，如果是真实意思表示，则应当承认其效力。如果与财产条款类似，只是当事人为规避相关政策的一种虚假意思表示，或者是一种"权宜之计"安排，而非真实的意思表示，则应当基于虚假意思表示的规则认定其效力，即当事人有关子女抚养问题的约定应当是无效约定。但如果当事人在离婚协议中有关子女抚养的约定是当事人的真实意思表示，则应当承认其效力。就离婚协议中违约责任条款的效力。夫妻双方在签订"假离婚"协议时，通常不会在该协议中约定有关"复婚"的约定，但当事人可能在该协议之外单独订立相关的复婚协议，并在该协议中约定相关的违约责任条款，即如果另一方拒绝复婚的，则应当承担相应的违约责任。关于此类违约责任条款的效力，本书认为，该协议在内容上不当限制了当事人的婚姻自由，即按照婚姻自由原则，在夫妻双方离婚后，任何一方均有权自主决定是否结婚，当事人约定的复婚条款及其违约责任条款不当限制了当事人的婚姻自由，违反了法律有关婚姻自由的规定，应当属于无效条款。进一步而言，即便一方没有按照约定复婚，另一方也不得按照约定主张违约责任。

（4）当事人亲自到婚姻登记机关申请离婚。从《民法典》第1076条规定来看，在协议离婚的情形下，当事人应当"亲自到婚姻登记机关申请离婚登记"。协议离婚行为具有高度的人身专属性，必须婚姻当事人亲自实施，而不能由他人代为实施，因此，法律要求当事人在进行协议离婚时必须亲自到婚姻登记机关申请离婚登记。

三、协议离婚的程序

从《民法典》婚姻家庭编的规定来看，协议离婚需要遵循法定的程序，具体包括申请、受理、冷静期、审查与登记（发证）五个环节。

（一）申请

当事人进行协议离婚的，应当向婚姻登记机关提出申请。协议离婚与诉讼离婚不同，当事人并不需要向法院提起诉讼，而可以直接向婚姻登记机关提出离婚申请，因此，协议离婚也称为登记离婚或行政离婚。在协议离婚的情形下，夫妻双方应当签订书面离婚协议。依据《婚姻登记条例》第13条的规定，内地居民自愿离婚的，男女双方应当签订书面离婚协议，亲自到婚姻登记机关共同申请离婚登记。中国公民同外国人在中国内地自愿离婚的，内地居民同香港居民、澳门居民、台湾居民、华侨在中国内地自愿离婚的，男女双方应当签订书面离婚协议，亲自到本条例第2条第2款规定的婚姻登记机关共同申请离婚登记。依据《婚姻登记条例》第13条、第15条的规定，内地居民在申请协议离婚时，应当向婚姻登记机关提交如下材料：一是本人的居民身份证；二是本人的结婚证；三是双方当事人共同签署的离婚协议书。如果办理离婚登记的是香港居民、澳门居民、台湾居民、华侨、外国人，除应当向婚姻登记机关出具本人的结婚证以及双方当事人共同签署的离婚协议书外,香港居民、澳门居民、台湾居民还应当出具其本人的有效护照或者其他有效的国际旅行证件,或者外国人永久居留身份证等中国政府主管机关签发的身份证件;四是在婚姻登记机关现场填写的《离婚登记申请书》。

(二) 受理

在当事人提出离婚申请后,婚姻登记员应当按照《婚姻登记工作规范》的相关规定对当事人提交的相关材料进行初审。如前所述,当事人在提出离婚申请时,应当提供结婚证,但从实践来看,夫妻一方或者双方可能会遗失结婚证,此种情形应当如何处理?对此,《民政部关于贯彻落实〈中华人民共和国民法典〉中有关婚姻登记规定的通知》专门规定了相关的离婚登记程序,即如果申请办理离婚登记的当事人有一本结婚证丢失的,则该方当事人应当书面声明遗失,此时,婚姻登记员可以根据另一本结婚证受理离婚登记申请;如果夫妻双方的结婚证均丢失的,则当事人应当书面声明结婚证遗失并提供加盖查档专用章的结婚登记档案复印件,婚姻登记员可根据当事人提供的上述材料受理离婚登记申请。

婚姻登记员在对当事人提交的证件和证明材料进行初审,确认无误后,发给《离婚登记申请受理回执单》。对不符合离婚登记申请条件的,则不予受理,此时,当事人要求婚姻登记机关出具《不予受理离婚登记申请告知书》,婚姻登记机关应当出具。

(三) 冷静期

我国《民法典》婚姻家庭编在协议离婚的申请环节设置了离婚冷静期制度,《民法典》第1077条规定:"自婚姻登记机关收到离婚登记申请之日起三十日内,任何一方不愿意离婚的,可以向婚姻登记机关撤回离婚登记申请。前款规定期限届满后三十日内,双方应当亲自到婚姻登记机关申请发给离婚证;未申请的,视为撤回离婚登记申请。"按照立法者的观点,《民法典》婚姻家庭编之所以设置离婚冷静期制度,主要是为了解决协议离婚在实践中存在的各类问题,如离婚率呈持续上升趋势的问题,即从近年来的发展趋势来看,协议离婚的比例不断攀升;再如,离婚当事人的婚龄短、冲动型、轻率、草率离婚的现象增加,对家庭稳定产生了不利影响。[1] 因此,《民法典》专门规定了离婚冷静期制度,从该法第1077条规定来看,其设置了30日的离婚冷静期,该期间自当事人婚姻登记机关收到当事人的离婚登记申请之日开始起算,期间长30日,在该期间内,如果当事人任何一方当事人不愿意离婚的,则可以向婚姻登记机关撤回离婚登记申请,此时,协议离婚程序也将因此终止。同时,如果双方当事人均没有在离婚冷静期内向婚姻登记机关申请撤销离婚登记申请,则双方还应当在离婚冷

---

[1] 参见黄薇主编:《中华人民共和国民法典婚姻家庭编解读》,北京,中国法制出版社2020年版,第175-177页。

静期届满后 30 日内亲自到婚姻登记机关申请发给离婚证，此时，如果婚姻登记机关审查认定当事人符合协议离婚的条件，则予以登记，发给离婚证。如果双方没有在离婚冷静期届满后 30 日内亲自到婚姻登记机关申请发给离婚证，则视为当事人已经撤回了离婚登记申请。当然，法律设置离婚冷静期制度，并不是要对当事人的离婚行为设置过多限制性条件，而是通过设置离婚冷静期，使当事人重新考虑离婚的决定，慎重选择是否离婚，从而稳定家庭关系，避免冲动离婚、轻率离婚。

《民法典》设置离婚冷静期制度也对离婚登记程序产生了一定影响，《民政部关于贯彻落实〈中华人民共和国民法典〉中有关婚姻登记规定的通知》专门将"冷静期"作为离婚登记程序的组成部分，在具体操作层面，自婚姻登记机关收到离婚登记申请并向当事人发放《离婚登记申请受理回执单》之日起 30 日内，如果夫妻任何一方不愿意离婚的，则可以持本人有效身份证件和《离婚登记申请受理回执单》向受理离婚登记申请的婚姻登记机关撤回离婚登记申请，并亲自填写《撤回离婚登记申请书》，如果当事人遗失《离婚登记申请受理回执单》的，则可以不提供，但应当书面说明该情况。经婚姻登记机关核实无误后，发给《撤回离婚登记申请确认单》，并将《离婚登记申请书》《撤回离婚登记申请书》与《撤回离婚登记申请确认单（存根联）》一并存档。自离婚冷静期届满后 30 日内，双方未共同到婚姻登记机关申请发给离婚证的，视为撤回离婚登记申请。

（四）审查

依据《民政部关于贯彻落实〈中华人民共和国民法典〉中有关婚姻登记规定的通知》的规定，自离婚冷静期届满后 30 日内（期间届满的最后一日是节假日的，以节假日后的第一日为期限届满的日期），双方当事人应当持相关的证明材料，共同到婚姻登记机关申请发给离婚证。同时，婚姻登记机关需要按照《婚姻登记工作规范》的规定对当事人离婚的条件进行审查，对不符合离婚登记条件的，婚姻登记机关不予办理离婚登记，此时，当事人要求出具《不予办理离婚登记告知书》的，婚姻登记机关应当出具。

在当事人提交离婚登记申请后，婚姻登记机关还需要对当事人的离婚意愿、当事人所提供的证明材料等进行审查，从而认定当事人是否符合协议离婚的条件。对此，《民法典》第 1078 条规定："婚姻登记机关查明双方确实是自愿离婚，并已经对子女抚养、财产以及债务处理等事项协商一致的，予以登记，发给离婚证。"依据该条规定，婚姻登记机关主要审查如下内容：一是当事人是否确实是自愿离婚。双方当事人自愿离婚是协议离婚的基本前提，因此，在双方当事人亲自到婚姻登记机关申请离婚登记时，婚姻登记机关应当对此进行审查，必要时也需要询问相关情况。二是当事人是否已经对子女抚养、财产以及债务处理等事项协商一致。如前所述，子女抚养问题、财产以及债务处理等事项是离婚协议的必要内容，婚姻登记机关应当对此进行审查。从《民法典》第 1078 条规定来看，婚姻登记机关只需要对当事人是否已经对子女抚养、财产以及债务处理等事项协商一致进行审查，此种审查应当只是形式审查和初步审查，即主要是为了确定当事人是否已经就这些事项的处理达成合意，而不需要对其内容进行实质审查。当然，如果婚姻登记机关对这些事项有疑问，也可以就相关情况询问当事人。同时，依据《婚姻登记条例》第16条的规定，婚姻登记机关应当对离婚登记当事人出具的证件、证明材料进行审查。此外，依据《婚姻登记条例》第14条的规定，办理离婚登记的当事人有下列情形之一的，婚姻登记机关对当事人的离婚申请不予受理：一是夫妻双方未达成离婚协议的；二是婚姻当事人属于无民事行为能力人或者限制民事行为能力人的；三是婚姻当事人的结婚登记不是在中国内地办理的。

（五）登记

依据《民法典》第1078条的规定，如果婚姻登记机关在审查当事人的离婚登记申请后，查明双方确实是自愿离婚，并已经对子女抚养、财产以及债务处理等事项协商一致的，则予以登记，发给离婚证。离婚协议书一式三份，男女双方各一份并自行保存，婚姻登记处存档一份。

需要指出的是，在协议离婚中，离婚登记是婚姻关系解除的必要条件，依据《民法典》第1080条的规定，完成离婚登记后，即解除婚姻关系，也就是说，只有在办理离婚登记后，当事人之间的婚姻关系才解除。进一步而言，离婚登记也是当事人之间离婚协议的生效条件，即在婚姻登记机关办理离婚登记之前，即便当事人订立了离婚协议，其所约定的权利义务内容也无法发生效力。在离婚登记后，如果当事人不履行离婚协议，如一方拒绝按照离婚协议的约定分割财产，或者按照协议约定支付子女抚养、教育费用的，则另一方有权向法院提起诉讼。

此外，如果当事人遗失或者损毁离婚证的，当事人还可以通过相关程序确定离婚事实。对此，《婚姻登记条例》第21条规定："当事人需要补领结婚证或者离婚证的，可以持居民身份证或者本条例第8条第2款至第4款规定的有效身份证件向婚姻登记机关申请办理。婚姻登记机关对当事人的婚姻登记档案进行查证，确认属实的，应当为当事人补发结婚证或者离婚证。"

第三节 诉 讼 离 婚

一、诉讼离婚概述

（一）诉讼离婚的概念和特征

所谓诉讼离婚，是指婚姻当事人向人民法院提出离婚请求，由人民法院通过调解或者判决的方式解除婚姻关系的离婚方式。诉讼离婚是与协议离婚相并列的一种离婚方式，其主要适用于当事人对离婚有争议的情形，即婚姻当事人无法就离婚达成协议，或者虽然能够就离婚达成协议，但无法就子女抚养、财产及债务的处理等离婚协议的必要内容达成合意，从而无法协议离婚，而只能通过诉讼离婚的方式解除婚姻关系。诉讼离婚主要具有如下特征：

第一，诉讼离婚的前提是当事人之间存在合法、有效的婚姻关系。与协议离婚类似，诉讼离婚也是解除当事人之间婚姻关系的重要方式，其适用的基本前提是当事人之间的婚姻关系合法、有效。如果当事人之间的婚姻关系不成立，或者被宣告无效、被撤销，则无法适用诉讼离婚制度。

第二，诉讼离婚必须由夫妻一方向人民法院提起离婚诉讼。诉讼离婚虽然是解除婚姻关系的一种方式，但即便当事人已经符合诉讼离婚的法定条件，法院也不会主动介入当事人之间的婚姻关系，而必须由夫妻一方向人民法院提起诉讼。离婚诉讼原则上应当由夫妻一方本人提出，在特殊情形下，离婚诉讼也可以由监护人代为提出。

📚 案例 4-1

【基本案情】

刘某与杨某经人介绍认识，并在相识半年后办理了结婚登记，双方定于 2022 年 9 月 1 日在某酒店举办婚礼。但在婚礼结束后的第 10 天，二人家中发生煤气泄漏，导致二人一氧化碳中毒。刘某经抢救后脱离了生命危险，并逐步康复。而杨某则中毒情况较为严重，虽经医院尽力抢救，意识恢复仍然较为缓慢，处于半痴呆状态。考虑到二人结婚时间较短，杨某的父亲不愿拖累刘某，因此代杨某提起诉讼，请求与刘某离婚。

【裁判结果】

法院认为，原、被告在举行结婚仪式后不久发生一氧化碳中毒事故，刘某经抢救康复，而杨某经医院救治至今未能康复，考虑到杨某的伤情及被告以后的生活，原告父亲代为提出离婚诉讼，考虑到杨某原告经抢救后处于半痴呆状态，应系无民事行为能力人，不能继续履行夫妻义务，现由其法定代理人代为提起离婚诉讼，符合法律规定。

另外，《民法典婚姻家庭编司法解释（一）》第 62 条规定："无民事行为能力人的配偶有民法典第三十六条第一款规定行为，其他有监护资格的人可以要求撤销其监护资格，并依法指定新的监护人；变更后的监护人代理无民事行为能力一方提起离婚诉讼的，人民法院应予受理。"依据该条规定，如果无民事行为能力人的配偶实施了《民法典》第 36 条第 1 款规定的行为时，[1] 如无民事行为能力人的配偶有虐待、遗弃等严重损害无民事行为能力一方的人身权利或者财产权益行为，其他有监护资格的人

---

[1] 《民法典》第 36 条第 1 款规定："监护人有下列情形之一的，人民法院根据有关个人或者组织的申请，撤销其监护人资格，安排必要的临时监护措施，并按照最有利于被监护人的原则依法指定监护人：（一）实施严重损害被监护人身心健康的行为；（二）怠于履行监护职责，或者无法履行监护职责且拒绝将监护职责部分或者全部委托给他人，导致被监护人处于困危状态；（三）实施严重侵害被监护人合法权益的其他行为。"

可以依照特别程序要求变更监护关系，在变更监护关系后，变更后的监护人也可以代理无民事行为能力一方提起离婚诉讼。

第三，在诉讼离婚中，人民法院对离婚争议的解决具有主导作用。在协议离婚中，当事人可以对离婚的各种事项作出约定，婚姻登记机关的审查只是一种事后审查，而不会对离婚协议的内容进行实质干预，从这一意义上说，在协议离婚中，当事人起着主导作用。而在诉讼离婚中，当事人是否符合离婚的法定条件，则由法院进行判断，是否准予离婚也最终由法院决定，法院在离婚争议的解决中具有主导作用。当然，在法院调解离婚时，也需要充分尊重当事人的意愿。

第四，在诉讼离婚中，法院准予离婚的，则自法院作出的判决书、调解书生效之时，当事人之间的婚姻关系解除。在协议离婚中，仅当事人达成离婚协议，并不能当然解除婚姻关系，而必须在婚姻登记机关办理离婚登记。而在诉讼离婚中，当事人婚姻关系的解除并不需要办理离婚登记，自法院作出的准予离婚的判决书、调解书生效之时，当事人之间的婚姻关系即可解除。对此，《民法典》第1080条规定："完成离婚登记，或者离婚判决书、调解书生效，即解除婚姻关系。"

诉讼离婚包括法院调解离婚与法院判决离婚两种情形。从我国《民法典》的规定来看，在当事人向人民法院起诉离婚的情形下，人民法院可能会通过两种方式解决当事人的离婚纠纷，即调解和判决，而且从《民法典》第1079条规定来看，人民法院在审理离婚案件时，首先应当进行调解，即人民法院调解是判决离婚的必要程序，但并非所有的离婚纠纷均会经历调解与判决两个阶段，如果法院调解能够解决离婚纠纷，则不需要法院再对此作出判决。

（二）诉讼离婚与诉讼外调解离婚

《民法典》第1079条第1款规定："夫妻一方要求离婚的，可以由有关组织进行调解或者直接向人民法院提起离婚诉讼。"本条中"由有关组织进行调解"指的是诉讼外调解离婚，此处诉讼外调解主要是指由当事人所在单位、群众团体、基层调解组织等进行的调解，其在性质上属于民间调解。[1] 在当事人之间发生离婚纠纷后，由于上述组织对当事人的情况比较了解，因此，由其对当事人的纠纷进行调解，更有利于化解纠纷，妥善解决相关争议。

与法院调解类似，诉讼外调解应当建立在当事人自愿的基础上，因此，上述组织不论是调解之前，还是在调解过程中，均应当充分尊重当事人的意愿，在当事人不愿意接受调解时，应当及时终止调解。经过诉讼外调解，当事人的离婚纠纷可能会有如下几种结果：一是经过调解后，当事人的离婚纠纷得以化解，继续维持婚姻关系。二是经过调解后，当事人愿意就离婚达成协议。需要指出的是，此种情形下，当事人经

---

〔1〕 参见黄薇主编：《中华人民共和国民法典婚姻家庭编解读》，北京，中国法制出版社2020年版，第183页。

过调解而达成离婚协议后，当事人之间的婚姻关系并未解除，该协议也尚未发生效力，而是需要当事人通过协议离婚的方式解除婚姻关系，即当事人应当到婚姻登记机关依法办理离婚登记。三是经过调解后，当事人的纠纷并未化解，同时，当事人也不同意就离婚达成协议，或者虽然能够就离婚本身达成协议，但无法就子女抚养、财产以及债务的处理等事项达成合意，此时，当事人应当通过诉讼离婚的方式解除婚姻关系。

需要指出的是，从《民法典》第 1079 条第 1 款规定来看，在一方要求离婚的情形下，当事人既可以选择由有关组织进行调解，也可以直接向人民法院提起离婚诉讼，可见，诉讼外调解与诉讼离婚是两种并列的离婚纠纷处理方式，二者并没有适用顺序上的限制，诉讼外调解也并非诉讼离婚的前置性程序，即当事人可以选择直接向人民法院提起离婚诉讼，而不需要先由有关组织进行调解。

二、法院调解离婚

如前所述，诉讼离婚包括两种方式，即法院调解离婚与判决离婚。关于法院调解离婚，《民法典》第 1079 条第 2 款规定："人民法院审理离婚案件，应当进行调解；如果感情确已破裂，调解无效的，应当准予离婚。"该条对法院调解离婚作出了规定，从该规定来看，人民法院在审理离婚案件时，"应当进行调解"，这也表明，调解是人民法院审理离婚案件的必经程序。本条将调解作为离婚诉讼的必经程序，有利于防止当事人轻率离婚，缓解当事人的冲突和矛盾，对于维护婚姻关系的稳定具有重要意义。

法院在调解离婚时应当坚持自愿、合法原则，即一方面，与诉讼外调解类似，法院在调解离婚纠纷时应当坚持自愿原则，虽然法院调解是诉讼离婚的必经程序，但法院也不能强迫当事人必须通过调解重归于好，或者达成离婚协议，当事人是否愿意在调解过程中达成协议，以及达成协议的内容如何等，均应当由当事人自愿决定。同时，在法院调解过程中，如果当事人拒绝继续调解，法院也应当终止调解程序。另一方面，法院调解应当坚持合法原则，即法院在调解过程中应当遵循法定的程序，在当事人达成离婚协议后，法院在制作调解书时，也应当对该协议的合法性进行必要的审查。

在法院调解离婚的情形下，可能出现如下几种结果：一是夫妻双方重归于好，原告撤销离婚诉讼，此时，法院将调解和好协议的内容记入笔录，并由双方当事人、审判人员以及书记员签名或者盖章。依据《民事诉讼法》第 101 条的规定，对于调解和好的离婚案件，可以不制作调解书。同时，依据《民事诉讼法》第 127 条的规定，对于调解和好的离婚案件，没有新情况、新理由，原告在 6 个月内又起诉的，不予受理。二是经过调解后，双方就离婚达成合意，并就子女抚养、财产以及债务的处理等达成合意，此时，人民法院应按照协议的内容制作调解书，调解书应当写明诉讼请求、案件的事实和调解结果。调解书由审判人员、书记员署名，加盖人民法院印章，送达双方当事人。调解书经双方当事人签收后，即具有法律效力。依据《民法典》第 1080 条的规定，调解书生效后，当事人的婚姻关系即解除。当然，经过法院调解后，如果当事人就离婚及相关事项达成合意后，当事人也可以申请撤诉，经法院批准后，当事人也可以通过协议离婚的方式解除婚姻关系。[1] 三是经过调解后，当事人既无法重归于好，也无法就离婚达成协议，或者虽然能够就离婚本身达成合意，但无法就子女抚养、财产及债务处理等事项达成合意，此时，法院应当继续进行离婚诉讼程序，通过判决离婚程序解决当事人之间的离婚纠纷。如果人民法院在经过调解后，认定当事人的感情确已破裂，调解无效的，则应当通过判决的方式准予当事人离婚。

需要指出的是，法院调解离婚与诉讼外调解离婚不同，对诉讼外调解离婚而言，调解的主体主要是当事人所在单位、群众团体、基层调解组织等，而法院调解离婚的主体是人民法院；同时，法院调解是诉讼离婚的必经程序，而诉讼外调解并非诉讼离婚的必经程序；此外，在经法院调解后，如果当事人就离婚达成了合意，人民法院制定的调解书生效后，当事人之间的婚姻关系即解除，而对诉讼外调解而言，即便当事人就离婚及离婚的相关事项达成合意，当事人的婚姻关系也并非解除，当事人仍然需要通过协议离婚的方式，经婚姻登记机关办理离婚登记后，当事人之间的婚姻关系才解除。

三、判决离婚及其条件

所谓判决离婚，是指一方当事人向法院主张离婚，经法院调解无效后，人民法院依法判决准予当事人离婚的方式。关于判决离婚，《民法典》第 1079 条第 3 款规定："有下列情形之一，调解无效的，应当准予离婚：（一）重婚或者与他人同居；（二）实施家庭暴力或者虐待、遗弃家庭成员；（三）有赌博、吸毒等恶习屡教不改；（四）因感情不和分居满二年；（五）其他导致夫妻感情破裂的情形。"该条对判决离婚的条件作出了规定，依据这一规定，判决离婚需要具备如下两个条件：一是调解无效，二是夫妻感情破裂。

（一）调解无效

从《民法典》第 1079 条第 3 款规定来看，"调解无效"是判决离婚的前提条件。此处的"调解"究竟是诉讼外调解还是诉讼中法院调解，本款并没有作出明确规定，但按照体系解释规则，结合《民法典》第 1079 条第 2 款规定，应当将此处的调解限定为人民法院在诉讼过程中所进行的调解。在诉讼离婚中，法院调解是离婚诉讼的必经程序，如果能够通过调解解决当事人之间的离婚纠纷，则无须法院作出判决。

如前所述，离婚纠纷经过人民法院的调解之后，可能出现多种结果，当事人之间既可能达成离婚协议，并通过法院的调解书解除婚姻关系；当事人也可能重归于好，

---

〔1〕 参见余延满：《亲属法原论》，北京，法律出版社 2007 年版，第 331 页。

原告撤销离婚诉讼。在这两种情形下，不论是当事人重归于好，还是达成离婚协议，均属于通过法院调解解决了当事人之间的离婚纠纷，而不需要进入法院判决阶段。但除上述两种情形外，经过法院调解后，当事人既无法重归于好，也无法达成离婚协议，无法通过调解书解除婚姻关系。此时，即属于《民法典》第 1079 条第 3 款所规定的"调解无效"的情形，即无法通过法院调解的方式解决当事人之间的离婚纠纷，这就需要通过法院判决的方式予以解决。

（二）夫妻感情破裂

从《民法典》第 1079 条第 3 款规定来看，夫妻感情破裂是判决离婚的基本条件。关于判决离婚的基本条件，理论上存在一定的争议，一种观点主张，应当以"婚姻关系破裂"作为判决离婚的基本条件，其主要理由在于，夫妻感情是婚姻当事人的内心感受，往往难以判断，将其作为判决离婚的基本条件，可能会导致判决离婚标准的不确定性；同时，夫妻感情并非婚姻关系的全部内容，除夫妻感情外，夫妻关系还包含精神生活、物质生活等内容，将夫妻感情破裂作为判决离婚的基本条件，将无法涵盖夫妻关系的所有内容，容易将婚姻关系简单化。[1] 另一种观点认为，应当将夫妻感情破裂作为判决离婚的基本条件，因为婚姻关系的维持是以夫妻感情为基础的，夫妻感情是婚姻关系的内核，婚姻关系破裂与夫妻感情破裂并没有实质性区别；同时，虽然夫妻感情本身具有主观性，但我国司法实践在判断夫妻感情破裂方面已经积累了丰富的审判经验，在夫妻感情破裂的判断上并不存在无法克服的困难。[2] 从《民法典》第 1079 条规定来看，其实际上是采纳了后一种观点，即以夫妻感情破裂作为判决离婚的基本条件。

为了更好地指导司法实践，《民法典》第 1079 条第 3 款列举了可以认定为夫妻感情已经破裂的具体情形。

第一，重婚或者与他人同居。如前所述，重婚是指同一自然人有两个或者两个以上婚姻关系的情形，其包括如下两种情形，一是法律上的重婚，即一方在登记结婚后，又与他人再次登记结婚的情形；二是事实上的重婚，即法律婚姻与事实婚姻的重叠，以及事实婚姻之间的重叠。在夫妻一方与他人重婚的情形下，表明其已经无法维持与原配偶之间的关系，应当属于夫妻感情已经破裂的情形。所谓与他人同居，是指夫妻

---

〔1〕 参见余延满：《亲属法原论》，北京，法律出版社 2007 年版，第 337 页；黄薇主编：《中华人民共和国民法典婚姻家庭编解读》，北京，中国法制出版社 2020 年版，第 188 页。

〔2〕 参见王洪：《婚姻家庭法》，北京，法律出版社 2003 年版，第 174-175 页。从我国司法实践来看，法院在判断夫妻感情是否破裂时，大多会在综合考虑夫妻双方的婚姻基础、婚后感情、离婚原因、夫妻关系的现状以及有无和好生活的可能性等因素的基础上，具体予以判断。参见甘肃省张掖市中级人民法院（2017）甘 07 民终 379 号民事判决书。

一方与异性第三人不以夫妻名义持续、稳定地共同生活。[1] 与他人同居与重婚不同，重婚是有配偶者与他人再次登记结婚，或者与他人以夫妻名义同居生活，而与他人同居则并不是以夫妻名义共同生活。当然，构成与他人同居必须是夫妻一方与异性第三人持续、稳定地共同生活，如果只是夫妻一方与第三人出轨，而没有共同生活，则不构成此处的与他人同居。从我国司法实践来看，有的法院就以当事人的同居关系是否持续、稳定为标准，将当事人之间的不正当同居关系区分为了"婚外情""外遇"以及"有配偶者与他人同居的"等不同情形。[2] 夫妻一方与第三人同居的，既违背了夫妻忠诚义务，也表明夫妻之间的感情已经破裂，难以继续维持婚姻关系。

第二，实施家庭暴力或者虐待、遗弃家庭成员。所谓家庭暴力和虐待，是指发生在家庭成员之间的，以殴打、捆绑、残害身体、精神恐吓等手段，对家庭成员所实施的从肉体上、精神上的摧残、折磨等行为。[3] 所谓遗弃，是指夫妻一方对需要扶养的家庭成员，负有扶养义务而拒绝扶养，从而使相关的家庭成员生活上得不到照顾，难以维持正常的生活，甚至生命和健康都得不到保障。[4] 在夫妻一方实施家庭暴力或者虐待、遗弃家庭成员的情形下，需要查明行为人行为的具体情形，如果行为人长期实施此类行为，则表明夫妻感情已经名存实亡，已经属于夫妻感情破裂；但如果行为人只是出于一时冲动而实施相关行为，则不能当然据此认定夫妻感情已经破裂。

案例 4-2

【基本案情】

曾某（男）与张某（女）均处于离异状态，二人经人介绍认识后，互有好感，并在相识半年后办理了结婚登记。二人婚后育有一子。某日，曾某与张某因家庭琐事发生争吵，双方互不退让，曾某一时冲动，当着幼子的面动手打了张某。张某诉至法院，要求与曾某离婚。

【裁判结果】

法院认为，夫妻应当互相忠实，互相尊重，互相关爱。因生活琐事发生纠纷、矛盾在所难免，但双方应当秉持包容、理解的态度去化解矛盾。原、被告均系再婚，更应体会到婚姻关系需要双方共同经营，共同努力。但法院同时也指出，被告因一时之气动手殴打原告的行为，是一种野蛮、专横的暴力行为，不仅深深伤害了原告、伤害了双方的夫妻感情，更会对幼子产生非常恶劣的影响。被告为人父、为人夫，应该慎言慎行，以此为戒，保证绝不再犯。

---

〔1〕 参见最高人民法院民法典贯彻实施工作领导小组主编：《中华人民共和国民法典婚姻家庭编继承编理解与适用》，北京，人民法院出版社 2020 年版，第 263 页。

〔2〕 参见新疆生产建设兵团第一师中级人民法院（2014）兵一民终字第 92 号民事判决书。

〔3〕 参见黄薇主编：《中华人民共和国民法典婚姻家庭编解读》，北京，中国法制出版社 2020 年版，第 191 页。

〔4〕 参见最高人民法院民法典贯彻实施工作领导小组主编：《中华人民共和国民法典婚姻家庭编继承编理解与适用》，北京，人民法院出版社 2020 年版，第 263 页。

第三，有赌博、吸毒等恶习屡教不改。夫妻一方有赌博、吸毒等恶习的，既会不当消耗家庭的财产，也会引发家庭暴力等事件，导致家庭关系难以维系。从实践来看，许多婚姻关系都是因为夫妻一方有赌博、吸毒等恶习而破裂的。因此，《民法典》第1079条将有赌博、吸毒等恶习屡教不改作为认定夫妻感情破裂的重要情形。当然，在此种情形下认定夫妻之间感情破裂需要具备如下条件：一是夫妻一方有赌博、吸毒等恶习。《民法典》第1079条在列举此类恶习时采用了开放式列举的方式，即此类恶习不限于赌博、吸毒，除此类恶习外，其他恶习如酗酒、嫖娼、卖淫、淫乱、通奸等，也足以导致夫妻感情破裂，因此也应当属于《民法典》第1079条第3款第3项中"等恶习"的范畴。[1] 二是夫妻一方有上述恶习且屡教不改。当然，夫妻一方必须是长期、持续有上述恶习且不愿悔改，才能认定夫妻感情已经破裂，如果夫妻一方只是偶尔实施上述行为，或者在实施上述行为被教育后悔改的，则不能当然认定夫妻感情已经破裂。

案例 4-3

【基本案情】

刘某（男）与黄某（女）在结婚后，感情一直较好。但刘某在结婚时对黄某隐瞒了其吸毒的习惯。结婚之后，经黄某多次劝阻，刘某并未改掉吸毒的恶习，双方感情也开始恶化。后刘某被强制戒毒3个月，在戒毒期满后，刘某并未彻底放弃吸毒的想法，双方经常为此发生争吵。后刘某又因吸毒被强制隔离戒毒2年。黄某诉至法院，请求与刘某离婚。

【裁判结果】

法院认为，被告刘某于在经强制戒毒3个月后，又因吸毒被强制隔离戒毒2年，其隐瞒婚前吸毒的事实，婚后仍然复吸毒品，屡次被强制戒毒，恶习不改。法院认为，被告的行为严重伤害夫妻感情，可以认定双方感情确已破裂。

第四，因感情不和分居满二年。如果夫妻双方因感情不和而分居满两年，则表明夫妻双方的感情已经名存实亡，已经构成夫妻感情破裂，在经法院调解无效后，应当准予离婚。从该规定来看，构成因感情不和分居满两年应当符合如下条件：一是夫妻双方因感情不和而分居。从实践来看，夫妻双方分居的情形较多，如夫妻不在同一城市工作，或者因为工作派遣等原因，也可能造成夫妻分居的状况，但不能据此当然认定夫妻感情已经破裂，此处的认定夫妻感情破裂要求夫妻必须是因为感情不和而分居。二是夫妻处于分居的状态，此处的分居的状态是指夫妻双方不再共同生活，不再履行夫妻之间的义务，在生活上也不再互相关心、互相扶助等。[2] 三是夫妻必须分居满两

---

〔1〕　参见余延满：《亲属法原论》，北京，法律出版社2007年版，第340-341页。
〔2〕　参见黄薇主编：《中华人民共和国民法典婚姻家庭编解读》，北京，中国法制出版社2020年版，第192页。

年。在夫妻分居已经满两年的情形下，可以认定夫妻感情已经名存实亡，夫妻感情已经破裂。当然，在夫妻分居的情形下，认定夫妻感情是否已经破裂时，不能机械地以分居满两年作为判断标准，即便夫妻因感情不和分居没有满两年，但如果结合其他情况足以认定夫妻感情已经破裂，则也应当在调解无效后准予当事人离婚；同样地，即便当事人已经因感情不和分居满两年，但如果夫妻双方仍然有和好的可能，也不宜当然认定夫妻双方感情已经破裂。

第五，其他导致夫妻感情破裂的情形。从实践来看，导致夫妻感情破裂的情形多种多样，法律不可能对夫妻感情已经破裂的情形进行周延列举，因此，《民法典》第1079条第3款在具体列举各种认定夫妻感情破裂的情形后，又设置了兜底性规定，目的即在于保持认定夫妻感情破裂事由的开放性，即只要出现了其他导致夫妻感情破裂的情形，均可以纳入该兜底规则的调整范围。例如，《民法典婚姻家庭编司法解释（一）》第23条规定："夫以妻擅自中止妊娠侵犯其生育权为由请求损害赔偿的，人民法院不予支持；夫妻双方因是否生育发生纠纷，致使感情确已破裂，一方请求离婚的，人民法院经调解无效，应依照民法典第一千零七十九条第三款第五项的规定处理。"依据该规定，妻子一方擅自中止妊娠的，丈夫一方不得以该行为侵害其生育权为由主张损害赔偿，但如果夫妻双方因为是否生育、何时生育、是否中止妊娠等生育问题发生纠纷，导致夫妻感情破裂，一方选择通过诉讼方式解除婚姻关系的，人民法院调解无效后，则可以将其认定为其他导致夫妻感情破裂的情形。此外，从司法实践来看，除上述情形外，在如下情形下，也一般可以认定夫妻感情已经破裂：

一是一方患有法定禁止结婚的疾病，或一方有生理缺陷及其他原因不能发生性行为，且难以治愈的。例如，在某个案件中，法院认为，夫妻双方均承认自登记结婚后一直没有过夫妻生活的事实，虽然对没有过夫妻生活的原因各执一词，但稳定而和谐的夫妻生活是增进夫妻感情、维系婚姻家庭关系的基础，因此一审法院认定上诉人与被上诉人结婚一年没有夫妻生活是夫妻感情已彻底破裂的表现并无不当。[1]

二是婚前缺乏了解，草率结婚，婚后未建立起夫妻感情，难以共同生活的。例如，在某个案件中，原、被告双方自认识后多年不联系，联系后直接谈结婚事宜直至按照农村习俗往来、订婚、领证、举行婚礼，但共同生活期间常为琐事发生矛盾。法院认为，原、被告未建立起夫妻感情，双方均认为原本微弱的感情已经消失且无和好的可能，夫妻感情确已破裂，经调解无效后，应准予双方离婚。[2]

三是婚前隐瞒了精神病，婚后久治不愈，或者婚前知道对方患有精神病而与其结婚，或一方在夫妻共同生活期间患精神病，久治不愈的。例如，在某个案件中，被告患有精神病，经长达十多年的治疗，现在仍未痊愈，法院认为，原告以双方夫妻感情

---

〔1〕 参见江苏省淮安市中级人民法院（2015）淮中民终字第 02453 号民事判决书。
〔2〕 参见贵州省金沙县人民法院（2018）黔 0523 民初 162 号民事判决书。

确已破裂为由主张离婚，符合法定离婚条件，经调解无效，一审判决双方离婚符合法律规定。[1]

四是一方欺骗对方，或者在结婚登记时弄虚作假，骗取结婚证的。例如，在某个案件中，被告存在欺骗原告、骗取结婚证的情况，在初识及恋爱过程中，被告一直称自己是大学本科毕业，研究生在读，从事高校教育工作，但实际上并无职业和收入。法院认为，夫妻感情是夫妻关系存续的前提和基础，一方的教育背景及工作收入虽不是恋爱结婚的必要条件，但却是另一方在择偶时考虑的重要因素之一。本案中，被告虚构事实骗取原告的好感并最终骗得原告与其结婚，在夫妻生活中也一再隐瞒事实，直到将原告母亲银行卡中的钱款取出用于挥霍，原告及其父母发现真相时才坦白，致原、被告夫妻感情破裂，故法院对原告要求与被告离婚的诉讼请求予以支持。[2]

五是双方办理结婚登记后，未同居生活，无和好可能的。例如，在某个案件中，原、被告结婚已满两年的时间，但被告一直拒绝与原告共同居住，虽多次经人调解，被告仍拒绝与原告同居生活，法院认为，双方没有形成实质上的夫妻关系，双方实际分居已达两年以上，原告主张双方感情破裂，要求与被告离婚，符合法律规定，应予支持。[3]

六是包办、买卖婚姻，婚后一方随即提出离婚，或者虽共同生活多年，但确未建立起夫妻感情的。例如，在某个案件中，原、被告系父母包办换亲结婚，原告的哥哥娶被告的妹妹为妻。法院认为，换亲是典型的包办婚姻形式，是严重干涉婚姻自由的行为，应当坚决予以禁止。原、被告系父母包办换亲结婚，属法律禁止之列。本案中，原、被告婚后感情一直不好，双方性格不合，缺乏共同语言，故没有建立起应有的夫妻感情，双方之间时常因家庭琐事发生矛盾。后原告因与被告发生矛盾离家出走，双方开始分居。因此，对于原告要求离婚的请求，法院予以支持。[4]

七是一方与他人通奸、非法同居，经教育仍无悔改表现，无过错一方起诉离婚，或者过错方起诉离婚，对方不同意离婚，经批评教育、处分，或在人民法院判决不准离婚后，过错方又起诉离婚，确无和好可能的。例如，在某个案件中，法院认为，夫妻间相互忠诚是成就和谐美满婚姻关系的基本要件。在本案中，双方自由恋爱成婚并育有子女，但被告在婚姻存续期间生育了与原告无血缘关系的孩子，此行为不但严重伤害了夫妻感情，也可以认定被告在导致双方夫妻感情破裂中具有过错。[5]

八是一方被依法判处长期徒刑，或其违法、犯罪行为严重伤害夫妻感情的。例如，在某个案件中，被告曾与案外人叶某进行卖淫嫖娼活动，性交易结束后，被告对叶某

---

〔1〕 参见四川省自贡市中级人民法院（2014）自民一终字第 281 号民事判决书。

〔2〕 参见上海市奉贤区人民法院（2009）奉民一（民）初字第 3273 号民事判决书。

〔3〕 参见河北省阜城县人民法院（2020）冀 1128 民初 381 号民事判决书。

〔4〕 参见江苏省南京市高淳区人民法院（2016）苏 0118 民初 1468 号民事判决书。

〔5〕 参见河南省信阳市平桥区人民法院（2016）豫 1503 民初 2253 号民事判决书。

实施掌掴、威胁实施抢劫行为并被判处有期徒刑 4 年。法院认为，原、被告未能建立稳固的夫妻感情，被告的上述犯罪行为严重伤害原、被告的夫妻感情，双方的夫妻感情确已完全破裂，无和好可能，对于原告坚决要求离婚的请求，法院予以支持。[1]

九是一方下落不明满两年，对方起诉离婚，经公告查找确无下落的。例如，在某个案件中，原、被告系自由恋爱，自主婚姻，并育有两子，但在婚后的共同生活中未能正确对待所产生的矛盾，现被告下落不明满两年，经公告查找被告确无下落。法院认为，双方的夫妻感情确已破裂，原告起诉离婚符合法定条件，准予离婚。[2]

十是受对方的虐待、遗弃，或者受对方亲属虐待，或虐待对方亲属，经教育不改，另一方不谅解的。例如，在某个案件中，原、被告结婚初期感情尚可，后来原告发现被告喜欢在外拈花惹草，双方为此经常发生争吵，致原告的身体每况愈下。后原告在进行肾移植手术时，被告漠不关心，并离家出走。法院认为，被告不顾患病妻子，与他人同居，其行为有悖道德和法律，是造成夫妻感情破裂的主要原因，应当予以谴责。原告请求离婚的理由正当，法院依法予以支持。[3]

当然，在上述情形下，人民法院在具体夫妻感情是否已经破裂时，应当结合夫妻双方的感情基础、感情状况以及是否有和好的可能等多种因素，综合予以判断。需要指出的是，在上述情形下，可以认定夫妻感情已经破裂，即便夫妻一方有过错，在经调解无效后，人民法院也应当准予离婚。对此，《民法典婚姻家庭编司法解释（一）》第 63 条规定："人民法院审理离婚案件，符合民法典第一千零七十九条第三款规定'应当准予离婚'情形的，不应当因当事人有过错而判决不准离婚。"

四、一方被宣告失踪的离婚

《民法典》第 1079 条第 4 款规定："一方被宣告失踪，另一方提起离婚诉讼的，应当准予离婚。"该规定对一方被宣告失踪的离婚规则作出了规定。所谓宣告失踪，是指自然人离开住所下落不明达到法定期限，经利害关系人申请，由人民法院依照法定程序宣告其为失踪人的一项制度。[4] 宣告失踪制度的主要目的在于保护失踪人及其利害关系人的利益，并维护社会经济秩序的稳定。也就是说，宣告失踪制度通过法定程序确定自然人失踪的事实后，通过设置财产代管人管理失踪人的财产，并及时了解失踪人的债权债务关系。依据《民法典》第 40 条、第 41 条的规定，宣告失踪应当符合如下条件：一是自然人下落不明满两年。依据《民法典》第 40 条的规定，只有自然人下落不明满两年时，利害关系人才能申请宣告其为失踪人。同时，依据《民法典》第 41

---

〔1〕 参见广东省东莞市第一人民法院（2019）粤 1971 民初 3531 号民事判决书。
〔2〕 参见云南省个旧市人民法院（2020）云 2501 民初 383 号民事判决书。
〔3〕 参见广东省汕头市金平区人民法院（2016）粤 0511 民初 2198 号民事判决书。
〔4〕 参见王利明：《民法总则》，北京，中国人民大学出版社 2017 年版，第 135 页。

条的规定，"自然人下落不明的时间自其失去音讯之日起计算。战争期间下落不明的，下落不明的时间自战争结束之日或者有关机关确定的下落不明之日起计算"。该条分别对通常情形下与战争期间下落不明的起算时间点作出了规定。二是经利害关系人申请。依据《民法典》第40条的规定，在自然人下落不明满两年的情形下，其利害关系人可以向人民法院申请宣告其为失踪人。由于宣告失踪并不涉及社会公共利益，因此，在自然人下落不明的情形下，应当由其利害关系人决定是否提出申请宣告其为失踪人，人民法院无权依据职权作出失踪宣告。三是必须由人民法院依据法定程序作出失踪宣告。从《民法典》第40条规定来看，仅人民法院有权作出失踪宣告，其他任何机关和个人无权作出失踪宣告。同时，人民法院在进行失踪宣告时也应当遵循法定的程序。关于宣告失踪的程序，《民事诉讼法》第190条规定："公民下落不明满两年，利害关系人申请宣告其失踪的，向下落不明人住所地基层人民法院提出。申请书应当写明失踪的事实、时间和请求，并附有公安机关或者其他有关机关关于该公民下落不明的书面证明。"

在夫妻一方被宣告失踪的情形下，婚姻关系已经名存实亡，在一方起诉离婚的情形下，人民法院应当准予离婚。同时，由于在一方被宣告失踪后，人民法院也无法对当事人的离婚纠纷进行调解，因此，此种情形下的离婚并不需要经过人民法院调解这一前置程序。

五、判决不准离婚后又分居满一年的离婚

《民法典》第1079条第5款规定："经人民法院判决不准离婚后，双方又分居满一年，一方再次提起离婚诉讼的，应当准予离婚。"本条对判决不准离婚后又分居满一年的离婚规则作出了规定，该规定为《民法典》婚姻家庭编在《婚姻法》规定基础上的新增条款。《民法典》新增这一规则，主要是为了解决实践中存在的久拖不决的离婚案件问题，即法院在判决不准离婚后，一方再次起诉离婚，这种现象在实践中较为普遍，因此，《民法典》作出了该规定。[1] 该规定具有合理性，因为在一方起诉离婚后，表明夫妻感情可能已经破裂，出于维持婚姻关系的考虑，可能会判决不准离婚，但如果在法院判决后，双方分居满一年，一方又再次起诉离婚的，则表明夫妻感情已经处于破裂状态，无和好的可能，此时，法院应当判决准予离婚。本条规定具有很强的可操作性，可以为法院认定夫妻感情是否已经破裂提供明确的标准。

当然，从本条的规定来看，其适用也应当符合法定的条件：一是法院判决不准离婚。也就是说，一方在向法院起诉离婚后，法院判决不准离婚。如果夫妻双方只是经诉讼外调解或者诉讼中调解无法达成离婚协议，而没有经法院判决不准离婚，则不得适用该规定。二是法院判决不准离婚后，双方又分居满一年。如果经法院判决不准离

---

[1] 参见黄薇主编：《中华人民共和国民法典婚姻家庭编解读》，北京，中国法制出版社2020年版，第194页。

婚后，双方并未分居，或者虽然分居，但分居时间并未满一年，则不得适用该规则。

六、诉讼离婚的限制性规则

在诉讼离婚中，为了强化对特定主体的保护，我国《民法典》婚姻家庭编还在总结我国立法、司法实践经验的基础上，确立了两项诉讼离婚的限制性规则：一是诉讼离婚中对现役军人的特殊保护规则；二是诉讼离婚中对女方的特殊保护规则。

（一）诉讼离婚中对现役军人的特殊保护

《民法典》第 1081 条规定："现役军人的配偶要求离婚，应当征得军人同意，但是军人一方有重大过错的除外。"本条在诉讼离婚中对现役军人予以了特殊保护，其对现役军人配偶提出离婚的权利作出了限制，其目的在于保护军婚，维护军人的利益。法律之所以对军婚予以特别保护，主要是为了维护军队的稳定，消除军人的后顾之忧，从而激发军人保家卫国的热情，增强部队的战斗力。[1] 关于本条的适用，需要注意如下几点：

第一，夫妻一方是现役军人。从本条规定来看，其适用的基本前提是夫妻一方是现役军人的情形。所谓现役军人，是指在中国人民解放军服现役、具有军籍的人员，包括现役军官、文职干部、士兵以及其他具有军籍的人员。从《民法典》第 1081 条规定来看，其仅适用于夫妻一方为现役军人的婚姻关系，如果一方虽然在军队工作，但并没有军籍，或者已经退役，则不属于本条的调整范围。需要指出的是，《民法典》第 1081 条对现役军人配偶提出离婚的权利进行了限制，其适用于夫妻一方是现役军人的情形，但本条并没有对现役军人配偶的身份作出限制，问题在于，如果夫妻双方均为现役军人，是否仍然适用该规则？按照立法者的观点，《民法典》第 1081 条在离婚方面对现役军人予以特殊保护，对现役军人的意愿予以特别支持，但如果夫妻双方均为现役军人，则没有必要对一方予以特殊保护，此时即不再适用该规则。[2] 因此，本条适用于现役军人的配偶并非现役军人的情形。

第二，本条适用于现役军人配偶要求离婚的情形。从本条规定来看，其规范目的在于对现役军人的利益予以特殊保护，因此，其只是对现役军人的配偶要求离婚的权利作出了限制，而没有限制现役军人提出离婚的权利。如果是现役军人一方提出离婚，则其在性质上属于一般的离婚纠纷。

第三，现役军人的配偶要求离婚的，一般应当征得军人的同意。即在现役军人的配偶请求离婚的情形下，应当取得现役军人的同意，也就是说，如果现役军人的配偶起诉离婚的，则人民法院将尽量调解双方和好，如果无法调解和好的，则应当判决不

---

〔1〕 参见黄薇主编：《中华人民共和国民法典婚姻家庭编解读》，北京，中国法制出版社 2020 年版，第 197 页。

〔2〕 参见黄薇主编：《中华人民共和国民法典婚姻家庭编解读》，北京，中国法制出版社 2020 年版，第 200 页。

予离婚。当然，如果夫妻双方感情确实已经破裂，则人民法院应当通知现役军人所在单位的政治机关，由政治机关做好现役军人一方的工作，使其同意离婚，法院才能判决其离婚。[1]

第四，如果军人一方有重大过错，则军人配偶一方要求离婚并不需要征得军人同意。这也意味着，在夫妻一方为现役军人的情形下，现役军人配偶要求离婚并非在所有情形下均需要取得现役军人一方的同意，如果现役军人一方有重大过错，则不再需要取得其同意。关于何为军人一方的重大过错，《民法典》并没有作出细化规定，《民法典婚姻家庭编司法解释（一）》第64条规定："民法典第一千零八十一条所称的'军人一方有重大过错'，可以依据民法典第一千零七十九条第三款前三项规定及军人有其他重大过错导致夫妻感情破裂的情形予以判断。"依据该规定，军人一方是否有重大过错，可以结合《民法典》第1079条第3款前3项的规定予以具体判断，即在现役军人一方重婚或者与他人同居，或者实施家庭暴力或者虐待、遗弃家庭成员，或者有赌博、吸毒等恶习屡教不改等情形的，可以认定现役军人一方有重大过错。当然，除上述情形外，如果现役军人一方实施了其他严重违背社会公德的行为，如强奸妇女、嫖娼等违法犯罪行为的，也可以认定其具有重大过错。[2] 现役军人一方是否有重大过错，需要结合具体情形予以判断。如果现役军人一方只有一般过错，而不存在重大过错，则无法适用该除外规则。

案例 4-4

【基本案情】

原告刘某（女）与被告薛某（男）经自由恋爱后结婚，薛某为现役军人。二人婚后育有一子。由于薛某需要长期在部队服役，两人聚少离多，关系也开始疏远，经常因为小事发生争吵。后薛某因怀疑刘某有婚外情，便与刘某发生激烈争吵，并在争吵过程中与刘某相互拉扯，并不慎将刘某弄伤。刘某诉至法院，主张薛某有家庭暴力，并请求离婚。

【裁判结果】

法院认为，原、被告双方系自由恋爱，婚前双方了解较深，婚姻基础比较好。婚后由于被告常年服役，双方长期分居，被告怀疑原告与他人有不正当关系，双方为此及其他家务琐事有时发生吵打，被告对此存在过错，应予改正。但双方因家务琐事争吵而引发的相互拉扯，显然不属于一方有重大过错的情形，对于原告提出的离婚请求，法院不予支持。

（二）诉讼离婚中对女方的特殊保护

《民法典》第1082条规定："女方在怀孕期间、分娩后一年内或者终止妊娠后六个

---

〔1〕 参见黄薇主编：《中华人民共和国民法典婚姻家庭编解读》，北京，中国法制出版社2020年版，第201页。

〔2〕 参见最高人民法院民法典贯彻实施工作领导小组主编：《中华人民共和国民法典婚姻家庭编继承编理解与适用》，北京，人民法院出版社2020年版，第273页。

月内，男方不得提出离婚；但是，女方提出离婚或者人民法院认为确有必要受理男方离婚请求的除外。"该条规定了诉讼离婚中对女方的特殊保护规则，即在女方在怀孕期间、分娩后1年内或者终止妊娠后6个月内这一特殊期间内，对男方提出离婚的权利进行限制，以保护女方以及儿童的合法权益。所谓怀孕期间，是指女方在受孕至分娩（或者终止妊娠）的期间；所谓分娩后1年内，是指胎儿脱离母体作为独立个体的1年以内；所谓终止妊娠后6个月内，是指母体承受胎儿在其体内发育成长过程的终止，包括自然终止妊娠和人工终止妊娠。[1] 当然，如果提前终止妊娠后胎儿存活的，则应当认定为女方分娩，而不属于此处终止妊娠的情形。

《民法典》第1082条之所以作出此种规定，主要是为了保护妇女和儿童的合法权益，因为在女方怀孕期间、分娩后1年内或者终止妊娠后6个月内，女方的身体和心理均处于特殊时期，需要受到特殊照顾和保护，如果男方在该期间内提出离婚，可能会对女方产生较大刺激和损害；同时，在该期间内，儿童的健康成长也需要父母双方的共同抚育，因此，本条对男方提出离婚的权利进行了必要的限制，以更好地保护女方和儿童的合法权益。当然，从《民法典》第1082条规定来看，其只是在特殊期间内对男方提出离婚的权利进行限制，而没有完全排除男方请求离婚的权利，即男方不得在女方怀孕期间、分娩后1年内或者终止妊娠后6个月内提出离婚，在该期间经过后，男方仍然可以提出离婚。

此外，从《民法典》第1082条但书规定来看，女方在怀孕期间、分娩后1年内或者终止妊娠后6个月内，并非一概不得进行诉讼离婚，在如下两种情形下，仍然可以进行诉讼离婚：

一是女方提出离婚。《民法典》第1082条对男方提出离婚的权利进行限制，主要目的在于保护处于特殊时期的女方的利益，而没有限制女方提出离婚的权利。当然，女方在提出离婚时，也应当符合诉讼离婚的法定条件。

二是人民法院认为确有必要受理男方离婚请求的。这也意味着，在女方怀孕期间、分娩后1年内或者终止妊娠后6个月内，法律也没有一概排除男方请求离婚的权利，如果人民法院认为确有必要受理男方的离婚请求，则仍然可以允许男方请求离婚。关于人民法院认为确认必要受理男方离婚请求的具体情形，《民法典》没有作出细化规定，一般认为，其主要是指女方存在过错，或者未尽对胎儿的抚养义务，或者实施了其他严重损害夫妻关系、导致夫妻感情破裂的行为，如女方在婚前与他人发生性关系导致怀孕而男方不知情，或者女方在婚后与婚外男性发生性关系而导致怀孕、终止妊娠的，或者女方对幼儿有虐待、遗弃等行为的，等等。[2] 需要指出的是，《民法典》第1082条的目的在于强化对女方及

---

〔1〕 参见最高人民法院民法典贯彻实施工作领导小组主编：《中华人民共和国民法典婚姻家庭编继承编理解与适用》，北京，人民法院出版社2020年版，第277-278页。

〔2〕 参见最高人民法院民法典贯彻实施工作领导小组主编：《中华人民共和国民法典婚姻家庭编继承编理解与适用》，北京，人民法院出版社2020年版，第278-279页。

儿童利益的保护，允许男方在上述特殊期间内提出离婚属于例外情形，人民法院在认定相关情形是属于"确有必要受理男方离婚请求的"情形时，应当从严认定。

第四节　离婚的法律后果

夫妻离婚后，当事人之间的婚姻关系即消灭，因婚姻关系而产生的夫妻之间的身份关系也随之消灭，如男女双方基于夫妻身份而产生的配偶亲属关系将随之终止，基于婚姻关系而产生的姻亲关系也将随之终止。除此之外，从《民法典》婚姻家庭编的规定来看，离婚还将在当事人之间及其子女之间产生一系列人身关系和财产关系，前者如父母子女关系、子女抚养问题，后者如夫妻共同财产的分割问题、夫妻共同债务的偿还问题等。[1]

一、离婚在人身关系方面的效力

（一）父母离婚对父母子女间关系的影响

1. 父母子女间的关系不因父母离婚而消除

《民法典》第 1084 条第 1 款规定："父母与子女间的关系，不因父母离婚而消除。离婚后，子女无论由父或者母直接抚养，仍是父母双方的子女。"依据该条规定，夫妻双方离婚后，其与子女之间的父母子女关系并不受影响，即"父母与子女间的关系，不因父母离婚而消除"。本条之所以作出此种规定，主要是因为，夫妻之间的身份关系在性质上属于姻亲，其源于婚姻关系，而且以婚姻关系的存续为条件，婚姻关系消灭，则夫妻关系也将随之消灭；而父母子女之间关系在性质上属于血亲，其存续并不以夫妻关系的存续为条件，[2] 因此，即便夫妻之间的婚姻关系消灭，其与子女之间的父母子女关系也并不因此而消除。因此，夫妻离婚后，不论子女由父或者母直接抚养，其都仍然是父母双方的子女。

从《民法典》第 1084 条规定来看，其在规定离婚对父母子女关系的影响时，并没有区分婚生子女与非婚生子女，因此，非婚生子女也适用这一规则。问题在于，离婚不影响父母子女关系的规则主要适用于父母与子女之间存在自然血亲的关系，如果父母子女之间属于拟制血亲，是否仍然适用这一规则，具体而言，上述规则是否仍然可以适用于继父母与继子女的关系，以及养父母与养子女之间的关系？

就继父母与继子女之间的关系而言，一般情形下，继父母与继子女之间的关系会

---

[1]　当然，除夫妻共同财产分割、夫妻共同债务偿还等问题外，双方离婚还可能涉及彩礼的返还问题，依据《民法典婚姻家庭编司法解释（一）》第 5 条的规定，如果双方办理结婚登记手续但确未共同生活，或者婚前给付并导致给付人生活困难的，则当事人有权请求返还按照习俗给付的彩礼。

[2]　参见黄薇主编：《中华人民共和国民法典婚姻家庭编解读》，北京，中国法制出版社 2020 年版，第 205 页。

受到继父母离婚的影响。依据《民法典婚姻家庭编司法解释（二）》第19条规定，在继父母离婚后，继父或者继母与曾受其抚养教育的继子女之间的关系原则上不再适用《民法典》关于父母子女关系的规定。换言之，继父母离婚通常会导致继子女之间的关系解除。我国司法实践一般也认为，在生父与继母或生母与继父离婚的情形下，对曾受其抚养教育的继子女，继父或继母不同意继续抚养的，仍应由生父母抚养，此时，应当认定，继母或者继父与继子女之间的关系已经自然解除，当事人之间的父母子女关系也随之消灭。

案例 4-5

【基本案情】

郑小某出生于2002年6月，2003年8月，郑小某的母亲华某与郑某再婚，此后郑小某一直与华某、郑某共同生活。2016年5月，华某与郑某离婚，在双方离婚分割财产时，郑某明确要求扣除抚养郑小某13年的抚养费。在华某与郑某离婚后，郑某不再支付郑小某得抚养费，郑小某与郑某也不再有联系。2018年8月，郑某去世，郑小某主张，其为郑某的继子，有权继承郑某的遗产。郑某的子女则主张，在郑某与华某离婚后，郑某与郑小某之间的继父母子女关系已经消灭，郑小某无权主张继承郑某的遗产。

【裁判结果】

法院认为，在郑某与华某离婚后，郑某与郑小某之间再无来往，郑某未再给付郑小某抚养费，郑小某在搬离涉案房屋后也未回来探望过郑某，郑某的丧葬事宜及吊唁事宜其均未参与，据此可以认定郑某不同意再继续抚养郑小某，郑某与郑小某之间的继父母子女关系已经解除，故郑小某不能作为有抚养关系的继子女参与郑某的遗产分配。

当然，依据《民法典婚姻家庭编司法解释（二）》第19条的规定，在继父母离婚的情形下，如果继父或者继母同意继续抚养继子女或者继父、继母与继子女之间存在依法成立的收养关系的，则当事人之间的父母子女关系并不消灭。此外，按照立法者的观点，如果受继父或者继母长期抚养已经成年的继子女，除当事人之间提出解除继父母子女关系的情形外，当事人之间的父母子女关系也不受继父母离婚的影响，而且即便当事人之间协商解除继父母子女关系，继子女仍然应当承担身处晚年、缺乏劳动能力、生活困难的继父母的生活费用。[1]

养父母与养子女的关系虽然同样属于拟制血亲关系，但依据《民法典》婚姻家庭编的规定，收养关系一旦成立，则养父母与养子女之间的关系与生父母子女的关系一致，而养子女与生父母之间的权利义务关系将消灭，因此，在养父母离婚的情形下，

---

〔1〕 参见黄薇主编：《中华人民共和国民法典婚姻家庭编解读》，北京，中国法制出版社2020年版，第206页。

只要当事人之间的收养关系仍然存在，养父母与养子女之间的父母子女关系就不受影响。当然，养父母离婚后不愿继续维持收养关系或者无力承担抚养费用的，其也可以与养子女的生父母协商，依法解除收养关系，此时，养父母子女之间的关系也随之消灭。此外，养父母离婚后，也可以协商，依法变更收养关系，由养父或者养母一方收养，此时，另一方与养子女之间的父母子女关系也将随之消灭。

可见，继父母与继子女之间以及养父母与养子女之间虽然属于拟制的血亲关系，但只要当事人之间的继父母子女关系与养父母子女关系没有依法解除，则继父母与继子女之间的关系并不因继父母离婚而消除，养父母与养子女之间的关系也不因养父母离婚而消除。但在生父与继母离婚或者生母与继父离婚的情形下，如果继父或者继母不同意继续抚养继子女的，则为了保障子女的健康成长，其生父或者生母仍应当负担抚养义务。对此，《民法典婚姻家庭编司法解释（一）》第 54 条规定："生父与继母离婚或者生母与继父离婚时，对曾受其抚养教育的继子女，继父或者继母不同意继续抚养的，仍应由生父或者生母抚养。"

2. 离婚后，父母对子女仍然负有抚养、教育、保护的权利和义务

如前所述，在父母离婚的情形下，父母子女间的关系并不因此消除，因此，父母对子女仍然应当依法负有抚养、教育、保护的义务。对此，《民法典》第 1084 条第 2 款规定："离婚后，父母对于子女仍有抚养、教育、保护的权利和义务。"所谓抚养，是指父母应当从物质上、生活上对子女进行养育，包括负担抚养子女的生活费用、教育费用等；所谓教育，是指父母应当在思想、学业等方面对子女进行管理，并对其行为进行约束和规范；所谓保护，是指父母应当保护子女的人身和财产权益，使其免受他人侵害。[1] 如果父母不履行对子女的抚养、教育、保护义务，子女有权依法请求父母履行上述义务。例如，依据《民法典》第 1067 条的规定，父母不履行抚养义务的，未成年子女或者不能独立生活的成年子女，有要求父母给付抚养费的权利。

需要指出的是，从《民法典》第 1084 条第 2 款规定来看，父母离婚后，其对子女的抚养、教育与保护不仅是其义务，也是其权利，也就是说，父母离婚后，其与子女之间的父母子女关系并未消除，父母对此种关系享有身份权益，此种身份权益也受法律保护，在他人不当妨害父母对子女的抚养、教育与保护时，父母也有权请求行为人停止侵害、排除妨碍，在受有损害的情形下，父母还有权请求行为人承担损害赔偿责任。

3. 父母离婚后，子女直接抚养主体的确定

父母离婚虽然通常不会导致父母子女关系的消除，但会对子女的抚养产生一定的影响，因为父母离婚后，通常不会同居生活，双方无法共同抚养子女，而从实践来看，

---

[1] 参见最高人民法院民法典贯彻实施工作领导小组主编：《中华人民共和国民法典婚姻家庭编继承编理解与适用》，北京，人民法院出版社 2020 年版，第 288-289 页。

有时父母均争夺子女的直接抚养权，或者均不愿直接抚养子女，[1] 这就需要确定子女的直接抚养主体。在父母离婚后，一般按照最有利于未成年子女的原则确定子女直接抚养主体，当然，在该原则指导之下，还需要具体考虑父母双方的抚养能力等因素。对此，《民法典》第 1084 条第 3 款规定："离婚后，不满两周岁的子女，以由母亲直接抚养为原则。已满两周岁的子女，父母双方对抚养问题协议不成的，由人民法院根据双方的具体情况，按照最有利于未成年子女的原则判决。子女已满八周岁的，应当尊重其真实意愿。"该条在总结我国立法和司法实践经验的基础上，区分不同情形，明确了父母离婚后子女直接抚养主体的确定规则，具体而言：

第一，子女不满两周岁的，原则上由母亲直接抚养。也就是说，在子女不满两周岁时，除特别情形外，应当由母亲直接抚养，法律之所以作出此种规定，主要是考虑到，在子女不满两周岁时，其大多还处于母乳喂养期，需要母乳喂养；同时，两周岁以下的子女表达能力较差，由母亲喂养，更有利于子女的生长发育。[2] 因此，对不满两周岁的子女，原则上应当由母亲直接抚养。当然，本条只是规定不满两周岁的子女原则上由母亲直接抚养，而不是一概由母亲直接抚养，在特殊情形下，如果母亲直接抚养子女不利于子女的健康成长，则可以由父亲直接抚养。依据《民法典婚姻家庭编司法解释（一）》第 44 条的规定，离婚案件涉及未成年子女抚养的，对不满两周岁的子女，如果母亲有下列情形之一，父亲请求直接抚养的，人民法院应予支持：一是母亲患有久治不愈的传染性疾病或其他严重疾病，子女不宜与其共同生活的。例如，母亲患有精神疾病，无法照顾子女，且该疾病久治不愈，此时，人民法院应当支持父亲直接抚养子女的请求。二是母亲有抚养条件不尽抚养义务，而父方要求子女随其生活的。例如，母亲经济状况良好，但并不履行其抚养义务，如不支付子女的医疗费用，或者不对子女尽到基本的照料义务，此时，父方请求子女随其生活的，人民法院应当支持。三是因其他原因，子女确无法随母方生活的，例如，母亲品行不端，不利于子女成长的。

此外，从《民法典》第 1084 条第 3 款规定来看，对已满两周岁的子女而言，父母双方可以就抚养问题达成协议，但对未满两周岁的子女而言，该条并没有规定父母可以就其抚养问题达成协议，按照体系解释规则，此种情形似乎不允许父母双方就子女抚养问题达成协议。但《民法典婚姻家庭编司法解释（一）》第 45 条规定："父母双方协议不满两周岁子女由父亲直接抚养，并对子女健康成长无不利影响的，人民法院应予支持。"依据该规定，对不满两周岁的子女而言，父母双方可以在对子女健康成长无不利影响的情形下，通过协议约定子女由父亲直接抚养。

---

[1] 如果双方在离婚诉讼期间均不愿意抚养子女，依据《民法典婚姻家庭编司法解释（一）》第 60 条规定，人民法院可以先行裁定暂由一方抚养。

[2] 参见黄薇主编：《中华人民共和国民法典婚姻家庭编解读》，北京，中国法制出版社 2020 年版，第 209 页。

案例 4-6

【基本案情】

张某（男）与乔某（女）为夫妻关系，二人婚后育有一子张小某，在张小某 1 岁时，张某与乔某因感情不和办理了离婚登记。双方在离婚协议中约定，张小某由男方抚养，抚养费均有男方负担；但如果男方再婚，张小某的抚养权归女方；如果女方再婚，则抚养权归男方。在双方离婚后，张小某一直与张某及其祖父母一起生活。后乔某主张，张小某未满 2 周岁，由自己抚养更有利于张小某得成长，因此诉至法院，主张应当由其享有张小某的抚养权。而张某则主张，双方已经在离婚协议中约定了张小某的抚养问题，乔某无权主张对张小某享有抚养权。

【裁判结果】

法院认为，原、被告离婚后对婚生子张小某仍有抚养和教育的权利和义务，双方应妥善处理婚生子的抚养权问题。在本案中，原、被告双方在离婚时就已达成了协议，约定婚生子张小某由被告抚养，且约定了变更抚养权的条件，该离婚协议是原、被告双方平等、自愿签订的，不违反法律规定，对双方具有约束力。当前原、被告双方抚养子女的能力和抚养条件基本相当，不存在法定变更抚养权情形，也不存在原、被告双方约定的变更抚养权的条件，故对于原告的请求不予支持。

第二，已满两周岁的子女，父母可以就抚养问题达成协议。父母离婚时，如果子女已满两周岁，则父母可以就其抚养问题达成协议，即父母双方可以约定由一方直接抚养子女，也可以约定双方轮流直接抚养子女，只要该约定不违反法律规定，即可发生效力。对此，《民法典婚姻家庭编司法解释（一）》第 48 条规定："在有利于保护子女利益的前提下，父母双方协议轮流直接抚养子女的，人民法院应予支持。"当然，父母就子女抚养问题达成的协议不得损害子女的利益，应当有利于子女的健康成长。

如果父母双方无法就子女抚养问题达成协议，则由人民法院根据双方的具体情况，按照最有利于未成年子女的原则判决。关于此种情形下子女直接抚养主体的确定，《民法典婚姻家庭编司法解释（一）》第 46 条规定："对已满两周岁的未成年子女，父母均要求直接抚养，一方有下列情形之一的，可予优先考虑：（一）已做绝育手术或者因其他原因丧失生育能力；（二）子女随其生活时间较长，改变生活环境对子女健康成长明显不利；（三）无其他子女，而另一方有其他子女；（四）子女随其生活，对子女成长有利，而另一方患有久治不愈的传染性疾病或者其他严重疾病，或者有其他不利于子女身心健康的情形，不宜与子女共同生活。"父母一方符合上述情形的，可以优先考虑由其直接抚养子女。同时，《民法典婚姻家庭编司法解释（一）》第 47 条规定："父母抚养子女的条件基本相同，双方均要求直接抚养子女，但子女单独随祖父母或者外祖父母共同生活多年，且祖父母或者外祖父母要求并且有能力帮助子女照顾孙子女或者外孙子女的，可以作为父或者母直接抚养子女的优先条件予以考虑。"

从司法实践来看，在特定情形下，如果出现父母一方有赌博、吸毒等恶习，或者有其他不适合抚养子女的情形，人民法院可能会考虑判决优先由另一方直接抚养子女。《民法典婚姻家庭编司法解释（二）》第 14 条对此作出了规定，依据该条规定，在确定已满两周岁未成年子女的直接抚养主体时，如果父母一方存在如下情形之一，则按照最有利于未成年子女的原则，优先考虑由另一方直接抚养：

一是实施家庭暴力或者虐待、遗弃家庭成员。如果未成年子女的父母一方实施了上述行为，由其抚养未成年子女，则难以保障未成年子女的健康成长，甚至难以保障未成年子女的基本人身安全。因此，此时原则上应当由另一方直接抚养子女。需要指出的是，此处未成年子女的父母一方实施家庭暴力或者虐待、遗弃家庭成员，并不要求其针对该未成年子女实施，只要其针对家庭成员实施了上述行为即可。

问题在于，如果一方曾经实施家庭暴力，或者虐待、遗弃家庭成员，或者因自身过错不履行抚养子女的法定义务，对未成年人造成严重身心损害。但在离婚时，该方已经改正上述行为的，能否认定优先由另一方直接抚养子女？本书认为，《民法典婚姻家庭编司法解释（二）》（征求意见稿）的上述规则规定优先考虑由另一方直接抚养子女的目的在于保障未成年子女的健康成长，因此，在确定直接抚养未成年子女的主体时，需要对父母双方抚养未成年子女的条件、能力以及对未成年子女健康成长的影响等，进行综合判断，而不宜因为父母一方曾经实施相关行为就直接认定由另一方直接抚养子女。例如，未成年人母亲一方曾经实施家庭暴力行为，但已经改正，而其父亲一方有严重影响未成年子女健康成长的情形的，则可以考虑优先由其母亲直接抚养该未成年子女。

二是有赌博、吸毒等恶习。在未成年子女的父母一方有赌博、吸毒等为恶习时，其自身生活都可能难以自理，更难有充足的时间和精力抚养子女，甚至可能使未成年子女沾染赌博、吸毒等恶习，因此，此种情形下原则上应当由另一方直接抚养子女。

三是重婚、与他人同居或者其他严重违反夫妻忠实义务情形。在夫妻一方重婚、与他人同居或者严重违反夫妻忠实义务时，在离婚时应当对另一方进行倾斜保护。我国《民法典》婚姻家庭编的许多制度如夫妻共同财产分割、离婚损害赔偿制度等，都体现了这一理念。在确定不满两周岁的子女的直接抚养主体时，也应当贯彻这一理念，即在一方出现上述情形时，应当由另一方直接抚养子女。

四是抢夺、藏匿未成年子女且另一方不存在实施家庭暴力或者虐待、遗弃家庭成员，以及有赌博、吸毒等恶习等严重侵害未成年子女合法权益情形。一方抢夺、藏匿未成年子女，通常会对未成年子女的身心健康产生不利影响，而且也可能不利于保护夫妻另一方抚养、探望子女的权利。因此，只要另一方不存在上述严重影响未成年子女身心健康的情形，则应当由另一方直接抚养子女。这也是为了尽量防止出现抢夺、藏匿未成年子女的行为。当然也应当看到，在夫妻离婚过程中以及离婚后，一方抢夺、藏匿未成年子女的原因具有多样性，在某些情形下，一方实施抢夺、藏匿未成年子女的行为可能是为了保护未成年子女的利益，或者具有其他正当理由，此时不宜一概认定由另一方直接抚养子女。

五是其他不利于未成年子女身心健康的情形。这就确立了由另一方直接抚养未成年子女规则的兜底规定。关于此处其他不利于未成年子女身心健康的情形具体包括哪些情形，该条并没有作出明确规定，而交由法官根据案件的具体情形，按照最有利于未成年子女的原则予以判断。例如，一方患有严重生理或者心理疾病，客观上无法履行抚养子女的法定义务，此时，可以考虑由另一方直接抚养未成年子女。再如，如果父母一方在经济能力上不能满足自身及未成年子女的基本生活需要，则为了保障未成年子女的基本生活，也可以考虑优先由另一方直接抚养该未成年子女。

上述规定只是列举了父母一方有相关严重影响未成年子女成长的情形，但从实践来看，未成年子女的父母双方都可能存在上述情形。例如，未成年人的父亲一方有赌博的恶习，而其母亲一方有吸毒的恶习，此时，人民法院应当综合考虑未成年子女的日常生活保障、教育、道德培养等因素，确定由更有利于该未成年子女身心发展的一方直接抚养该未成年子女。

第三，子女已满8周岁的，应当尊重其真实意愿。在子女已经满8周岁的情形下，其已经有一定的自主意识和认知能力，而直接抚养主体的确定将直接影响其健康成长，因此，应当尊重其真实意愿。需要指出的是，在子女年满8周岁时，不论是父母协商确定子女直接抚养主体，还是人民法院根据具体情况确定子女直接抚养主体，均应当尊重子女的真实意愿。

此外，从司法实践来看，在依据上述规则确定子女的直接抚养主体后，如果客观情况发生变化，或者出现其他事由，为了子女的健康成长，子女的直接抚养主体可能发生变更，此种变更主要包括如下两种情形。

一是当事人协商变更。也就是说，通过协商，如果父母双方均同意变更子女的直接抚养主体的，法律也承认其效力。对此，《民法典婚姻家庭编司法解释（一）》第57条规定："父母双方协议变更子女抚养关系的，人民法院应予支持。"当然，父母协商变更子女抚养主体的，不得对子女的健康成长造成不利影响。

二是当事人请求变更。如果因为客观情况变化或者出现其他事由，当事人也可以请求变更子女的直接抚养主体。依据《民法典婚姻家庭编司法解释（一）》第56条的规定，在如下情形下，父母一方有权请求变更子女的直接抚养主体：第一，与子女共同生活的一方因患严重疾病或因伤残无力继续抚养子女的，在此情形下，为了子女的健康成长，另一方有权请求变更子女的直接抚养主体。第二，与子女共同生活的一方不尽抚养义务或有虐待子女行为，或其与子女共同生活对子女身心健康确有不利影响的。此时，另一方也有权请求变更子女的直接抚养主体。第三，8周岁以上未成年子女，愿随另一方生活，该方又有抚养能力的。这也体现了对未成年子女真实意愿的尊重。当然，在此情形下变更子女的直接抚养主体，既需要考虑子女的意愿，也需要提出请求的一方有抚养能力。第四，有其他正当理由需要变更的。

案例 4-7

【基本案情】

赵某（男）与许某（女）在婚后育有一子赵小某，双方于 2020 年 5 月 1 日经法院调解离婚，约定赵小某由赵某抚养；同时，双方还就许某的探望权问题达成一致意见：许某有权在每月的 1 日与 15 日探望赵小某。但在双方离婚后，赵某并未履行双方有关许某探望权的约定，多次无正当理由拒绝许某探望赵小某。许某主张，赵某不履行双方的约定，导致自己与赵小某的沟通较少，影响了赵小某的身心健康，且赵某工作较为繁忙，经常将赵小某交由其父母代管，不利于赵小某的健康成长，因此主张变更赵小某得抚养权，而由自己抚养赵小某。

【裁判结果】

法院认为，赵某不履行双方的约定，未积极配合许某对赵小某的探望，致双方共同生育的子女赵小某在父母离婚后与母亲许某的沟通交流时间少，长时间缺乏母亲的关爱，对赵小某的身心健康造成了影响。而且赵某因工作繁忙，长时间将赵小某交由其父母代管，不利于赵小某的健康成长。而许某系人民教师，有稳定收入和固定居所，从有利于子女身心健康、保障子女合法权益的角度考虑，双方共同生育的子女赵小某由许某抚养更为有利，许某请求变更赵小某抚养权的理由成立，法院予以支持。

在离婚后，子女抚养关系的变更属于独立的纠纷，因此，当事人在离婚后请求变更子女抚养关系的，应当另行起诉。对此，《民法典婚姻家庭编司法解释（一）》第 55 条规定："离婚后，父母一方要求变更子女抚养关系的，或者子女要求增加抚养费的，应当另行提起诉讼。"

（二）离婚后子女抚养费的负担

夫妻离婚后，虽然会对子女的直接抚养问题产生影响，但由于其通常并不会导致父母子女关系的消除，因此，父母对子女仍然负有抚养义务，这就需要明确离婚后子女抚养费的负担规则。对此，《民法典》第 1085 条规定："离婚后，子女由一方直接抚养的，另一方应当负担部分或者全部抚养费。负担费用的多少和期限的长短，由双方协议；协议不成的，由人民法院判决。前款规定的协议或者判决，不妨碍子女在必要时向父母任何一方提出超过协议或者判决原定数额的合理要求。"该条明确了离婚后子女抚养费的负担规则，为解决此类纠纷提供了法律依据。父母离婚后，子女抚养费通常包括子女的生活费、教育费以及医疗费等费用。父母离婚后，如果父母一方并无经济收入，或者下落不明，则可以以其财产抵扣抚养费，对此，《民法典婚姻家庭编司法解释（一）》第 51 条规定："父母一方无经济收入或者下落不明的，可以用其财物折抵抚养费。"此外，父母离婚后，直接抚养子女的一方可能依法变更子女的姓氏，在此情形下，另一方不得据此拒绝支付抚养费。对此，《民法典婚姻家庭编司法解释（一）》第59条规定："父母不得因子女变更姓氏而拒付子女抚养费。父或者母擅自将子女姓氏改为继母或继父姓氏而引起纠纷的，应当责令恢复原姓氏。"该条不仅确立了父母不得因子女姓氏变更而拒付子女抚养费的规则，而且从该规定来看，如果父或者母擅自将子女的姓氏改为继母或者继父的姓氏的，可能会因此引发与不直接抚养子女一方的纠纷，此时，父母另一方也不得据此拒付抚养费，但人民法院应当责令恢复子女的原姓氏。

关于离婚后子女抚养费的负担，主要涉及如下几方面问题。

（1）负担子女抚养费的主体。从《民法典》第1085条规定来看，在子女由一方直接抚养的情形下，则另一方应当负担部分或者全部抚养费，这也意味着，不直接抚养子女的一方必须负担部分或者全部抚养费，当事人不得通过约定排除不直接抚养子女一方负担抚养费的义务。法律作出此种规定，主要是为了保护子女的利益，保护子女的健康成长，即便当事人约定仅由直接抚养子女的一方负担抚养费，子女也可以请求不直接抚养的一方支付抚养费。当然，从本条规定来看，不直接抚养子女的一方可能负担全部抚养费，此时，直接抚养子女的一方可以不负担任何抚养子女的费用。从《民法典》第1085条的规定来看，不直接抚养子女的一方必须负担部分或者全部抚养费，似乎不允许当事人约定由直接抚养子女的一方负担全部抚养费。但《民法典婚姻家庭编司法解释（一）》第52条规定："父母双方可以协议由一方直接抚养子女并由直接抚养方负担子女全部抚养费。但是，直接抚养方的抚养能力明显不能保障子女所需费用，影响子女健康成长的，人民法院不予支持。"依据该条规定，父母双方也可以协议子女随一方生活并由抚养方负担子女全部抚养费，但父母双方作出此种约定的，法院应当对该协议进行审查，经查实，如果抚养方的抚养能力明显不能保障子女所需费用，影响子女健康成长的，则不予准许。

（2）子女抚养费的数额、期限和给付方式。关于子女抚养费的数额，《民法典婚姻家庭编司法解释（一）》第49条第1款规定："抚养费的数额，可以根据子女的实际需要、父母双方的负担能力和当地的实际生活水平确定。"依据该条规定，子女抚养费数额应当在综合考虑子女的实际需要、父母双方的负担能力和当地的实际生活水平等因素，综合予以确定。从《民法典》第1085条规定来看，父母可以约定子女抚养费的数额，如果父母双方无法达成协议，则由人民法院判决。同时，依据《民法典婚姻家庭编司法解释（一）》第49条规定，对于父母有固定收入的，抚养费一般可以按其月总收入的百分之20%至30%的比例给付。负担两个以上子女抚养费的，比例可以适当提高，但一般不得超过月总收入的50%。父母无固定收入的，抚养费的数额可以依据当年总收入或者同行业平均收入，参照上述比例确定。有特殊情况的，可以适当提高或者降低上述比例。例如，在子女身患疾病，需要长期治疗的，则可以适当提高上述比例。

关于子女抚养费的具体支付期限，《民法典》并没有作出明确规定，而只是允许当事人通过协议约定，如果当事人无法达成协议的，则由人民法院判决。《民法典婚姻家庭编司法解释（一）》第53条规定："抚养费的给付期限，一般至子女十八周岁为止。十六周岁以上不满十八周岁，以其劳动收入为主要生活来源，并能维持当地一般生活水平的，父母可以停止给付抚养费。"依据该条规定，一般而言，抚养费的支付期限至子女18周岁为止，因为一般在子女已经成年的情形下，其已经具备了独立生活的能力，父母此时即不再负担给付抚养费的义务。但对于16周岁以上不满18周岁的子女，如果其能够以其劳动收入为主要生活来源，并能维持当地一般生活水平的，父母可停止给付抚养费。当然，即便子女已经成年，但如果其缺乏独立生活能力，而父母又有给付能力的，则父母仍然应当负担必要的抚养费，此类情形主要包括：一是子女丧失劳动能力或虽未完全丧失劳动能力，但其收入不足以维持生活的；二是子女尚在校就读的；三是子女确无独立生活能力和条件的。当然，从《民法典》的规定来看，其并没有为抚养费的支付期限作出硬性规定，人民法院可以根据个案的具体情况作出裁判。[1]

案例 4-8

【基本案情】

林某（男）与黄某（女）在婚后育有一子林小某。2021年5月，林某与黄某离婚，法院判决林小某由林某直接抚养，抚养费由林某负担。2024年6月，林小某在19岁时，被诊断为精神分裂症，生活大部分不能自理，且需要长期治疗。林某无力负担高昂的医疗费用。后林某代林小某向法院提起诉讼，请求黄某负担必要的抚养费。黄某则主张，按照之前的离婚判决，林小某的抚养费应当由林某负担，且林小某已经成年，其不应当再负担抚养费。

【裁判结果】

法院认为，离婚后父母对子女仍有抚养的义务，原告林小某虽然已经成年，但身患精神分裂症，为二级精神残疾人，丧失劳动能力且生活大部分不能自理，无法独立生活，被告作为原告的母亲，具有给付能力，应负担必要的抚养费。

关于子女抚养费的给付方式，《民法典》没有作出明确规定，从司法实践来看，抚养费的支付方式主要有两种：一是定期给付，即按照固定的期限分期、分批支付抚养费；二是一次性给付，即一次性给付全部的子女抚养费。关于上述两种给付方式的适用关系，《民法典婚姻家庭编司法解释（一）》第50条规定："抚养费应当定期给付，有条件的可以一次性给付。"依据该条规定，子女抚养费原则上应当定期给付，但有条件的，则可以一次性给付。此外，从我国司法实践来看，在如下情形下，一般认为也

---

〔1〕 参见黄薇主编：《中华人民共和国民法典婚姻家庭编解读》，北京，中国法制出版社2020年版，第216页。

应当一次性给付抚养费：一是出国、出境人员；二是有能力一次性支付的个体工商户、专业承包户、私营企业业主等人员；三是下落不明的一方以财产抵扣的。

案例 4-9

【基本案情】

裴某（男）与卡某（女，美国籍）在某次宴会上认识后，互有好感，便确立了恋爱关系，并在交往一年后生有一女米某，但裴某与卡某并未办理结婚登记。后卡某因工作变动原因，需要回美国长期居住，并要带米某一同返回美国。卡某要求裴某一次性支付米某的生活费至米某 18 周岁。裴某拒绝支付。后卡某代米某向法院起诉，请求裴某支付相关的抚养费。一审法院认为，裴某应当每月向卡某支付米某的抚养费至米某 18 周岁。但卡某认为，其与米某将长期生活在美国，裴某每月支付米某的抚养费用，不利于米某的成长，也难以保障裴某能够长期按期支付米某的抚养费，因此提起上诉，请求裴某一次性支付米某至 18 周岁的抚养费。

【裁判结果】

二审法院认为，米某系被告裴某和卡某的非婚生子女，米某和卡某均非中国籍，经常居住地也不在中国，原告米某请求裴某一次性给付抚育费至十八周岁止，关于抚养费的支付方式，法院认为，米某及其母卡某均非中国籍，现亦未在京生活，而裴某名下有购置的房产和汽车，其具有一次性给付抚养费的能力，故原判确定由裴某按月给付米某抚养费的方式不适当且不具有可行性，不利于米某的成长需要，二审法院对裴某给付抚养费的方式予以变更。

此外，如果双方自愿、协商一致的，也可以一次性给付子女抚养费。人民法院在确定子女抚养费的给付方式时，应当根据个案情况具体确定。

（3）子女抚养费数额的变更。在依据当事人的协议或者法院判决确定抚养费的数额后，因为社会生活水平变化、父母的负担能力等客观情况的变化，可能需要变更子女抚养费的数额。关于子女抚养费的变更，《民法典》第 1085 条第 2 款规定："前款规定的协议或者判决，不妨碍子女在必要时向父母任何一方提出超过协议或者判决原定数额的合理要求。"依据该条规定，子女在"必要时"可以请求增加抚养费数额，此处的"必要时"究竟包括哪些情形，《民法典》没有作出具体规定，但依据《民法典婚姻家庭编司法解释（一）》第 58 条规定，此处的必要情形主要包括：一是原定抚养费数额不足以维持当地实际生活水平的；二是因子女患病、上学，实际需要已超过原定数额的；三是有其他正当理由应当增加的。在上述情形下，子女可以请求父母增加抚养费数额。当然，从《民法典》第 1085 条第 2 款规定来看，子女增加抚养费数额的请求必须合理，如果该请求不合理，也难以获得支持。

关于子女抚养费数额的变更，《民法典》仅规定了子女提出请求的情形，但从司法实践来看，如果父母一方的客观情况发生变化，其也可以请求减少子女抚养费的数额，其具体包括如下情形：一是给付方的收入明显减少，虽经努力，仍维持在较低的水平；二是给付方长期患病或丧失劳动能力，又无经济来源，确实无力按原定数额给付，而直接抚养子女一方又有抚养能力；三是给付方因违法犯罪被收监改造或被劳动教养，失去经济能力无力给付的，但恢复人身自由后有经济来源的，则应按原协议或判决给付。在上述情形下，可以适当降低子女抚养费的数额。

📖**案例 4-10**

【基本案情】

王某（男）与汪某（女）在婚后育有一女王小某，后因感情不和，王某与汪某签定了离婚协议，约定王小某由女方抚养，男方王某每月应当支付抚养费 2000 元，后双方办理了离婚登记。在二人离婚两年后，王某患上肺结核，多次入院治疗，仍未康复，使得王某的每月工资降低，加上高额的医疗费用，导致王某难以按照约定支付王小某的抚养费。王某请求降低抚养费数额，汪某予以拒绝，后王某诉至法院，请求变更双方约定的抚养费数额。

【裁判结果】

法院认为，离婚协议是当事人真实的意思表示，双方本应依约履行。但在本案中，原告在离婚后患病，虽有医疗保险保障，但依然会产生部分医疗支出，原告的经济水平和工作能力因此下降，其要求降低子女抚养费的请求法院予以支持，具体数额应当根据子女实际需要，原、被告双方的负担能力及本地的实际生活水平等各方因素综合确定。

当然，不直接抚养的一方减少或中止给付抚养费后，一旦恢复甚至超过原有的抚养能力，子女仍有权要求恢复至原定的抚养费数额，甚至有权要求增加抚养费。

在离婚诉讼中，在人民法院已经在判决书、裁定书、调解书中就子女抚养义务作出处理的情形下，义务人应当履行其抚养子女的义务，其他主体也不得妨害生效裁判文书的执行。对此，《民法典婚姻家庭编司法解释（一）》第 61 条规定："对拒不履行或者妨害他人履行生效判决、裁定、调解书中有关子女抚养义务的当事人或者其他人，人民法院可依照民事诉讼法第一百一十一条的规定采取强制措施。"依据该条规定，如果当事人或者其他人拒不履行生效裁判文书，或者妨害生效裁判文书的执行，则人民法院有权依法采取强制措施。[1]

（三）不直接抚养子女一方依法享有探望子女的权利

1. 探望权概述

所谓探望权，是指父母离婚后，不直接抚养子女的一方依法享有对子女进行探视、

---

〔1〕 依据《民事诉讼法》第 114 条的规定，拒不履行人民法院已经发生法律效力的判决、裁定的，人民法院可以对其主要负责人或者直接责任人员予以罚款、拘留；构成犯罪的，依法追究刑事责任。

看望、交往的权利。[1] 如前所述，父母离婚后，并不会当然导致父母子女关系的消除，不直接抚养子女的一方仍然负有抚养、教育、保护子女的义务，当然，这也是不直接抚养子女一方所享有的一项权利。关于探望权，《民法典》第1086条规定："离婚后，不直接抚养子女的父或者母，有探望子女的权利，另一方有协助的义务。行使探望权利的方式、时间由当事人协议；协议不成的，由人民法院判决。父或者母探望子女，不利于子女身心健康的，由人民法院依法中止探望；中止的事由消失后，应当恢复探望。"该条对不直接抚养子女一方依法享有探望子女的权利作出了规定，法律之所以规定探望权，一方面是为了保护不直接抚养子女的一方抚养、教育、保护子女的权利；另一方面，这也是为了保障子女的健康成长，因为子女的健康成长离不开父母的陪伴，法律规定探望权，有利于加强父母与子女之间的情感交流，从而保障其健康成长。一般而言，在协议离婚中，当事人应当在协议中就探望权的行使等内容作出约定，在诉讼离婚中，法院也应当在判决书中明确探望权的具体内容，如果当事人没有在离婚协议中约定探望权的内容，或者法院没有在生效的离婚判决中就探望权作出裁判，则当事人可以就探望权问题单独提起诉讼。对此，《民法典婚姻家庭编司法解释（一）》第65条规定："人民法院作出的生效的离婚判决中未涉及探望权，当事人就探望权问题单独提起诉讼的，人民法院应予受理。"

2. 探望权的主体

从《民法典》第1086条规定来看，探望权的主体为"不直接抚养子女的父或者母"，即不随子女共同生活的父母一方。除不直接抚养子女的父或者母之外，其他主体并不是探望权的主体。关于父母之外的其他主体是否享有探望权，学理上存在一定的争议，有观点认为，应当适当扩大探望权的主体范围，将祖父母、外祖父母、兄弟姐妹等纳入其中，因为祖父母、外祖父母、兄弟姐妹等主体通常与子女共同生活，与子女的父母一起照顾子女，其与子女之间往往具有情感利益，承认其具有探望权，既符合中华民族的传统和家庭相处模式，也是儿童利益最大化原则的体现。但也有观点认为，不宜过分扩大子女探望权主体的范围，否则可能不利于维护子女与直接抚养子女一方关系的稳定。[2] 鉴于理论上难以达成共识，《民法典》并没有扩大探望权的主体范围，而将其限于不与子女共同生活的父母一方。当然，父母之外的其他亲属虽然不是探望权的主体，但这并不妨碍对其子女的探望，如果父母之外的主体就子女的探望发生争议，也可以就此提起诉讼。

3. 探望权的行使

从《民法典》第1086条规定来看，行使探望权的方式、时间出当事人协议，由于

---

〔1〕 参见马俊驹、余延满：《民法原论》，北京，法律出版社2010年版，第849页。

〔2〕 参见黄薇主编：《中华人民共和国民法典婚姻家庭编解读》，北京，中国法制出版社2020年版，第222-223页。

除被探望的子女外，探望权的行使主要涉及父母，因此，此处的当事人应当是指子女的父母。按照私法自治原则，当事人可以就探望权行使的方式、时间等作出约定。例如，当事人可以约定不与子女共同生活的一方探望子女的时间，如每周末探望子女一次，或者约定探望权的行使方式，如到约定的地点探望子女等。如果当事人无法达成协议，则由人民法院判决。从我国司法实践来看，人民法院在通过判决确定探望权的行使方式和时间时，主要应当考虑如下因素：一是有利于子女健康成长，也就是说，人民法院在确定探望权的行使方式和时间时，首先应当考虑子女的健康成长，探望权的行使不应当给子女的正常生活产生重大的不利影响，而应当尽量降低对子女的不利影响；二是尊重子女本人的意愿，即在子女有充分认知能力、能够表达自己真实意愿的情形下，法院在确定探望权的行使方式和时间时，应当尊重其意愿；三是便于探望权的实现，即法院在确定探望权的行使方式和时间时，既要考虑到子女利益和意愿的保护，也要适当考虑父母行使探望权的便利性，不应当给行使探望权一方的生活造成极大的不便。[1]

📚 案例 4-11

【基本案情】

张某（男）与庄某（女）在婚后育有一子张小某（10岁），在二人离婚后，张小某由张某抚养，但根据法院判决，庄某有权每月第一周和第三周的周六可以探望张小某一次，每次可探望半天。但在半年后，庄某向法院提出，其与张某的距离较远，每次探望往返的路程较长，与张小某的相处时间过短，因此请求每月能否增加两次探望次数，并延长每次探望的时间。

【裁判结果】

法院认为，父母行使探望权的方式和时间，应充分考虑子女的实际需要，不能给子女的身心带来不利的影响。庄某作为母亲更应当从不影响张小某生活学习的角度出发，采用多种方式方法合理、妥善安排好探望，积极主动克服探望中的实际困难，避免频繁改变探望方式而影响张小某日常生活学习及作息。

在人民法院通过判决确定探望权的行使方式和时间后，如果直接抚养子女的一方不遵守法院生效裁判文书，另一方可以请求人民法院依法强制执行。对此，《民法典婚姻家庭编司法解释（一）》第68条规定："对于拒不协助另一方行使探望权的有关个人或者组织，可以由人民法院依法采取拘留、罚款等强制措施，但是不能对子女的人身、探望行为进行强制执行。"关于此种情形下的强制执行措施，《民事诉讼法》第235条规定："发生法律效力的民事判决、裁定，以及刑事判决、裁定中的财产部分，

---

〔1〕 参见最高人民法院民法典贯彻实施工作领导小组主编：《中华人民共和国民法典婚姻家庭编继承编理解与适用》，北京，人民法院出版社 2020 年版，第 300-301 页。

由第一审人民法院或者与第一审人民法院同级的被执行的财产所在地人民法院执行。法律规定由人民法院执行的其他法律文书，由被执行人住所地或者被执行的财产所在地人民法院执行。"依据该条规定，不直接抚养子女的一方可以请求第一审人民法院强制执行。同时，《民事诉讼法》第263条规定："对判决、裁定和其他法律文书指定的行为，被执行人未按执行通知履行的，人民法院可以强制执行或者委托有关单位或者其他人完成，费用由被执行人承担。"依据该条规定，不直接抚养子女的一方请求人民法院强制执行的，相关费用由直接抚养子女的一方负担。当然，依据《民法典婚姻家庭编司法解释（一）》第68条的规定，此处的强制执行是指对拒不履行协助另一方行使探望权的有关个人和单位采取拘留、罚款等强制措施，而不能对子女的人身、探望行为进行强制执行。

此外，为了保障探望权的顺利实现，《民法典》第1086条还规定了直接抚养子女一方的协助义务，即直接抚养子女的一方应当为对方行使探望权提供必要的便利条件，而不得为对方行使探望权设置障碍。

4. 探望权的中止与恢复

所谓探望权的中止，是指在出现一定的法定事由后，使得探望权人不宜继续探望子女，人民法院依法暂时停止其行使探望权。《民法典》第1086条第3款对探望权的中止规则作出了规定，《民法典婚姻家庭编司法解释（一）》第66条进一步规定："当事人在履行生效判决、裁定或者调解书的过程中，一方请求中止探望的，人民法院在征询双方当事人意见后，认为需要中止探望的，依法作出裁定；中止探望的情形消失后，人民法院应当根据当事人的请求书面通知其恢复探望。"该条对探望权的中止与恢复规则作出了细化规定。法律之所以规定探望权的中止规则，主要是因为，法律规定探望权的目的既是为了保护不直接抚养子女一方的利益，更是为了保护子女的利益，如果探望权人继续行使探望权将不利于保护子女的利益，甚至有害于子女的健康成长，则应当依法中止其探望权。从这一意义上说，探望权的中止可以看作是探望权行使的一种限制。当然，探望权的中止只是暂时停止权利人行使探望权，而不是彻底否定、终止其探望权，待中止探望权的事由消失后，则应当恢复探望权的行使。

从《民法典》第1086条规定来看，有权中止探望权的主体限于人民法院，其他任何组织或者个人均不得中止探望权的行使。也就是说，即便探望权的行使不利于子女的健康成长，其他组织或者个人，包括直接抚养子女的一方，也不得擅自中止探望权的行使，而应当由人民法院依法中止。当然，人民法院也不得依职权主动中止探望权的行使，而应当由当事人提出请求，依据《民法典婚姻家庭编司法解释（一）》第67条规定，有权向人民法院提出中止探望请求的主体为未成年子女、直接抚养子女的父或母及其他对未成年子女负担抚养、教育、保护义务的法定监护人。在相关主体提出请求后，人民法院在征询双方当事人意见的基础上，认为需要中止行使探望权的，依法作出中止探望的裁定。

关于中止探望权行使的事由，《民法典》第 1086 条将其限定为父或者母探望子女不利于子女的身心健康，但在哪些情形下可以认定探望权的行使不利于子女的身心健康，《民法典》并没有作出明确规定。一般而言，此类情形主要包括父母一方患精神疾病、传染性疾病、有吸毒行为或者对子女有暴力行为、骚扰行为等。[1]《预防未成年人犯罪法》第 14 条规定："未成年人的父母或者其他监护人和学校应当教育未成年人不得有下列不良行为：（一）旷课、夜不归宿；（二）携带管制刀具；（三）打架斗殴、辱骂他人；（四）强行向他人索要财物；（五）偷窃、故意毁坏财物；（六）参与赌博或者变相赌博；（七）观看、收听色情、淫秽的音像制品、读物等；（八）进入法律、法规规定未成年人不适宜进入的营业性歌舞厅等场所；（九）其他严重违背社会公德的不良行为。"从司法实践来看，如果探望权人利用探望子女的行为影响或者教唆、引诱子女实施上述行为，则应当认定探望权的行使不利于子女的身心健康。[2] 当然，鉴于《民法典》第 1086 条并没有明确规定探望权的行使不利于子女身心健康的具体事由，探望权人实施何种行为可以被认定为不利于子女的身心健康，还需要人民法院在裁判中具体认定。

在探望权被中止后，如果中止探望权的事由消失，则应当恢复探望权的行使，《民法典》第 1086 条第 3 款也对探望权的恢复规则作出了规定，即"中止的事由消失后，应当恢复探望"。

🖥 案例 4-12

【基本案情】

关某（男）与李某（女）婚后育有一女关小某（15 岁）。后二人因感情不和而离婚，因李某生活较为困难，难以保障关小某的基本生活，关小某由关某抚养。但法院判决明确载明，李某有权每月探望关小某一次。在某次探望中，李某无端怀疑女儿关小某被他人性侵，并报警。警察在经过调查后认定，该事件为李某主观臆想，关小某并没有被他人性侵。但该行为也给关小某得身心健康带来了较大影响，法院作出了中止李某探望权的判决。后经医院诊断，李某患有妄想性障碍，经过治疗后已经基本康复。现李某申请恢复其探望权。

【裁判结果】

法院认为，李某曾因无端怀疑女儿被性侵而报警，该行为给女儿关小某带来一定的身心伤害，据此作出了中止探望权的判决，后经诊断，被告确实患有妄想性障碍，经过一段时间的心理咨询治疗，目前诊断为意识清楚、未引出幻觉妄想，而且法院酌定的中止探望权考察期亦已届满，故法院对于李某要求恢复探望权的请求予以准许。

〔1〕 参见黄薇主编：《中华人民共和国民法典婚姻家庭编解读》，北京，中国法制出版社 2020 年版，第 221 页。

〔2〕 参见最高人民法院民法典贯彻实施工作领导小组主编：《中华人民共和国民法典婚姻家庭编继承编理解与适用》，北京，人民法院出版社 2020 年版，第 303 页。

与探望权的中止类似，探望权的恢复也应当由当事人提出请求，人民法院也不得依据职权主动恢复探望权的行使。而且，依据《民法典婚姻家庭编司法解释（一）》第66条规定，在中止探望的情形消失后，当事人请求恢复探望的，人民法院应当根据当事人的请求书面通知其恢复探望。

二、离婚在财产关系方面的效力

（一）夫妻共同财产的处理

离婚会对夫妻的财产关系产生一定的影响，依据《民法典》第1065条的规定，如果夫妻双方以书面形式约定婚姻关系存续期间所得的财产以及婚前财产归各自所有，则在夫妻双方离婚时，相关财产即归各自所有，并不存在夫妻共同财产的分割问题。但如果双方并没有作出上述约定，或者虽然有约定，但约定相关财产部分各自所有、部分共同所有的，则对夫妻共同所有部分的财产，在离婚时仍然需要进行分割。可见，除当事人明确约定所有的财产均归各自所有的情形外，均可能存在夫妻共同财产分割的问题。在当事人是否存在相关约定难以确定的情形下，主张存在该约定的一方对该约定的存在负有举证义务，如果其无法完成举证任务，则相关财产原则上应当被认定为夫妻共同财产，在离婚时均存在分割的问题。关于夫妻共同财产的分割，《民法典》第1087条第1款规定："离婚时，夫妻的共同财产由双方协议处理；协议不成的，由人民法院根据财产的具体情况，按照照顾子女、女方和无过错方权益的原则判决。"该条对夫妻共同财产分割的范围、分割方式以及分割的原则作出了规定。

从《民法典》第1087条第1款规定来看，夫妻共同财产的分割时间为夫妻双方离婚时，在婚姻关系存续期间内，夫妻共同财产是保障夫妻双方维持正常生活的必要物质条件，也是维系夫妻关系的重要基础，因此，夫妻任何一方都不得请求分割共同财产。当然，在特殊情形下，法律也允许夫妻一方在婚姻关系存续期间内请求分割夫妻共同财产，对此，《民法典》第1066条规定："婚姻关系存续期间，有下列情形之一的，夫妻一方可以向人民法院请求分割共同财产：（一）一方有隐藏、转移、变卖、毁损、挥霍夫妻共同财产或者伪造夫妻共同债务等严重损害夫妻共同财产利益的行为；（二）一方负有法定扶养义务的人患重大疾病需要医治，另一方不同意支付相关医疗费用。"在上述情形下，夫妻一方请求分割夫妻共同财产的，不得损害债权人的利益。

1. 离婚时财产分割的范围

在夫妻双方离婚、需要分割财产时，首先需要明确离婚时财产分割的范围，从《民法典》第1087条规定来看，夫妻双方离婚时需要分割财产限于夫妻的共同财产，如果相关财产属于夫妻一方财产，则不存在分割的问题，不属于夫妻离婚时财产分割的对象。

关于夫妻共同财产的范围，《民法典》第1062条第1款规定："夫妻在婚姻关系存续期间所得的下列财产，为夫妻的共同财产，归夫妻共同所有：（一）工资、奖金、劳务报酬；（二）生产、经营、投资的收益；（三）知识产权的收益；（四）继承或者受赠的财产，但是本法第一千零六十三条第三项规定的除外；（五）其他应当归共同所有的财产。"该条对夫妻共同财产的范围作出了一般规定。同时，《民法典》第 1063 条规定："下列财产为夫妻一方的个人财产：（一）一方的婚前财产；（二）一方因受到人身损害获得的赔偿或者补偿；（三）遗嘱或者赠与合同中确定只归一方的财产；（四）一方专用的生活用品；（五）其他应当归一方的财产。"该条对属于夫妻一方的财产的范围作出了规定。夫妻双方在婚姻关系存续期间所获得财产是由夫妻共同财产和夫妻一方个人财产构成的，一般而言，在法定夫妻财产制之下，除依法应当被认定为夫妻一方个人所有的财产外，夫妻在婚姻关系存续期间所获得的财产均应当属于夫妻共同财产的范畴。[1]

2. 夫妻共同财产分割的方式

从《民法典》第 1087 条第 1 款规定来看，夫妻共同财产分割的方式包括两种：一是协议分割，二是判决分割。

（1）协议分割。所谓协议分割，是指夫妻双方在离婚时通过订立协议的方式分割夫妻共同财产。我国《民法典》允许当事人通过协议分割夫妻共同财产，体现了对当事人私法自治的尊重与保护；同时，从《民法典》第 1087 条第 1 款规定来看，夫妻共同财产首先由当事人通过协议分割，只有当事人无法就夫妻共同财产的分割达成协议时，才由人民法院通过判决予以分割，这也进一步体现了对当事人意思自治的尊重。从《民法典》第 1087 条规定来看，其并没有要求当事人所达成的协议必须采用书面形式，因此，此种协议原则上具有不要式性。从实践来看，夫妻双方在离婚时就分割共同财产而达成的协议既可以体现为专门的协议，即夫妻双方专门就共同财产的分割达成协议，也可以体现为离婚协议中关于共同财产分割的条款。一旦夫妻双方就共同财产的分割达成协议，该协议即对男女双方均具有法律约束力，如果一方拒不履行已经达成的协议，另一方有权请求其履行。当然，如果一方在订立协议时受到欺诈或者胁迫的，其也有权依法请求撤销该协议。此外，当事人虽然就夫妻共同财产的分割达成了协议，但如果当事人将达成离婚协议或者完成离婚登记作为协议生效的条件，则应当认定该财产分割协议属于附生效条件的合同，如果当事人就离婚达成协议或者完成离婚登记，则应当认定该协议已经生效；反之，如果当事人并未就离婚达成协议，或者并未完成离婚登记，则应当认定当事人所达成的财产分割协议并未生效，此时，法院应当依法对夫妻共同财产进行分割。

需要指出的是，即便夫妻双方就共同财产的分割达成了协议，但该协议也仅对当

---

〔1〕 参见最高人民法院民法典贯彻实施工作领导小组主编：《中华人民共和国民法典婚姻家庭编继承编理解与适用》，北京，人民法院出版社 2020 年版，第 307 页。

事人产生效力，其效力不得对抗夫妻共同债务的债权人。也就是说，不论夫妻双方在协议中就夫妻共同财产的分割作出了何种约定，夫妻共同债务的债权人均可向男女双方主张债权。

（2）判决分割。所谓判决分割，是指在夫妻双方无法就共同财产的分割达成协议时，由人民法院依据法定的原则和规则对夫妻共同财产的分割作出判决。《民法典》第1087条第1款对判决分割夫妻共同财产的方式作出了规定，判决分割是分割夫妻共同财产的重要方式，其适用于当事人无法就共同财产分割达成协议的情形，当然，即便当事人就共同财产的分割已经达成协议，但该协议如果无法发生效力，或者被宣告无效，或者被撤销，则仍然需要由法院通过判决的方式分割夫妻共同财产。

此外，与协议分割方式的效力类似，即便法院已经就夫妻共同财产的分割作出判决，该判决也主要在当事人之间产生夫妻共同财产分割的效力，其不应对夫妻共同债务债权人债权的实现产生不利影响。也就是说，在判决分割夫妻共同财产的情形下，夫妻共同债务的债权人仍然可以向男女双方主张权利，男女双方不得主张以其通过判决分得的财产为限承担责任。

（3）特殊情形下夫妻共同财产的分割。在我国司法实践中，法院在处理离婚时夫妻共同财产分割时，就特定种类财产（如股票、债券、投资基金份额、房屋等）的分割也形成了一些裁判规则，其中有些规则也被《民法典婚姻家庭编司法解释（一）》所继受，以下具体阐述。

在夫妻共同财产中包含股票、债券、投资基金份额等有价证券以及未上市股份有限公司股份时，依据《民法典婚姻家庭编司法解释（一）》第72条的规定，当事人可以就此类财产的分割达成协议，也可以按市价分配，如果双方协商不成且按市价分配有困难的，则人民法院可以根据此类财产的数量按照比例分配。

离婚案件中所涉及的夫妻共同财产如果是以一方名义在有限责任公司中的出资额，而另一方为该公司股东的，依据《民法典婚姻家庭编司法解释（一）》第73条的规定，则按以下情形分别处理：一是夫妻双方协商一致将出资额部分或者全部转让给该股东的配偶，其他股东过半数同意，并且其他股东均明确表示放弃优先购买权的，该股东的配偶可以成为该公司股东；二是夫妻双方就出资额转让份额和转让价格等事项协商一致后，其他股东半数以上不同意转让，但愿意以同等条件购买该出资额的，人民法院可以对转让出资所得财产进行分割。其他股东半数以上不同意转让，也不愿意以同等条件购买该出资额的，视为其同意转让，该股东的配偶可以成为该公司股东。用于证明前款规定的股东同意的证据，可以是股东会议材料，也可以是当事人通过其他合法途径取得的股东的书面声明材料。该规则为分割属于夫妻共同财产的有限责任公司的出资额提供了可行方案。

离婚案件涉及分割夫妻共同财产中以一方名义在合伙企业中的出资，另一方不是该企业合伙人的，当夫妻双方协商一致，将其合伙企业中的财产份额全部或者部分转让给对方时,依据《民法典婚姻家庭编司法解释(一)》第74条的规定,按以下情形分别处理:一是其他合伙人一致同意的,该配偶依法取得合伙人地位;二是其他合伙人不同意转让,在同等条件下行使优先购买权的,可以对转让所得的财产进行分割;三是其他合伙人不同意转让,也不行使优先购买权,但同意该合伙人退伙或者削减部分财产份额的,可以对结算后的财产进行分割;四是其他合伙人既不同意转让,也不行使优先购买权,又不同意该合伙人退伙或者削减部分财产份额的,视为全体合伙人同意转让,该配偶依法取得合伙人地位。该规则很好地协调了夫妻共同财产分割与合伙人优先购买权的关系,为分割此类夫妻共同财产提供了法律依据。

夫妻以一方名义投资设立独资企业的,依据《民法典婚姻家庭编司法解释(一)》第75条的规定,人民法院分割夫妻在该独资企业中的共同财产时,按照如下规则分别处理:一是一方主张经营该企业的,对企业资产进行评估后,由取得企业资产所有权一方给予另一方相应的补偿;二是双方均主张经营该企业的,在双方竞价基础上,由取得企业资产所有权的一方给予另一方相应的补偿;三是双方均不愿意经营该企业的,按照《中华人民共和国个人独资企业法》等有关规定办理。

关于养老保险金的分割,依据《民法典婚姻家庭编司法解释(一)》第80条的规定,离婚时夫妻一方尚未退休、不符合领取基本养老金条件,另一方请求按照夫妻共同财产分割基本养老金的,人民法院不予支持。但如果夫妻一方婚后以夫妻共同财产交付养老保险的,则在婚姻存续期间内个人实际缴付的部分及利息即应当属于夫妻共同财产,在离婚时,另一方有权请求分割该共同财产。但在离婚时,如果尚不符合领取养老金的条件,则无法通过分割养老保险金的方式对该部分夫妻共同财产进行分割,此时,只能在划定夫妻一方养老保险金中夫妻共同财产范围的基础上,由一方对另一方进行补偿的方式予以分割。此外,从司法实践来看,住房公积金的分割往往也采取类似的方法。

案例 4-13

【基本案情】

冷某(男)与黄某(女)为夫妻关系,冷某在某国有企业工作,因入职较早,冷某获得了该企业的一套公房。冷某与黄某结婚后,二人也一直居住在该公房中。由于没有购买房屋的需要,因此,冷某的住房公积金一直没有使用,其公积金账户中有公积金近40万元。后冷某与黄某因感情不和离婚,黄某主张,冷某在二人结婚后所取得的公积金属于夫妻共同财产,应当在离婚时予以分割。而冷某则主张,其并不符合提取公积金的条件,无法分割该笔金额。

【裁判结果】

法院认为,夫妻在离婚分割财产时,其中一方在婚姻关系存续期间实际取得的住房公积金应作为夫妻共同财产予以分割。考虑到住房公积金的提取应符合相关法律规定的条件，并结合双方离婚时互相给付的实际情况，为便于执行，可由一方按照住房公积金款项的折价款给付另一方，此后一方住房公积金账户的余额可不再进行分割。

关于一方继承遗产的分割，依据《民法典》第 1062 条、第 1063 条的规定，夫妻一方在婚姻关系存续期间因继承而取得的财产属于夫妻共同财产的范畴，但遗嘱明确只归一方的财产除外。同时，依据《民法典婚姻家庭编司法解释（一）》第 81 条的规定，在婚姻关系存续期间，对于夫妻一方作为继承人可以继承的遗产，在继承人之间尚未实际分割遗产时，起诉离婚时另一方请求分割遗产的，人民法院应当告知当事人在继承人之间实际分割遗产后另行起诉。

从实践来看，由于房屋的价值通常较大，在许多情形下，房屋甚至可以说是夫妻共同财产最为重要的组成部分，因此，夫妻双方离婚时也极易因房屋的分割而产生纠纷。在解决此类纠纷的过程中，人民法院也形成了一些较为具体的裁判规则，相关规则也被《民法典婚姻家庭编司法解释（一）》所继受，具体如下。

第一，对于属于夫妻共同财产的房屋的价值及其归属，夫妻双方可以对此达成协议，此时可以按照该协议的约定分割房屋。在夫妻双方无法就房屋的价值及其归属达成协议时，依据《民法典婚姻家庭编司法解释（一）》第 76 条的规定，可以区分为如下几种情形分别处理：一是双方均主张房屋所有权并且同意竞价取得的，则可以按照竞价的方式解决，由出价较高的一方取得房屋所有权，并将房屋竞价价款作为夫妻共同财产进行分割。二是一方主张房屋所有权，则为了保护另一方的利益，应当由评估机构按市场价格对房屋作出评估，取得房屋所有权的一方应当给予另一方相应的补偿。三是双方均不主张房屋所有权的，则根据当事人的申请拍卖、变卖房屋，并就所得价款进行分割。

第二，离婚时双方对尚未取得所有权或者尚未取得完全所有权的房屋有争议且协商不成的，依据《民法典婚姻家庭编司法解释（一）》第 77 条的规定，人民法院不宜判决房屋所有权的归属，应当根据实际情况判决由当事人使用。在当事人取得该房屋完全所有权后，双方发生争议的，可以另行向人民法院提起诉讼。当然，从司法实践来看，一方虽然尚未取得房屋所有权或者尚未取得房屋的完全所有权，但如果其已经支付了全部购房款，只是尚未办理所有权变更登记，则人民法院可以根据实际情况对房屋的所有权归属以及分割问题予以处理。[1]

第三，如果夫妻一方婚前签订不动产买卖合同，以个人财产支付首付款并在银行贷款，婚后用夫妻共同财产还贷，而且该不动产登记于首付款支付方名下的，关于该财产的分割，依据《民法典婚姻家庭编司法解释（一）》第 78 条的规定，在离婚时，双方可以就该不动产的归属及分割问题达成协议。如果双方无法达成协议，则人民法院可以判决该不动产归登记一方，尚未归还的贷款为不动产登记一方的个人债务。但

---

[1] 参见余延满：《亲属法原论》，北京，法律出版社 2007 年版，第 349-350 页。

对于双方婚后共同还贷支付的款项及其相对应财产增值部分，在离婚时应根据《民法典》第 1087 条的规定，由不动产登记一方对另一方进行补偿。

第四，婚姻关系存续期间，双方用夫妻共同财产出资购买以一方父母名义参加房改的房屋，产权登记在一方父母名下的，依据《民法典婚姻家庭编司法解释（一）》第 79 条的规定，离婚时另一方主张按照夫妻共同财产对该房屋进行分割的，人民法院不予支持。购买该房屋时的出资，可以作为债权处理，该债权属于夫妻共同财产，在离婚时需要予以分割。同时，从司法实践来看，如果该房改房屋已经登记在夫妻双方名下，则可以视为一方父母已经放弃了相关的福利而将该房屋赠与给了夫妻双方，属于夫妻共同财产，在夫妻双方离婚时需要对其进行分割。但如果该房屋登记在夫妻一方名下，则应当认定为父母将该房改房屋赠与给夫妻一方，属于其个人财产，而非夫妻共同财产，在离婚时不应按照夫妻共同财产分割。

第五，当事人结婚前，父母为双方购置房屋出资的，该出资应当认定为对自己子女的个人赠与，夫妻离婚时，该房屋也应当被认定为一方的婚前财产，而非夫妻共同财产。当然，如果父母在出资购买房屋时明确表示赠与夫妻双方的，则应当将该房屋认定为夫妻共同财产，在离婚时需要进行分割。

第六，在父母以自己名义签订房屋买卖合同并将不动产所有权过户登记在子女一方名下的情形，如果该过户登记行为发生在子女结婚前，则该房屋应当属于该方子女的婚前财产，在离婚时不需要作为夫妻共同财产分割。如果该房屋的过户登记行为发生在子女结婚后，并且该房屋登记在出资父母一方的子女名下，则应当视为是对该方子女的单独赠与，属于其个人财产，在离婚时不应作为夫妻共同财产分割。如果房屋的过户登记行为发生在子女结婚后且该房屋登记在夫妻中非子女一方名下或夫妻双方名下，而且用夫妻共同财产偿还该不动产的贷款，则该不动产应认定为夫妻双方共同财产，在离婚时需要予以分割。

第七，由一方婚前承租、婚后用共同财产购买的房屋，则即便该房屋登记在一方名下，也应当将其认定为夫妻共同财产，则离婚时需要按照夫妻共同财产进行分割。对此，《民法典婚姻家庭编司法解释（一）》第 27 条规定："由一方婚前承租、婚后用共同财产购买的房屋，登记在一方名下的，应当认定为夫妻共同财产。"依据该规定，如果夫妻双方婚后用共同财产购买的房屋，不论是登记在一方名下还是双方名下，都应当认定为夫妻共同财产，在离婚时需要按照夫妻共同财产分割。但如果夫妻一方婚后用自己的个人财产购买的房屋，且该房屋登记在一方名下的，则应当将其认定为该方个人财产，在离婚时不需要按照夫妻共同财产分割。

3. 离婚时财产分割的原则

夫妻共同财产作为夫妻双方共同共有的财产，在离婚的情形下，如果夫妻双方无法就夫妻共同财产的分割达成协议，则原则上应当均等分割，当然，法院在通过判决分割夫妻共同财产时，也需要考虑双方的生产、生活需要以及财产的具体情况等因素，具体进行分割。从《民法典》第 1087 条第 1 款规定来看，在夫妻双方就夫妻共同财产的分割无法达成协议时，由人民法院根据财产的具体情况，按照照顾子女、女方和无过错方权益的原则判决，这实际上是确立了离婚时财产分割的原则，具体如下。

一是照顾子女原则。所谓照顾子女原则，是指在离婚情形下分割夫妻共同财产时，要体现对子女利益的照顾。在分割夫妻共同财产时坚持照顾子女原则，实际上是保护儿童利益最大化原则的一种具体体现。[1] 在离婚情形下，未成年子女通常是不幸婚姻的最大受害者，因此，我国《民法典》婚姻家庭编将照顾子女原则作为分割夫妻共同财产的重要原则，其目的即在于对子女的利益进行倾斜保护。按照这一原则，在分割夫妻共同财产时，应当根据子女教育、生活等需要，对直接抚养子女的一方适当多分财产，以保障子女的健康成长。例如，在我国司法实践中，有的法院出于保障子女基本生活考虑，基于照顾子女原则，将房屋等财产判决归直接抚养子女的一方所有。[2]

二是照顾女方原则。所谓照顾女方原则，是指在离婚情形下分割夫妻共同财产时，要体现对女方利益的照顾。在现代社会，虽然男女享有平等的工作机会，但一般而言，与男性相比，女性会对家庭付出更多的精力，这也可能在一定程度上影响女方的自我发展与自我实现，[3] 因此，在分割夫妻共同财产时，应当体现照顾女方的原则，对女方进行一定的倾斜和照顾。

案例 4-14

【基本案情】

黄某（男）与唐某（女）为夫妻关系，二人在婚后育有一子黄小某。在婚后，黄某与唐某经常因为家庭琐事发生争吵。后黄某与唐某分居，并拒绝支付黄小某的抚养费。唐某独自一人承担起照顾黄小某的义务，为照顾黄小某，唐某辞去了稳定的工作，只能在黄小某上学期间打一些零工以维持基本生活。除照顾黄小某的基本生活外，唐某还支付了黄小某的相关学业开支。在二人分居 4 年后，唐某诉至法院，请求与黄某离婚，并请求分割二人的房屋等共同财产。黄某则主张，家中的财产都是由其工资购买的，唐某对此贡献较小，无权主张分割房屋等财产。

【裁判结果】

法院认为，唐某对子女的抚养尽了主要义务，本着保护妇女、儿童的合法权益，有利生产、方便生活的原则，应当按 4∶6 比例分割夫妻共有财产。被告黄某不服提起上诉。二审法院认为，考虑到双方已分居 4 年，被上诉人唐某在分居期间承担抚养婚生子，支付婚生子学业开支的义务，为家庭付出多、贡献大，一审法院基于婚生子成

---

〔1〕　参见最高人民法院民法典贯彻实施工作领导小组主编：《中华人民共和国民法典婚姻家庭编继承编理解与适用》，北京，人民法院出版社 2020 年版，第 310 页。

〔2〕　参见辽宁省新民市人民法院（2015）新民民一初字第 02990 号民事判决书。

〔3〕　参见最高人民法院民法典贯彻实施工作领导小组主编：《中华人民共和国民法典婚姻家庭编继承编理解与适用》，北京，人民法院出版社 2020 年版，第 310-311 页。

长过程中尚需照顾等事实，在分割夫妻共同财产时适当照顾女方，判决合理。

三是照顾无过错方权益的原则。所谓照顾无过错方权益的原则，是指在因一方过错导致离婚的情形下，在分割夫妻共同财产时，应当体现对无过错方的照顾。该原则是《民法典》婚姻家庭编在《婚姻法》规定基础上新增的原则。从司法实践来看，在离婚纠纷中，因一方过错导致离婚的现象较为普遍，在分割夫妻共同财产时新增保护无过错原则，也体现了对婚姻中过错方的惩罚。按照这一原则，如果因一方过错导致离婚的，则在分割夫妻共同财产时，应当对有过错的一方少分，而对无过错的一方适当多分。例如，在某个案件中，法院认为，女方在婚姻关系存续期间违反夫妻忠实义务，与第三者发生婚外情并生育一子，对造成夫妻破裂负有较大的过错责任，在分割夫妻共同财产时，依法应适当照顾无过错方的利益。[1]

上述三项原则是分割夫妻共同财产的重要原则，其在性质上是对均等分割原则的一种重要补充，即在坚持均等分割的基础上，借助上述三项原则对当事人所分割的财产份额进行适当调整。

4. 离婚时土地承包经营权的保护

《民法典》第 1087 条第 2 款规定："对夫或者妻在家庭土地承包经营中享有的权益等，应当依法予以保护。"该条对离婚时土地承包经营权的保护作出了特别规定，从实践来看，在农村，土地承包经营权是夫妻共同财产的重要组成部分，《农村土地承包法》第 16 条规定："家庭承包的承包方是本集体经济组织的农户。农户内家庭成员依法平等享有承包土地的各项权益。"依据该条规定，土地承包经营权的权利主体为农户，农户内的家庭成员均依法平等享有承包土地的各项权益，而在实践中，夫妻结婚大多是女方落户到男方，在离婚后，女方的承包经营权往往难以受到保护，《民法典》第 1087 条第 2 款专门规定离婚时土地承包经营权的保护规则，其目的即在于保护一方（尤其是女方）的土地承包经营权。

5. 夫妻一方侵害夫妻共同财产或者伪造债务侵占另一方财产行为的法律规制

《民法典》第 1092 条规定："夫妻一方隐藏、转移、变卖、毁损、挥霍夫妻共同财产，或者伪造夫妻共同债务企图侵占另一方财产的，在离婚分割夫妻共同财产时，对该方可以少分或者不分。离婚后，另一方发现有上述行为的，可以向人民法院提起诉讼，请求再次分割夫妻共同财产。"该条对夫妻一方侵害夫妻共同财产或者通过伪造债务的方式侵占另一方财产行为的处理规则作出了规定，具体而言，本条所规定的夫妻一方实施的违法行为包括如下两类：

（1）夫妻一方侵害夫妻共同财产。夫妻共同财产是夫妻双方共同努力的结果，对夫妻共同财产，夫妻双方均有权依法占有、使用、收益和处分，依据《民法典》第1062 条第 2 款的规定，"夫妻对共同财产，有平等的处理权"，但夫妻任何一方在处分

---

〔1〕 参见福建省泉州市中级人民法院（2018）闽 05 民终 4227 号民事判决书。

夫妻共同财产时，均应当与对方进行协商，取得一致意见，尤其是对夫妻共同财产的重大处分，更应当征得对方的同意，否则可能构成对对方财产权的侵害。从《民法典》第 1092 条规定来看，其所规定的夫妻一方侵害夫妻共同财产的行为包括：一是隐藏财产，即夫妻一方将夫妻共同财产隐匿起来，使另一方无法发现该财产；二是转移财产，即夫妻一方私自将夫妻共同财产转移至他处，使其脱离另一方的控制；三是变卖财产，即夫妻一方擅自将夫妻共同财产折价卖给他人；四是毁损财产，即夫妻一方采用打碎、拆卸等方式，降低夫妻共同财产的效用，或者使其失去经济效用；五是挥霍财产，即夫妻一方对夫妻共同财产进行不合理地使用，导致相关财产遭受不合理的耗费。依据《民法典婚姻家庭编司法解释（二）》第 7 条的规定，夫妻一方为重婚、与他人同居以及其他违反夫妻忠实义务等目的，将夫妻共同财产赠与他人或者以明显不合理的价格处分夫妻共同财产，另一方有权主张该行为侵害了夫妻共同财产。一般而言，夫妻一方在实施隐藏、转移、变卖、毁损、挥霍夫妻共同财产时，其主观心态大多是故意，从《民法典》第 1092 条规定来看，其并没有对夫妻一方实施上述行为的主观心态进行限定，但按照立法者的观点，夫妻一方在实施上述行为时的主观心态只能是故意，而不能是过失，否则不属于本条的调整范围。

（2）夫妻一方通过伪造债务的方式侵占另一方财产。从实践来看，除夫妻一方侵害夫妻共同财产外，还存在夫妻一方侵害另一方个人财产的情形，从《民法典》第 1092 条规定来看，如果夫妻一方通过伪造夫妻共同债务的方式侵害另一方的财产，则也将受到法律的否定性评价。依据《民法典》第 1089 条的规定，在离婚时，夫妻共同债务应当共同偿还，这也意味着不论是协议离婚，还是判决离婚，夫妻双方均应当对夫妻共同债务承担偿还义务，如果夫妻共同财产不足以清偿夫妻共同债务，则夫妻双方还应当以其个人财产偿还该债务。如果夫妻与第三人串通，伪造夫妻共同债务，则另一方可能需要以其个人财产清偿该债务，其结果将导致伪造夫妻共同债务的一方对另一方个人财产的侵占。从我国司法实践来看，夫妻一方与第三人串通虚构债务的，人民法院并不承认该债务的效力，此时，该行为虽然并不当然造成一方侵占另一方财产的后果，但依据《民法典》第 1092 条的规定，该行为将对夫妻共同财产的分割产生一定的影响，这也体现了法律对行为人恶意侵占对方财产行为的惩罚。

需要指出的是，《民法典》第 1092 条规定源于《婚姻法》第 47 条，但通过对比这两条规定可以看出，《民法典》第 1092 条删除了《婚姻法》第 47 条所规定的"离婚时"这一表述，即《民法典》第 1092 条并没有要求夫妻一方所实施的侵害夫妻共同财产的行为和通过虚构夫妻共同债务的方式侵占对方财产的行为必须实施在"离婚时"，即只要夫妻一方在夫妻关系存续期间实施了上述行为，不论当事人的离婚纠纷是否已经进入诉讼阶段，是否处于"离婚时"，均可受到该条调整。与《婚姻法》的规定相比，《民法典》的规定更具有合理性，因为在婚姻关系存续期间内，夫妻一方在任何时间均可实施上述行为，该行为均构成对另一方的侵害，严格将上述行为的实施时间限定为"离婚时",既与实践不相符合,也不利于保护另一方的利益。

从《民法典》第1092条规定来看,在一方侵害夫妻共同财产的行为或者以伪造夫妻共同债务的方式侵占另一方财产的,将产生如下两方面法律效果。

一是对实施侵害行为的一方可以少分或者不分夫妻共同财产。也就是说,在夫妻一方实施侵害夫妻共同财产的行为或者以伪造夫妻共同债务的方式侵占对方财产时,法院在具体分割夫妻共同财产时,可以有两种选择,即对实施侵害行为的一方少分夫妻共同财产,或者对其不分夫妻共同财产。当然,从《民法典》第1092条规定来看,在夫妻一方实施上述行为时,只是对其"可以"少分或者不分,而非必须少分或者不分,法院可以根据当事人的财产状况、行为情节的轻重等因素,综合予以判断。

二是受到侵害的一方有权请求再次分割夫妻共同财产。从《民法典》第1092条规定来看,在离婚后,如果一方发现另一方实施了侵害夫妻共同财产的行为,或者实施了通过伪造夫妻共同债务侵占另一方财产的行为,则其仍然有权请求再次分割该共同财产。本条之所以作出此种规定,主要是因为,在夫妻一方实施隐藏、转移、变卖、毁损、挥霍夫妻共同财产的行为,或者通过伪造夫妻共同债务企图侵占另一方财产的,在婚姻关系存续期间内,即便在离婚诉讼过程中,另一方可能难以发现上述行为,因此,本条赋予受到侵害的一方在离婚后请求再次分割夫妻共同财产的权利。需要指出的是,在离婚后,受到侵害的一方请求再次分割夫妻共同财产的,对实施侵害行为的一方少分或者不分的规则仍然可以适用。[1] 依据《民法典婚姻家庭编司法解释(一)》第83条的规定,在离婚后,一方以尚有夫妻共同财产未处理为由向人民法院起诉请求分割的,经审查该财产确属离婚时未涉及的夫妻共同财产,人民法院应当依法予以分割。在夫妻一方实施隐藏、转移、变卖夫妻共同财产的行为,或者侵占另一方的财产的,也可以看作是相关的夫妻共同财产分割并未完成,另一方应有权请求继续分割该部分夫妻共同财产。

此外,依据《民法典婚姻家庭编司法解释(一)》第84条的规定,当事人在依据《民法典》第1092条的规定向人民法院提起诉讼,请求再次分割夫妻共同财产的诉讼时效期间为3年,该期间自当事人发现另一方实施隐藏、转移、变卖、毁损、挥霍夫妻共同财产,或者伪造夫妻共同债务企图侵占另一方财产的行为之日起计算。

(二)离婚经济补偿请求权

1. 离婚经济补偿请求权的概念和适用条件

所谓离婚经济补偿请求权,是指夫妻一方因为抚育子女、照料老年人或者协助另一方工作等负担较多义务的,有在离婚时请求对方给予补偿的权利。关于离婚经济补偿请求权,我国《民法典》第1088条规定:"夫妻一方因抚育子女、照料老年人、协

---

[1] 参见最高人民法院民法典贯彻实施工作领导小组主编:《中华人民共和国民法典婚姻家庭编继承编理解与适用》,北京,人民法院出版社2020年版,第1092页。

助另一方工作等负担较多义务的，离婚时有权向另一方请求补偿，另一方应当给予补偿。具体办法由双方协议；协议不成的，由人民法院判决。"法律对离婚经济补偿请求权作出规定，体现了对家务劳动价值的认可。夫妻关系的维系有赖于双方的共同努力，夫妻双方均对婚姻关系、家庭关系的维系发挥了重要作用，对夫妻双方而言，可能是一方工作，增加家庭收入，而另一方并未工作，其可能只是抚育子女、照料老人或者协助另一方工作，与另一方通过工作获得家庭收入相比，家务劳动具有同等重要的价值；同时，一方因为抚育子女、照料老人、协助另一方工作等，可能因此失去了一些自我发展、自我提升的机会，应当对其进行倾斜保护。[1]

从《民法典》第 1088 条规定来看，离婚经济补偿请求权的适用需要符合如下条件。

第一，夫妻一方因为抚育子女、照料老年人、协助另一方工作等负担较多义务。也就是说，一方必须因为抚育子女、照料老年人或者协助另一方工作等原因而负担了较多的义务，其才能主张离婚补偿请求权，这也是法律规定离婚经济补偿请求权的主要原因。当然，从本条规定来看，一方主张离婚补偿请求权的原因并不限于抚育子女、照料老年人以及协助另一方工作这三种，只要是因为负担家务而负担较多义务，不论是何种形式的家务，其均应有权依法主张离婚经济补偿请求权。需要指出的是，夫妻一方因为抚育子女、照料老年人、协助另一方工作等负担较多义务不仅是离婚经济补偿请求权的适用条件，也是确定离婚经济补偿数额的主要参考因素。换言之，离婚时，因抚育子女、照料老年人、协助另一方工作等负担较多义务的夫妻一方请求另一方给予补偿的，法院在应当根据婚姻关系存续时间、负担相应义务投入的精力及对双方的影响、对家庭所做贡献程度、双方离婚时经济状况以及给付方负担能力、当地收入水平等事实，确定补偿数额。

第二，当事人提出请求。从《民法典》第 1088 条规定来看，即便一方因抚育子女、照料老年人、协助另一方工作等负担了较多义务，是否行使离婚经济补偿请求权，也由当事人自主决定，法院不能依据职权判决另一方对其进行补偿。

第三，当事人在离婚时提出。离婚经济补偿请求权的行使有一定的时间限制，即权利人应当在离婚时提出请求，法律对离婚补偿请求权的行使时间作出限制，既有利于督促权利人及时行使权利，也有利于解决当事人之间的离婚纠纷，使当事人能够在离婚纠纷结束后尽快投入新生活。

需要指出的是，《民法典》第 1088 条关于离婚补偿请求权的规定源自《婚姻法》第 40 条。《婚姻法》第 40 条规定："夫妻书面约定婚姻关系存续期间所得的财产归各自所有，一方因抚育子女、照料老人、协助另一方工作等付出较多义务的，离婚时有

---

〔1〕　参见黄薇主编：《中华人民共和国民法典婚姻家庭编解读》，北京，中国法制出版社 2020 年版，第 228－229 页。

权向另一方请求补偿，另一方应当予以补偿。"从《婚姻法》的规定来看，离婚经济补偿请求权仅适用于夫妻双方采用分别财产制的情形，而《民法典》第 1088 条并未作出此种限制，因此，不论夫妻双方采用的是分别财产制还是共同财产制，均有离婚经济补偿请求权的适用。《民法典》作出此种调整的主要原因在于，在一方因为抚育子女、照料老人、协助另一方工作等原因而负担较多义务时，其可能因此牺牲了较多发展机会，收入也可能相对较低，在离婚时，不论是采用分别财产制，还是共同财产制，均应当赋予其离婚经济补偿请求权，这既有利于保障其利益，也有利于子女的成长和社会的稳定。[1]

2. 离婚经济补偿的具体办法

从《民法典》第 1088 条规定来看，离婚经济补偿的具体办法首先由双方协议，即夫妻双方可以在离婚之前或者离婚过程中就离婚经济补偿的具体方式、离婚经济补偿的数额以及离婚经济补偿的支付时间等内容作出约定。法律允许当事人就离婚经济补偿的具体办法作出约定，也体现了对当事人意思自治的尊重与保护。需要指出的是，此处的当事人双方协议既可以在协议离婚中作出约定，也可以在诉讼离婚中约定，在协议离婚中，当事人可以在离婚协议中就离婚经济补偿的具体办法作出约定，或者在离婚协议之外单独约定离婚经济补偿的具体办法，在当事人达成离婚经济补偿协议后，可以向婚姻登记机关提交；在诉讼离婚中，当事人可以就离婚经济补偿的具体办法作出约定，并提交给法院，由法院以判决书或者调解书的方式予以确认。

在当事人无法就离婚经济补偿的具体办法达成协议时，则由人民法院判决，即人民法院需要在判决书中确定离婚经济补偿的具体规则，如离婚经济补偿的方式、数额以及支付时间等。关于离婚经济补偿数额的确定方法，我国《民法典》婚姻家庭编没有作出具体规定，由于一方因抚育子女、照料老年人、协助另一方工作等而付出劳务的价值往往难以确定，并不存在客观的市场价值，而且一方为家庭所付出的劳务的价值往往也难以纯粹用金钱来衡量，因此，当事人很容易就此发生争议。司法实践中，法院在审理此类纠纷时，也形成了衡量此类劳务价值的一些参考因素。具体包括：一是家庭劳务的时间，即考虑婚姻存续时间的长短以及一方为家庭付出劳务时间的长短。例如，在某个案件中，男女双方结婚的时间不足一年，双方没有生育子女，也没有老人需要照料，女方在婚后不久就离家出走。后女方以其为家庭付出较多义务为由请求男方给予其 5 万元经济补偿，法院认为其请求没有事实和法律依据，因此并未支持其请求。二是投入的家务劳动的精力，即一方在抚育子女、照料老年人、协助另一方工作等方面付出了多少劳务。三是家务劳动的效益，即一方所付出的劳务对于婚姻、家庭关系的维护以及家庭财产增加的影响。四是负担较多义务一方的信赖利益，如果该方因为付出劳务而失去的工作选择机会、发展机会、提升学历的机会以

---

〔1〕 参见黄薇主编：《中华人民共和国民法典婚姻家庭编解读》，北京，中国法制出版社 2020 年版，第 229 页。

及提升专业职称的机会等。[1] 此外，依据《民法典婚姻家庭编司法解释（二）》第21条的规定，确定离婚经济补偿的数额还需要考虑给付方的负担能力以及当地居民人均可支配收入等因素，这些参考因素对于准确认定离婚经济补偿的数额具有重要意义。

（三）夫妻共同债务的偿还

夫妻双方离婚的，其不仅要分割夫妻共同财产，而且需要清偿夫妻共同债务，同时，在夫妻共同财产不足以清偿夫妻共同债务时，双方还需要以其个人财产清偿该债务，这就需要明确双方内部分担该债务的比例。对此，《民法典》第1089条规定："离婚时，夫妻共同债务应当共同偿还。共同财产不足清偿或者财产归各自所有的，由双方协议清偿；协议不成的，由人民法院判决。"从该条规定来看，其不仅明确了夫妻共同债务的偿还规则，而且还对夫妻共同财产不足清偿夫妻共同债务时双方内部分担债务的比例规则作出了规定，这就为妥当解决夫妻共同债务偿还纠纷提供了法律依据。

1. 夫妻共同债务应由双方共同偿还

从《民法典》第1064条规定来看，夫妻共同债务要么是基于夫妻双方的共同意思而成立，要么是用于双方家庭日常生活需要或者用于夫妻共同生活、共同生产经营活动，因此，在夫妻离婚的情形下，双方应当共同偿还夫妻共同债务，这也是夫妻共同债务清偿的一项基本原则。所谓"共同偿还"，是指夫妻双方应当对夫妻共同债务负担连带清偿义务。也就是说，在夫妻共同财产不足以清偿夫妻共同债务的情形下，双方仍然应当以其个人全部责任财产对夫妻共同债务负担清偿义务。当然，虽然夫妻双方应当对夫妻共同债务负担连带清偿义务，但从《民法典》第1089条规定来看，夫妻共同债务的偿还仍然有一定的顺序限制，即首先应当用夫妻共同财产偿还夫妻共同债务，只有双方约定分别财产制、没有共同财产或者共同财产不足以清偿夫妻共同债务时，才由夫妻双方以其个人财产清偿。法律之所以规定此种清偿顺序，主要是因为，夫妻共同债务是双方共同负担的债务，双方应当共同承担，首先由双方的共同财产清偿该债务，也是此种共同性的基本要求；同时，首先由夫妻共同财产清偿夫妻共同债务，也有利于简化法律关系，否则，在存在夫妻共同财产的情形下，仍然首先由夫妻一方用其个人财产清偿该债务，将使夫妻双方在共同财产分割之前产生新的债权债务关系，这将使当事人之间的法律关系复杂化。[2] 同时，从《民法典》第1089条规定来看，夫妻共同债务首先由共同财产偿还是一项基本规则，不允许当事人通过约定排除适用。因此，只有在双方没有夫妻共同财产，或者夫妻共同财产不足以清偿夫妻共同债务时，才由男女双方以其个人财产清偿夫妻共同债务。

---

〔1〕 参见最高人民法院民法典贯彻实施工作领导小组主编：《中华人民共和国民法典婚姻家庭继承编理解与适用》，北京，人民法院出版社2020年版，第316页。

〔2〕 参见最高人民法院民法典贯彻实施工作领导小组主编：《中华人民共和国民法典婚姻家庭继承编理解与适用》，北京，人民法院出版社2020年版，第319页。

2. 夫妻共同债务在男女双方的内部分担

在双方约定分别财产制、不存在夫妻共同财产，或者夫妻共同财产不足以清偿夫妻共同债务时，男女双方仍然需要以其个人财产对夫妻共同债务承担清偿义务。关于夫妻共同债务在男女双方内部分担的比例，从《民法典》第 1089 条规定来看，男女双方首先可以对此达成协议，如果当事人无法达成协议，则由人民法院判决。

需要指出的是，《民法典》第 1089 条关于男女双方通过协议约定内部分担共同债务比例的规则，以及法院通过判决确定该比例的规则，均是为了解决男女双方内部分担夫妻共同债务的比例问题，其并不能改变双方共同偿还夫妻共同债务的规则。也就是说，不论是男女双方对此达成的协议，还是法院判决，均只能在当事人内部发生效力，其对债权人行使权利并不会产生影响。例如，男女双方约定，对夫妻共同财产不能清偿的共同债务，均由男方负担清偿义务，或者法院判决由男方负担全部债务，其仅在男女双方内部责任分担层面具有意义，债权人仍有权就夫妻共同债务向男女双方主张权利。当然，在债权人向某一项主张债权，该方在承担责任后，其有权就超出其按照内部关系应当分担的部分向另一方追偿。例如，法院判决男女双方各分担 50% 的夫妻共同债务，后债权人仅请求男方履行债务，由于男方按照内部关系仅需要负担 50% 的债务，因此，男方在履行全部债务后，有权向女方追偿 50% 的债务。

（四）一方对生活困难的另一方的适当经济帮助

1. 离婚经济帮助的概念和适用条件

所谓离婚经济帮助，是指在一方在离婚时生活困难的情形下，有负担能力的另一方应当给予适当帮助。《民法典》第 1090 条规定："离婚时，如果一方生活困难，有负担能力的另一方应当给予适当帮助。具体办法由双方协议；协议不成的，由人民法院判决。"该条对离婚经济帮助规则作出了规定。一般认为，离婚经济帮助规则的理论基础主要有两个：一是其本质上是夫妻间相互扶助义务的一种延续。依据《民法典》第 1059 条规定，夫妻有相互扶养的义务，在一方不履行扶养义务时，则需要扶养的另一方有权请求其给付扶养费。在夫妻离婚的情形下，如果一方在离婚时陷于生活困难，则另一方也应当对其进行适当经济帮助，这实际上是夫妻间相互扶养义务的一种延续。二是其本质上是道德义务的法定化，即在夫妻离婚时，如果一方在离婚后可能出现生活困难，则另一方在道德上应当对其进行帮助，离婚经济帮助规则实际上是此种道德义务法定化。法律之所以将此种道德义务法定化，主要是考虑到，一方在离婚时面临生活困难，不排除是因为其在婚姻关系存续期间为了家庭利益而放弃个人发展机会造成的，[1] 因此，有负担能力的另一方应当对其进行经济帮助。

---

[1] 参见黄薇主编：《中华人民共和国民法典婚姻家庭编解读》，北京，中国法制出版社 2020 年版，第 233 页。

从《民法典》第 1090 条规定来看，离婚经济帮助规则的适用需要具备如下条件。

第一，一方在离婚时存在生活困难。也就是说，离婚经济帮助规则的适用以一方在离婚时生活困难为条件，如果夫妻双方在离婚时均不存在生活困难的情形，则无适用离婚经济帮助规则的必要。关于一方在何种情形下可以被认定为生活困难，《民法典》并没有作出明确规定，《民法典婚姻家庭编司法解释（二）》第 22 条规定："离婚诉讼中，一方存在年老、残疾、重病等生活困难情形，依据民法典第一千零九十条规定请求有负担能力的另一方给予适当帮助的，人民法院可以根据当事人请求，结合另一方财产状况，依法予以支持。"此外，我国司法实践中对此积累了一些裁判经验。一般认为，在存在如下情形时，可以认定一方生活困难：一是一方缺乏或丧失劳动能力，没有收入来源，或者即便有收入来源，但收入有限，以其个人财产以及离婚分得的财产不足以维持当地的一般生活水平；二是一方患病而其个人财产和所分得的财产不足以满足其基本医疗需要，也无法维持当地的一般生活水平；三是一方没有住处，此处的没有住处既包括一方没有自己享有所有权的房屋，也包括一方没有足够的财产承租房屋或者享有房屋居住权。[1] 在出现上述情形时，一般可以认定为一方在离婚时存在生活困难的情形。

第二，生活困难的一方必须在离婚时提出经济帮助请求。从《民法典》第 1090 条规定来看，离婚经济帮助规则仅适用于"离婚时"一方生活困难的情形，这也意味着，生活困难的一方的仅能在离婚时提出经济帮助请求，如果其在离婚时并不存在生活困难的情形，而在离婚后才出现生活困难的情形，则其无权请求另一方对其进行经济帮助。由于离婚经济帮助规则要求一方必须在离婚时提出，这也意味着提出请求的一方是否存在生活困难的情形，应当以离婚时作为判断的时间标准。

第三，另一方必须有负担能力。在离婚时，虽然一方生活困难，但另一方的经济能力也仅能维持当地的一般生活水平，如果其要负担适当经济帮助义务，则可能使其生活陷于困难的状态，这显然也违背离婚经济帮助制度的目的。因此，离婚经济帮助规则的适用以另一方有负担能力为条件。所谓有负担能力，是指其能够在维持自己基本生活需要的基础上，对另一方提供适当经济帮助。

需要指出的是，从《民法典》第 1090 条规定来看，离婚经济帮助规则的主要目的在于保障离婚时存在生活困难的一方的基本生活，而不是为了对有过错一方的惩罚，因此，其适用并不以有生活困难的一方无过错而另一方有过错为条件。进一步而言，即便一方对离婚有过错，但如果其在离婚时生活困难，其也应当有权依法请求另一方给予适当帮助。从比较法上看，有的国家立法也采取了此种立场。例如，《秘鲁共和国新民法

---

〔1〕　参见最高人民法院民法典贯彻实施工作领导小组主编：《中华人民共和国民法典婚姻家庭编继承编理解与适用》，北京，人民法院出版社 2020 年版，第 325 页。

典》第350条第4款规定:"即使因其原因导致离婚,贫困者亦应受原配偶救助。"[1]

离婚经济帮助规则不同于离婚经济补偿规则,从适用条件层面看,离婚经济补偿以一方在婚姻关系存续期间内因抚育子女、照料老年人、协助另一方工作等负担较多义务为条件,而从《民法典》第1090条规定来看,离婚经济帮助规则的适用并不以生活困难的一方对家庭负担较多义务为条件,只要其在离婚时存在生活困难的情形,其可依法请求对方给予适当帮助。

2. 离婚经济帮助的具体办法

从《民法典》第1090条规定来看,关于离婚经济帮助的具体办法,首先可以由双方协议,即当事人可以对离婚经济帮助的具体数额和方式作出约定,如果当事人可以就此达成协议,则该协议对当事人具有法律拘束力,这也体现了对当事人私法自治的尊重。在一方经济困难,无房屋可供居住的情形下,当事人可以约定一方以向对方提供房屋的形式提供帮助,如果另一方提供房屋的所有权进行帮助,则其应当办理房屋所有权变更登记;如果另一方提供的是房屋居住权,则依据《民法典》第367条、第368条的规定,当事人应当订立书面形式的居住权合同,并且应当向登记机构申请居住权登记,居住权自登记时设立。如果当事人无法就离婚经济帮助的具体办法达成协议,则由人民法院判决。一般而言,法院在确定离婚经济帮助的数额时,需要考虑双方的收入和财产状况、当地的生活水平以及子女抚养需求等多种因素,合理确定经济帮助的数额。经济帮助的方式既可以是提供现金,也可以是提供实物或者提供劳务,在一方没有住处时,另一方还可以提供房屋供对方居住的方式提供帮助。

在一方因经济困难无房居住的情形下,法院也可以考虑判决有负担能力的另一方提供必要的经济帮助,具体可以采用如下方式:一是由一方向对方提供一定期限的房屋无偿使用权,此种房屋使用权在性质上属于债权性质的使用权,接受帮助的一方对相关房屋并不享有物权。二是判决一方向对方提供适当数额的房屋租金。在一方向对方提供房屋使用权存在困难的情形下,法院也可以判决一方向对方提供适当数额的房屋租金,由对方自己寻找房屋承租,此种方式也可以很好地保障对方基本居住利益的实现。三是通过判决在一方的房屋之上为对方设立一定期限的居住权。此种居住权的设立与前述当事人通过约定设立居住权的方式不同,当事人通过约定设立居住权在性质上属于基于法律行为的物权变动,其既需要当事人就居住权的设立达成合意,也需要践行法定的公示方法;而法院通过判决设立居住权在性质上属于非基于法律行为的物权变动,即属于基于法律规定而引起的物权变动,其并不需要当事人对此达成合意,也不需要践行法定的公示方法,法院可以根据双方当事人的经济状况等因素,确定设立居住权的房屋范围以及居住权期限。四是判决一方通过其他符合实际的方式向另一方提供帮助。

---

[1] 《秘鲁共和国新民法典》,徐涤宇译,北京,北京大学出版社2017年版,第77页。

三、离婚损害赔偿

（一）离婚损害赔偿概述

所谓离婚损害赔偿，是指因夫妻一方的重大过错导致离婚的，过错方应当对无过错方的损害予以赔偿的法律制度。从实践来看，近年来，因一方配偶的严重过错而导致离婚的情形在离婚纠纷中占有相当比例，在婚姻关系存续期间，夫妻一方存在重婚、与他人同居等严重过错的，不仅会造成夫妻感情破裂，导致离婚，而且可能对无过错的一方造成严重的损害，如导致其生活困难、遭受严重精神痛苦等。为有效救济婚姻关系中无过错的一方，并体现对另一方严重过错的制裁，一些国家的立法中规定了离婚损害赔偿制度。例如，《秘鲁共和国新民法典》第 351 条规定："如果决定离婚的事实严重损害无过错配偶的合法人身利益，法官可以判给其一笔金钱，作为精神损害之补偿。"[1] 我国民事立法也历来承认该制度。《婚姻法》第 46 条规定："有下列情形之一，导致离婚的，无过错方有权请求损害赔偿：（一）重婚的；（二）有配偶者与他人同居的；（三）实施家庭暴力的；（四）虐待、遗弃家庭成员的。"在总结我国既有立法和司法实践经验的基础上，我国《民法典》第 1091 条规定："有下列情形之一，导致离婚的，无过错方有权请求损害赔偿：（一）重婚；（二）与他人同居；（三）实施家庭暴力；（四）虐待、遗弃家庭成员；（五）有其他重大过错。"该条对离婚损害赔偿规则作出了规定，而且通过与《婚姻法》第 46 条的对比可以看出，《婚姻法》第 46 条在列举一方重大过错的情形时采取了封闭式列举的方法，这可能难以有效涵盖一方重大过错的多数情形，为克服这一缺陷，《民法典》第 1091 条在列举一方有重大过错的情形时，增加了"有其他重大过错"这一兜底规定，这更有利于强化对无过错一方的救济。

离婚损害赔偿主要具有如下特征：

第一，离婚损害赔偿规则仅适用于夫妻双方离婚的情形。从《民法典》第 1091 条规定来看，只有在因一方重大过错导致离婚的，才能适用离婚损害赔偿规则。也就是说，只有在夫妻双方离婚时，无过错的一方才能请求有重大过错的一方赔偿其损害。从我国司法实践来看，在婚姻关系存续期间，如果当事人不起诉离婚而单独提起损害赔偿请求的，人民法院不予受理。

第二，离婚损害赔偿规则仅适用于因一方重大过错导致离婚的情形。从《民法典》第 1091 条规定来看，只有在因一方存在重大过错导致离婚的情形下，才能适用离婚损害赔偿规则，如果一方不存在过错，或者一方虽然对离婚存在过错，但并不存在重大过错，则无法适用离婚损害赔偿规则。例如，夫妻一方因长期出差，造成夫妻感情淡

---

〔1〕《秘鲁共和国新民法典》，徐涤宇译，北京，北京大学出版社 2017 年版，第 77 页。

化，最终导致夫妻感情破裂，并因此离婚的，在此情形下，当事人对离婚并不存在重大过错，无法适用离婚损害赔偿规则。

第三，离婚损害赔偿请求权的主体为无过错的一方。在一方存在重大过错，导致离婚时，有权提出请求的主体限于无过错的一方。对此，《民法典婚姻家庭编司法解释（一）》第 87 条规定："承担民法典第一千零九十一条规定的损害赔偿责任的主体，为离婚诉讼当事人中无过错方的配偶。人民法院判决不准离婚的案件，对于当事人基于民法典第一千零九十一条提出的损害赔偿请求，不予支持。在婚姻关系存续期间，当事人不起诉离婚而单独依据民法典第一千零九十一条提起损害赔偿请求的，人民法院不予受理。"该条明确了离婚损害赔偿责任的责任主体为无过错方的配偶，这也意味着，离婚损害赔偿请求权的主体为无过错的一方。同时，从该条规定来看，离婚损害赔偿规则仅适用于离婚案件，如果无过错的一方不起诉离婚，而仅主张损害赔偿，或者当事人虽然起诉离婚，但人民法院判决不准离婚的，则无过错的一方也无法获得离婚损害赔偿。此外，从《民法典》第 1091 条规定来看，即便符合离婚损害赔偿规则的适用条件，能否适用该规则，还取决于权利人是否提出请求，法院不能依据职权主动适用该规则。

第四，离婚损害赔偿既适用于协议离婚，也适用于诉讼离婚。离婚损害赔偿通常适用于诉讼离婚，但从《民法典》第 1091 条规定来看，其在规定离婚损害赔偿规则时，并没有对其适用范围作出严格限制，这也意味着，离婚损害赔偿规则既适用于诉讼离婚，也可以适用于协议离婚。在协议离婚中，双方可以在离婚协议中就离婚损害赔偿的范围、赔偿方式等作出约定，也可以单独就离婚损害赔偿作出约定。关于离婚损害赔偿规则在协议离婚中的适用，《民法典婚姻家庭编司法解释（一）》第 89 条规定："当事人在婚姻登记机关办理离婚登记手续后，以民法典第一千零九十一条规定为由向人民法院提出损害赔偿请求的，人民法院应当受理。但当事人在协议离婚时已经明确表示放弃该项请求的，人民法院不予支持。"依据该条规定，即便当事人选择通过协议离婚的方式解除婚姻关系，在办理离婚登记手续之后，如果符合离婚损害赔偿规则的适用条件，无过错的一方仍然有权通过诉讼的方式主张离婚损害赔偿。当然，如果当事人已经在协议离婚时明确表示放弃离婚损害赔偿的，则在协议离婚之后，无过错的一方不得再主张离婚损害赔偿。无过错一方既可以在离婚协议中明确表示放弃离婚损害赔偿，也可以以其他方式向另一方明确表示放弃离婚损害赔偿，如无过错的一方单方面向另一方表示放弃该赔偿请求权。当然，如果无过错一方在作出放弃离婚损害赔偿的意思表示时受到了欺诈或者胁迫，则其可以依法撤销该放弃损害赔偿的意思表示，而仍然有权依法向另一方主张离婚损害赔偿。

此外，依据《民法典婚姻家庭编司法解释（一）》第 87 条的规定，人民法院受理离婚案件时，应当将离婚损害赔偿的相关内容以书面形式告知当事人，是否行使离婚损害赔偿请求权，由无过错的一方当事人自主决定。在适用离婚损害赔偿规则时，应当区分如下几种情形：第一，在符合离婚损害赔偿规则适用条件的情形下，如果无过错的一方选择主张离婚损害赔偿请求权，则其必须在离婚诉讼中同时提出。第二，如果该无过错的一方是离婚诉讼的被告，而其不同意离婚也不主张离婚损害赔偿请求的，则其可以在离婚后就此单独提起诉讼。第三，如果该无过错的一方是离婚诉讼的被告，其在一审时未依法主张离婚损害赔偿请求，在二审期间提出的，则人民法院应当进行调解，调解不成的，告知当事人在离婚后一年内另行起诉。当然，如果双方当事人均同意由第二审人民法院一并审理的，则第二审人民法院也可以一并裁判。

（二）离婚损害赔偿的适用条件

在夫妻离婚的情形下，一方遭受的损害并非在任何情形下均可请求对方赔偿，否则可能导致离婚损害赔偿责任的泛化，人为制造纠纷和诉讼，不利于离婚纠纷的解决。从《民法典》第1091条规定来看，离婚损害赔偿的适用应当符合如下条件。

（1）一方对离婚存在重大过错。离婚损害赔偿的适用以一方对离婚存在重大过错为前提，其包含如下含义：一是一方必须存在过错。如果一方对离婚并不存在过错，则即便造成另一方损害，也不适用离婚损害赔偿规则。二是一方的过错必须是重大过错。从《民法典》第1091条规定来看，其所列举的几种过错行为都是严重损害婚姻家庭关系的行为，行为人主观上都具有严重过错，而且从该条第5项规定来看，将一方有"其他"重大过错作为兜底规则，也表明行为人实施前几种行为时具有重大过错。如果一方只是存在轻微过错，而不构成重大过错，则即便造成另一方损害，另一方也无权主张离婚损害赔偿。三是一方的过错必须是对离婚有过错。也就是说，一方的严重过错必须是导致夫妻双方离婚的原因，如果一方的严重过错并非导致离婚的原因，则另一方也无权主张离婚损害赔偿。从《民法典》第1091条规定来看，一方对离婚具有重大过错的情形包括如下几种：

第一，重婚。重婚即有配偶者再次与他人结婚，在夫妻关系中，夫妻双方应当互相忠实，互相尊重，互相关爱，一方在婚姻关系存续的前提下再次与他人结婚，将导致夫妻感情破裂，并对另一方造成损害，因此导致离婚的，无过错的另一方应当有权请求损害赔偿。

第二，与他人同居。与他人同居是指夫妻一方与婚外异性，不以夫妻名义，持续、稳定地共同居住。与重婚类似，一方在婚姻关系存续的前提下与他人同居，也将导致夫妻关系破裂，并造成另一方损害，另一方也应当有权依法主张离婚损害赔偿。司法实践中通常以"持续、稳定的同居关系"作为"与他人同居"的判断标准。

案例 4-15

【基本案情】

杨某（男）与王某（女）经人介绍认识，很快确立了恋爱关系，并在恋爱关系确立两个月后办理了结婚登记。但二人在结婚后，经常因为生活琐事发生争吵，杨某对王某的感情也逐渐变淡。每次与王某争吵后，杨某都会找其好友刘某倾诉，并逐渐对刘某产生了好感，并发生了不正当关系。杨某与刘某的关系被王某发现后，王某诉至法院，请求与杨某离婚，并以杨某出轨为由，主张5万元的精神损害赔偿金作为离婚损害赔偿。

【裁判结果】

法院认为，原告王某以被告杨某出轨为由，主张5万元精神损害抚慰金作为离婚损害赔偿，法院查明，被告杨某在婚姻关系存续期间与其他异性有不正当关系，违背夫妻间的忠实义务，导致双方产生隔阂，是致使夫妻感情破裂的主要原因。但被告的行为属于与其他女性有一般意义上的"婚外情"或"外遇情形"，没有证据证明被告与其他异性保持稳定、持续的不正当同居关系，不属于"有配偶者与他人同居的"情形，因此对于原告提出的精神损害抚慰金的请求不予支持。

第三，实施家庭暴力。家庭暴力是指行为人以殴打、捆绑、残害、强行限制人身自由或者其他手段，给其家庭成员的身体、精神等方面造成一定伤害后果的行为。一方实施家庭暴力的，属于严重损害婚姻家庭关系的行为，其既可能造成人身损害，也可能造成财产损害，另一方有权依法主张离婚损害赔偿。

第四，虐待、遗弃家庭成员。夫妻之间负有相互扶养的义务，应当互相关爱，不得实施虐待、遗弃行为。虐待家庭成员是指对家庭成员进行歧视、折磨或者摧残，使其在身体或者精神上遭受损害；遗弃家庭成员是指对于年老、年幼、患病或其他没有独立生活能力的人，负有赡养、抚养或扶养义务的人不履行其义务的行为。一方虐待、遗弃家庭成员的，也将严重损害婚姻家庭关系，另一方因此遭受损害的，其有权依法主张离婚损害赔偿。

第五，有其他重大过错。从司法实践来看，除上述情形外，一方还可能实施其他严重损害婚姻家庭关系的行为，造成另一方损害，并因此导致离婚，如一方与他人通奸而不构成重婚或者与他人同居，或者一方从事赌博、吸毒、卖淫、嫖娼等行为屡教不改的，也可能导致夫妻双方离婚，因此，《民法典》第1091条设置了兜底条款，用于涵盖前述四种情形之外其他严重损害婚姻家庭关系的行为。当然，在具体解释适用该项中"其他重大过错"时，应当按照同类解释的规则对其进行解释。所谓同类解释规则，是指如果法律上列举了具体的人或物，并将其归入"一般性的类别"，则该"一般性的类别"应当与具体列举的人或物属于同一类型。[1] 即在一方实施严重损害婚姻家庭关系的行为时，其必须达到与重婚，与他人同居，实施家庭暴力，虐待、遗弃家庭成员这四种情形相近的严重程度，否则不宜将其认定为本条所规定的"其他重大过错"。

（2）另一方无过错。从《民法典》第1091条规定来看，在因一方的严重过错导致离婚的情形下，"无过错方"有权请求损害赔偿，这也意味着，离婚损害赔偿规则的适

---

〔1〕 参见王利明：《法学方法论》，北京，中国人民大学出版社2012年版，第395页。

用以一方无过错为前提。此处的无过错，是指有严重过错一方的配偶对离婚没有过错。因为离婚损害赔偿规则的目的既是为了保护遭受损害的一方的利益，也是为了对具有严重过错一方损害婚姻家庭行为的惩罚，如果双方均有过错，则无法适用该规则。在我国司法实践中，也有法院采取了此种立场。例如，在某个案件中，夫妻一方与婚外异性同居，另一方则指示他人殴打对方，法院认为，在此情形下，双方当事人对离婚均有过错，主张离婚损害赔偿的一方并非无过错方，其无权请求对方承担精神损害赔偿。[1]

但问题在于，另一方无过错究竟是指其无《民法典》第1091条所规定的严重过错？还是指其没有任何过错？也就是说，在一方对离婚有严重过错的情形下，如果另一方只是有轻微过错，而没有严重过错，此时，其能否主张离婚损害赔偿？对此，《民法典婚姻家庭编司法解释（一）》第90条规定："夫妻双方均有民法典第一千零九十一条规定的过错情形，一方或者双方向对方提出离婚损害赔偿请求的，人民法院不予支持。"依据该规定，如果夫妻双方均存在《民法典》第1091条所规定的严重过错，则任何一方均不得向另一方主张离婚损害赔偿。这似乎意味着，只有另一方同样具有重大过错时，其才无权主张离婚损害赔偿，而在其具有轻微过错时，其仍然可以主张离婚损害赔偿。因此，虽然《民法典》第1091条将离婚损害赔偿的请求权主体限于"无过错方"，但结合《民法典婚姻家庭编司法解释（一）》第90条的规定，应当对此处的"无过错方"进行限缩解释，即将其解释为无《民法典》第1091条所规定的重大过错的一方，按照这一解释方案，在一方有严重过错的情形下，即便另一方有过错，但如果其没有《民法典》第1091条所规定的重大过错，则其仍有权依法主张离婚损害赔偿。

（3）因一方的重大过错给无过错方造成的损害。《民法典》第1091条规定的是离婚损害赔偿规则，该条仅规定了损害赔偿这一种责任方式，因此，其适用也要求无过错方必须遭受一定的损害。如果一方存在重大过错，造成夫妻感情破裂，并导致离婚，但并未给无过错方造成损害，此时，无过错方也无权依据《民法典》第1091条主张离婚损害赔偿。本条中无过错方的损害既包括财产损害，也包括人身损害。例如，因为一方长期赌博、吸毒，不当耗费夫妻共同财产，或者造成无过错一方个人财产损害的，则无过错的一方有权请求另一方承担财产损害赔偿责任。再如，因为一方实施家庭暴力，造成无过错的另一方人身损害的，其也有权依法请求行为人承担损害赔偿责任。此处无过错一方的损害还包括精神损害，对此，《民法典婚姻家庭编司法解释（一）》第86条规定："民法典第一千零九十一条规定的'损害赔偿'，包括物质损害赔偿和精神损害赔偿。涉及精神损害赔偿的，适用《最高人民法院关于确定民事侵权精神损害赔偿责任若干问题的解释》的有关规定。"从实践来看，在因一方的重大过错导致离婚

---

[1] 参见山东省青岛市中级人民法院（2016）鲁02民终975号民事判决书。

的，另一方通常都会遭受精神损害，对该精神损害，无过错的一方也应当有权请求行为人赔偿。当然，司法实践一般认为，无过错一方在主张精神损害赔偿时，其也应当符合精神损害赔偿责任的适用条件。关于精神损害赔偿的适用条件，《民法典》第 1183 条规定："侵害自然人人身权益造成严重精神损害的，被侵权人有权请求精神损害赔偿。因故意或者重大过失侵害自然人具有人身意义的特定物造成严重精神损害的，被侵权人有权请求精神损害赔偿。"因此，在离婚损害赔偿中，无过错一方主张精神损害赔偿的，还应当符合《民法典》第 1183 条的规定。同时，从《民法典》第 1091 条规定来看，其并没有对离婚损害赔偿的范围作出限定，这也意味着，不论是财产损害，还是人身损害，只要无过错方能够证明该损害是因另一方重大过错造成的，其均可以依法请求对方赔偿。

此外，无过错方的损害还必须与一方的重大过错之间具有因果关系，即无过错一方的损害必须是因对方的重大过错导致的。这也意味着，即便无过错一方有损害，但如果该损害与对方的重大过错之间没有因果关系，其也无权依据离婚损害赔偿的规则请求对方赔偿。

此外，在离婚过程中，为了防止一方转移夫妻共同财产，或者转移其个人财产以逃避离婚损害赔偿责任，或者逃避负担子女抚养费等义务，另一方可以申请对其个人财产或者夫妻共同财产采取保全措施。当然，夫妻一方在申请财产保全措施时，可能需要依法提供财产担保。对此，《民法典婚姻家庭编司法解释（一）》第 85 条规定："夫妻一方申请对配偶的个人财产或者夫妻共同财产采取保全措施的，人民法院可以在采取保全措施可能造成损失的范围内，根据实际情况，确定合理的财产担保数额。"

本章思考题

1. 简述离婚与婚姻终止、婚姻无效的区别。
2. 简述协议离婚的条件。
3. 简述协议离婚的程序。
4. 简述判决离婚的条件。
5. 简述离婚的法律后果。
6. 如何认定离婚协议约定将特定财产给予子女的效力？

第五章 收 养

【本章引例】

李某出生于 2000 年，李某的父亲李某某身患多种疾病，李某的母亲陈某为残疾人。2006 年，在李某 6 岁时，其父母因生活困难，无力抚养李某，便将李某送至其大伯家生活。后为支付李某的生活费，李某某将其家中一亩多地交给李某的大伯耕种，用于支付李某的生活费，李某的学费也是由李某某和陈某交纳，但除此之外，李某某与陈某无力负担李某其他的生活费用。2023 年 6 月，李某某身体状况恶化，陈某也缺乏稳定的生活来源，二人均已年过七旬，难以维持基本生活，便请求李某履行赡养义务。李某则认为，自己已经被其大伯收养，其与李某某和陈某之间父母子女关系已经解除，因此拒绝履行赡养义务。

【简要评析】

该案涉及收养关系成立的认定问题。本案中，李某在 2006 年被送至其大伯家生活，该案发生在《民法典》颁行前，因此，收养关系成立的认定应当适用原《收养法》的规定。依据原《收养法》第 15 条第 1 款的规定，收养关系的成立应当办理登记，收养关系自登记之日起成立。在本案中，李某虽然自 2006 年开始一直在其大伯家生活，但当事人并未办理收养登记，因此，李某与其大伯之间的收养关系并未成立，李某与其生父母李某某、陈某之间仍然存在父母子女关系。依据《民法典》1167 条第 2 款的规定，"成年子女不履行赡养义务的，缺乏劳动能力或者生活困难的父母，有要求成年子女给付赡养费的权利"。在本案中，李某某与陈某均已年过七旬，且因身体等原因难以维持基本生活，属于该条所规定的缺乏劳动能力、生活困难的情形，其有权要求成年子女李某给付赡养费。

第一节 收 养 概 述

一、收养行为的概念和特征

关于何为收养行为，我国《民法典》并没有作出明确界定，一般认为，收养行为是指自然人依法领养他人子女为自己的子女，从而使本无亲子关系的当事人之间发生拟制血亲的亲子关系的民事法律行为。[1] 在收养关系中，领养他人子女的一方为收养

---

〔1〕 参见马忆南：《婚姻家庭继承法学》，北京，北京大学出版社 2014 年版，第 163 页。

人，即养父和养母；被领养的一方为被收养人，即养子女；将未成年人送给他人收养的一方为送养人。

我国古代也有收养制度，并将其区分为亲属间的收养和非亲属间的收养。新中国成立后，我国民事立法十分重视对收养关系的调整。1950 年《婚姻法》第 13 条规定："父母对于子女有抚养教育的义务；子女对于父母有赡养扶助的义务；双方均不得虐待或遗弃。养父母与养子女相互间的关系，适用前项规定。溺婴或其他类似的犯罪行为，严加禁止。"依据该条规定，养父母子女之间也依法负有抚养教育义务和赡养扶助义务，双方不得虐待或遗弃，但该法并没有对养父母子女关系作出细化规定。1980 年《婚姻法》第 20 条规定："国家保护合法的收养关系。养父母和养子女间的权利和义务，适用本法对父母子女关系的有关规定。养子女和生父母间的权利和义务，因收养关系的成立而消除。"该条明确了养父母子女关系适用父母子女关系的规定，为调整收养关系提供了基本法律依据；同时，该法也明确了我国法上的收养关系属于完全收养，而不包括不完全收养。当然，该法并没有对收养关系的成立规则、解除规则等作出明确规定。我国于 1991 年颁行了专门的《收养法》（1992 年 4 月 1 日施行），后又于 1998 年修订，1999 年施行，该法按照总分结构，系统规定了收养法的规则，具体规定了收养法的基本原则、收养关系的成立、收养的效力、收养关系的解除以及相关的法律责任等内容，为规范收养行为、调整收养关系提供了系统、明确的法律依据。同时，除上述立法外，最高人民法院颁行的一些司法解释，也涉及对收养关系的调整。例如，《民法通则意见》第 23 条规定："夫妻一方死亡后，另一方将子女送给他人收养，如收养对子女的健康成长并无不利，又办了合法收养手续的，认定收养关系成立。其他有监护资格的人不得以收养未经其同意而主张收养关系无效。"该条规定了夫妻一方死亡后另一方送养子女的规则。该司法解释第 38 条规定："被宣告死亡的人在被宣告死亡期间，其子女被他人依法收养，被宣告死亡的人在死亡宣告被撤销后，仅以未经本人同意而主张收养关系无效的，一般不应准许，但收养人和被收养人同意的除外。"该条规定了被宣告死亡的人的子女被收养的规则。此外，民政部等部门也就收养关系制定了一些规范性文件，如《外国人在中华人民共和国收养子女登记办法》《中国公民收养子女登记办法》等。上述规范均属于我国收养法律制度的组成部分。

正是在总结上述立法、司法实践经验的基础上，我国《民法典》婚姻家庭编以专章（第五章）的形式对收养制度作出了规定，具体规定了收养关系的成立、收养的效力以及收养关系的解除等规则，并进一步完善了收养制度。例如，该法删除了《收养法》第 4 条所规定的收养人必须是不满 14 周岁的未成年人这一限制规定，规定所有的未成年人均可依法成为被收养人，这就扩大了被收养人的范围，这也是贯彻未成年人利益最大化原则的一种具体体现。再如，该法为进一步强化对被收养人利益的保护，要求收养人必须"无不利于被收养人健康成长的违法犯罪记录"（第 1098 条），而且要求县级以上人民政府民政部门应当依法进行收养评估（第 1105 条第 5 款）。

收养行为主要具有如下特征：

（1）收养人和被收养人限于自然人。收养行为虽然发生在收养人与送养人之间，但收养关系一旦成立，即在收养人与被收养人之间成立拟制血亲的父母子女关系，因此，收养人和被收养人仅限于自然人，而不能是法人和非法人组织。当然，从我国《民法典》婚姻家庭编的规定来看，自然人之外的主体可以作为送养人。收养人和被收养人不仅要求必须是自然人，而且二者之间不应当有直系血亲关系，因为对有直系血亲的自然人之间，如果允许收养，可能会导致亲属关系的混乱与冲突。[1] 旁系血亲之间虽然可以收养，但原则上也只能是长辈对晚辈进行收养，晚辈不能对长辈进行收养。[2]

（2）收养行为将依法在收养人与被收养人之间产生拟制血亲的父母子女关系。收养关系成立后，将在收养人与被收养人之间成立拟制血亲的父母子女关系，即养父母子女关系；同时，收养关系成立后，其在养父母与养子女之间所成立的父母子女关系也会及于其他亲属关系，如祖父母、外祖父母与孙子女、外孙子女之间的关系，以及兄弟姐妹之间的关系等。正是因为收养关系成立后将在收养人与被收养人之间成立拟制血亲的父母子女关系，因此，从户籍管理的角度看，也应当将被收养人纳入收养人的户籍之中。对此，《民法典》第 1106 条规定："收养关系成立后，公安机关应当按照国家有关规定为被收养人办理户口登记。"[3] 此外，从我国《民法典》婚姻家庭编的规定来看，其所规定的收养属于完全收养，即收养关系成立后，养子女与其亲生父母及其他亲属之间的权利义务关系即随之消除。

（3）收养行为是一种民事法律行为，具有要式性。收养行为是一种民事法律行为，其能够依法产生变更亲子关系的法律效力。[4] 收养行为作为一种民事法律行为，其也存在成立与生效的问题，也就是说，即便收养行为已经成立，即收养人与送养人就收养达成合意，但如果不符合收养行为的生效要件，也无法使当事人之间产生收养关系。同时，收养行为作为一种民事法律行为，其生效不仅要符合《民法典》总则编关于民事法律行为生效的一般要件，还应当符合婚姻家庭编关于收养行为生效的特殊规则，否则也无法发生当事人所追求的法律效果。

收养行为具有要式性，由于收养行为不仅关系到收养人与被收养人的利益，而且涉及社会公共利益，因此，各国法律一般都对收养行为采取了要式性的立场，即收养行为应当符合法律规定的条件和程序。我国《民法典》也采取了此种立场。《民法典》第 1105 条第 1 款规定："收养应当向县级以上人民政府民政部门登记。收养关系自登记之日起成立。"该条要求收养行为必须进行登记。同时，依据《民法典》第 1109 条

---

〔1〕　参见张伟主编：《家事法学》，北京，法律出版社 2016 年版，第 178 页。

〔2〕　参见余延满：《亲属法原论》，北京，法律出版社 2007 年版，第 407—408 页。

〔3〕　《中国公民收养子女登记办法》第 9 条规定，收养关系成立后，需要为被收养人办理户口登记或者迁移手续的，由收养人持收养登记证到户口登记机关按照国家有关规定办理。

〔4〕　参见黄薇主编：《中华人民共和国民法典婚姻家庭编解读》，北京，中国法制出版社 2020 年版，第 244 页。

的规定，外国人依法在中华人民共和国收养子女的，除需要与送养人签订书面协议外，还应当亲自向省、自治区、直辖市人民政府民政部门登记。

二、收养的类型

按照不同标准，可以将收养区分为不同类型，以下仅探讨几种典型的收养关系的类型，以及比较常见的收养分类方法。

（一）法定收养与事实收养

以收养是否依据法律规定的形式而成立为标准，可以将收养区分为法定收养与事实收养。所谓法定收养，是指符合法定形式要件所成立的收养。所谓事实收养，是指并未践行法律所规定的形式要件所成立的收养。如前所述，收养行为具有要式性，如果当事人并未践行法律规定的形式要件，则无法成立收养关系，但从我国实践来看，在《收养法》施行前（即 1992 年 4 月 1 日之前），实践中也存在收养关系，如果对此种收养关系完全不予认可，也可能引发新的争议，因此，对此类收养关系，我国司法实践原则上也认可其效力。对此，《最高人民法院关于贯彻执行民事政策法律若干问题的意见》第 28 条规定："亲友、群众公认，或有关组织证明确以养父母与养子女关系长期共同生活的，虽未办理合法手续，也应按收养关系对待。"当然，在《收养法》施行后，成立收养关系必须符合法律规定的形式要件，否则无法在当事人之间产生养父母子女的权利义务关系。《民法典》婚姻家庭编同样对收养关系规定了严格的形式要件，如果当事人并未践行法定形式，则无法在当事人之间产生收养的效力。例如，无法在养父母子女之间成立养父母子女关系，养子女与其生父母之间的权利义务关系也并未因此消除。

案例 5-1

【基本案情】

2006 年 10 月，王某在下班回家的路上捡到被他人遗弃的王小某（时年 6 个月），便将其带回家收养，后王小某一直跟随王某生活。因学习成绩不好，王小某在初中毕业后便外出打工。2023 年 11 月，王某因病去世，王小某在协助办理完王某的丧事后，主张其为王某的养子，有权继承王某的遗产。王某的亲生儿子则主张，王小某是其父亲王某收养的弃婴，并没有办理收养登记，王小某无权主张继承王某的遗产。王小某为此诉至法院。

【裁判结果】

法院认为，原告王小某与王某之间的收养关系发生于 2006 年，现原告主张继承王某的遗产，法院认为，对于收养弃婴，登记是收养关系的成立要件。而在本案中，虽然原告王小某与王某共同生活多年，但因未办理收养登记，王某与王小某之间的收养关系并未成立。另外，王某死亡时，王小某已满十七周岁，且已经外出打工，以自己的劳动收入为主要生活来源，故王小某不属于法律规定的继承人以外的依靠被继承人扶养的缺乏劳动能力又没有生活来源的人，或继承人以外的对被继承人扶养较多的人，因此王小某无权继承王某的遗产。

（二）单独收养与共同收养

以收养人人数的不同为标准，可以将收养区分为单独收养和共同收养。单独收养即收养人为一人的收养，如无配偶者收养子女或者夫妻一方单方收养子女；共同收养是收养人为二人的收养。

从我国《民法典》的规定来看，其既规定了单独收养，也规定了共同收养。例如，《民法典》第 1102 条规定："无配偶者收养异性子女的，收养人与被收养人的年龄应当相差四十周岁以上。"该条所规定的无配偶者收养子女的情形即属于单独收养。再如，《民法典》第 1101 条规定："有配偶者收养子女，应当夫妻共同收养。"该条所规定的夫妻双方共同收养子女即为共同收养。需要指出的是，依据《民法典》第 1101 条的规定，"有配偶者收养子女，应当夫妻共同收养"。法律作出此种规定的主要理由在于：收养关系一旦成立，被收养人即成为收养人的家庭成员，收养人有配偶，但置其配偶的意见于不顾而单独收养，则可能会对收养人的家庭关系造成不利影响，[1] 而且此种家庭环境也不利于被收养人的健康成长，有违收养法保护未成年人的立法目的。当然，在收养人的配偶查找不到或者不具备完全民事行为能力时，收养人的配偶在客观上无法表达收养的意愿，无法实施收养行为，此时，在立法论上应当允许收养人单独收养。但从《民法典》第 1101 条规定来看，其并未规定此种例外，即有配偶者收养子女的，均应当由夫妻双方共同收养。

（三）完全收养与不完全收养

以收养关系成立后养子女是否与其亲生父母完全终止权利义务关系为标准，可以将收养区分为完全收养与不完全收养，所谓完全收养，是指在收养关系成立后，养子女与其亲生父母之间的权利关系将完全断绝的收养；不完全收养是指在收养关系成立后，养子女与其亲生父母之间仍然相互保留一定权利义务关系的收养。[2]

依据我国《民法典》第 1111 条第 2 款的规定，"养子女与生父母以及其他近亲属间的权利义务关系，因收养关系的成立而消除"，可见，我国《民法典》仅规定了完全收养，而没有规定不完全收养。

（四）未成年人收养与成年人收养

以被收养人是否限于未成年人为标准，可以将收养区分为未成年人收养与成年

---

〔1〕 参见杨大文主编：《亲属法与继承法》，北京，法律出版社 2013 年版，第 204 页。

〔2〕 参见余延满：《亲属法原论》，北京，法律出版社 2007 年版，第 411 页。

收养。所谓未成年人收养，是指被收养人为未成年人的收养；所谓成年人收养，是指被收养人为成年人的收养。从比较法上看，有的国家立法对成年人收养规则作出了规定。例如，《德国民法典》在第四编"亲属法"部分对收养关系做出了规定，该编第二章"亲属"中规定了"收养"（第七节），《德国民法典》分别对未成年人的收养与成年人的收养做出了规定。关于成年人的收养，该法典第 1767 条规定："收养的可准许性、可适用的规定：（1）成年人可以被收养，但以该收养在道德上是正当的为限；在收养人和待收养人之间已形成父母子女关系的，尤须认为该收养在道德上是正当的。（2）以下条款不另有规定为限，关于未成年人收养的规定准用于成年人的收养。被收养人已成立同性生活伴侣关系，且其出生姓氏已被确定为同性生活伴侣关系姓氏的，第 1757 条第 3 款必须予以准用。对于收养与他人有同性生活伴侣关系的人，同性生活伴侣的允许是必要的。"该条对成年人收养的规则作出了细化规定。

从我国立法来看，《民法典》颁行前，《收养法》第 4 条规定："下列不满十四周岁的未成年人可以被收养：丧失父母的孤儿；查找不到生父母的弃婴和儿童；生父母有特殊困难无力抚养的子女。"该条将被收养人限定为不满 14 周岁的未成年人，但该法第 7 条规定："收养三代以内同辈旁系血亲的子女，可以不受本法第四条第三项、第五条第三项、第九条和被收养人不满十四周岁的限制。"从该条规定来看，如果收养人收养三代以内同辈旁系血亲的子女，则不受被收养人不满 14 周岁的限制，因此，我国《收养法》是否承认了成年人收养，学理上存在一定的争议。但《民法典》第 1099 条第 1 款规定："收养三代以内旁系同辈血亲的子女，可以不受本法第一千零九十三条第三项、第一千零九十四条第三项和第一千一百零二条规定的限制。"该条来源于《收养法》第 7 条，但删除了"被收养人不满十四周岁的限制"这一表述，因此，可以认定，我国《民法典》仅规定了未成年人收养，而没有规定成年人收养。

（五）国内收养与涉外收养

以收养关系是否有涉外因素为标准，可以将收养区分为国内收养和涉外收养。所谓国内收养，是指收养当事人为同一国籍且在该国内进行的收养；所谓涉外收养，是指具有涉外因素的收养，是收养当事人具有不同国籍或者收养行为发生在国外的收养。[1] 从我国《民法典》规定来看，其不仅规定了国内收养，还规定了涉外收养。例如，《民法典》第 1099 条第 2 款规定："华侨收养三代以内旁系同辈血亲的子女，还可以不受本法第一千零九十八条第一项规定的限制。"该条对华侨收养子女的规则作出了特别规定。同时，《民法典》第 1109 条规定："外国人依法可以在中华人民共和国收养子女。外国人在中华人民共和国收养子女，应当经其所在国主管机关依照该国法律审查同意。收养人应当提供由其所在国有权机构出具的有关其年龄、婚姻、职业、财产、

---

〔1〕 参见张伟主编：《家事法学》，北京，法律出版社 2016 年版，第 180 页。

健康、有无受过刑事处罚等状况的证明材料，并与送养人签订书面协议，亲自向省、自治区、直辖市人民政府民政部门登记。前款规定的证明材料应当经收养人所在国外交机关或者外交机关授权的机构认证，并经中华人民共和国驻该国使领馆认证，但是国家另有规定的除外。"该条对外国人在我国收养子女的规则作出了规定。上述收养关系均具有涉外因素，在性质上属于涉外收养。依据《外国人在中华人民共和国收养子女登记办法》第3条的规定，外国人在我国收养子女的，应当符合我国有关收养法律的规定，并应当符合收养人所在国有关收养法律的规定；因收养人所在国法律的规定与中国法律的规定不一致而产生的问题，由两国政府有关部门协商处理。

三、相关主体负有保守收养秘密的义务

《民法典》第1110条规定："收养人、送养人要求保守收养秘密的，其他人应当尊重其意愿，不得泄露。"依据该条规定，收养人、送养人之外的其他人，对其所知悉的收养信息负有保密义务。收养关系成立后，将在养父母与养子女之间形成拟制血亲的父母子女关系，而且收养关系一旦成立，将导致养子女与其生父母及其他亲属之间的权利义务关系消除，可见，收养关系的成立将对收养人、被收养人、送养人等主体及其家庭产生重要的影响。例如，相关的收养事实一旦被披露，即可能导致收养人与被收养人关系的恶化，甚至导致收养关系的解除，因此，当事人可能希望保守收养秘密，以维持家庭关系的和谐、稳定。此处的收养秘密在范围上既包括收养人收养被收养人的事实，也包括收养人、被收养人以及送养人的家庭情况。[1]

在收养人、送养人要求保守收养秘密，而其他人擅自泄露收养秘密的，将构成对收养关系当事人隐私权的侵害，受害人有权依法请求行为人承担民事责任。例如，在行为人擅自泄露收养秘密造成收养人、送养人精神损害的，收养人、送养人有权依法请求行为人承担精神损害赔偿责任。

第二节　收养关系的成立

一、收养关系的成立概述

（一）收养关系与收养行为的区分

在认定收养关系的成立及收养的效力时，有必要区分收养关系与收养行为，收养关系指的是拟制血亲的父母子女关系，而收养行为则是指拟制血亲的父母子女关系借以发生的民事法律事实，即收养民事法律行为。收养关系与收养行为的关联性体现为，

---

〔1〕　参见黄薇主编：《中华人民共和国民法典婚姻家庭编解读》，北京，中国法制出版社2020年版，第310页。

收养行为是收养关系成立的前提和基础。只有借助收养行为，才能成立收养关系，收养行为是收养关系成立的必要条件。但也应当看到，收养行为并不当然能够产生收养关系成立的后果，因为收养行为作为一种民事法律行为，其也存在无效、可撤销等效力瑕疵的事由，只有合法有效的收养行为才能产生收养关系，而收养关系一旦被宣告无效，或者被撤销，则无法成立收养关系。例如，《民法典》第 1113 条第 2 款规定："无效的收养行为自始没有法律约束力。"依据该规定，收养行为被认定为无效的，则没有法律约束力，当然也无法成立收养关系。

虽然收养关系与收养行为存在上述关联性，但二者也存在一定的区别：一方面，收养关系描述的是一种拟制血亲的亲子关系状态，即在收养关系成立后，将在养父母与养子女之间成立拟制血亲的父母子女关系。而收养行为则侧重于表达一种能够产生收养关系的行为。另一方面，二者的效力状态不同。收养行为作为一种民事法律行为，其可能存在多种效力状态，如有效、无效、可撤销等；而收养关系作为一种亲子关系的状态，其仅存在成立与否的问题，而不存在多种效力状态。也就是说，一旦收养关系成立，即可在养父母与养子女之间成立拟制血亲的父母子女关系及其他亲属关系，同时，养子女与其生父母之间的权利义务关系及其他亲属权利义务关系也将随之消除。对此，《民法典》第 1111 条规定："自收养关系成立之日起，养父母与养子女间的权利义务关系，适用本法关于父母子女关系的规定；养子女与养父母的近亲属间的权利义务关系，适用本法关于子女与父母的近亲属关系的规定。养子女与生父母以及其他近亲属间的权利义务关系，因收养关系的成立而消除。"如果收养关系因收养行为无效、被撤销而不成立，则无法产生上述法律效力。

可见，虽然"收养"一词在语义上既可以被理解为收养关系，也可以被理解为收养行为，但在具体认定收养行为的效力、确定收养关系是否成立时，仍然需要对二者进行必要的区分。

（二）收养关系成立的条件

如前所述，收养关系的成立首先需要当事人之间存在收养行为，这是成立收养关系的基本前提，当然，收养行为成立之后，必须符合收养行为的有效要件，才能依法成立收养关系。据此，收养关系的成立需要具备两方面的条件：一是收养行为成立；二是收养行为有效。

1. 收养行为成立

一般认为，收养行为的成立需要当事人就收养事项意思表示一致，即当事人必须达成收养合意。[1] 关于收养合意，《民法典》第 1104 条规定："收养人收养与送养人

---

〔1〕 参见马忆南：《婚姻家庭继承法学》，北京，北京大学出版社 2014 年版，第 170 页；杨大文主编：《亲属法与继承法》，北京，法律出版社 2013 年版，第 205 页；张伟、赵江红主编：《亲属法学》，北京，中国政法大学出版社 2009 年版，第 217 页；余延满：《亲属法原论》，北京，法律出版社 2007 年版，第 416 页。

送养，应当双方自愿。收养八周岁以上未成年人的，应当征得被收养人的同意。"该条虽然没有明确规定收养人与送养人需要就收养达成合意，但一般认为，该条实际上是要求收养人应当与送养人达成合意。从该条规定来看，收养合意的达成有如下两个方面的要求：

一是收养人与送养人应当在自愿的基础上达成合意。一方面，收养人应当自愿实施收养行为。收养人自愿实施收养行为是收养关系成立的基本前提，也就是说，如果收养人不实施收养行为，也将无法启动收养程序，收养关系也无法成立。同时，收养人的收养行为必须是自愿的，如果收养人是受欺诈或者受胁迫而实施收养行为，则可能影响收养行为的效力，如果收养人依法撤销收养行为，则收养行为无效，收养关系也无法成立。另一方面，送养人应当自愿实施送养行为，即送养人实施送养行为时应当意思表示真实，如果送养人实施送养行为并非基于自愿，如送养人是因受到他人欺诈或者胁迫而实施送养行为，也将影响送养行为的效力，并最终影响收养关系的成立。例如，在某个案件中，当事人就收养关系是否成立发生争议，法院经审理后认为，被收养人的生父母尚在，并无证据证明其生父母当年有特殊困难无力抚养被收养人，现有证据亦证明被收养人并非被其生父母送养，而且收养未依法办理收养登记，也未订立书面协议。法院认为，无论是被收养人、送养人、收养人还是送养的形式均违反法律规定，因此收养行为无法律效力。[1]

二是收养 8 周岁以上未成年人的，应当征得被收养人的同意，但无民事行为能力人除外。收养关系的成立不仅需要收养人与送养人双方的自愿，在一定条件下还需要取得被收养人的同意，因为收养关系一旦成立，即可在收养人与被收养人之间成立拟制血亲的父母子女关系，而且收养关系的成立也将决定被收养人将来能够获得的抚养和教育条件，因此，收养关系的成立还需要依法取得被收养人的同意。当然，从《民法典》第 1104 条规定来看，收养关系的成立并非在所有情形下均需要取得被收养人的同意，即只有被收养人为 8 周岁以上的未成年人时，才需要取得其同意，因为如前所述，收养关系的成立将对被收养人产生重大影响，而 8 周岁以上的未成年人已经属于限制民事行为能力人，与无民事行为能力人相比，其已经有了相对成熟的自我意识，能够作出符合自己内心真实意思的判断，并能够准确表达其意愿，[2] 因此，收养关系的成立需要取得其同意。对被收养人为 8 周岁以下的未成年人而言，收养关系的成立并不需要取得其同意。当然，即便被收养人为 8 周岁以上的未成年人，但如果其属于无民事行为能力人，如该未成年人为精神病人，无法辨认自己的行为，此时，应当对上述规则进行目的性限缩，即此种情形下收养关系的成立也不需要取得被收养人的同意。需要指出的是，在被收养人为 8 周岁以上的未成年人时，被收养人同意是收养关

---

〔1〕 参见江苏省泰州市中级人民法院民事判决书，（2017）苏 12 民终 1090 号。

〔2〕 参见黄薇主编：《中华人民共和国民法典婚姻家庭编解读》，北京，中国法制出版社 2020 年版，第 290 页。

系成立的前提条件，也就是说，在此情形下，即便收养人与送养人就收养关系达成了合意，但如果未取得被收养人的同意，收养关系也无法成立。[1]

当然，仅收养人与送养人就收养达成合意，还无法使收养行为成立，因为收养行为具有要式性，只有践行了法律规定的形式要件，收养行为才能成立。从我国《民法典》的规定来看，此种法定形式是指当事人应当依法办理收养登记手续，所谓收养登记，是指收养主管部门依照法律规定对申请确立收养关系的当事人是否符合收养条件进行审查，对符合收养法定条件的予以登记，并确立收养关系的一种制度。从我国法律规定来看，不论是国内收养，还是涉外收养，均需要依法办理收养登记。关于收养登记问题，本书将在下面收养关系成立的程序部分进行探讨，此处暂不讨论。

2. 收养行为有效

收养行为作为一种民事法律行为，其成立后并不当然能够产生当事人追求的法律效果，只有有效的收养行为才能依法成立收养关系。收养行为的有效性判断可以从如下两个方面理解：

一是收养行为应当符合民事法律行为有效的一般要件。收养行为在性质上属于民事法律行为，其应当符合民事法律行为有效的一般条件，否则其效力即可能存在瑕疵。一般而言，民事法律行为的有效要求当事人意思表示真实，内容合法，并且不能违反法律、行政法规的规定和公序良俗。民事法律行为的上述一般效力规则也适用收养行为。例如，《民法典》第1044条第2款规定："禁止借收养名义买卖未成年人。"如果当事人借收养的名义买卖未成年人，其所实施的收养行为也应当是无效的。

二是收养行为应当符合《民法典》婚姻家庭编关于收养行为有效的规定。收养行为除需要符合民事法律行为有效的一般规则外，还应当符合《民法典》婚姻家庭编关于收养行为效力的特别规定。从我国《民法典》婚姻家庭编的规定来看，其主要从当事人适格的角度规定了收养行为有效的条件，即收养人、被收养人以及送养人都应当符合法律规定的条件，否则可能导致收养行为无效，收养关系也无法成立。

二、被收养人的条件

所谓被收养人，是指生父母已经死亡，或者查找不到生父母，或者生父母因各种原因无法履行抚养义务，从而被有能力满足其成长和教育条件的人收养的未成年人。关于被收养人的条件，我国《民法典》第1093条规定："下列未成年人，可以被收养：（一）丧失父母的孤儿；（二）查找不到生父母的未成年人；（三）生父母有特殊困难无力抚养的子女。"该条从年龄和被抚养的状况两个方面对被收养人的条件作出了限定，符合比较法上的发展趋势，对于完善我国的收养法律制度、维护收养关系的稳定、保护未成年人的合法权益、维护收养关系各方主体家庭关系的稳定等，均具有重要意

---

〔1〕 参见黄薇主编：《中华人民共和国民法典婚姻家庭编解读》，北京，中国法制出版社2020年版，第290页。

义。从《民法典》第 1093 条规定来看，一般情况下，可以被收养人的条件可以概括为如下两个方面：一是被收养人限于未成年人。二是被收养人缺乏相应的抚养条件。一般认为，法律关于被收养人条件的规定是收养关系成立的实质条件，当事人之间的收养行为违反该条件的，可能导致收养行为无效。[1]

(一) 被收养人限于未成年人

从比较法上看，各国大多对被收养人的年龄作出了一定限制，此种限制主要有两种方式：一是一般规定被收养人的年龄上限，即被收养人不得超过一定的年龄。例如，法国法将收养区分为完全收养与单纯收养，关于完全收养，《法国民法典》第 345 条规定："仅有年龄在 15 岁以下，在收养人或诸收养人家庭中接纳至少已有 6 个月的儿童，始允许收养之。但是，如儿童年龄已超过 15 岁，但在其未满 15 岁之前即已由当时尚不具备法定收养条件的人接纳，或者在其年满 15 岁之前已为单纯收养，在各项条件均具备时（1996 年 7 月 5 日第 96—604 号法律），该儿童整个未成年期间及其成年后 2 年内，均可请求完全收养。如被收养人年龄已过 13 岁（1976 年 12 月 22 日第 76—1179号法律），完全收养应当征得本人的同意。"依据该条规定，完全收养中的被收养人原则上不得超过 15 岁。

二是规定被收养人与收养人之间应当有一定的年龄差。例如，在法国，就完全收养而言，《法国民法典》第 344 条规定："收养人的年龄应当比其收养的子女的年龄大15 岁以上，如拟予收养的子女是收养人配偶的子女，收养人与被收养人的年龄仅要求相差 10 岁以上（1979 年 12 月 22 日第 76—1179 号法律）。但是，法院如有正确理由，在收养人和被收养人的年龄相差不到前款规定时，得宣告收养。"该条对收养人与被收养人的年龄差作出了规定。再如，《奥地利普通民法典》第 180 条规定："（1）养父应年满三十周岁，养母应年满二十八周岁。如果配偶双方共同收养，或者被收养人是收养人的配偶的亲生子女，而且，在收养人和被收养人之间已经存在与亲生父母子女关系相当的关系，则低于上述年龄界限也是允许的。（2）养父和养母必须至少比被收养人大十八岁；如果收养人和被收养人之间已经存在与亲生父母子女关系相当的关系，则这一年龄差的微小不足也可以不予考虑。如果被收养人是收养人配偶的亲生子女，或者被收养人与收养人之间存在血亲关系，则年龄相差十六岁就已足够。"《魁北克民法典》第 547 条规定："收养人的年龄应至少长于被收养人 18 周岁，被收养人为收养人的配偶之子女的，不在此限。但为被收养人的利益，法院可以免除此等要求。"《瑞士民法典》第 265 条第 1 款规定："养子女最少得比养父母年少 16 岁。"上述立法同样对养父母与养子女之间的年龄差作出了规定。

从我国《民法典》第 1093 条规定来看，被收养人应当是未成年人，即被收养人的

---

[1] 参见李静堂："论收养制度"，载《中南政法学院学报》1992 年第 3 期。

年龄应当在 18 周岁以下，成年人并不属于被收养的对象。本书认为，我国《民法典》将被收养人限定为未成年人具有合理性，主要理由在于：一方面，这是维护家庭关系稳定的需要。[1] 因为随着年龄的增长，个人的独立意识也日益强烈，如果不对被收养人的年龄作出限制，则可能影响送养人与收养人双方家庭关系的稳定。另一方面，这也符合收养制度的特点。收养制度的主要目的是为了对未成年人的生活进行照顾，对其心理发展进行必要的引导。对于成年人而言，其已经具有独立生活的能力，而且其意识已发展成熟，能够正常地表达自己的意愿，没有必要将其纳入被收养人的范围。

案例 5-2

【基本案情】

陈某某与陈某为本家，但并非三代以内同辈旁系血亲关系。陈某某并未结婚，也没有子女。2007 年，陈某某（时年 50 岁）与陈某（时年 30 岁）在当地村干部以及部分亲属在场见证的情形下，立下"过继"的字据，约定由陈某照顾陈某某的生活起居。此后，陈某一直与陈某某共同居住、生活。后双方发生纠纷，陈某某请求法院解除其与陈某之间的收养关系。

【裁判结果】

法院认为，该案中的原、被告之间成立"过继"关系，此种关系不同于法律上的收养关系。在该案中，被告在"过继"时已经 30 岁，不符合被收养人的条件，且收养人与被收养人并非三代以内同辈旁系血亲，原告与被告的收养关系不属于收养法调整的范畴，故原告也无权请求解除收养关系，因此驳回了原告的请求。

需要指出的是，《民法典》第 1093 条规定源于《收养法》第 4 条，依据《收养法》第 4 条，被收养人原则上为不满 14 周岁的未成年人，有观点认为，《收养法》将被收养人限定为年龄不满 14 周岁的未成年人，符合我国的基本国情，有利于维护收养关系各方当事人家庭关系的稳定，也有利于保护未成年人的利益。[2] 但《民法典》第 1093 条并没有延续这一规则，而是将所有符合条件的未成年人均纳入被收养人的范畴，本书认为，《民法典》的规定更具有合理性，主要理由在于：一方面，放宽被收养人的年龄限制，更有利于实现收养制度的目的。从我国的实际情况来看，一些 14 周岁到 18 周岁的未成年人在客观上并不具备独立生活的能力，也需要得到一定的抚养，不宜完全将其排除在被收养人的范畴之外；同时，对于一些未成年人而言，一旦其年满 14 周岁，就无法通过收养制度获得法律上承认的家庭式的父母亲情的慰藉，而只能通过代养或寄养的方式得以替代性满足，[3] 这显然不利于保护这些未成年人的利益，也不利于实现收养制度的目的。另一方面，肯定 14 周岁以上的人可以成为被收养人，也不必

---

〔1〕 参见于静：《比较家庭法》，北京，人民出版社 2006 年版，第 263 页。
〔2〕 参见于静：《比较家庭法》，北京，人民出版社 2006 年版，第 263 页。
〔3〕 参见赵川芳："试论儿童收养中存在的问题及对策"，载《中国青年政治学院学报》2014 年第 5 期。

然会影响家庭关系的稳定。学者反对将 14 周岁以上的未成年人纳入被收养人范畴的主要理由在于，收养 14 周岁以上的未成年人可能影响家庭关系的稳定，其潜在的逻辑在于，对于 14 周岁以上的未成年人，其心智发育相对成熟，独立意识较强，将其纳入被收养人的范围，可能会影响收养关系各方当事人家庭关系的稳定。但事实上，将 14 周岁以上的未成年人纳入被收养人的范畴，并不当然会影响收养关系各方家庭关系的稳定，因为对 14 周岁以上的被收养人而言，其可能更懂得珍惜各方亲情，收养关系的各方当事人的家庭可能会因此更加和谐。因此，《民法典》对《收养法》的规则进行了一定调整，将被收养人的范围扩张及于所有未成年人。

（二）被收养人缺乏相应的抚养条件

从《民法典》第 1093 条规定来看，被收养人缺乏相应的抚养条件也是未成年人成为被收养人的基本条件，从该条规定来看，被收养人缺乏相应的抚养条件包括如下几种情形：

（1）丧失父母的孤儿。所谓丧失父母，是指被收养人的父母已经死亡或者被宣告死亡。如果某未成年人的父母并没有自然死亡或者没有被宣告死亡，而只是下落不明，则不宜将该未成年人认定为丧失父母的孤儿，而应当将其认定为本条第 2 项所规定的"查找不到生父母的未成年人"。关于此处"父母"的范围，其是否仅限于生父母？还是应当包括养父母，以及继父母？本书认为，应当将此处的"父母"解释为同时包括生父母、养父母以及继父母，主要理由在于：一方面，从文义解释来看，该条并没有限定此处"父母"的范围，从我国《民法典》婚姻家庭编的规定来看，除生父母外，养父母、继父母均属于父母，因此，该条中的"父母"在文义上应当同时包括被收养人的生父母、养父母以及继父母。另一方面，按照体系解释规则，本条第 2 项、第 3 项均使用了"生父母"这一表述，而第 1 项使用了"父母"的表述，这表明立法者对二者进行了一定的区分，即第 1 项中的"父母"并不限于"生父母"，其应同时包括养父母与继父母。此外，从目的解释来看，本条之所以将"丧失父母的孤儿"纳入被收养人的范畴，主要是因为，丧失父母的孤儿客观上缺乏抚养条件，需要借助收养制度获得保护，而即便未成年人已经丧失生父母，但如果其有养父母和继父母，则其养父母、继父母应当依法对其负担抚养、教育等义务，其客观上也不属于丧失抚养条件的未成年人，因此，应当将此处的"父母"解释为同时包含生父母、养父母与继父母。

关于何为孤儿，《民法典》并没有作出具体规定，民政部在 1992 年所作出的《关于在办理收养登记中严格区分孤儿与查找不到生父母的弃婴的通知》中对"孤儿"的内涵进行了界定，依据该通知的规定，"孤儿"是指其父母死亡或人民法院宣告其父母死亡的不满 14 周岁的未成年人。从该界定来看，孤儿一方面要求"丧失父母"，另一方面要求不满 14 周岁。本书认为，该通知将孤儿限定为不满 14 周岁的未成年人，主要是与《收养法》第 4 条相衔接，在《民法典》第 1093 条已经对被收养人的条件作出修改的情形下，不宜再将孤儿的范围限于不满 14 周岁的未成年人。因此，只要是父母死亡或者被宣告死亡的未成年人，均属于孤儿，均可成为被收养人。

（2）查找不到生父母的未成年人。此处查找不到生父母，是指通过各种方式查找不到未成年人的生父母，其既包括相关国家机关（如民政部门）无法找到未成年人的生父母，也包括个人或者其他组织通过各种方式无法找到未成年人的生父母。该项规定来源于《收养法》第 4 条第 2 项，《收养法》第 4 条第 2 项将其限定为"查找不到生父母的弃婴和儿童"，而《民法典》并没有将其限定为"弃婴和儿童"，而是扩张为所有未成年人，这更有利于对未成年人的保护，也是未成年人利益最大化的体现。当然，从《民法典》第 1093 条第 2 项规定来看，其并没有对查找不到未成年人生父母的期间作出限定，但从维护收养关系稳定的角度出发，应当为该查找行为设置一定的期间，即只有在一定合理的期间经过后仍无法找到该未成年人生父母的情况下，该未成年人才能成为被收养人。如果未成年人只是短期脱离其生父母，但其生父母嗣后又将其找回的，则不应当将其认定为查找不到生父母的未成年人，不宜将其认定为被收养的对象，在其生父母将其找回之前将其作为被收养人所实施的收养行为也应当被认定为无效。此外，从实践来看，在大多数情况下，未成年人主要是因查找不到生父母而缺乏抚养条件，但在特定情形下，也可能是因为无法找到其养父母、继父母而缺乏抚养条件，[1] 此时，从保护未成年人出发，也可以考虑通过目的性扩张的方式，认定此类未成年人也符合被收养的条件。

关于被拐卖儿童被解救后无法找到亲生父母时是否可以被收养，学界存在不同的观点。一种观点认为，对于被解救后无法找到亲生父母的被拐卖儿童，在经过一定期间后，或者在经过法定的公告期间后，仍然无法找到亲生父母的，则应当可以成为被收养人，从而有利于为这些儿童创造更好的成长环境；而且从实践来看，有超过 50% 的拐卖儿童行为是儿童亲生父母或者亲戚所为，如果严格遵守收养法所规定的条件，不允许他人收养被解救后无法找到亲生父母的被拐卖儿童，则可能不利于这些儿童的健康成长。[2] 另一种观点则认为，由于现行立法并没有将被解救后无法找到亲生父母的儿童纳入被收养人的范围，因此，其并不能成为被收养人，应当通过完善相关的社会保障体系，为这些儿童创造良好的成长环境。[3] 本书认为，在被拐卖儿童被解救后，应当积极为其寻找生父母，如果无法在合理期间内找到生父母，则应当认定其属于《民法典》第 1093 条所规定的"查找不到生父母的未成年人"，进而认定其具有被收养人资格，这也有利于更好地保护未成年人的利益。同时，将被解救后无法找到亲生父母的被拐卖儿童纳入到被收养人的范围并不会产生不利的法律后果，对收养人而

---

〔1〕 参见杨大文主编：《亲属法与继承法》，北京，法律出版社 2013 年版，第 202 页。

〔2〕 参见李春雷等："我国被拐卖儿童救助保护现状及完善对策研究——基于对近年 133 个公开报道案例的分析"，载《中国人民公安大学学报（社会科学版）》2013 年第 6 期。

〔3〕 参见张顿、张亦嵘："扩展收养法适用范围 破解被拐婴儿安置难"，载《法制日报》2006 年 4 月 28 日。

言，收养被解救后无法找到亲生父母的被拐卖儿童与收养其他儿童相比，并不会加重其收养的负担；而对被解救后无法找到亲生父母的被拐卖儿童而言，将其纳入被收养人的范围则有利于为其提供良好的成长环境，因此，此种做法能够更好地实现收养制度的立法目的，也能够更好地实现收养法的社会效果。

（3）生父母有特殊困难无力抚养的子女。该项将被收养人欠缺抚养条件的情形限定为"生父母"无力抚养，这也是我国实践中的常见情形，即被收养人的生父母因为经济困难、身体原因等，无力抚养子女。从实践来看，未成年人生父母"有特殊困难无力抚养子女"的情形复杂多样，如未成年人的生父母因经济困难丧失抚养能力、因身体原因丧失抚养能力等，都属于"有特殊困难无力抚养"的情形，法律无法对具体的情形一一列举，因此，本项规定使用了"生父母有特殊困难无力抚养子女"这一概括性较强的表述。在司法适用过程中，应当根据具体的情况，对未成年人的生父母是否有特殊困难无力抚养子女进行判断。例如，在某个案件中，送养人在将其某个子女送养之前，已经生育了三个女儿，在将该子女送养后，又生育了一子一女，法院由此认定，送养人并非无力抚养子女，不属于生父母有特殊困难无力抚养子女的情形。[1]此种立场值得赞同。

案例 5-3

【基本案情】

任某与吴某共同经营一家快递收发站，二人在婚后育有一子一女。因任某的好友刘某在婚后一直没有子女，任某与吴某决定将其女儿任小某送养给刘某。任某与吴某以自己有特殊困难、无力抚养子女为由，将女儿送养给其好友刘某，并办理了收养登记手续。后当事人就送养行为的效力发生争议。

【裁判结果】

法院认为，任某与吴某以自己有特殊困难无力抚养子女为由，将其女儿任小某送养给刘某，并办理了收养登记手续。法院经审理查明，任某与吴某婚后生育包括任小某在内共一子一女，子女人数并不多；同时，任某与吴某又共同投资经营一处快递收发站，有一定的经济来源，并无充分证据证明其有特殊困难导致无力抚养任小某的情形，故任某与吴某送养任小某的行为不符合有关法律规定。

当然，在特殊情况下，被收养人也可能因其养父母、继父母存在特殊困难而欠缺抚养条件，在此情形下，出于保护未成年人考虑，也应当认定其符合被收养的条件。应当注意的是，依据《民法典》第1099条的规定，收养三代以内旁系同辈血亲的子女，可以不受被收养人为"生父母有特殊困难无力抚养的子女"这一条件的限制。

此外，对丧失父母的孤儿和父母无力抚养的子女而言，其除受收养制度的保护外，

---

〔1〕　参见江苏省淮安市中级人民法院（2014）淮中民终字第2334号民事判决书。

还可以由生父母的亲属、朋友抚养。对此，《民法典》第 1107 条规定："孤儿或者生父母无力抚养的子女，可以由生父母的亲属、朋友抚养；抚养人与被抚养人的关系不适用本章规定。"依据该条规定，如果孤儿或者生父母无力抚养的子女尚未被他人收养时，也可以由其生父母的亲属、朋友抚养。未成年人生父母的亲属、朋友对该未成年人的抚养既可以是有法定抚养义务的抚养，也可以是没有法定抚养义务的抚养。从我国《民法典》的规定来看，除父母对子女的抚养义务外，未成年人的相关亲属也依法对其负有抚养义务。对此，《民法典》第 1074 条第 1 款规定："有负担能力的祖父母、外祖父母，对于父母已经死亡或者父母无力抚养的未成年孙子女、外孙子女，有抚养的义务。"《民法典》第 1075 条第 1 款规定："有负担能力的兄、姐，对于父母已经死亡或者父母无力抚养的未成年弟、妹，有扶养的义务。"依据上述规定，在特殊情形下，未成年人的祖父母、外祖父母、兄、姐依法对其负有抚养义务。除有法定抚养义务的相关主体外，该未成年人生父母的亲属、朋友等也可以自愿抚养该未成年人。法律作出此种规定，充分考虑到了未成年人生父母与其亲属、朋友之间的情感联系，也为缺乏抚养条件的未成年人提供了更多的抚养途径，体现了未成年人利益的最大化的立法理念。当然，从《民法典》第 1107 条规定来看，在未成年人生父母的亲属、朋友抚养未成年人的情形下，抚养人与被抚养人的关系不适用收养的规则，也就是说，此种情形下未成年人生父母的亲属、朋友的抚养在性质上不属于收养，这意味着，一方面，此种抚养关系的成立不受《民法典》婚姻家庭编关于收养条件的限制。例如，《民法典》关于收养人、被收养人条件的规定，以及收养子女数量的限制、收养的程序性规则等，均不适用于未成年人生父母的亲属、朋友等对未成年人的抚养。另一方面，此种抚养关系的成立也不会产生收养的法律效力。例如，此种抚养关系的成立并不会在抚养人与被抚养人之间产生拟制血亲的父母子女关系，该抚养关系的成立也不会导致被抚养人对其生父母及其他亲属之间权利义务的消除。

三、送养人的条件

（一）送养人概述

所谓送养人，是指依法将被收养人送养的人。送养人是收养法律关系的重要主体，只有送养人符合法律规定的条件，收养法律关系才能依法成立。[1] 正是考虑到送养人在收养法律关系中的重要地位，许多国家都对送养人的条件和送养程序作出了规定。例如，《法国民法典》第 348 条及第 348 条之一至之六对父母作为送养人的规则作出了规定，该法第 348 条规定："在子女对父与母双方均已确立亲子（女）关系的情况下，由人收养该子女，应得到父母双方同意。如父母中一人已去世或者不能表示自己的意

---

[1] 参见于静：《比较家庭法》，北京，人民出版社 2006 年版，第 256 页。

思，或者如其已丧失亲权，父母之另一方同意收养，即可。"由该条规定可知，在由被送养人生父母送养的情形，送养行为原则上应当由父母双方共同实施，但在生父母一方无法表达自己的意思，或者一方已经丧失亲权的情形下，则可以由父母一方单独送养。同时，《法国民法典》第348-2条至第348-6条对亲属会议作为送养人的规则作出了规定，并规定了儿童的生父母或者亲属会议滥用权利时，法院可以基于保护儿童的目的宣告对儿童的收养。[1] 此外，《法国民法典》还对弃儿的送养问题做出了规定，该法第349条规定："由国家收养的弃儿，在其父母并未同意交由他人收养时，得由该弃儿家庭的亲属会议同意交他人收养。"依据这一规定，对弃儿而言，即便其生父母并未同意将其交由他人收养，该弃儿家庭的亲属会议也可以同意将该弃儿送养。再如，按照《奥地利普通民法典》的立场，收养关系基于合同关系而成立，依据该法典第179a条第1款规定，"在收养人和被收养人之间订立书面合同，并基于合同当事人一方的申请经法院批准后，收养关系成立。在获得法院的批准的情形，收养关系在当事人达成合意之时生效。收养人嗣后死亡也不妨碍法院的批准。"依据这一规定，收养关系自收养人与被收养人达成书面收养协议时成立，同条第2款规定："不具有完全民事行为能力的被收养人由其法定代理人代理订立收养合同，该合同不需要得到法院的同意。如果其法定代理人拒绝表示同意，而且，不存在拒绝表示同意的正当理由，则基于收养人或被收养人的申请，法院应当作出决定，以代替法定代理人的同意。"依据上述规定，对不具有完全民事行为能力的被收养人而言，由其法定代理人和收养人之间达成书面收养协议，此种情形下，送养人即为被收养人的法定代理人；当然，在特殊情况下，即便被收养人的父母不同意，法院也可以代替其作出同意的意思表示。

从上述比较法上的规定可以看出，各国原则上将送养人限定为未成年人的生父母，但在特殊情形下也规定了生父母之外的其他主体作为送养人。我国《民法典》也采取了此种做法，规定了多个适格的送养人，该法第1094条规定了孤儿的监护人、儿童福利机构以及未成年人的生父母为送养人；同时，《民法典》第1095条还对未成年人的监护人实施送养行为的规则作出了规定。

(二) 一般情形下的送养人

《民法典》第1094条规定："下列个人、组织可以作送养人：（一）孤儿的监护人；（二）儿童福利机构；（三）有特殊困难无力抚养子女的生父母。"该条对一般情形下的送养人的范围作出了规定。收养法律关系涉及收养人、送养人以及被送养人多方法律主体，收养关系的成立将对各方当事人的利益产生影响，也关系各方当事人家庭关系的稳定。因此，准确认定收养关系，对于维护收养法律关系的稳定具有重要意义。该条对送养人的条件和范围做出了规定，明确了送养人的条件，对于准确判断收

---

〔1〕 具体内容详见：《法国民法典》，罗结珍译，北京，中国法制出版社1999年版，第117-118页。

养关系的效力提供了依据。依据该条规定，一般情形下，可以作为送养人的主体包括：

（1）孤儿的监护人。孤儿的监护人是指依法对孤儿履行监督、照顾职责的个人或者组织。关于未成年人的监护人，《民法典》第27条规定："父母是未成年子女的监护人。未成年人的父母已经死亡或者没有监护能力的，由下列有监护能力的人按顺序担任监护人：（一）祖父母、外祖父母；（二）兄、姐；（三）其他愿意担任监护人的个人或者组织，但是须经未成年人住所地的居民委员会、村民委员会或者民政部门同意。"依据该条规定，孤儿的监护人包括其祖父母、外祖父母、兄、姐以及经未成年人住所地的居民委员会、村民委员会或者民政部门同意的其他愿意担任监护人的个人或者组织。当然，上述主体在担任孤儿的监护人时，有一定的顺序限制。

需要注意的是，《民法典》还就孤儿的监护人送养孤儿的规则作出了一定的限制，《民法典》第1096条规定："监护人送养孤儿的，应当征得有抚养义务的人同意。有抚养义务的人不同意送养、监护人不愿意继续履行监护职责的，应当依照本法第一编的规定另行确定监护人。"在未成年人的父母已经死亡的情形下，依据《民法典》第27条第2款的规定，由下列有监护能力的人按顺序担任监护人：一是祖父母、外祖父母；二是兄、姐；三是其他愿意担任监护人的个人或者组织，但是须经未成年人住所地的居民委员会、村民委员会或者民政部门同意。在上述主体担任监护人时，其可能因为各种主客观方面的原因，监护人可能不愿意继续履行监护职责，如监护人主观上不愿继续担任监护人，其可能会将孤儿送养，而收养关系一旦成立，将导致其与父母之外其他亲属（如祖父母、外祖父母、兄弟姐妹）之间的权利义务消灭，因此，监护人送养孤儿应当受到特别的限制。依据《民法典》第1096条的规定，此种限制即为：监护人将孤儿送养时，应当征得对孤儿有抚养义务的人的同意。

问题在于，此处对孤儿"有抚养义务的人"具体包括哪些主体？从《民法典》第1096条规定来看，监护人送养孤儿的，应当征得有抚养义务人的同意。依据《民法典》第1074条第1款的规定，"有负担能力的祖父母、外祖父母，对于父母已经死亡或者父母无力抚养的未成年孙子女、外孙子女，有抚养的义务"。依据该条规定，在孙子女、外孙子女的父母已经死亡的情形下，祖父母、外祖父母可能依法对孙子女、外孙子女负有抚养义务。同时，依据《民法典》第1075条第1款的规定，"有负担能力的兄、姐，对于父母已经死亡或者父母无力抚养的未成年弟、妹，有扶养的义务"，依据该规定，兄、姐也可能对父母已经死亡的弟、妹依法负有抚养义务。因此，《民法典》第1096条中"有抚养义务的人"指的是该孤儿的祖父母、外祖父母、兄、姐。

可见，对孤儿"有抚养义务的人"也是孤儿适格监护人的一部分，在未成年人的父母死亡后，可能存在多个有抚养义务的人和适格的监护人，如果孤儿的监护人将孤儿送养的，则应当取得其他有抚养义务的人的同意。例如，在祖父母担任孤儿的监护人时，如果其将孤儿送养，则应当取得该孤儿的外祖父母、兄、姐的同意。而且，此种同意应当是所有有抚养义务的人的全部同意。如果有抚养义务的人不同意将该孤儿送养，但该孤儿的监护人又不愿意继续履行监护职责的，依据《民法典》第 1096 条的规定，应当依据《民法典》总则编的规定另行确定监护人。依据《民法典》第 27 条第 2 款的规定，如果祖父母、外祖父母不愿意继续担任监护人，则由有监护能力的兄、姐担任监护人，如果兄、姐不愿意担任监护人，则由其他有监护能力且愿意担任监护人的个人或者组织担任监护人，但此种情形下应当经未成年人住所地的居民委员会、村民委员会或者民政部门同意。

（2）儿童福利机构。依据民政部《儿童福利机构管理办法》第 2 条的规定，所谓儿童福利机构，是指"民政部门设立的，主要收留抚养由民政部门担任监护人的未满 18 周岁儿童的机构"。儿童福利机构包括按照事业单位法人登记的儿童福利院、设有儿童部的社会福利院等。《收养法》第 5 条在规定送养人的范围时规定的是社会福利机构，即国家设立的对孤儿、弃儿进行监护的机构，[1] 其主要是指各地民政部门主管的收容、养育孤儿和查找不到生父母的弃婴、儿童的社会福利院。[2]《民法典》第 1094 条将其限定为儿童福利机构，突出强调送养人是国家设立的从事有关儿童收留抚养事务的福利机构，在表述上更为准确。[3]

在此需要探讨的是，对于被拐卖又被解救的儿童而言，儿童福利机构能否将其送养？对此，有学者认为，根据我国相关立法的规定，就被拐卖后又被解救的儿童而言，儿童福利机构并不具有相应的监护权，无权将被拐卖后又被解救的儿童送养，被拐卖后又被解救的儿童在身份上并不等同于一般的社会福利院的儿童，因为根据民政部 2007 年颁行的《中国公民收养子女登记办法》第 7 条的规定，"社会福利机构为送养人的，并应当提交弃婴、儿童进入社会福利机构的原始记录，公安机关出具的捡拾弃婴、儿童报案的证明"。由该规定可知，儿童福利机构在送养弃婴、儿童时，应当提供由公安机关出具的捡拾弃婴、儿童报案的证明，由此可以看出，该条实际上限制了儿童福利机构作为送养人时被送养人的范围，即只有"弃婴（儿）"才是适格的被送养人；同时，对于被拐卖后又被解救的儿童而言，其被拐卖违背其生父母的意愿，而不是其生父母主动将其遗弃，在客观上有找到其生父母的可能，因此，儿童福利机构只能暂时对其进行照料；此外，从实践来看，对于被拐卖后又被解救的儿童而言，公安部门通常会在与福利院签订的抚养协议里，约定公安部门需要按每人每天 30 元的标准给这些孩子支付养育费，这也说明，被拐卖后又被解救的儿童是由公安部门委托民政局的福利机构进行照顾，是一种法律上的"委托养育"，并不发生监护权的转移，儿童福利机构并不享有送养所必须具备的监护权。[4]

上述观点将被拐卖后又被解救的儿童排除在儿童福利机构送养的范围之外，可能

---

〔1〕 参见于静：《比较家庭法》，北京，人民出版社 2006 年版，第 265 页。

〔2〕 参见杨大文主编：《亲属法与继承法》，北京，法律出版社 2013 年版，第 203 页。

〔3〕 参见黄薇主编：《中华人民共和国民法典婚姻家庭编解读》，北京，中国法制出版社 2020 年版，第 255 页。

〔4〕 参见王葆莳："被拐卖儿童获救后的收养问题研究"，载《中国青年研究》2015 年第 1 期。

不利于保护被拐卖后又被解救的儿童的合法权益，本书认为，对于被拐卖后又被解救的儿童而言，应当允许儿童福利机构依法将其送养，主要理由在于：

第一，从《民法典》第 1094 条的文义来看，其并没有对儿童福利机构作为送养人时被送养人的条件作出限定，因此，只要是儿童福利机构所抚养的儿童，在符合法律规定的情况下，儿童福利机构原则上都应当有权将其送养。虽然依据民政部 2007 年颁行的《中国公民收养子女登记办法》第 7 条的规定，社会福利机构在送养时应当提供由公安机关出具的捡拾弃婴、儿童报案的证明，但这并不意味着当然将被拐卖后又被解救的儿童排除在被收养人的范围之外，因为该规定主要是针对"弃婴（儿）"所作出的规定，不能将其完全适用于被拐卖后又被解救的儿童被送养的情形。

第二，即便儿童福利机构不享有对被拐卖后又被解救的儿童的监护权，也不能当然将其排除在送养人的范畴之外。上述学者主张将被拐卖后又被解救的儿童排除在儿童福利机构送养范围之外的理由之一在于，儿童福利机构对被拐卖后又被解救的儿童不享有监护权，而只是负担养育义务。此种观点实际上是对儿童福利机构作为送养人额外设置了条件，因为从《民法典》第 1094 条的规定来看，其只是规定儿童福利机构可以作为送养人，并没有要求儿童福利机构对被送养人享有监护权，虽然该条所列举的"孤儿的监护人"以及"有特殊困难无力抚养子女的生父母"对被送养人均享有监护权，但该条并没有要求所有的送养人都对被送养人享有监护权，因此，额外要求儿童福利机构对其所送养的未成年人享有监护权，不当限制了儿童福利机构的送养权，也与《民法典》的规定不相符合。

第三，此种做法有利于保护被拐卖后又被解救的儿童的合法权益。被拐卖后又被解救的儿童在客观上有被收养的需要，而此类儿童既不属于孤儿，因为其生父母并没有死亡或者被宣告死亡，也不属于生父母有特殊困难无力抚养的对象，因为其生父母只是无法找到，而非丧失抚养能力，因此，其不能通过《民法典》第 1094 条第 1 项和第 3 项被送养，而只能通过儿童福利机构送养。上述观点将被拐卖后又被解救的儿童排除在儿童福利机构送养的范围之外，显然不利于保护被拐卖后又被解救的儿童的合法权益，有违收养法保护未成年人的立法目的。从实践来看，依据民政部、公安部 2015 年印发的《关于开展查找不到生父母的打拐解救儿童收养工作的通知》（民发〔2015〕159 号）的规定，公安机关解救被拐卖儿童后，对于查找到生父母或其他监护人的，应当及时送还；对于暂时查找不到生父母及其他监护人的，应当送交社会福利机构或者救助保护机构抚养，由社会福利机构或者救助保护机构承担临时监护责任。社会福利机构收到查找不到生父母或其他监护人的证明后，对于符合收养条件的儿童，应当及时进行国内送养，使儿童能够尽快回归正常的家庭生活。由此可见，目前实践中也允许儿童福利机构等社会福利机构依法开展被拐卖儿童的送养工作。例如，在某个案件中，关于某县社会福利中心送养被拐卖儿童行为的合法性，法院认为，该县社会福利中心是依据民政部、公安部印发的《关于开展查找不到生父母的打拐解救儿童收养工作的通知》实施送养行为，并与政府多部门联合，按照规定的程序和条件发布通告开展被拐卖儿童的送养工作，是履行规定赋予的职责，该行为并无不当。[1]

第四，上述观点认为，对于被拐卖后又被解救的儿童而言，其生父母还可能被找到，因此不应当被儿童福利机构送养。对于被拐卖后又被解救的儿童而言，其生父母虽然可能被找到，但也可能无法找到，一概将其排除在被送养的范围之外，可能不利于保护其合法权益。为平衡各方当事人的利益，可以考虑设置一定的查找期间，在该查找期间内，该被拐卖后又被解救的儿童不应当被送养，但如果在该期间内无法找到其生父母，则应当将其纳入到被送养的范围，即应当允许儿童福利机构依法将其送养。

（3）有特殊困难无力抚养子女的生父母。所谓有特殊困难无力抚养子女的生父母，是指因经济或者身体方面的原因无法继续抚养子女的生父母。依据我国《民法典》的规定，抚养子女是生父母的法定义务，生父母原则上不得将其子女送养，但为了保障未成年人的健康成长，在其生父母有特殊困难无力抚养子女时，也应当允许其作为送养人。依据该条及《民法典》的其他规定，父母作为送养人应当符合以下条件：

第一，只有生父母有特殊困难无力抚养子女时，才能将子女送养。从《民法典》第1094条规定的文义来看，只有未成年人的生父母可以以有特殊困难无力抚养子女为由送养子女，未成年人的养父母、继父母等，都不得以有特殊困难无力抚养子女为由送养子女。如果养父母有特殊困难无法继续抚养子女，则可以通过与养子女生父母协商解除收养关系等方式予以解决。[2] 问题在于，关于何为此处的"特殊困难"，《民法典》第1094条并没有作出具体规定，从督促父母履行其抚养义务的角度出发，应当严格认定该条所规定的"特殊困难"。一般认为，此处的特殊困难主要是指经济方面的困难，即生父母缺乏继续抚养子女的经济能力；当然，此处的特殊困难也不限于经济方面的困难，如果生父母因身体方面的原因无法继续抚养子女时，如生父母患有重大疾病、无法继续抚养子女，也应当属于该条所规定的"特殊困难"。

第二，生父母送养子女时，如果生父母双方均未死亡，则原则上应当由双方共同送养。《民法典》第1097条规定："生父母送养子女，应当双方共同送养。生父母一方不明或者查找不到的，可以单方送养。"依据该条规定，在生父母送养子女时，应当由双方共同送养。由于收养关系一旦成立，将对各方当事人亲子关系产生重大影响，因此，生父母在送养子女时，原则上应当由双方共同送养。此处的共同送养既可以是双方共同作出愿意将其子女送养的意思表示，也可以是一方作出表示愿意送养的意思表示，另一方表示同意。[3] 当然，无论采用何种形式，生父母愿意送养子女的意思表示应当是明确的，否则，收养关系将难以成立。

---

〔1〕 参见福建省泉州市中级人民法院（2019）闽05民终972号民事判决书。
〔2〕 参见黄薇主编：《中华人民共和国民法典婚姻家庭编解读》，北京，中国法制出版社2020年版，第255-256页。
〔3〕 参见黄薇主编：《中华人民共和国民法典婚姻家庭编解读》，北京，中国法制出版社2020年版，第264页。

案例 5-4

【基本案情】

张某（男）与杨某（女）为夫妻关系，二人在婚后育有一子张小某。由于张某与杨某经常因为家庭琐事发生冲突，杨某便在外租房居住，与张某分居。在二人分居的两年时间，张小某一直由张某独自抚养。后张某觉得一人无力独立抚养孩子，便将张小某送养给了其好友吴某，但并未办理收养登记。杨某得知后，诉至法院，主张张某无权将张小某送养他人，请求宣告张某的送养行为无效。

【裁判结果】

法院认为，张某在与其妻子杨某分居期间，未经原告张某同意，在其不知情的情况下，擅自将张小某送养给他人，该收养行为也没有办理登记，因此该收养行为不成立，也无法在当事人之间成立收养关系。

当然，依据《民法典》第 1097 条的规定，在特殊情形下，生父母一方也可以单方送养子女，其包括如下两种情形：一是生父母一方不明，即仅能确定生父母一方的身份，而无法确定生父母另一方的身份。二是生父母一方查找不到。即生父母一方在将子女送养时，由于无法找到生父母另一方而无法取得其同意。此时，允许未成年人的生父母一方单方送养。

但问题在于，如果生父母一方并不属于不明或者查找不到，而只是因为丧失民事行为能力，无法准确表达其意愿，此时，生父母另一方能否单方送养？从《民法典》第 1097 条规定来看，此种情形下，生父母一方不得单方送养，我国司法实践也一般认为，在被送养人生父母一方不具备完全的民事行为能力时，另一方不得单独将未成年子女送养。[1]

案例 5-5

【基本案情】

郑某与周某为夫妻关系，二人在婚后育有一女郑小某。2020 年郑某与周某协议离婚，双方约定张小某由郑某直接抚养。后周某因受离婚刺激，突发精神疾病，住院治疗近一年时间。在周某住院期间，郑某将郑小某送养给朱某。周某出院得知这一情况后，诉至法院，请求确认郑某的送养行为无效。而郑某则主张，在其将郑小某送养给朱某时，周某因精神疾病仍在住院，难以表达其意愿，因此其送养行为应当有效。

【裁判结果】

法院认为，郑某仅因当时周某精神上具有疾病而将婚生女小某单方送养的行为，违反了"生父母送养子女，须双方共同送养"的法律规定，故郑某将郑小某送养的行为应当依法被认定为无效。

---

[1] 参见马骊骅："试论收养及其公证"，载《云南法学》1995 年第 1 期。

本书认为，从我国《民法典》的上述规定来看，其对被送养人生父母单方送养的情形进行了封闭式地列举，即仅在被送养人生父母一方不明、查找不到的情形下，其另一方生父母才能对其进行单方送养，因此，在被送养人生父母一方丧失民事行为能力时，其另一方生父母无法单方送养。当然，从实践来看，在未成年人的生父母一方丧失民事行为能力而另一方抚养被送养人又存在特殊困难时，严格禁止其生父母一方单方送养，可能并不利于保护未成年人的合法权益。

第三，如果未成年人的生父母一方死亡，另一方单方送养子女时，还应当受到特别的限制。对此，《民法典》第1108条规定："配偶一方死亡，另一方送养未成年子女的，死亡一方的父母有优先抚养的权利。"依据该条规定，如果未成年人的父母一方死亡，另一方送养子女时，则死亡一方的父母享有优先抚养子女的权利。例如，在未成年人父亲死亡的情形下，如果其母亲将该未成年人送养，则其祖父母享有优先抚养该未成年人的权利；同样地，如果该未成年人的母亲死亡，其父亲将该未成年人送养的，则其外祖父母享有优先抚养该未成年人的权利。在此情形下，该未成年人的父或者母即不得将该未成年人送养，这实际上也构成了对生父母单方送养行为的限制。法律作出此种规定的主要原因在于，未成年人的祖父母、外祖父母通常与未成年人具有较深的情感，在未成年人的父母一方死亡后，如果另一方将该未成年人送养，其一般都愿意承担抚养孙子女、外孙子女的责任；而且与将未成年人送养相比，由未成年任的祖父母、外祖父母抚养未成年人，也可以使未成年人在熟悉的环境中健康成长。[1] 因此，《民法典》对未成年人生父母一方死亡、另一方单方送养子女的行为进行了限制。也就是说，在未成年人生父母一方死亡的情形下，其生父母一方将其送养时，则其祖父母或者外祖父母应当有优先收养的权利，如果未成年人父母一方未经其祖父母或者外祖父母同意，将其送养给他人的，该未成年人的祖父母或者外祖父母有权主张撤销该收养关系。

当然，从《民法典》第1108条规定来看，此种优先抚养产生的前提是未成年人的父或者母一方死亡，而且此种权利的主体限于死亡一方的父母，其他主体并不享有优先抚养该未成年人的权利。同时，只有在未成年人生父母一方死亡，另一方将该未成年人送养的情形下，死亡一方的父母才享有优先抚养权，如果该未成年人的生父或者生母并未打算将该未成年人送养，而且选择自己独自抚养子女，则死亡一方的父母不得主张优先抚养权。该条所规定的优先抚养权在性质上属于民事权利，而非民事义务，因此，即便符合优先抚养权的行使条件，死亡一方的父母也可以选择放弃该权利，即同意该未成年人的生父或者生母实施单方送养行为。需要指出的是，从《民法典》第1108条规定来看，其在规定死亡一方父母的优先抚养权时，并没有要求其必须具有抚养未成年人的能力，但按照体系解释和目的解释规则，如果死亡一方的父母并不具有

---

〔1〕 参见黄薇主编：《中华人民共和国民法典婚姻家庭编解读》，北京，中国法制出版社2020年版，第302页。

抚养孙子女、外孙子女的能力，或者其虽然有抚养能力，但客观上会严重影响未成年人成长的，也应当否定其优先抚养权。例如，死亡一方的父母行为不端，或者身患传染性疾病难以治愈的，则应当排除其优先抚养权。

从《民法典》第1094条规定来看，其在列举送养人的范围时采取了封闭式列举的方式，即一般情形下，仅孤儿的监护人、儿童福利机构以及有特殊困难无力抚养子女的生父母有权实施送养行为，其他主体无法实施该行为。例如，在某案中，原告杨某某到番禺市新造镇探亲时突然临产，被送进番禺市新造镇卫生院待产。后在被告番禺市何贤纪念医院（下称何贤医院）经剖腹手术产下一女婴。杨某某进何贤医院时自称姓名为"杨×某"，使用了虚假的名字，并交纳押金700元及出诊费和车费47元。后杨某某在未缴住院、手术、医药等费用3000多元的情况下，遗弃自己所生育的女婴（未婚所生），离开何贤医院而去。此后，何贤医院经多方寻找杨某某未果，承担起喂养婴儿的责任。该婴儿的奶奶常家顺曾到何贤医院看望婴儿，并作出了"杨×某的婴儿如在10月7日不来领取。则送别人领养，同意医院处理"的书面承诺。何贤医院在喂养女婴69日以后，因杨某某及其家人既未补充住院、手术、医药等费用，亦未再来与何贤医院协商有关处理女婴的事宜，何贤医院在获得番禺市民政局关于"该女婴由医院自行处理"的口头授权后，将婴儿作为弃婴送给他人收养。后当事人因该婴儿的返还问题发生纠纷。法院认为，何贤医院在原告遗弃婴儿以后，喂养婴儿69日，经番禺市民政局口头授权"自行处理"后，才将婴儿作弃婴处理，送给他人收养，其送养行为有效。[1] 本书认为，就本案的案情而言，依据《民法典》第1094条的规定来看，仅孤儿的监护人、儿童福利机构以及有特殊困难无力抚养子女的生父母属于适格的送养人，其他主体无权实施送养行为，在上述案例中，被告何贤医院虽然在原告遗弃婴儿以后，喂养婴儿69日，而且送养前还得到番禺市民政局口头授权"自行处理"，但该医院并不属于社会福利机构，因此无权将该婴儿送养，其正确的做法应当是将该婴儿送交儿童福利机构抚养，然后由儿童福利机构将该婴儿送养。

（三）未成年人的监护人的送养

除《民法典》第1094条对送养人的范围所作出的一般规定外，《民法典》还规定了特殊情形下未成年人的监护人的送养规则，《民法典》第1095条规定："未成年人的父母均不具备完全民事行为能力且可能严重危害该未成年人的，该未成年人的监护人可以将其送养。"该条对未成年人监护人的送养规则作出了规定。依据《民法典》第27条的规定，在未成年人的父母已经死亡或者没有监护能力的，由该未成年人的祖父母、外祖父母、兄、姐以及其他愿意担任监护人的个人或者组织担任监护人。在未成年人的父母均已死亡的情形下，该未成年人将成为孤儿，《民法典》第1094条、第

---

〔1〕 广东省番禺区市（区）人民法院民事判决书，【法宝引证码】CLI. C. 21409。

1096 条对孤儿的送养规则作出了规定，但如果未成年人父母均未死亡，但均不具备完全民事行为能力，或者仅有一方死亡而另一方为无民事行为能力人或者限制民事行为能力人的情形下，则该未成年人并非孤儿，无法适用前述孤儿的送养规则，如果其客观上缺乏抚养条件，则依据《民法典》第 1095 条的规定，可以由其监护人依法实施送养行为。

依据《民法典》第 1095 条的规定，未成年人的监护人送养未成年人应当符合如下条件：

一是未成年人的父母均不具备完全民事行为能力。如果未成年人的父母任何一方为完全民事行为能力人，则意味着其通常具有抚养、教育未成年人的能力，此时，监护人不得将该未成年人送养。只有在未成年人的父母均不具备完全民事行为能力时，该未成年人的监护人才可以依法将其送养。所谓均不具备完全民事行为能力，是指该未成年人的父母均为无民事行为能力人或者限制民事行为能力人。

二是未成年人的父母可能严重危害该未成年人。关于该未成年人的父母具备何种情况可以被认定为其可能严重危害该未成年人，《民法典》并未作出明确规定，但一般认为，其主要是指该未成年人的父母存在危害该未成年人的危险，且可能给该未成年人带来的危害程度较为严重。例如，未成年人的父母患有精神疾病，且有暴力倾向，此时即可认定该未成年人的父母可能严重危害该未成年人。

需要指出的是，从《民法典》第 1095 条规定来看，只有同时具备上述两个条件，未成年人的监护人才可以将其送养。如果该未成年人的父母均不具备完全民事行为能力，但并不会严重危害该未成年人，则该未成年人的监护人不得将其送养。

案例 5-6

【基本案情】

龙某（男）与杨某（女）均出生于 2007 年，二人为情侣关系，后杨某于 2024 年 8 月产下一名女婴。因二人均未成年，无法办理结婚登记，也无力抚养子女，杨某的父亲便将该女婴送养给刘某，并在派出所办理了入户，将该女婴与刘某登记为一户。后龙某诉至法院，主张杨某的家人无权将该女婴送养，并请求宣告该收养行为无效。

【裁判结果】

法院认为，龙某与杨某虽然都是未成年人，不具备完全民事行为能力，但未被证实存在严重危害女婴的可能，因此，其任意一方监护人均不得擅自将女婴送养；同时，虽然刘某为该女婴办理了入户手续，但该收养行为并未经县级人民政府部门登记，因此，当事人之间的收养关系不成立。

法律作出此种规定的主要理由在于，子女对不具备完全民事行为能力的父母可能具有重要意义，一方面，在未成年人的父母均不具备完全民事行为能力的情形下，子女的陪伴可以给父母带来精神上的慰藉；另一方面，子女在具有独立生活能力之后，其需要对生父母履行赡养义务，这对无民事行为能力的父母而言也是一种保护，因为一旦子女被送养，其与生父母之间的权利义务关系将因此消除，父母一方可能因此失去子女的赡养，可能不利于保护该未成年人父母的利益。[1]

四、收养人的条件

所谓收养人，是指依法领养他人子女为自己子女的人。收养关系的成立要求收养人必须符合一定的条件，即收养人必须适格，否则也可能导致收养行为无效，收养关系也无法成立。关于收养人的条件，我国《民法典》第 1098 条规定："收养人应当同时具备下列条件：（一）无子女或者只有一名子女；（二）有抚养、教育和保护被收养人的能力；（三）未患有在医学上认为不应当收养子女的疾病；（四）无不利于被收养人健康成长的违法犯罪记录；（五）年满三十周岁。"该条对收养人的条件作出了规定，依据这一规定，收养人应当符合如下条件：

第一，无子女或者只有一名子女。该规定来源于《收养法》第 6 条，但按照《收养法》第 6 条的规定，收养人的条件是"无子女"，而《民法典》改变了这一规则，将其修改为"无子女或者只有一名子女"，作出此种修改的主要原因在于，《收养法》制定之时，我国《婚姻法》《人口与计划生育法》实行严格的计划生育政策，《收养法》要求收养人必须无子女，目的在于防止收养人借收养行为达到养育多个子女的目的，而在 2015 年，党的十八届五中全会对我国人口和计划生育政策作出了重大调整，修改后的《人口与计划生育法》第 18 条规定："国家提倡适龄婚育、优生优育。一对夫妻可以生育三个子女。符合法律、法规规定条件的，可以要求安排再生育子女。具体办法由省、自治区、直辖市人民代表大会或者其常务委员会规定。少数民族也要实行计划生育，具体办法由省、自治区、直辖市人民代表大会或者其常务委员会规定。夫妻双方户籍所在地的省、自治区、直辖市之间关于再生育子女的规定不一致的，按照有利于当事人的原则适用。"为适应我国计划生育政策的变化，《民法典》婚姻家庭编也相应修改了收养人的条件，即不再要求收养人必须无子女，其也可以在有一名子女的情形下收养子女。

此处的无子女或者只有一名子女是指收养人在实施收养行为时无子女或者仅有一名子女。收养人无子女的原因较多，其既可能是因为没有生育能力而无子女，也可能是因为没有配偶而无子女，还可能是因为子女已经死亡而导致其无子女，等等，只要收养人在实施收养行为时没有子女，均属于此处的"无子女"。同时，从《民法典》第 1098 条规定来看，其在规定收养人的条件时并没有对收养人子女的类型作出限定，因此，其既可以是亲生子女，也可以是养子女、继子女。虽然无子女或者只有一名子女的收养人均可实施收养行为，但无子女的收养人和只有一名子女的收养人在收养子

---

〔1〕 参见黄薇主编：《中华人民共和国民法典婚姻家庭编解读》，北京，中国法制出版社 2020 年版，第 257 页。

女的数量方面存在一定的差别，对此，《民法典》第 1100 条第 1 款规定："无子女的收养人可以收养两名子女；有子女的收养人只能收养一名子女。"依据该条规定，收养人无子女的，则其可以收养两名子女，而如果收养人有一名子女，则其只能收养一名子女。

第二，有抚养、教育和保护被收养人的能力。收养人有抚养、教育和保护被收养人的能力也是其实施收养行为的基本前提。依据《民法典》第 26 条第 1 款的规定，"父母对未成年子女负有抚养、教育和保护的义务"，在收养关系成立后，被收养人与其生父母之间的权利义务关系将随之消除，被收养人将无法从其生父母处获得抚养、教育和保护，因此，收养人应当具有抚养、教育和保护被收养人的能力，否则不得实施收养行为。

案例 5-7

【基本案情】

2020 年，任某将其 5 岁的儿子任小某送养给其好友陈某，但陈某家境贫寒，常年在外打工，在收养任小某后，将其委托给其亲戚代为抚养。2022 年，陈某与张某开始同居生活，多数时间由张某独自照顾任小某。但张某患有精神疾病，经常打骂任小某，导致任小某经常离家出走。后当事人就收养行为的效力发生争议。

【裁判结果】

法院认为，被告陈某家境贫寒，常年外出打工，在抱养原告任小某后经常委托他人代为抚养，其在与张某同居生活后，主要由张某照顾任小某，而张某患有精神疾病，经诊断属于限制民事行为能力人，难以独自照顾任小某。法院认为，任小某在与陈某、张某共同生活期间，陈某与张某并没有提供给任小某基本的生活条件，不具备抚养教育任小某的能力，而且双方亦未到民政部门办理收养登记。因此，陈某、张某与任小某之间的收养关系无效。

关于如何判断收养人是否有抚养、教育和保护被收养人的能力，《民法典》并没有作出明确规定，从司法实践来看，其主要是指收养人具有抚养、教育和保护被收养人的经济条件、健康条件和教育能力等。也就是说，收养人既需要有足够、稳定的经济来源，也需要身体健康，没有影响被收养人健康成长的疾病，还需要具有良好的道德品质。有关机关在办理收养登记时，可以对收养人是否有抚养、教育和保护被收养人的能力进行审查，以更好地保护被收养人的利益。

第三，未患有在医学上认为不应当收养子女的疾病。为了保障被收养人的健康成长，《民法典》还专门对收养人的身体健康状况作出了要求，即收养人不得患有在医学上认为不应当收养子女的疾病。与此相对应，依据《中国公民收养子女登记办法》第 6 条的规定，收养人在向收养登记机关提交收养证明材料时，需要提交"县级以上医疗机构出具的未患有在医学上认为不应当收养子女的疾病的身体健康检查证明"。关于哪些疾病属于医学上认为不应当收养子女的疾病，《民法典》并没有作出明确规定，一般认为，此类疾病主要是指严重的精神疾病和传染病，如精神分裂症、艾滋病等。当然，登记机关在认定收养人患有医学上认为不应当收养子女的疾病时，需要有充分科学的依据，必要时应当通过医学鉴定予以确定，而不能以此为由随意否定收养人的收养行为。

第四，无不利于被收养人健康成长的违法犯罪记录。该要求是《民法典》新增的内容，《收养法》并未作出此种要求。《民法典》在规定收养人的条件时之所以新增这一条件，主要是考虑到近些年出现了许多侵害未成年人的违法犯罪案件，有些行为人甚至借收养之名侵害未成年人的人身、财产权益，因此，《民法典》提高了收养人的条件，将无不利于被收养人健康成长的违法犯罪记录作为收养人的必要条件。[1] 此处的违法犯罪记录既包括犯罪记录，也包括其他违法记录，当然，这并不意味着，只要行为人实施了违法、犯罪行为，其就不能再实施收养行为，只有行为人存在不利于被收养人健康成长的违法犯罪记录，才会否定其收养人资格。收养登记机关在进行收养登记时，应当要求收养人提供由公安机关所出具的无违法犯罪记录证明，如果收养人有违法犯罪记录的，则登记机关应当对收养人存在该违法犯罪记录是否会影响被收养人健康成长进行判断，从而最终确定其是否符合收养人的条件。[2]

第五，年满30周岁。从比较法上看，许多国家的立法都对收养人的年龄作出了要求。例如，依据《法国民法典》第343—1条的规定，收养人的年龄原则上应当超过28岁。再如，依据《德国民法典》第1743条的规定，收养人原则上应当年满25岁。我国《民法典》也要求收养人应当年满30周岁，法律之所以要求收养人应当达到一定的年龄，主要是因为，一般而言，收养人只有年满30周岁，才能具有抚养被收养人的经济能力，在心智发展方面也才能满足抚养收养人的需要。[3] 需要指出的是，依据《民法典》第1101条规定，"有配偶者收养子女，应当夫妻共同收养"，结合《民法典》第1098条规定，夫妻双方共同收养子女的，夫妻双方的年龄均应当年满30周岁，否则不得实施收养行为。

此外，我国《民法典》还对无配偶者收养子女的年龄作出了特殊要求，《民法典》第1102条规定："无配偶者收养异性子女的，收养人与被收养人的年龄应当相差四十周岁以上。"该条规定来源于《收养法》，《收养法》第9条规定："无配偶的男性收养女性的，收养人与被收养人的年龄应当相差四十周岁以上。"该条只是对无配偶的男性收养女性情形下收养人的年龄作出了特殊规定，而《民法典》第1102条则将其扩大至所有"无配偶者收养异性子女"的情形，这也体现了男女平等的立法理念。法律作出

---

〔1〕 参见黄薇主编：《中华人民共和国民法典婚姻家庭编解读》，北京，中国法制出版社2020年版，第270页。

〔2〕 参见最高人民法院民法典贯彻实施工作领导小组主编：《中华人民共和国民法典婚姻家庭编继承编理解与适用》，北京，人民法院出版社2020年版，第372页。

〔3〕 参见黄薇主编：《中华人民共和国民法典婚姻家庭编解读》，北京，中国法制出版社2020年版，第267页。

此种限制性规定，主要是出于伦理道德上的考虑和保护被收养人的需要，[1] 并防止
"乱伦"和其他非法现象的发生。[2] 关于该条的适用，需要注意如下几点：第一，其
适用于无配偶者收养子女的情形。所谓无配偶，应当是指在收养关系成立时无配偶，
该条所规定的配偶应当是与收养人具有法律认可的夫妻关系的人，如果男女双方只是
同居，则不属于该条所规定的配偶。收养人是否有配偶，应当以收养关系成立时作为
判断标准，收养人在收养关系成立后与他人结婚的，不适用该条规定，已经成立的收
养关系也不应当受到影响。第二，其适用于收养人收养异性子女的情形，如果收养人
收养的子女为同性子女，则不受该条规定的限制。第三，收养人与被收养人的年龄应
当相差 40 周岁以上。《民法典》第 1259 条规定："民法所称的'以上''以下''以
内''届满'，包括本数；所称的'不满''超过''以外'，不包括本数。"因此，《民
法典》第 1102 条所规定的"四十周岁以上"包括 40 周岁。当然，该条的适用有一个
例外条件，即《民法典》第 1099 条规定："收养三代以内旁系同辈血亲的子女，可以
不受本法第一千零九十三条第三项、第一千零九十四条第三项和第一千一百零二条规
定的限制。华侨收养三代以内旁系同辈血亲的子女，还可以不受本法第一千零九十八
条第一项规定的限制。"依据该条规定，收养三代以内同辈旁系血亲的子女时，不受
《民法典》第 1102 条规定的限制。

从《民法典》第 1098 条规定来看，上述条件均是收养人应当具备的条件，即收养
人必须同时符合上述条件，才能实施收养行为。

五、特殊情形下收养条件的放宽

如前所述，我国《民法典》婚姻家庭编对被收养人、送养人与收养人的条件作出
了严格规定，只有符合法律的规定，收养关系才能成立。但收养法律关系涉及多方当
事人，法律关系复杂，而且收养法律关系涉及各方当事人之间的情感联系和未成年人
的保护，严格按照《民法典》前述规定认定收养行为的效力。可能不利于充分发挥收
养法律制度的功能。因此，《民法典》在规定收养一般条件的基础上，还在特定情形下
放宽了收养的条件，其包括如下三种情形：一是收养人收养三代以内旁系同辈血亲的
子女的；二是收养人收养孤儿、残疾未成年人或者儿童福利机构抚养的查找不到生父
母的未成年人的；三是继父或者继母收养继子女的。

(一) 收养人收养三代以内旁系同辈血亲的子女

《民法典》第 1099 条规定："收养三代以内旁系同辈血亲的子女，可以不受本法第
一千零九十三条第三项、第一千零九十四条第三项和第一千一百零二条规定的限制。

---

〔1〕 参见杨大文主编：《亲属法与继承法》，北京，法律出版社 2013 年版，第 204 页。

〔2〕 参见余延满：《亲属法原论》，北京，法律出版社 2007 年版，第 421 页。

华侨收养三代以内旁系同辈血亲的子女，还可以不受本法第一千零九十八条第一项规定的限制。"该条对收养三代以内同辈旁系血亲的子女和华侨收养三代以内同辈旁系血亲的子女的条件做出了规定。所谓收养三代以内同辈旁系血亲的子女，是指收养兄弟姊妹的子女、堂兄弟姊妹的子女、表兄弟姊妹的子女。[1] 从《民法典》第 1099 条规定来看，收养人在收养三代以内旁系同辈血亲的子女时，收养条件有一定的放宽，具体体现为如下几个方面：

第一，即便被收养人的生父母不存在无力抚养子女的特殊困难，其也可以成为适格的被收养人。依据《民法典》第 1093 条第 3 项的规定，除丧失父母的孤儿和查找不到生父母的未成年人外，被收养人应当是生父母有特殊困难无力抚养的子女，而依据《民法典》第 1099 条的规定，收养人收养三代以内同辈旁系血亲的子女时，可以不受该条件的限制，即便被收养人的父母并未因特殊困难丧失抚养能力，其仍可以成为适格的被收养人。

第二，即便未成年人的生父母并未因特殊困难而丧失抚养能力，其仍可以成为适格的送养人。依据《民法典》第 1094 条的规定，除孤儿的监护人和儿童福利机构外，未成年人的生父母只有在有特殊困难无力抚养子女时，才能成为送养人。而依据《民法典》第 1099 条第 1 款的规定，在收养人收养三代以内同辈旁系血亲的子女时，即便该未成年人的生父母没有因特殊困难而无力抚养子女，其仍可以成为送养人，仍然可以成立收养关系。

第三，不受《民法典》第 1102 条的限制。依据《民法典》第 1102 条的规定，无配偶者收养异性子女的，收养人与被收养人的年龄应当相差 40 周岁以上，而依据《民法典》第 1099 条第 1 款的规定，收养人在收养三代以内同辈旁系血亲的子女时，可以不受该条件的限制。也就是说，在收养人为无配偶者的情况下，在其收养三代以内同辈旁系血亲的异性子女时，即便其二者的年龄差在 40 周岁以内，也可以成立收养关系。

此外，《民法典》第 1099 条第 2 款对华侨收养三代以内同辈旁系血亲的子女的条件做出了规定。依据《民法典》第 1098 条第 1 项的规定，收养人必须无子女或者只有一名子女。依据《民法典》第 1099 条第 2 款的规定，华侨收养三代以内旁系同辈血亲的子女的，除享受《民法典》第 1099 条第 1 款所规定的三项放宽条件外，还不受其收养人"无子女或者只有一名子女"这一条件的限制。

（二）收养人收养孤儿、残疾未成年人或者儿童福利机构抚养的查找不到生父母的未成年人

《民法典》第 1100 条第 2 款规定："收养孤儿、残疾未成年人或者儿童福利机构抚养的查找不到生父母的未成年人，可以不受前款和本法第一千零九十八条第一项规定

---

〔1〕 参见杨大文主编：《亲属法与继承法》，北京，法律出版社 2013 年版，第 206 页。

的限制。"该条对收养人收养孤儿、残疾未成年人或者儿童福利机构抚养的查找不到生父母的未成年人的规则作出了规定，依据该规定，收养人收养孤儿、残疾未成年人或者儿童福利机构抚养的查找不到生父母的未成年人的，其收养条件也将适当放宽，具体体现在如下两个方面：一是不受《民法典》第1100条第1款规定的限制，该款规定："无子女的收养人可以收养两名子女；有子女的收养人只能收养一名子女。"也就说说，收养人在收养孤儿、残疾未成年人或者儿童福利机构抚养的查找不到生父母的未成年人的情形下，不论其有无子女，其收养子女的数量都不受限制。二是不受《民法典》第1098条第1项规定的限制，即不受收养人必须无子女或者只有一名子女这一条件的限制。法律之所以作出此种规定，主要是为了保障孤儿、残疾未成年人或者儿童社会福利机构抚养的查找不到生父母的未成年人的利益，尽量促成收养关系的成立，从而使其能够在父母的抚育下健康成长。当然，收养人在收养孤儿、残疾未成年人或者儿童福利机构抚养的查找不到生父母的未成年人时，虽然收养子女的数量不受限制，但考虑到保障上述被收养人的合法权益，保障其健康成长，收养人也不宜收养过多的子女，应当结合收养人的抚养能力等多种因素，确定其适合收养的子女的数量。此外，虽然收养人在收养孤儿、残疾未成年人或者儿童福利机构抚养的查找不到生父母的未成年人的情况下，可以不受上述限制，但该收养行为仍应当符合《民法典》婚姻家庭编对收养关系所作出的其他限制，否则收养行为的效力也会受到影响，收养关系也可能无法成立。

（三）继父或者继母收养继子女

《民法典》第1103条规定："继父或者继母经继子女的生父母同意，可以收养继子女，并可以不受本法第一千零九十三条第三项、第一千零九十四条第三项、第一千零九十八条和第一千一百条第一款规定的限制。"该条对继父或者继母收养继子女的规则作出了规定。依据《民法典》第1084条，父母与子女之间的关系并不因父母离婚而消除，因此，在未成年人的父母离婚后，不论其生父母是否直接抚养未成年人，其与该未成年人之间的父母子女关系均不受影响。而在直接抚养该未成年人的一方再婚后，依据《民法典》第1072条的规定，如果其继父或者继母与该未成年人之间存在抚养教育关系，继父或者继母与该未成年人之间也将适用《民法典》关于父母子女关系的规定。此时，该未成年人与其生父母以及继父或者继母之间就会形成双重的父母子女关系，这种双重的父母子女关系在实践中很容易发生纠纷。而继父或者继母收养该未成年人后，继父母子女关系转化为养父母子女关系，同时也会消除该未成年人与其生父或者生母之间的权利义务关系，从而有利于简化法律关系，稳定家庭关系，减少纠纷的发生。[1] 因此，我国《民法典》婚姻家庭编放宽了继父或者继母收养继子女的条

---

〔1〕　参见马忆南：《婚姻家庭继承法学》，北京，北京大学出版社2014年版，第171页。

件，其目的即在于鼓励此种收养行为。

依据《民法典》第1103条的规定，继父或者继母收养继子女时，收养的条件会有所放宽，具体体现在如下几个方面：

第一，不受《民法典》第1093条第3项规定的限制。依据《民法典》第1093条第3项的规定，除丧失父母的孤儿和查找不到生父母的未成年人外，只有生父母有特殊困难无力抚养的子女，才能被收养。在继父或者继母收养继子女的情形下，放宽该条件的限制也意味着，不论继子女的生父母是否存在无力抚养子女的特殊困难，继父或者继母都可以收养该继子女。

第二，不受《民法典》第1094条第3项规定的限制。依据《民法典》第1094条第3项的规定，除孤儿的监护人和儿童福利机构外，只有有特殊困难无力抚养子女的生父母才能作为送养人。在继父或者继母收养继子女的情形下，放宽该条件的限制也意味着，不论该继子女的生父母是否有无力抚养子女的特殊困难，其都可以将子女送养给该子女的继父或者继母，从而成立收养关系。

第三，不受《民法典》第1098条规定的限制。《民法典》第1098条对收养人的条件作出了规定，该条从收养人子女的数量、抚养教育子女的能力、身体健康状况、道德品行以及年龄等方面，对收养人的条件作出了规定。在继父或者继母收养继子女的情形下，不受上述规定对收养人条件的限制。法律作出此种规定的主要原因在于，在继父或者继母收养继子女的情形下，在收养关系成立后，通常会有该继子女的生父或者生母与其共同生活，能够对其进行抚养、教育和保护，而且此种收养关系的成立也有未与该继子女共同生活的生父或者生母的同意，因此，可以放宽此种收养关系成立的条件，这也有利于鼓励继父或者继母收养继子女，从而形成更为稳定、和谐的家庭关系。[1]

第四，不受《民法典》第1100条第1款规定的限制。依据《民法典》第1100条第1款的规定，"无子女的收养人可以收养两名子女；有子女的收养人只能收养一名子女"。继父或者继母收养继子女不受该限制，就意味着继父或者继母收养继子女并没有数量限制，这也使得所有与生父或者生母共同生活的子女均可以被继父或者继母收养，这也有利于家庭关系的稳定、和谐。

当然，从《民法典》第1103条规定来看，继父或者继母收养继子女虽然不受上述条件的限制，但其在收养继子女时应当经继子女的生父母同意，这也是继父或者继母收养继子女的基本前提条件。对于与该继子女共同生活的生父或者生母而言，该收养关系的成立并不会对其与其子女的关系产生大的影响，其一般会同意该收养关系，因此，此处的同意主要是指未与该继子女共同生活的生父或者生母的同意。法律之所以作出此种规定，主要是因为，依据《民法典》第1111条的规定，在收养关系成立后，

---

〔1〕 参见黄薇主编：《中华人民共和国民法典婚姻家庭编解读》，北京，中国法制出版社2020年版，第286页。

养子女与生父母以及其他近亲属间的权利义务关系将随之消除，因此，在继父或者继母收养继子女的情形下，继子女与未共同生活的生父或者生母的权利义务关系将随之消除，这将对未与继子女共同生活的生父或者生母的利益产生重大影响。例如，收养关系成立后，其将不再享有抚养、教育、保护该继子女的权利，继子女成年后，也不再对其负担赡养等义务。因此，继父或者继母收养继子女的，应当经其生父母的同意，否则收养关系难以成立。

案例 5-8

【基本案情】

王某甲的生父母为王某乙与蒋某，后王某乙与蒋某离婚，并约定王某甲由蒋某直接抚养。后蒋某与王某丙登记结婚，并且蒋某与王某丙约定，由王某丙收养王某甲。王某丙之后也为王某甲办理了入户登记，在户口登记底册上记载王某甲为王某丙的养女。此后王某甲与蒋某、王某丙共同生活多年。2021年，蒋某与王某丙因感情不和离婚，双方办理了离婚登记。2024年6月，王某丙因病去世。王某甲主张其既是王某丙的继女，也是其养女，应当有权依法继承王某丙的遗产。当事人就王某甲与王某丙之间收养关系的效力发生争议。

【裁判结果】

法院认为，王某丙如收养王某甲，则应当由王某甲的生父母共同送养，且应订立书面协议。但王某甲未提供其生父王某乙同意送养的证据，同时当事人之间也未签署过关于收养王某甲的书面协议。因此法院认为，王某丙与王某甲并未履行法律规定的收养手续，该收养行为不具备法律效力。

六、收养关系成立的程序

关于收养关系成立的程序，《民法典》第1105条规定："收养应当向县级以上人民政府民政部门登记。收养关系自登记之日起成立。收养查找不到生父母的未成年人的，办理登记的民政部门应当在登记前予以公告。收养关系当事人愿意签订收养协议的，可以签订收养协议。收养关系当事人各方或者一方要求办理收养公证的，应当办理收养公证。县级以上人民政府民政部门应当依法进行收养评估。"该条对收养关系成立的程序作出了规定，从该条规定来看，收养关系的成立以办理收养登记为要件。如前所述，收养行为具有要式性，必须践行法律规定的形式，该形式即为收养登记。如果当事人仅就收养达成合意，但未办理收养登记，则无法成立收养关系。同时，除收养登记外，当事人还可以约定签订收养协议，或者按照收养关系当事人各方或者一方的要求办理收养公证。此外，为了保障被收养人的利益，确定当事人符合法律规定的条件，《民法典》还新增规定了收养评估规则。

（一）收养登记

依据《民法典》第 1105 条的规定，收养登记是收养关系成立的必要条件，为了规范收养登记行为，民政部专门制定了《中国公民收养子女登记办法》《华侨以及居住在香港、澳门、台湾地区的中国公民办理收养登记的管辖以及所需要出具的证件和证明材料的规定》以及《外国人在中华人民共和国收养子女登记办法》，其中详细规定了收养登记的机关与收养登记的程序。

1. 收养登记的机关

依据《民法典》第 1105 条第 1 款的规定，收养应当向县级以上人民政府民政部门登记，该规则既适用于中国公民收养子女的情形，也适用于外国人在我国收养子女的情形。中国公民收养子女的，依据《中国公民收养子女登记办法》第 2 条第 2 款的规定，办理收养登记的机关是县级人民政府民政部门。同时，依据该登记办法第 3 条的规定，收养儿童福利机构抚养的查找不到生父母的未成年人的，应当在儿童福利机构所在地的收养登记机关办理登记。收养非儿童福利机构抚养的查找不到生父母的未成年人的，则在该未成年人发现地的收养登记机关办理登记。收养生父母有特殊困难无力抚养的子女或者由监护人监护的孤儿的，在被收养人生父母或者监护人常住户口所在地（组织作监护人的，在该组织所在地）的收养登记机关办理登记。收养三代以内同辈旁系血亲的子女，以及继父或者继母收养继子女的，在被收养人生父或者生母常住户口所在地的收养登记机关办理登记。

华侨以及居住在香港、澳门、台湾地区的中国公民在内地收养子女的，应当到被收养人常住户口所在地的直辖市、设区的市、自治州人民政府民政部门或者地区（盟）行政公署民政部门申请办理收养登记。

外国人在我国收养子女的，依据《外国人在中华人民共和国收养子女登记办法》第 9 条第 2 款的规定，收养登记机关为被收养人常住户口所在地的省、自治区、直辖市人民政府民政部门。

2. 收养登记的程序

收养登记程序包括申请、审查和登记三个步骤。

（1）申请。依据《中国公民收养子女登记办法》第 5 条的规定，收养关系当事人应当亲自到收养登记机关办理成立收养关系的登记手续。如果是夫妻共同收养子女，则双方应当共同到收养登记机关办理登记手续；如果一方因故不能亲自前往的，则应当书面委托另一方办理登记手续，委托书应当经过村民委员会或者居民委员会证明或者经过公证。依据《外国人在中华人民共和国收养子女登记办法》第 8 条的规定，外国人来华收养子女，应当亲自来华办理登记手续。如果是夫妻共同收养，则双方应当共同来华办理收养手续；如果一方因故不能来华的，则应当书面委托另一方，而且该委托书应当经所在国公证和认证。

在中国公民收养子女的情形下，当事人在提出收养申请时，应当向收养登记机关提交相关的证明材料，收养人应当向收养登记机关提交收养申请书和下列证件、证明材料：一是收养人的居民户口簿和居民身份证；二是由收养人所在单位或者村民委员会、居民委员会出具的本人婚姻状况和抚养教育被收养人的能力等情况的证明，以及收养人出具的子女情况声明；三是县级以上医疗机构出具的未患有在医学上认为不应当收养子女的疾病的身体健康检查证明。如果收养查找不到生父母的弃婴、儿童的，并应当提交收养人经常居住地计划生育部门出具的收养人生育情况证明；其中收养非社会福利机构抚养的查找不到生父母的弃婴、儿童的，收养人还应当提交下列证明材料：一是收养人经常居住地计划生育部门出具的收养人无子女的证明；二是公安机关出具的捡拾弃婴、儿童报案的证明。收养继子女的，可以只提交居民户口簿、居民身份证和收养人与被收养人生父或者生母结婚的证明。对收养人出具的子女情况声明，登记机关可以进行调查核实。

华侨收养子女的，应当提交收养申请书和下列证件、证明材料：①护照；②收养人居住国有权机构出具的收养人的年龄、婚姻、有无子女、职业、财产、健康、有无受过刑事处罚等状况的证明材料，该证明材料应当经其居住国外交机关或者外交机关授权的机构认证，并经中国驻该国使领馆认证，或者经已与中国建立外交关系的国家驻该国使领馆认证。

收养人是居住在香港、澳门、台湾地区的中国公民的，其申请办理收养登记应当提供如下材料：①居民身份证、港澳居民来往内地通行证或者港澳同胞回乡证，或者在台湾地区居住的有效证明；②有关机关出具的收养人的年龄、婚姻、有无子女、职业、财产、健康、有无受过刑事处罚等状况的证明材料。

在中国公民收养子女的情形下，在申请收养登记时，送养人也应当依法向收养登记机关提交如下证件和证明材料：一是送养人的居民户口簿和居民身份证（组织作监护人的，提交其负责人的身份证件）；二是法律规定送养时应当征得其他有抚养义务的人同意的，并提交其他有抚养义务的人同意送养的书面意见。儿童福利机构为送养人的，还应当提交弃婴、儿童进入儿童福利机构的原始记录，公安机关出具的捡拾弃婴、儿童报案的证明，或者孤儿的生父母死亡或者宣告死亡的证明。监护人作为送养人的，应当提交实际承担监护责任的证明，孤儿的父母死亡或者宣告死亡的证明，或者被收养人生父母无完全民事行为能力并对被收养人有严重危害的证明。生父母作为送养人的，有特殊困难无力抚养子女的，应当提交送养人有特殊困难的声明。其中，因丧偶或者一方下落不明由单方送养的，还应当提交配偶死亡或者下落不明的证明。对送养人有特殊困难的声明，登记机关可以进行调查核实；子女由三代以内同辈旁系血亲收养的，还应当提交公安机关出具的或者经过公证的与收养人有亲属关系的证明。被收养人是残疾儿童的，还应当提交县级以上医疗机构出具的该儿童的残疾证明。

外国人在中华人民共和国收养子女，应当经其所在国主管机关依照该国法律审查同意，并通过所在国政府或者政府委托的收养组织（以下简称外国收养组织）向中国政府委托的收养组织（以下简称中国收养组织）转交收养申请并提交收养人的家庭情况报告和证明。此处的收款人的收养申请、家庭情况报告和证明，是指由其所在国有权机构出具，经其所在国外交机关或者外交机关授权的机构认证，并经中华人民共和国驻该国使馆或者领馆认证的下列文件，即跨国收养申请书，出生证明，婚姻状况证明，职业、经济收入和财产状况证明，身体健康检查证明，有无受过刑事处罚的证明，收养人所在国主管机关同意其跨国收养子女的证明，家庭情况报告，包括收养人的身份、收养的合格性和适当性、家庭状况和病史、收养动机以及适合于照顾儿童的特点等。在我国工作或者学习连续居住一年以上的外国人在华收养子女，除应当提交前述除身体健康检查证明以外的文件，还应当提交在华所在单位或者有关部门出具的婚姻状况证明，职业、经济收入或者财产状况证明，有无受过刑事处罚证明以及县级以上医疗机构出具的身体健康检查证明。外国人在中华人民共和国收养子女的，其应当亲自向省、自治区、直辖市人民政府民政部门登记。

外国人在中国收养子女的，送养人应当向省、自治区、直辖市人民政府民政部门提交本人的居民户口簿和居民身份证（社会福利机构作送养人的，应当提交其负责人的身份证件）、被收养人的户簿证明等情况证明，并根据不同情况提交下列有关证明材料：一是被收养人的生父母（包括已经离婚的）为送养人的，应当提交生父母有特殊困难无力抚养的证明和生父母双方同意送养的书面意见；其中，被收养人的生父或者生母因丧偶或者一方下落不明，由单方送养的，并应当提交配偶死亡或者下落不明的证明以及死亡的或者下落不明的配偶的父母不行使优先抚养权的书面声明。二是被收养人的父母均不具备完全民事行为能力，由被收养人的其他监护人作送养人的，应当提交被收养人的父母不具备完全民事行为能力且对被收养人有严重危害的证明以及监护人有监护权的证明。三是被收养人的父母均已死亡，由被收养人的监护人作送养人的，应当提交其生父母的死亡证明、监护人实际承担监护责任的证明，以及其他有抚养义务的人同意送养的书面意见。四是由社会福利机构作送养人的，应当提交弃婴、儿童被遗弃和发现的情况证明以及查找其父母或者其他监护人的情况证明；被收养人是孤儿的，应当提交孤儿父母的死亡或者宣告死亡证明，以及有抚养孤儿义务的其他人同意送养的书面意见。送养残疾儿童的，还应当提交县级以上医疗机构出具的该儿童的残疾证明。

（2）审查。在当事人提出收养申请后，收养登记机关应当对当事人的所提供的材料进行审查，以确定当事人所提供的证明材料是否真实、完整，当事人是否符合收养的法定条件。对中国公民收养子女的情形，收养登记机关收到收养登记申请书及有关材料后，应当自次日起 30 日内进行审查。收养查找不到生父母的未成年人的，收养登记机关应当在登记前公告查找其生父母，依据《民法典》第 1105 条的规定，"收养查找不到生父母的未成年人的，办理登记的民政部门应当在登记前予以公告"，其目的在于确定该未成年人是否符合被收养人的条件。自公告之日起满 60 日，未成年人的生父母或者其他监护人未认领的，视为查找不到生父母的未成年人，公告期间不计算在登记办理期限内。

对外国人来华收养子女的情形，省、自治区、直辖市人民政府民政部门应当对送养人提交的证件和证明材料进行审查，对查找不到生父母的弃婴和儿童，应当公告查找其生父母；认为被收养人、送养人符合收养法定条件的，将符合法律规定的被收养人、送养人名单通知中国收养组织，同时转交下列证件和证明材料：①送养人的居民户口簿和居民身份证（社会福利机构作送养人的，为其负责人的身份证件）复制件；②被收养人是弃婴或者孤儿的证明、户籍证明、成长情况报告和身体健康检查证明的复制件及照片。省、自治区、直辖市人民政府民政部门查找弃婴或者儿童生父母的公告应当在省级地方报纸上刊登。自公告刊登之日起满 60 日，弃婴和儿童的生父母或者其他监护人未认领的，视为查找不到生父母的弃婴和儿童。中国收养组织对外国收养人的收养申请和有关证明进行审查后，应当在省、自治区、直辖市人民政府民政部门报送的符合法律规定条件的被收养人中，参照外国收养人的意愿，选择适当的被收养人，并将该被收养人及其送养人的有关情况通过外国政府或者外国收养组织送交外国收养人。外国收养人同意收养的，中国收养组织向其发出来华收养子女通知书，同时通知有关的省、自治区、直辖市人民政府民政部门向送养人发出被收养人已被同意收养的通知。

从《民法典》第 1105 条规定来看，县级以上人民政府民政部门应当依法进行收养评估，因此，收养登记机关在进行收养登记之前，不仅要从形式上审查各方当事人是否符合收养的法定条件，而且需要对其进行实质审查，尤其是对收养人的婚姻家庭状况、经济能力、受教育程度、品德品行等进行审查，这不仅有利于规范收养行为，也有利于更好地保护被收养人的利益。

（3）登记。收养机关在经过审查后，如果确定当事人所提供的材料真实、有效，并且符合收养的法定条件的，则应当为当事人办理收养登记，并发给收养登记证，收养关系自登记之日起成立；对不符合法定收养条件的，则不予登记，并对当事人说明理由。

对外国人来华收养子女的情形，收养登记机关在收到外国人来华收养子女登记申请书和收养人、被收养人及其送养人的有关材料后，应当自次日起 7 日内进行审查，对符合法定收养条件的，应当为当事人办理收养登记，发给收养登记证书。收养关系自登记之日起成立。收养登记机关应当将登记结果通知中国收养组织。被收养人出境前，收养人应当凭收养登记证书到收养登记地的公安机关为被收养人办理出境手续。

（二）收养评估

1. 收养评估的概念

《民法典》第1105条第5款规定："县级以上人民政府民政部门应当依法进行收养评估。"该条对收养评估制度作出了规定，所谓收养评估，是指民政部门对收养申请人是否具备抚养、教育和保护被收养人的能力进行调查、评估，并出具评估报告的专业服务行为。我国《收养法》并没有规定收养评估制度，但在《民法典》颁行前，民政部也颁行了一些与收养评估有关的规范。例如，民政部在2012年发布了《关于开展收养评估试点工作的通知》（民函〔2012〕189号），决定在上海、江苏、湖北、广东、重庆等地开展收养评估试点工作。再如，在2015年，民政部又颁发了《收养能力评估工作指引》（民发〔2015〕168号），对评估对象、评估机构及人员、评估流程、评估标准、评估方式以及评估能力评估报告等内容作出了规定。《民法典》新增规定收养评估制度，并将收养评估报告作为收养登记机关决定是否进行收养登记的重要参考，有利于对收养人是否具备收养能力进行更为准确的判断，这也有利于从程序上对被收养人进行保护，体现了最有利于被收养人的原则。[1]

为更好地落实收养评估制度，规范收养评估行为，民政部专门制定了《收养评估办法（试行）》（民发〔2020〕144号），对收养评估的主体、收养评估的原则、收养评估的内容以及收养评估的监督等规则作出了规定。

2. 收养评估的主体

依据《民法典》第1105条第5款的规定，收养评估的主体为县级以上人民政府民政部门，民政部门既可以自行组织进行收养评估，也可以委托第三方机构开展收养评估。民政部门自行组织开展收养评估的，应当组建收养评估小组，该收养评估小组应有2名以上熟悉收养相关法律法规和政策的在编人员。民政部门委托第三方机构开展收养评估的，则民政部门应当与受委托的第三方机构签订委托协议。受委托的第三方机构应当同时具备下列条件：（1）具有法人资格；（2）组织机构健全，内部管理规范；（3）业务范围包含社会调查或者评估，或者具备评估相关经验；（4）有5名以上具有社会工作、医学、心理学等专业背景或者从事相关工作2年以上的专职工作人员；（5）开展评估工作所需的其他条件。不论是民政部门自行组织的收养评估，还是民政部门委托第三方机构开展的收养评估，评估机构都应当在收养申请人确认同意进行收养评估之日起60日内作出收养评估报告。当然，收养评估期间不计入收养登记办理期限。

3. 收养评估的原则

收养评估应当坚持如下原则：（1）遵循最有利于被收养人的原则。收养评估主要

---

〔1〕 参见黄薇主编：《中华人民共和国民法典婚姻家庭编解读》，北京，中国法制出版社2020年版，第296页。

是为了判断收养人是否具有相应的收养能力，其根本目的在于保护被收养人的利益，因此，收养评估应当遵循最有利于被收养人的原则。（2）独立、客观、公正评估的原则。收养评估主要是为了对收养人的收养能力进行客观判断，因此，不论是民政部门自行组织的收养评估，还是民政部门委托第三方机构开展的收养评估，评估行为都应当做到独立、客观、公正。（3）依法保护个人信息和隐私的原则。为了进行收养评估，评估机构需要了解收养人的婚姻家庭情况、经济能力等信息；同时，其也需要了解被收养人、送养人的相关情况，不论是在收养评估的过程中，还是在评估行为结束后，评估机构都应当坚持依法保护个人信息和隐私的原则，而不得擅自泄露相关个人信息或者隐私，否则将构成对他人个人信息或者隐私权的侵害。

4. 收养评估的内容

依据《收养评估办法（试行）》第8条的规定，收养评估的内容包括收养申请人以下情况：收养动机、道德品行、受教育程度、健康状况、经济及住房条件、婚姻家庭关系、共同生活家庭成员意见、抚育计划、邻里关系、社区环境、与被收养人融合情况等。收养申请人与被收养人融合的时间不少于30日。

5. 收养评估的监督

为了保障收养评估行为的合法、客观、公正，《收养评估办法（试行）》还规定了收养评估的监督规则，评估人员、受委托的第三方机构与收养申请人、送养人有利害关系的，应当回避。民政部门自行组织进行收养评估的，民政部门应当加强对收养评估小组的监督和管理。民政部门委托第三方机构开展收养评估的，民政部门还应当对受委托第三方履行协议情况进行监督。

此外，依据《收养评估办法（试行）》的规定，华侨以及居住在香港、澳门、台湾地区的中国公民申请收养的，当地有权机构已经作出收养评估报告的，民政部门可以不再重复开展收养评估。没有收养评估报告的，民政部门可以依据当地有权机构出具的相关证明材料，对收养申请人进行收养评估。外国人申请收养的，收养评估按照有关法律法规规定执行。

（三）收养协议与收养公证

1. 收养协议

所谓收养协议，是指收养关系当事人之间依据法律规定的条件所订立的关于同意成立收养关系的协议。[1] 关于收养协议，《民法典》第1105条第3款规定："收养关系当事人愿意签订收养协议的，可以签订收养协议。"从该条规定来看，签订收养协议并非收养关系成立的必要程序，只有收养关系当事人愿意签订收养协议时，才需要签订收养协议。当然，这主要是对国内收养而言，对涉外收养而言，《外国人在中华人民

---

〔1〕　参见马忆南：《婚姻家庭继承法学》，北京，北京大学出版社2014年版，第173页。

共和国收养子女登记办法》第9条第1款规定："外国人来华收养子女，应当与送养人订立书面收养协议。协议一式三份，收养人、送养人各执一份，办理收养登记手续时收养登记机关收存一份。"依据该规定，外国人来华收养子女的，应当订立书面形式的收养协议。

关于收养协议的当事人，有观点认为，收养协议的当事人为收养人、被收养人与送养人，[1]同时，协议当事人应当合格，当事人意思表示必须真实，协议的内容也不得违背法律和社会公共利益。[2]本书认为，收养协议为双方协议，收养协议的当事人应当限于收养人与送养人，该协议的内容虽然是被收养人的收养事项，但被收养人并非收养协议的当事人。[3]同时，当事人是否适格，当事人的意思表示是否真实，收养协议的内容是否合法等，也主要涉及收养协议效力的认定问题，并不是收养协议的成立条件。虽然收养协议并非收养关系成立的必要条件，但该协议涉及当事人身份关系的变化，因此，收养人与送养人原则上应当亲自签订该协议，而不得由他人代理。[4]此外，关于收养协议是否具有要式性，《民法典》并没有作出明确规定，但按照立法者的观点，收养协议应当采用书面形式。[5]

2. 收养公证

所谓收养公证，是指公证机关根据收养关系当事人各方或者一方要求所办理的、证明收养关系成立的证明。《民法典》第1105条第4款规定："收养关系当事人各方或者一方要求办理收养公证的，应当办理收养公证。"该条对收养公证作出了规定，从该条规定来看，收养公证并非收养关系成立的必要条件，只有收养关系当事人各方或者一方要求办理收养公证时，才需要办理。关于办理收养公证的公证机关，我国《民法典》并没有作出明确规定，依据《外国人在中华人民共和国收养子女登记办法》第12条的规定，外国人来华收养子女的，收养关系当事人办理收养登记后，各方或者一方要求办理收养公证的，则应当到收养登记地的具有办理涉外公证资格的公证机构办理收养公证。

需要指出的是，由于收养公证的目的在于证明收养关系的合法性，因此，收养公证应当在收养关系成立之后办理，即当事人办理收养公证的，应当在收养登记完成之

---

〔1〕 参见马忆南：《婚姻家庭继承法学》，北京，北京大学出版社2014年版，第173页。

〔2〕 参见杨大文主编：《亲属法与继承法》，北京，法律出版社2013年版，第208页。

〔3〕 依据《民法典》第1104条规定，该收养关系的成立应当征得被收养人的同意，因此，有观点认为，如果被收养人年满8周岁，则收养协议中必须包含被收养人同意收养的意思表示。参见黄薇主编：《中华人民共和国民法典婚姻家庭编解读》，北京，中国法制出版社2020年版，第295页。本书认为，此种观点值得商榷，依据《民法典》第1104条规定，在被收养人年满8周岁的情形下，收养被收养人虽然需要取得被收养人的同意，但这并不意味着，被收养人的同意必须要体现为收养协议的条款，其同意既可以体现为收养协议的条款，也可以是单方同意，或者其他方式的同意，只要能够证明被收养人对收养行为作出了同意的意思表示，即已符合被收养同意这一要件，而并不当然需要将其规定在收养协议之中。

〔4〕 参见黄薇主编：《中华人民共和国民法典婚姻家庭编解读》，北京，中国法制出版社2020年版，第295页。

〔5〕 参见黄薇主编：《中华人民共和国民法典婚姻家庭编解读》，北京，中国法制出版社2020年版，第295页。

后办理，否则，即便办理的收养公证，也不能产生成立收养关系的效力。

第三节 收养的效力

我国《民法典》婚姻家庭编以专节的形式对收养的效力作出了规定，从该节的规定来看，其从两个方面规定了收养的效力：一是收养对养子女与养父母及其近亲属的效力；二是收养对养子女与其生父母和其他近亲属的效力。同时，该节还专门规定了收养行为无效的法律效果。

一、收养对养子女与养父母及其近亲属的效力

（一）收养对养子女与养父母的效力

依据《民法典》第1111条第1款的规定，收养对养子女与养父母的效力体现为：自收养关系成立之日起，养父母与养子女间的权利义务关系，适用本法关于父母子女关系的规定。也就是说，收养将在养子女与养父母之间成立拟制血亲的父母子女关系，此种父母子女关系与自然血亲的父母子女关系相同，二者在亲子关系方面的效力完全相同。例如，就父母对子女的抚养、教育、保护义务而言，《民法典》第26条第1款规定："父母对未成年子女负有抚养、教育和保护的义务。"《民法典》第1067条第1款规定："父母不履行抚养义务的，未成年子女或者不能独立生活的成年子女，有要求父母给付抚养费的权利。"上述规则也适用于养父母与养子女之间的关系，即养父母对养子女负有抚养、教育与保护的义务，在养父母不履行抚养义务时，养子女有权依法请求养父母给付抚养费。再如，就子女对父母的赡养义务而言，《民法典》第26条规定："成年子女对父母负有赡养、扶助和保护的义务。"《民法典》第1067条第2款规定："成年子女不履行赡养义务的，缺乏劳动能力或者生活困难的父母，有要求成年子女给付赡养费的权利。"上述规则也同样适用于养子女与养父母之间的关系，即成年的养子女对养父母依法负有赡养、扶助和保护的义务，在成年的养子女不履行赡养义务时，缺乏劳动能力或者生活困难的养父母有权请求成年养子女给付赡养费。

（二）收养对养子女姓氏的影响

关于收养对养子女姓氏的影响，《民法典》第1112条规定："养子女可以随养父或者养母的姓氏，经当事人协商一致，也可以保留原姓氏。"依据该规则，在收养关系成立后，养子女既可以随养父或者养母的姓氏，也可以在当事人协商一致的情形下保留原姓氏，这就为养子女姓氏的决定预留了较大的空间，具体而言：

一是养子女可以随养父或者养母的姓氏。法律之所以规定养子女可以随养父或者养母的姓氏，一方面是因为，允许养子女随养父或者养母的姓氏，有助于加强养子女

与养父母之间的情感联系，便于养子女更快地融入新的家庭关系之中，从而为其健康成长提供更为和谐、稳定的家庭环境。另一方面，这一规则与《民法典》关于自然人姓氏确定的规则是一致的，关于自然人姓氏的确定，《民法典》第1015条规定："自然人应当随父姓或者母姓，但是有下列情形之一的，可以在父姓和母姓之外选取姓氏：（一）选取其他直系长辈血亲的姓氏；（二）因由法定扶养人以外的人扶养而选取扶养人姓氏；（三）有不违背公序良俗的其他正当理由。少数民族自然人的姓氏可以遵从本民族的文化传统和风俗习惯。"而在收养关系成立后，即在养子女与养父母之间成立拟制血亲的父母子女关系，二者之间的关系适用父母子女之间的规则，其中也当然包括上述自然人姓氏确定规则，即养子女可以随养父或者养母的姓氏。

二是经当事人协商一致，养子女也可以保留原姓氏。例如，送养人在与收养人达成收养合意时，双方可能约定，收养关系成立后，应当保留养子女原来的姓氏，按照私法自治原则，该约定也具有法律效力。养子女保留原姓氏的，并不影响养子女与养父母之间拟制血亲的父母子女关系，养父母不得以此为由拒绝履行其抚养、教育、保护养子女的义务。

此外，依据《民法典》第1012条的规定，自然人享有姓名权，有权依法决定、使用、变更或者许可他人使用自己的姓名，但是不得违背公序良俗。据此，在养子女具有变更自己姓名的能力时，其也可以依法变更其姓氏。

（三）收养对养子女与养父母近亲属的效力

关于收养对养子女与养父母近亲属的效力，《民法典》第1111条规定，"养子女与养父母的近亲属间的权利义务关系，适用本法关于子女与父母的近亲属关系的规定"。在收养关系成立后，养子女与养父母之间成立与自然血亲的父母子女关系效力相同的拟制血亲的父母子女关系，因此，养子女与养父母的近亲属之间关系也应当适用《民法典》关于子女与父母的近亲属关系的规定。从我国《民法典》婚姻家庭编的规定来看，其主要是指祖父母、外祖父母与孙子女、外孙子女之间的关系，以及兄弟姐妹之间的关系，具体而言：

一是祖父母、外祖父母与孙子女、外孙子女之间的关系。依据《民法典》第1074条规定，如果未成年养子女的养父母均已死亡或者丧失抚养能力，养父母的父母如果有负担能力，则其对养子女负有抚养的义务。同样，如果养子女的养父母均已死亡或者丧失赡养能力，则有负担能力的养子女对养父母的父母也应当负有赡养的义务。

二是兄弟姐妹关系。依据《民法典》第1075条的规定，如果养父母均已死亡或者无力抚养养子女，则养父母的子女中有负担能力的兄、姐，对作为养子女的弟、妹负有扶养的义务。同样，如果作为弟、妹的养子女作为兄、姐的养父母的子女扶养长大的，则其对缺乏劳动能力又缺乏生活来源的兄、姐，也负有扶养的义务。

二、收养对养子女与其生父母和其他近亲属的效力

(一) 收养对养子女与其生父母的效力

关于收养对养子女与其生父母的效力，《民法典》第 1111 条第 2 款规定："养子女与生父母以及其他近亲属间的权利义务关系，因收养关系的成立而消除。"依据该规定，在收养关系成立后，养子女与其生父母之间的权利义务关系将因此消除，这实际上是采纳了完全收养的立场。法律作出此种规定，主要是为了简化与被收养人相关的亲子关系，避免围绕被收养人形成双重亲子关系，从而减少纠纷的发生，这也是最有利于被收养人原则的一种体现。

需要指出的是，从《民法典》第 1111 条第 2 款规定来看，收养关系的成立消除的是养子女与其生父母之间的权利义务关系，即法律意义上的权利义务关系。养子女与其生父母之间的血缘关系并不因收养关系的成立而消除。例如，依据《民法典》第1048 条的规定，直系血亲之间禁止结婚，该规则仍然适用于养子女与其生父母之间的关系。当然，如果养子女对生父母尽到了较多扶养，同样有权依照《民法典》继承编第 1131 条的规定分得生父母的遗产。

案例 5-9

【基本案情】

郝某甲与张某为夫妻关系，二人在婚后育有二子。因郝某甲的弟弟郝某乙一直没有孩子，郝某甲与张某便将其儿子郝某丙送养给郝某乙，当事人也办理了收养登记。在郝某丙成年后，张某因病去世，郝某甲也一直患病在床。为方便照顾郝某甲，郝某丙便将郝某甲接到郝某乙处一起生活，直至郝某甲去世。郝某丙主张继承郝某甲的遗产。但郝某甲的另一儿子则主张，郝某丙已经被郝某乙收养，无权主张继承郝某甲的遗产。

【裁判结果】

关于郝某丙能否继承生父郝某甲的遗产，法院认为，郝某丙与叔父郝某乙成立收养关系后，与其生父母郝某甲、张某之间的权利义务关系即消除，故郝某丙不是其生父郝某甲遗产的继承主体，不享有继承权。但郝某丙一直与生父郝某甲及养父郝某乙一起生活，生父郝某甲晚年一直患病在床，郝某丙对老人尽到了较多的赡养，在家庭劳动上付出了较多精力，属于继承人以外的对被继承人赡养较多的人，应当依法分得适当的遗产。

(二) 收养对养子女与其生父母之外的其他近亲属的效力

依据《民法典》第 1111 条第 2 款的规定，收养关系成立后，养子女与其生父母方其他近亲属之间的权利义务关系也将随之消除。具体而言，在收养关系成立后，养子

女与其生父母的父母之间即不再具有祖父母、外祖父母与孙子女、外孙子女之间的权利义务关系，养子女与生父母的子女之间也不再具有兄弟姐妹之间的权利义务关系。当然，与前述收养对养子女与其生父母的效力类似，收养关系的成立也只是消除养子女与其生父母一方其他近亲属之间法律上的权利义务关系，而不会消除其血缘关系。例如，依据《民法典》第1048条的规定，三代以内的旁系血亲禁止结婚，该规则仍然适用于养子女与其生父母一方其他近亲属的关系。

三、收养行为的无效

（一）收养行为无效的原因

关于收养行为的无效，《民法典》第1113条第1款规定："有本法第一编关于民事法律行为无效规定情形或者违反本编规定的收养行为无效。"依据该条规定，收养行为无效的原因包括如下两种：

一是收养行为有《民法典》总则编关于民事法律行为无效规定的情形。如前所述，收养行为在性质上属于民事法律行为，民事法律行为的相关规则在不与收养行为性质相抵触的情形下，原则上也可以适用于收养行为，其中也当然包括民事法律行为效力的认定规则。从《民法典》第1113条第1款规定来看，如果收养行为存在《民法典》总则编关于民事法律行为无效规定的情形，则应当属于无效收养行为。例如，依据《民法典》第144条的规定，无民事行为能力人实施的民事法律行为无效。依据《民法典》第154条的规定，行为人与相对人恶意串通，损害他人合法权益的民事法律行为无效。上述规则也可以适用于收养行为。例如，在某个案件中，在不符合收养条件且未办理收养登记的情形下，收养人将被收养人的户口登记在自己名下，在办理户口登记后，被收养人也并未与收养人共同生活。关于此种情形下收养行为的效力，法院认为，双方客观上不符合收养的实质要件，收养人主观上也不存在收养被收养人的意思表示，属于行为人与相对人以虚假的意思表示实施的民事法律行为，故收养行为依法无效。[1]

二是收养行为违反《民法典》婚姻家庭编的规定。收养行为除因存在民事法律行为无效的情形而被认定为无效外，还可能因为违反《民法典》婚姻家庭编的规定而被认定为无效。从我国《民法典》婚姻家庭编的规定来看，其也规定了收养行为应当具备的条件，如被收养人、送养人、收养人的条件，如果收养行为违反上述规定，也属于无效收养行为。例如，收养人不符合法律规定的条件，如收养人未年满30周岁，除特殊情形外，其所实施的收养行为即为无效收养行为。

---

〔1〕 参见江苏省泰兴市人民法院（2019）苏1283民初4450号民事判决书。

案例 5-10

【基本案情】

王某与刘某为黄小某（女，6 岁）的生父母。2020 年，因生活困难、无力抚养黄小某，王某与刘某将其送养给黄某（男），黄某时年 38 周岁，至今未婚。后当事人就收养行为的效力发生争议。

【裁判结果】

法院认为，无配偶的男性收养女性的，收养人与被收养人的年龄应当相差 40 周岁以上，而本案中黄某甲收养黄某乙时年龄相差不到 40 周岁，被告的收养行为违反了法律有关收养条件的规定，应认定为无效。

有观点认为，未依法办理收养登记的收养行为也属于无效收养行为。[1] 本书认为，收养行为具有要式性，在当事人未依法办理收养登记时，应当是收养行为不成立，而非收养行为无效。

（二）收养行为无效的法律后果

关于收养行为无效的法律后果，《民法典》第 1113 条第 2 款规定："无效的收养行为自始没有法律约束力。"收养行为无效的，将无法产生当事人实施收养行为所追求的法律效果，收养行为一旦被宣告无效，即自始没有法律约束力，即该无效具有溯及既往的效力。这与无效民事法律行为的后果相同。具体如下。

一是在养子女与养父母之间无法成立养父母子女关系。收养行为无效，则收养关系也无法成立，在养子女与养父母之间也无法成立拟制血亲的父母子女关系。

二是收养登记机关应当撤销收养登记，并收缴收养登记证。《中国公民收养子女登记办法》第 13 条规定："收养关系当事人弄虚作假骗取收养登记的，收养关系无效，由收养登记机关撤销登记，收缴收养登记证。"该条虽然仅规定了收养关系当事人弄虚作假骗取收养登记的行为，但其也应当适用于其他收养无效的情形，即在收养行为无效的情形下，收养登记机关应当及时撤销收养登记，并收缴收养登记证。

三是养子女与其生父母之间的父母子女关系并不因收养而消除。在收养行为被认定无效后，当事人之间的收养关系并不成立，因此也无法产生消除父母子女权利义务关系的效力。有观点认为，在收养无效的情形下，虽然养子女与其生父母之间的权利义务关系自动恢复，但不应当影响第三人已经取得的权利，如收养行为被确认无效时，如果养子女的生父已经死亡，则养子女对其生父的遗产无继承权。[2] 本书认为，此种观点值得商榷，因为从《民法典》第 1113 条第 2 款规定来看，既然无效收养行为自始没有法律约束力，该无效具有溯及既往的效力，就意味着，一旦收养行为被认定无效，

---

〔1〕 参见黄薇主编：《中华人民共和国民法典婚姻家庭编解读》，北京，中国法制出版社 2020 年版，第 322 页。

〔2〕 参见余延满：《亲属法原论》，北京，法律出版社 2007 年版，第 425 页。

则收养关系自始未成立，不仅养子女与养父母之间的拟制血亲的父母子女关系无法成立，养子女与其生父母之间的权利义务关系也应当是从未消除。因此，在上例中，养子女的生父在收养行为被认定无效前死亡的，养子女对其生父的遗产仍应当享有继承权。

第四节　收养关系的解除

一、收养关系的解除概述

所谓收养关系的解除，是指在符合法律规定的情形下，当事人通过协议或者诉讼的方式终止收养关系。收养关系成立后，因为各种主客观情况的变化，当事人可能会通过协议的方式解除收养关系，如在收养关系成立后，收养人因意外丧失了劳动能力，不再具有抚养能力，此时，其就可以与送养人达成协议，解除收养关系。再如，在收养关系成立后，如果收养人不履行抚养、教育、保护养子女的义务，无法为被收养人提供基本的成长环境的，则送养人有权通过提起诉讼的方式解除收养关系。

收养关系的成立将在养父母与养子女之间成立拟制血亲的父母子女关系，并将导致养子女与其生父母及其他近亲属之间的权利义务消除，而收养关系一旦被解除，也将对当事人的身份关系产生重大影响。因此，应当对收养关系解除的事由进行严格限定，否则可能使当事人的身份关系处于不稳定状态，这也不利于保护未成年人的利益。从我国《民法典》婚姻家庭编的规定来看，除当事人协商一致通过协议解除收养关系的情形外，当事人通过提起诉讼的方式解除收养关系的，必须有法定的理由，否则不得擅自主张解除收养关系。

收养关系的解除将导致收养关系的终止，但收养关系的解除并非收养关系终止的唯一原因，在收养人或者被收养人死亡的情形下，也将导致收养关系的终止。当然，在上述两种情形下，收养关系终止的法律后果存在一定的区别，在收养关系解除的情形下，养子女与养父母以及其他近亲属间的权利义务关系即行消除，与生父母以及其他近亲属间的权利义务关系原则上也自行恢复。但在因养子女或者养父母一方死亡而导致收养关系终止的情形下，收养人与养父母一方其他近亲属的关系并不终止，在养父母死亡的情形下，养子女与其生父母之间的亲子权利义务关系也并不因此自行恢复。

按照不同标准可以将收养关系的解除区分为不同的情形，以收养关系解除的方式为标准，可以将收养关系的解除区分为协议解除与诉讼解除。收养关系的协议解除是指当事人通过达成协议的方式解除收养关系；收养关系的诉讼解除是指在当事人无法通过达成协议的方式解除收养关系的情形下，一方通过提起诉讼的方式解除收养关系。我国《民法典》既规定了协议解除收养关系的规则，也规定了当事人通过提起诉讼解除收养关系的规则。

以被收养人是否已经成年为标准，可以将收养关系的解除区分为如下两种：一是被收养人成年之前收养关系的解除，即在被收养人成年之前，收养人与送养人通过达成协议或者提起诉讼的方式解除收养关系。二是被收养人成年之后收养关系的解除，即在被收养人成年之后，当事人通过达成协议或者提起诉讼的方式解除收养关系。从我国《民法典》的规定来看，其在规定收养关系解除的规则时，就明确区分为被收养人成年之前收养关系的解除规则与被收养人成年之后收养关系的解除规则，二者在解除事由、涉及的当事人等方面存在重要区别。

二、被收养人成年之前收养关系的解除

关于被收养人成年之前收养关系的解除，《民法典》第1114条规定："收养人在被收养人成年以前，不得解除收养关系，但是收养人、送养人双方协议解除的除外。养子女八周岁以上的，应当征得本人同意。收养人不履行抚养义务，有虐待、遗弃等侵害未成年养子女合法权益行为的，送养人有权要求解除养父母与养子女间的收养关系。送养人、收养人不能达成解除收养关系协议的，可以向人民法院提起诉讼。"从该条规定来看，对被收养人成年之前收养关系的解除而言，该条确立了如下规则：

第一，收养人不得单方要求解除收养关系。依据该条第1款的规定，在被收养人成年之前，收养人不得单方要求解除收养关系。也就是说，在被收养人成年之前，如果收养人向法院提起诉讼，要求解除收养关系的，法院应当驳回其诉讼请求；如果收养人单方向民政部门申请解除收养登记的，民政部门应当不予办理。

案例 5-11

【基本案情】

许某与范某为李某甲的生父母。2020年，因生活困难、无力抚养李某甲，许某与范某将李某甲（时年3岁）送养给李某乙，并办理了收养登记。后李某乙不愿继续收养李某甲，便在2023年12月向县民政局申请解除收养关系，县民政局也向李某乙出具了《解除收养关系证明》。李某乙在取得该证明后，便将李某甲送回许某与范某抚养。后当事人就李某乙解除收养关系行为的效力发生争议。

【裁判结果】

法院认为，县民政局解除收养人与被收养人的收养关系时，被收养人李某甲才年满6周岁，针对其作出的解除收养关系的行政行为，县民政局未向法院提交证据证明收养人、送养人双方系协议解除收养关系。因此，被诉行政行为没有相应的证据，对县民政局作出的行政行为应依法予以撤销。

法律作出此种规定，主要是为了保障被收养人的健康成长，使其能够正常获得生活来源，在收养关系存续期间内，如果允许收养人单方面解除收养关系，可能导致被收养人的抚养人更换频繁，甚至可能导致被收养人无人收养，这将影响被收养人的健

康成长。[1]

第二，收养人、送养人可以协议解除收养关系，但养子女8周岁以上的，应当征得其本人同意。在被收养人成年之前，虽然收养人不得单方主张解除收养关系，但这并不意味着被收养人成年之前完全无法解除收养关系。从《民法典》第1114条规定来看，如果收养人能够与送养人达成协议，也可以解除收养关系。当然，如果被收养人年满8周岁，已经具有意思表示能力，对解除收养的后果已经有了一定的辨识能力，此时，收养人与收养人通过达成协议解除收养关系的，应当取得被收养人的同意，否则无法解除收养关系。法律作出此种规定，体现了对被收养人意愿和利益的尊重与保护，也是最有利于被收养人原则的一种体现。

在当事人通过达成协议解除收养关系的情形下，当事人还应当依法办理解除收养关系的登记。对此，《民法典》第1116条规定："当事人协议解除收养关系的，应当到民政部门办理解除收养关系登记。"收养关系当事人协议解除收养关系的，应当持居民户口簿、居民身份证、收养登记证和解除收养关系的书面协议，共同到被收养人常住户口所在地的收养登记机关办理解除收养关系登记。收养登记机关收到解除收养关系登记申请书及有关材料后，应当自次日起30日内进行审查；对符合法律规定的，为当事人办理解除收养关系的登记，收回收养登记证，发给解除收养关系证明。当事人之间的收养关系自收养登记机关发给解除收养关系证明之日起解除。收养登记机关对不符合解除收养关系登记条件的，不予受理，但应当向当事人出具《不予办理解除收养登记通知书》，并将当事人提交的证件和证明材料全部退还当事人。对于当事人所提供的虚假证明材料，收养登记机关应当予以没收。

第三，收养人不履行抚养义务，侵害被收养人利益时，送养人有权通过提起诉讼的方式解除收养关系。在被收养人成年之前，其健康成长需要收养人的抚养、教育与保护，如果收养人不履行抚养义务，如收养人拒绝支付被收养人基本的生活费用、医疗费用，甚至以虐待、遗弃等方式侵害被收养人的利益，此时，送养人可以单方要求解除收养关系；如果送养人不能与收养人达成解除收养关系的协议，则送养人可以向人民法院提起诉讼，要求解除收养关系。需要指出的是，为了维持收养关系的稳定，《民法典》第1114条第2款对送养人单方解除收养关系的条件作出了严格限制，即只有在收养人不履行抚养义务，有虐待、遗弃等侵害未成年养子女合法权益行为的情形下，送养人才能单方主张解除收养关系，除上述情形外，送养人不得单方主张解除收养关系；按照举证责任分配的一般规则，收养人是否存在上述行为，应当由送养人负担举证证明的义务。此外，在上述情形下，也只有送养人有权主张单方解除收养关系，

---

[1] 参见最高人民法院民法典贯彻实施工作领导小组主编：《中华人民共和国民法典婚姻家庭编继承编理解与适用》，北京，人民法院出版社2020年版，第447页。

收养人和被收养人无权提出请求。[1]

案例 5-12

【基本案情】

张某为李某甲的生母，张某早年因生活困难，无力抚养多个子女，便将李某甲送养给李某乙，并办理了收养登记。后张某因经济条件逐步改善，便向解除收养关系，但李某乙因多年抚养李某甲，对李某甲产生了浓厚的感情，便拒绝了张某的请求。于是，张某做了亲子鉴定，证明其为李某甲的生母，并向法院起诉，主张李某乙存在虐待、遗弃李某甲的行为，并主张解除李某甲与李某乙的收养关系。

【裁判结果】

法院认为，收养关系自登记之日起成立，在本案中，被告李某乙与李某甲之间的收养关系符合法律规定，非满足法定条件不得解除。原告张某依据鉴定意见，主张其系李某生物学母亲的事实，请求解除其子李某甲与被告李某乙的收养关系，但未提供李某乙不履行抚养义务，存在虐待、遗弃等侵害被收养人李某甲合法权益行为的证据。李某乙依法收养李某甲，不同意解除收养关系，愿意尽抚养义务，应当维持收养关系。因此，法院对于原告张某的诉讼请求不予支持。

三、被收养人成年之后收养关系的解除

《民法典》第 1115 条规定："养父母与成年养子女关系恶化、无法共同生活的，可以协议解除收养关系。不能达成协议的，可以向人民法院提起诉讼。"该条对被收养人成年之后收养关系的解除规则作出了规定，收养关系的解除通常发生在被收养人成年之前，但在被收养人成年之后，如果养父母与成年养子女之间的关系恶化，难以继续共同生活，则当事人也可以主张解除收养关系。

从《民法典》第 1115 条规定来看，在被收养人成年之后，当事人解除收养关系的方式也包括两种：

一是协议解除，即当事人可以就收养关系的解除达成合意，解除收养关系。与被收养人成年之前收养关系的协议解除不同，在被收养人成年之前，收养关系协议解除的当事人是送养人与收养人，而在被收养人成年之后，从《民法典》第 1115 条规定来看，达成协议的当事人应当是收养人与被收养人。因为在被收养人已经成年的情形下，其已经能够对收养关系维系和解除的后果作出准确判断，应当由其自身决定是否与收养人通过协议解除收养关系，此时，收养关系的协议解除也不再需要送养人的同意。

需要指出的是，从《民法典》第 1115 条规定来看，在被收养人成年之后，当事人协议解除收养关系的原因为养父母与成年子女的关系恶化，无法共同生活。即只要养

---

[1]　参见黄薇主编：《中华人民共和国民法典婚姻家庭编解读》，北京，中国法制出版社 2020 年版，第 328 页。

父母与成年养子女的关系恶化、无法共同生活，双方即可通过协议解除收养关系，至于双方关系恶化以及无法共同生活的原因为何，并不影响双方通过协议或者诉讼的方式解除收养关系。当然，按照私法自治原则，即便养父母与成年子女的关系并未恶化，也未出现无法共同生活的情况，如果养父母与养子女自愿达成协议，解除收养关系，也应当认可其效力。

此外，依据《民法典》第1116条的规定，在养父母与成年养子女通过协议解除收养关系的情形下，当事人也应当到民政部门办理解除收养关系的登记，当事人之间的收养关系自收养登记机关发给解除收养关系证明之日起解除。

二是诉讼解除，即在养父母与养子女关系恶化，无法共同生活的情形下，如果双方无法就收养关系的解除达成协议，则双方均可向人民法院提起诉讼，请求解除收养关系。例如，在某个案件中，收养人与被收养人关系恶化，无法共同生活在一起，符合解除收养关系的法定条件，收养关系的解除并不需要双方一致认可，只要收养人单方认定即可，因此可以按照法律规定解除双方的收养关系。[1] 当然，只有养父母与养子女之间关系恶化达到"无法共同生活"的程度，法院才能解除收养关系，"无法共同生活"的标准应当在个案中进行判断。

📠 案例 5-13

【基本案情】

张某（70岁）与张小某（29岁）为养父与养女关系，在张小某5岁时，双方就确立了收养关系。二十多年来，父女感情一直较好。后张某经人介绍，认识了李某（女，50岁），打算与李某结婚，但该事遭到了张小某的反对。张小某认为李某品质并不可靠。后张某打算出售自己的房屋，购买某开发商预售的新房，张小某担心张某被骗，同样反对张某置换房屋。双方为此发生激烈争吵，张某诉至法院，请求解除与张小某的收养关系。

【裁判结果】

法院认为，张某、张小某虽然因为家庭事务产生争执，但根据双方往来微信记录以及法院组织的调解过程来看，一切矛盾均始于张某希望出售房屋后购买新房，从张小某当时的行为表现来看，其系作为子女担心张某受骗；而张某之所以会与张小某产生嫌隙，在于张某认为张小某干涉其财务及婚姻自由。因此，父女之间尽管争吵不断，但感情较为深厚，双方不存在不可调和的矛盾，双方关系尚未达到恶化的程度。现张某已是耄耋老人，在生活、精神上更需要亲人的照顾和慰藉，而双方因家庭事务产生的纠纷亦可通过协商等方式解决，在明确案涉房产归属后，张某与张小某依然有言归于好的机会，故应再给张某、张小某彼此预留修复父女关系的机会。

---

[1] 参见重庆市第五中级人民法院（2017）渝05民终7640号民事判决书。

值得注意的是，在收养人成年之前，收养人不履行抚养义务，有虐待、遗弃等侵害未成年养子女合法权益行为的，有权提起解除收养关系诉讼的主体为送养人，而对被收养人成年之后收养关系的诉讼解除方式而言，有权提起诉讼的是收养人与被收养人，送养人无权提起此种诉讼。

四、收养关系解除的法律后果

收养关系解除后，将会对收养关系各方当事人产生影响，从我国《民法典》婚姻家庭编的规定来看，此种影响可以概括为如下两个方面：一是对当事人身份关系的影响，二是对当事人财产关系的影响。

（一）收养关系的解除对当事人身份关系的影响

关于收养关系解除对当事人身份关系的影响，《民法典》第 1117 条规定："收养关系解除后，养子女与养父母以及其他近亲属间的权利义务关系即行消除，与生父母以及其他近亲属间的权利义务关系自行恢复。但是，成年养子女与生父母以及其他近亲属间的权利义务关系是否恢复，可以协商确定。"依据该条规定，收养关系解除对当事人身份关系的影响主要体现在如下两个方面：

（1）拟制血亲关系的消除。在收养关系解除后，不论是被收养人成年之前收养关系的解除，还是被收养人成年之后收养关系的解除，也不论是协议解除收养关系，还是诉讼解除方式，都将产生拟制血亲关系消除的后果。具体而言：一是养子女与养父母之间的权利义务关系即行消除。养父母子女关系产生的前提和基础是当事人之间存在收养关系，一旦收养关系被解除，则养父母与养子女之间的父母子女关系也将消除。二是养子女与养父母一方其他近亲属之间的权利义务关系消除，养子女与养父母一方其他近亲属之间权利义务的产生以养父母与养子女之间拟制血亲的亲子关系存在为前提，在养父母与养子女之间拟制血亲的亲子关系因收养关系的解除而消除后，养子女与养父母一方其他近亲属之间的权利义务关系也将随之消除。例如，在收养关系解除后，养子女与养父母亲生子女之间的兄弟姐妹之间的权利义务关系也将随之消除。

（2）自然血亲关系的恢复。在收养关系解除后，养子女与其生父母以及其他近亲属之间的权利义务关系自行恢复，即在一般情形下，收养关系的解除将产生使养子女自然血亲关系自行恢复的法律效果。具体而言，一方面，在收养关系解除后，养子女与其生父母之间自然血亲的父母子女关系将自行恢复，而不需要当事人实施特定的民事法律行为；另一方面，在收养关系解除后，养子女与其生父母一方其他近亲属之间的权利义务关系也将随之恢复。当然，依据《民法典》第 1117 条规定，如果在收养关系解除时，被收养人已经成年，则并不当然产生恢复其自然血亲关系的效果，该自然血亲关系是否恢复，还需要当事人协商确定。法律之所以作出此种规定，一方面是因为，在收养关系解除时，如果被收养人已经成年，则其已经具有独立思考的能力，有权自主决定将来的生活安排，其中也包括与谁确立亲子关系，因此，收养关系解除时被收养人已经成年的，法律规定其自然血亲关系的恢复取决于双方的协商，而非当然恢复，体现了对成年收养子女独立人格的尊重；另一方面，在被收养人已经成年的情形下，被收养人长期与养父母共同生活，与生父母之间的情感联系可能较为薄弱，将是否恢复自然血亲关系交由当事人协商，而非自行恢复，也符合当事人之间情感联系的实际情况，体现了对当事人意愿的尊重。[1]

（二）收养关系的解除在对当事人财产关系的影响

关于收养关系解除对当事人财产关系的影响，《民法典》第1118条规定："收养关系解除后，经养父母抚养的成年养子女，对缺乏劳动能力又缺乏生活来源的养父母，应当给付生活费。因养子女成年后虐待、遗弃养父母而解除收养关系的，养父母可以要求养子女补偿收养期间支出的抚养费。生父母要求解除收养关系的，养父母可以要求生父母适当补偿收养期间支出的抚养费；但是，因养父母虐待、遗弃养子女而解除收养关系的除外。"依据该条规定，收养关系对当事人财产关系的影响主要体现在如下两个方面：

（1）成年养子女依法对养父母负担给付生活费的义务。在收养关系解除后，养子女与养父母之间拟制血亲的父母子女关系已经消灭，其相互之间也不再负有抚养义务和赡养义务，但如果养子女是由养父母抚养成年的，养父母为养子女的成长投入了大量的金钱和精力，在养父母缺乏劳动能力而又缺乏生活来源的情形下，课以成年养子女给付生活费的义务，体现了权利义务对等的原则。因此，收养关系解除后，成年养子女依法对养父母所负担的给付生活费的义务并不是基于双方拟制的亲子关系，而更多的是基于养父母抚养养子女的事实。当然，从《民法典》第1118条的规定来看，在收养关系解除的情形下，成年养子女并非一概对养父母负担给付生活费的义务，该义务的产生需要具备如下条件：一是养父母抚养过养子女。如果收养关系成立后，养父母并未实际抚养过养子女，则成年养子女对养父母并不负担给付生活费的义务。当然，养父母实际抚养过养子女并不要求养父母必须将养子女抚养成年。例如，收养关系成立后，养父母实际抚养了养子女几年，后收养关系解除，此种情形下，养父母也实际抚养过养子女，养子女也应当对养父母依法负担给付生活费的义务。二是养父母缺乏劳动能力又缺乏生活来源，如果养父母具有劳动能力和生活来源，生活并未出现困难，则养子女也不对其负担给付生活费的义务。例如，在某个案件中，养父母虽然丧失了劳动能力，但并不缺乏生活来源，其在收养关系被解除后请求被收养人给付赡养费（生活费）没有事实依据，法院不予支持。[2] 养子女所负担的给付抚养费的数额的确定既需要考虑养父母的实际生活需要，也需要考虑养子女的负担能力，还应当考虑养

〔1〕 参见黄薇主编：《中华人民共和国民法典婚姻家庭编解读》，北京，中国法制出版社2020年版，第334页。
〔2〕 参见湖南省湘潭县人民法院（2020）湘0321民初97号民事判决书。

父母抚养养子女的情况。

（2）养父母依法享有抚养费补偿请求权。从《民法典》第 1118 条规定来看，养父母所享有的抚养费补偿请求权，包括如下两种。

一是养父母对养子女所享有的抚养费补偿请求权。收养关系成立后，将在养子女与养父母之间成立拟制血亲的父母子女关系，在父母子女关系方面，其与自然人血亲的父母子女关系并不存在区别，因此，在养子女成年后，其也应当依法对养父母尽到赡养的义务。如果养子女在成年后虐待、遗弃养父母，则养父母在解除收养关系后，有权请求养子女补偿其在收养期间所支出的抚养费。[1] 在因成年养子女虐待、遗弃养父母导致收养关系解除的情形下，法律之所以规定养父母的抚养费补偿请求权，一方面是基于权利义务对等的考虑，即养父母在抚养养子女期间付出的大量的金钱和精力，在因养子女的过错导致收养关系解除时，应当对养父母所支出的抚养费进行补偿；另一方面，法律赋予养父母抚养费补偿请求权，也体现了对养子女虐待、遗弃养父母行为的惩罚。[2] 对此种类型的抚养费补偿请求权而言，权利人是养父母，而义务人是养子女。当然，养父母在主张抚养费补偿请求权时，其应当对其所支出的抚养费数额尽到举证证明的义务。关于养父母主张补偿抚养费的数额，有观点认为，养父母应当有权请求养子女全额补偿其抚养费支出。[3] 但本书认为，在此种情形下，《民法典》只是规定养父母可以要求养子女"补偿"其抚养费，而非全额返还，因此，似乎不宜将其解释为全额补偿。

二是养父母对养子女生父母所享有的抚养费补偿请求权。在养子女的生父母要求解除收养关系的情形下，养父母也可以依法请求养子女的生父母适当补偿其抚养费支出。在收养关系解除的情形下，养父母在抚养养子女期间也支出了相关的抚养费，因此，为了平衡双方的权利义务关系，法律也允许养父母请求养子女的生父母适当补偿其抚养费支出。

案例 5-14

【基本案情】

张某（男）与刘某（女）在婚后育有一子一女，后张某因犯罪服刑，刘某独自一人无力抚养子女，便将 2 岁的女儿送与韩某夫妇抚养，取名韩小某，并办理了收养登记。5 年后，张某服刑期满后，不同意将其韩小某送养，并将韩小某从韩某夫妇处带走。韩某夫妇无奈，便同意解除其与韩小某的收养关系，但请求张某与刘某返还其 5 年来对韩小某的抚养、教育费用。

---

〔1〕 当然，在养子女虐待、遗弃养父母，造成养父母损害的情形下，养父母也有权依法请求养子女承担侵权责任，此种责任与养父母对养子女所享有的抚养费补偿请求权并不冲突，二者应当可以并存。

〔2〕 参见黄薇主编：《中华人民共和国民法典婚姻家庭编解读》，北京，中国法制出版社 2020 年版，第 338 页。

〔3〕 参见最高人民法院民法典贯彻实施工作领导小组主编：《中华人民共和国民法典婚姻家庭编继承编理解与适用》，北京，人民法院出版社 2020 年版，第 467 页。

【裁判结果】

法院认为，法院认为，本案属于生父母要求解除收养关系的情形，部分支持了原告的诉讼请求，判决被告张某、刘某对原告承担的收养期间支出的生活费和教育费进行适当补偿。

此种抚养费补偿请求权的成立一方面要求必须是生父母要求解除收养关系，如果是养父母要求解除收养关系，则其无权请求养子女生父母适当补偿其抚养费支出；另一方面，即便是养子女的生父母要求解除收养关系，但如果是因养父母虐待、遗弃养子女而引发的，则养父母也无权请求养子女的生父母适当补偿其抚养费支出，这也体现了对养父母过错行为的惩罚。需要指出的是，对此种类型的抚养费补偿请求权而言，养父母只能请求养子女的生父母"适当补偿"其抚养费支出，而非全额返还抚养费，具体可以根据双方在收养关系解除中的过错、双方的经济状况等因素，具体确定抚养费补偿数额。

本章思考题

1. 简述被收养人的条件。
2. 简述收养人的条件。
3. 简述收养成立的程序。
4. 简述收养的效力。
5. 简述解除收养关系的法律后果。

参 考 文 献

一、专著

1. 陈苇主编：《婚姻家庭继承法学》，北京，高等教育出版社2014年版。

2. 房绍坤、范李瑛：《婚姻家庭法》（第二版），北京，中国人民大学出版社2019年版。

3. 房绍坤、范李瑛、张洪波：《婚姻家庭与继承法》，北京，中国人民大学出版社2021年版。

4. 何丽新：《我国非婚同居立法规制研究》，北京，法律出版社2010年版。

5. 黄薇主编：《中华人民共和国民法典婚姻家庭编解读》，北京，中国法制出版社2020年版。

6. 黄薇主编：《中华人民共和国民法典婚姻家庭编释义》，北京，法律出版社2020年版。

7. 胡康生主编：《中华人民共和国婚姻法释义》，北京，法律出版社2001年版。

8. 李洪祥：《我国民法典立法之亲属法体系研究》，北京，中国法制出版社2014年版。

9. 马俊驹、余延满：《民法原论》，北京，法律出版社2010年版。

10. 马忆南：《婚姻家庭继承法学》（第五版），北京，北京大学出版社2023年版。

11. 孟令志、曹诗权、麻昌华：《婚姻家庭法与继承法》，北京，北京大学出版社2012年版。

12. 《民法学》编写组：《民法学》（第二版），北京，高等教育出版社2022年版。

13. 史尚宽：《亲属法论》，北京，法律出版社2007年版。

14. 陶毅主编：《婚姻家庭法》，北京，高等教育出版社2006年版。

15. 王歌雅：《扶养与监护纠纷的法律救济》，北京，法律出版社2001年版。

16. 王歌雅主编：《婚姻家庭继承法学》，北京，中国人民大学出版社2013年版。

17. 王洪：《婚姻家庭法》，北京，法律出版社2003年版。

18. 王利明：《民法总则研究》（第三版），北京，中国人民大学出版社2018年版。

19. 王利明主编：《中华人民共和国民法总则详解》，北京，中国法制出版社2017年版。

20. 王利明主编：《中国民法典释评 总则编》，北京，中国人民大学出版社2020年版。

21. 王泽鉴：《民法学说与判例研究（第一册）》，北京，中国政法大学出版社 1998 年版。

22. 薛宁兰、谢鸿飞主编：《民法典评注：婚姻家庭编》，北京，中国法制出版社 2020 年版。

23. 杨大文主编：《亲属法与继承法》，北京，法律出版社 2013 年版。

24. 杨大文主编：《亲属法》，北京，法律出版社 2000 年版。

25. 杨大文、龙翼飞主编：《婚姻家庭法》（第八版），北京，中国人民大学出版社 2020 年版。

26. 杨立新：《婚姻家庭与继承法》，北京，法律出版社 2021 年版。

27. 杨立新：《中国婚姻家庭法研究》，北京，中国人民大学出版社 2024 年版。

28. 于静：《比较家庭法》，北京，人民出版社 2006 年版。

29. 余延满：《亲属法原论》，北京，法律出版社 2007 年版。

30. 张伟、赵江红主编：《亲属法学》，北京，中国政法大学出版社 2009 年版。

31. 张伟主编：《家事法学》，北京，法律出版社 2016 年版。

32. 中国审判理论研究会民事审判理论专业委员会编著：《民法典婚姻家庭编条文理解与司法适用》，北京，法律出版社 2020 年版。

33. 中国审判理论研究会民事审判理论专业委员会编著：《民法典总则编条文理解与司法适用》，北京，法律出版社 2020 年版。

34. 最高人民法院民法典贯彻实施工作领导小组主编：《中华人民共和国民法典婚姻家庭编继承编理解与适用》，北京，人民法院出版社 2020 年版。

35. 最高人民法院民事审判第一庭编著：《最高人民法院婚姻法司法解释（三）理解与适用》，北京，人民法院出版社 2015 年版。

二、期刊

1. 曹薇薇、黎林："民法典时代夫妻房产赠与纠纷中的司法判决冲突及解决"，载《妇女研究论丛》2021 年第 2 期。

2. 杜启顺："配偶权立法必要性的理论检讨与实践基础"，载《东北师大学报（哲学社会科学版）》2017 年第 5 期。

3. 冯源："家事司法专门化的路径与选择"，载《学术论坛》2018 年第 4 期。

4. 冯源："《民法典》视域下亲属身份行为与财产行为的冲突与整合"，载《云南师范大学学报（哲学社会科学版）》2020 年第 6 期。

5. 郝晶晶："《民法典》对弱势群体婚姻权利的保障及限度——以疾病婚姻效力修订为切入点"，载《广西社会科学》2021 年第 10 期。

6. 贺剑："意思自治在假结婚、假离婚中能走多远？—— 一个公私法交叉研究"，载《华东政法大学学报》2022 年第 5 期。

7. 姜大伟："论《民法总则》对亲属身份行为的调整—兼评我国《民法总则》相关之规定"，载《学术论坛》2017 年第 5 期。

8. 姜大伟："体系化视阈下婚姻家庭编与民法总则制度整合论"，载《西南政法大学学报》2018 年第 4 期。

9. 姜大伟："改革开放与中国婚姻财产法的勃兴：回顾与展望"，载《学术论坛》2018 年第 5 期。

10. 蒋月："婚姻家庭法专题"，载《法治研究》2022 年第 6 期。

11. 冀放："规则碰撞中的离婚房产分割问题——以立法史为视角"，载《河北法学》2017 年第 9 期。

12. 金眉："婚姻家庭立法的同一性原理——以婚姻家庭理念、形态与财产法律结构为中心"，载《法学研究》2017 年第 4 期。

13. 金眉："论中国特色婚姻家庭法的制度建构"，载《南京社会科学》2019 年第 11 期。

14. 雷春红："我国夫妻财产制立法的价值取向与独立法律制度的构建"，载《北方法学》2016 年第 1 期。

15. 李春斌："为什么民法典应将'婚姻法'正名为'亲属法'"，载《甘肃社会科学》2016 年第 2 期。

16. 李春雷等："我国被拐卖儿童救助保护现状及完善对策研究——基于对近年 133 个公开报道案例的分析"，载《中国人民公安大学学报（社会科学版）》2013 年第 6 期。

17. 李静堂："论收养制度"，载《中南政法学院学报》1992 年第 3 期。

18. 李永军："论《民法典》婚姻家庭编中损害赔偿的请求权基础"，载《法学家》2022 年第 6 期。

19. 刘蓓："'家庭伴侣结合'位阶概念体系厘定与规范"，载《社会科学战线》2017 年第 1 期。

20. 刘敏："论家事司法正义——以家事司法实体正义为视角"，载《江苏社会科学》2021 年第 4 期。

21. 刘征峰："法律行为规范对身份行为的有限适用"，载《现代法学》2024 年第 1 期。

22. 龙翼飞："编纂民法典婚姻家庭编的法理思考与立法建议"，载《法制与社会发展》2020 年第 2 期。

23. 闫奎元："法律的道德影响：以《婚姻法解释（三）》为例"，载《河北法学》2021 年第 6 期。

24. 裴桦："夫妻财产制与财产法规则的冲突与协调"，载《法学研究》2017 年第 4 期。

25. 冉克平："论婚姻缔结中的意思表示瑕疵及其效力"，载《武汉大学学报（哲学社会科学版）》2016 年第 5 期。

26. 冉克平："论《民法典婚姻家庭编（草案）》的体系、内容及其完善"，载《武汉大学学报（哲学社会科学版）》2019 年第 6 期。

27. 冉克平："《民法典（婚姻家庭编）》的伦理、自治与强制"，载《武汉大学学报（哲学社会科学版）》2023 年第 3 期。

28. 申晨："民法典婚姻家庭编的回归与革新"，载《比较法研究》2020 年第 5 期。

29. 粟丹："'孝道'视角下我国养老立法的要求及完善路径——以'精神赡养'条款为中心"，载《浙江学刊》2017 年第 2 期。

30. 孙若军："疾病不应是缔结婚姻的法定障碍——废除《婚姻法》第 7 条第 2 款的建议"，载《法律适用》2009 年第 2 期。

31. 田韶华："民法典婚姻家庭编瑕疵婚姻制度的立法建议——以《民法总则》之瑕疵民事法律行为制度在婚姻家庭编中的适用为视角"，载《苏州大学学报（法学版）》2018 年第 1 期。

32. 田韶华："身份行为能力论"，载《法学》2021 年第 10 期。

33. 王葆莳："被拐卖儿童获救后的收养问题研究"，载《中国青年研究》2015 年第 1 期。

34. 王丹："新形势下彩礼纠纷的司法应对"，载《中国应用法学》2024 年第 1 期。

35. 王歌雅："民法典婚姻家庭编的价值阐释与制度修为"，载《东方法学》2020 年第 4 期。

36. 王雷："《民法典》婚姻家庭编适用衔接问题研究"，载《法学杂志》2023 年第 6 期。

37. 王利明："体系化视野下《民法典》婚姻家庭编的适用——兼论婚姻家庭编与其他各编的适用关系"，载《当代法学》2023 年第 1 期。

38. 汪洋："离婚时房产与股权的归属及分割——评《民法典婚姻家庭编解释（二）（征求意见稿）》"，载《妇女研究论丛》2024 年第 3 期。

39. 吴晓芳："《民法典》婚姻家庭编涉及的有关争议问题探析"，载《法律适用》2020 年第 21 期。

40. 夏江皓："家庭法介入家庭关系的界限及其对婚姻家庭编实施的启示"，载《中国法学》2022 年第 1 期。

41. 夏江皓："论无结婚行为能力的精神障碍者缔结的婚姻效力"，载《法学》2023 年第 9 期。

42. 夏沁："婚姻家庭本质与民法体系中的婚姻家庭法"，载《四川理工学院学报（社会科学版）》2018 年第 1 期。

43. 夏吟兰："民法分则婚姻家庭编立法研究"，载《中国法学》2017 年第 3 期。

44. 夏吟兰："婚姻家庭编的创新和发展",载《中国法学》2020 年第 4 期。

45. 徐涤宇："婚姻家庭法的入典再造：理念与细节",载《中国法律评论》2019 年第 1 期。

46. 薛宁兰："婚姻家庭法定位及其伦理内涵",载《江淮论坛》2015 年第 6 期。

47. 薛宁兰："中国民法典夫妻债务制度研究——基于财产权平等保护的讨论",载《妇女研究论丛》2018 年第 3 期。

48. 薛宁兰："社会转型中的婚姻家庭法制新面向",载《东方法学》2020 年第 2 期。

49. 薛宁兰、崔丹："论彩礼给付性质与返还规则",载《妇女研究论丛》2024 年第 5 期。

50. 杨立新："人格权编草案二审稿的最新进展及存在的问题",载《河南社会科学》2019 年第 7 期。

51. 伊卫风："通过法律对女性的社会动员——中国共产党与 1949 年之前婚姻家庭法律在农村的实践",载《法学家》2021 年第 5 期。

52. 赵彩凤："传统印度婚姻家庭法及其现代变革研究",载《清华法学》2022 年第 1 期。

53. 赵川芳："试论儿童收养中存在的问题及对策",载《中国青年政治学院学报》2014 年第 5 期。

54. 赵万一："婚姻家庭法与民法典关系之我见——兼论婚姻家庭法在我国民法典中的实现",载《法学杂志》2016 年第 9 期。

55. 赵玉："夫妻股权归属及其单方处分效力的认定",载《环球法律评论》2022 年第 3 期。

56. 赵玉："家庭财产功能主义的法律范式",载《中国社会科学》2022 年第 8 期。

57. 朱虎："财产法与家庭法的区分——评《民法典婚姻家庭编解释（二）（征求意见稿）》",载《妇女研究论丛》2024 年第 3 期。